Génération Internet

Pr. Jean M. Twenge

GÉNÉRATION INTERNET

Traduit de l'américain par Élisabeth Mol

Note éditoriale

Comme l'indique son titre, la collection qui accueille cet ouvrage a, entre autres, vocation de susciter le débat. Le thème traité par Jean Twenge s'y prête. Les auteurs de la préface et de la postface y contribuent selon leur perspective propre. Nous remercions Messieurs Vincent de Coorebyter et Serge Tisseron.

Les directeurs de collection Xavier Seron & Marc Richelle

Publié pour la première fois aux États-Unis en 2017, sous le titre *iGen. Why Today's Super-Connected Kids Are Growing Up Less Rebellious, More Tolerant, Less Happy — and Completely Unprepared for Adulthood (and What That Means for the Rest of Us)* par Atria Books, une division de Simon & Schuster, Inc., New York.

© 2017 Jean M. Twenge, PhD

© 2018 Éditions Mardaga, pour la version française
Avenue de la Couronne, 159/4
B-1050 Bruxelles (Belgique)
www.editionsmardaga.com

Texte original : Jean M. Twenge
Préface : Vincent de Coorebyter
Postface : Serge Tisseron
Traduction française du texte de Jean M. Twenge, depuis l'américain : Plurilingua
(Élisabeth Mol)

Photographie de couverture : © oneinchpunch/Fotolia
Illustration de couverture : Elise Vanhecke

Achevé d'imprimer en septembre 2018 sur les presses de l'imprimerie Jelgavas Tipogrāfia (Riga).

Cet ouvrage est paru dans la collection *PSY - Théories, débats, synthèses*, dirigée par Marc Richelle et Xavier Seron.

Pour Julia, la dernière des iGen

Sommaire

L'inquiétante étrangeté de la jeune génération

Vincent de Coorebyter,

professeur à l'Université libre de Bruxelles

L'ouvrage de Jean M. Twenge est un livre à thèse, qui a pour ambition de faire autorité, mais qui ne manquera pas de susciter la polémique. L'auteure, en effet, soutient un certain nombre d'affirmations surprenantes, souvent inquiétantes, parfois contre-intuitives, qu'elle estime avoir, non pas élaborées, mais *découvertes* à la lecture des chiffres. Son propos est donc à la fois d'une très grande modestie, empreint d'un positivisme de bon aloi – « Ce n'est pas moi qui parle, ce sont les faits, d'ailleurs vérifiez vous-même : voici les statistiques » –, et d'une grande fermeté, les résultats mis en avant faisant système et lui paraissant difficilement contestables. Si Jean M. Twenge admettrait sans doute que l'on peut discuter des causes ultimes des évolutions qu'elle souligne, elle se dit assurée de ses constats et, à ce titre, elle lance un débat qui promet d'être vif.

Cet aplomb découle de la convergence des trois dimensions de sa recherche : l'objet, la méthode et les résultats. L'objet de l'enquête de Jean Twenge est la jeune génération d'aujourd'hui, les adolescents et les jeunes nés depuis 1995, dont elle se demande s'ils se distinguent ou non de la « génération X » (née entre 1965 et 1979) et des « milléniaux » (nés entre 1980 et 1994). Depuis la Seconde Guerre mondiale et la naissance des *babys-boomers*, de fortes évolutions ont été observées d'une génération à l'autre, mais ces évolutions ont toujours été graduelles, sans guère d'à-coups. Or, cette fois, la méthode statistique utilisée par Jean Twenge fait ressortir une série de cassures récentes, qui différencient abruptement la nouvelle génération des générations antérieures : la méthode donne une forte spécificité à l'objet. Cela découle de la décision de dépouiller, non pas toutes les enquêtes sur les jeunes d'aujourd'hui – ce qui serait inutile, car nombre d'entre elles montrent que les jeunes se distinguent des adultes, comme on pouvait s'en douter, sans que l'on sache s'ils se distinguent *des jeunes des générations précédentes* –, mais des enquêtes qui posent les mêmes questions aux jeunes sur une longue période, et qui permettent dès lors de comparer leurs réponses sur plusieurs générations. Autrement dit, l'auteure ne souligne pas que les jeunes d'aujourd'hui ont des comporte-ments typiques de la jeunesse, ce qui serait un truisme, mais qu'ils ont des comportements sensiblement différents *de ceux des jeunes* d'hier et d'avant-hier, ce qui suggère que des mutations profondes sont à l'œuvre. En outre, troisième dimension convergente, une bonne part de ces comportements nouveaux (ou fortement accentués depuis quelques années) tourne autour de quelques lignes de force, de tendances globales, transversales, et se laisse rattacher, au moins pour partie, à une césure temporelle : ces tendances sont propres à la génération qui a toujours connu l'informatique et qui a disposé d'un smartphone dès l'enfance ou l'adolescence, c'est-à-dire précisément les jeunes nés depuis 1995. Les fractures dans les observations statistiques correspondent, temporellement, à un tournant technologique et leur nature se laisse expliquer par ce tournant : grâce à la méthode employée, les résultats de l'observation donnent une identité particulière à l'objet d'étude, que l'auteure peut alors appeler « iGen » – soit les enfants d'Internet, du smartphone et des réseaux sociaux.

On pourrait être tenté de minimiser cette conclusion en rappelant qu'après tout, depuis la Renaissance au moins, chaque génération s'est toujours distinguée des précédentes : l'Histoire n'est que mouvement. Mais le tableau dressé par Jean Twenge à l'ultime page de son ouvrage montre bien que, selon elle, nous avons affaire à une mutation sans précédent :

> Les iGens sont effrayés, peut-être même terrifiés. Tardant à grandir, élevés dans la culture de la sécurité et inquiets face aux inégalités salariales, ils sont entrés dans l'adolescence à une époque où leur principale activité sociale consiste à regarder un petit écran rectangulaire, source d'amour comme de rejet. Les appareils qu'ils tiennent en main ont prolongé leur enfance tout en les coupant d'une réelle interaction humaine. De ce fait, ils sont à la fois la génération la plus en sécurité physiquement et la plus fragile mentalement.

J'ai isolé ici quelques éléments de la thèse de Jean Twenge, qui en comporte d'autres et qui s'entoure de nuances que l'on découvrira plus loin. Mais ils suffisent à comprendre qu'un tel ouvrage invite à au moins deux réactions. Soit se méfier de conclusions aussi abruptes, y déceler l'influence d'une inquiétude bien connue devant le changement, et mobiliser d'autres savoirs et d'autres études pour mettre celle-ci en discussion – démarche empruntée par Serge Tisseron à la fin de ce volume. Soit faire crédit à l'auteur au motif que, par-delà des chiffres surprenants et des phénomènes inattendus (dont certains sont typiquement américains), son propos entre en consonance avec celui de prédécesseurs de premier plan, dans un jeu de renforcement mutuel. C'est dans cette seconde perspective que je voudrais dire quelques mots sur le fond de la thèse défendue ici.

★

Avec l'avènement du smartphone, les iGens se distinguent surtout par la manière dont ils passent leur temps. Les expériences qu'ils vivent au quotidien sont radicalement différentes de celles de leurs prédécesseurs. […] L'omniprésence du smartphone parmi les adolescents a engendré des répercussions dans tous les domaines de la vie des iGens, depuis leurs interactions sociales jusqu'à leur santé mentale. Il s'agit de la première génération à disposer d'Internet en permanence, dans le creux de la main.

Par ces remarques, et sans qu'elle en souffle mot, Jean Twenge s'inscrit dans un courant de pensée dont les racines sont à la fois profondes et multiples. Qu'on la puise au sein du marxisme, du pragmatisme, du biologisme, de la psychologie historique française, de l'anthropologie culturelle ou de la psychologie sociale, une thèse n'a cessé de prendre de l'ampleur depuis le XIXᵉ siècle : l'intellectualisme et l'idéalisme font fausse route, le monde n'est pas gouverné par des idées, le comportement par des valeurs, l'action par la réflexion. Ce qui prime est notre corps-à-corps quotidien avec la nature et avec les impératifs de la survie, qui nous imposent d'employer les techniques de notre temps, de travailler de telle manière, de vivre à tel rythme, de nous fondre dans les circuits sociaux pour y prendre notre place. Notre vision du monde, nos idéaux, notre spiritualité ou son absence, nos idéologies, nos mœurs, notre sensibilité, nos rapports à autrui…, sont d'abord façonnés par nos techniques de vie et de survie, par nos outils et par nos pratiques. Les variations, dans le temps comme dans l'espace, de ce qu'on appelle improprement la « culture » épousent étroitement l'évolution des conditions matérielles et sociales dans lesquelles se déploie notre existence. Les manières de vivre engendrent des manières de penser, de sentir, de se rapporter au monde et aux autres.

Cette lecture de la condition humaine est devenue une évidence. Mais si on lui accorde crédit, il faut alors admettre l'hypothèse selon laquelle l'informatique, par le biais du smartphone et des réseaux sociaux, a modifié en profondeur l'équipement mental et social de la nouvelle génération. En croisant une série de statistiques, Jean Twenge montre l'emprise du smartphone sur la vie quotidienne des jeunes, et suggère que les conséquences d'une telle emprise peuvent être multiples et profondes.

Le téléphone mobile, que les adolescents gardent à portée de main jusque pendant leur sommeil, diminue le temps consacré aux études, au travail et aux rencontres en chair et en os. Il constitue un outil de communication, mais il transforme la nature de la communication : ce n'est pas seulement un vecteur de contact, c'est aussi un vecteur de distance ; ce n'est pas seulement une modalité de la présence, c'est aussi une modalité de l'absence, une manière d'éviter le face-à-face et même la parole, l'échange en direct, puisqu'il sert de moins en moins à téléphoner et de plus en plus à écrire des textos ou à envoyer des images. Il ouvre au monde et aux autres − par la grâce d'internet et des réseaux sociaux −, mais il permet aussi de s'isoler drastiquement tout en rendant hommage à l'idéologie typiquement contemporaine de la communication. Les iGens ne supportent pas la solitude, l'ennui, l'absence de connexion avec les autres, mais ils ont davantage peur des autres que leurs aînés, ils ne savent plus toujours comment les aborder *de vivo*, ils sortent moins, se voient moins, s'engagent dans des relations plus superficielles, des amitiés virtuelles indexées sur un compteur de *likes* et non sur le temps et les confidences que l'on s'accorde. Délaissant son rôle initial d'échange d'informations (une sorte de mixte entre la poste et les encyclopédies), Internet est devenu avant tout l'autoroute empruntée par les réseaux sociaux, qui a fait naître un nouveau type de sociabilité dans lequel dominent les *selfies* et la recherche d'approbation, ce que les Américains appellent la popularité. D'antiques souffrances sont ainsi renforcées − la peur de déplaire, la crainte d'être exclu, la recherche compulsive d'un message supplémentaire −, ce qui explique selon Jean Twenge l'augmentation rapide de la dépression et des troubles mentaux chez les jeunes. Ces derniers sont conscients d'être victimes d'une addiction et déplorent l'affaiblissement des liens familiaux, la cohabitation fantomatique de parents et d'enfants rivés à leur écran, mais ils n'imaginent pas pouvoir se passer d'un outil qui est devenu un prolongement de leur corps, leur porte d'entrée sur le monde.

Les conséquences imputables au smartphone, à Internet et aux réseaux sociaux ne s'arrêtent pas là. Elles ne portent pas seulement sur les rapports humains, ce qui après tout est assez normal pour un moyen de communication : elles touchent d'autres dimensions de l'existence, parmi lesquelles le rapport au temps et au savoir joue un rôle majeur. Une technologie qui permet des connexions instantanées et qui met une masse inouïe d'informations à portée d'écran réduit le temps consacré à la recherche et à la lecture (les chiffres à ce sujet sont implacables), cultive les formats courts et les approches ludiques, met des vidéos à la place du texte et des images à la place du discours, bref, ringardise la pratique de la démonstration et l'effort de compréhension, distille l'idée fallacieuse selon laquelle il ne sert à rien d'apprendre « puisque tout est sur le Net », encourage à chercher l'information sur les réseaux sociaux plutôt que dans les journaux ou auprès des grandes chaînes de télévision. Il en résulte des jeunes moins informés, vite distraits, qui éprouvent des difficultés de concentration et de conceptualisation, dont les performances baissent en écriture et en lecture critique, et qui doutent de ce que les adultes et l'école peuvent leur apporter. Ce n'est encore qu'une tendance, mais on peut craindre qu'il en découle une crise profonde de la transmission et de la culture, ce que l'auteure traduit dans des termes d'une saveur toute nationale : « La génération iGen et les suivantes n'acquerront peut-être jamais la patience nécessaire pour étudier un sujet en profondeur, ce qui provoquerait le déclin de l'économie américaine. »

Jean Twenge rattache encore d'autres phénomènes au triomphe de l'informatique, mais tout cela ne fait pas preuve. Il revient au lecteur de se demander, chaque fois qu'une telle corrélation est mise en avant, si elle est plausible, à défaut d'être démontrée et démontrable. Car rien n'est assuré, en la matière : pour prouver l'influence du smartphone ou des réseaux sociaux, il faudrait isoler deux vastes populations identiques en tous points, seulement différenciées par la vague actuelle de l'informatique au sein de la première et par son absence totale parmi la seconde, et comparer l'évolution de leurs comportements et de leurs valeurs sur une longue durée. A défaut d'une telle expérimentation, nous pouvons néanmoins réfléchir aux coïncidences temporelles soulignées par l'auteure, et nous demander s'il est possible que, de proche en proche, une révolution technologique aussi profonde que celle à laquelle nous assistons peut contribuer à expliquer certaines attitudes et pratiques propres à la génération qui est née au moment de l'explosion d'Internet. Personnellement, je n'en doute pas, même si ce type de causalité a ses limites.

★

De toute évidence, Jean Twenge est consciente de ces limites. En effet, seul trois chapitres de son livre – les chapitres 2, 3 et 4 – imputent à l'informatique, et en particulier au smartphone et aux réseaux sociaux, la responsabilité des phénomènes observés. D'autres y font encore référence, comme je l'ai évoqué à propos des savoirs et de l'école, mais l'ouvrage est loin de tout ramener à la révolution technologique dans laquelle nous baignons. Des chapitres entiers ne l'invoquent d'aucune manière, et se prêteraient plutôt au reproche inverse, à savoir qu'ils décrivent – de manière parfois fascinante – sans expliquer.

Nous retrouvons ici le positivisme que je notais en commençant, mais qui doit lui-même être nuancé. Si l'on excepte certaines pratiques courantes aux États-Unis mais presque inconnues en Europe – et sur lesquelles je n'ose me prononcer –, il est frappant de voir Jean Twenge esquisser une étiologie d'ordre sociologique et non technique, donc alternative à la mise en jeu du smartphone. Au fil de toute une série de statistiques, elle repère des inflexions récentes qu'elle rattache succinctement à l'individualisme contemporain, comme si elle y voyait une accentuation ou une nouvelle modalité de cette donne sociologique propre à l'après Seconde Guerre mondiale.

Son livre est donc irrigué par au moins deux grands types d'explication, et c'est ce qui en fait le prix : il évite le piège du monisme. En outre, Jean Twenge laisse ouverte la question la plus intrigante : d'où peut donc bien découler le constat le plus frappant de l'ouvrage, qui fait l'objet du premier chapitre mais ne s'y limite pas, et qui pointe la faible maturité des jeunes d'aujourd'hui et leur perte d'autonomie ? L'auteure qualifie ces jeunes d'immatures parce qu'ils retardent systématiquement le moment d'accéder aux pratiques propres à l'âge adulte – sortir sans les parents, conduire, gagner de l'argent, gérer un budget, avoir des relations sexuelles, boire de l'alcool... –, mais elle se garde prudemment d'expliquer cette évolution contre-intuitive. De prime abord, en effet, le développement de l'individualisme va de pair avec la conquête d'une plus grande autonomie.

Serions-nous dès lors dans une période de reflux de l'individualisme, comme Michel Maffesoli avait cru pouvoir le dire il y a trente ans déjà en montrant que nous étions entrés dans « le temps des tribus[1] » ? Aller dans ce sens serait problématique, car Jean Twenge démontre que sur d'autres terrains – le rapport aux normes, aux institutions, à la religion, à la politique, aux valeurs... – les iGens sont plus individualistes encore que la génération X et que les milléniaux. Certes, l'individualisme n'est pas une cause

---

1. *Cf.* Michel Maffesoli, *Le temps des tribus. Le déclin de l'individualisme dans les sociétés de masse*, Paris, Méridiens Klincksieck, 1988.

que l'on pourrait hypostasier. Il ne faut pas y voir une vague puissante qui emporte tout sur son passage, un mouvement souterrain qui expliquerait une foule de comportements ; d'un point de vue positiviste bien compris, ce n'est au contraire que la conséquence de ces comportements, l'étiquette commode sous laquelle nous les rassemblons pour les caractériser. Mais même dans une logique positiviste, il est difficile d'imaginer que l'acheminement plus lent vers les comportements d'adulte, caractère majeur de la nouvelle génération, puisse coexister avec des évolutions qui, pour leur part, accentuent le constat global d'individualisme partagé par presque toute la sociologie contemporaine.

Cette apparente contradiction se laisse pourtant résoudre, et même expliquer, si l'on se rapporte aux travaux d'un des théoriciens les plus originaux de l'individualisme contemporain, à savoir Paul Yonnet. Dans son grand livre testamentaire, *Le recul de la mort*[2], Yonnet souligne que l'après Seconde Guerre mondiale se caractérise par une rupture anthropologique fondamentale, en particulier dans les pays les plus prospères : pour la première fois dans l'histoire de l'humanité, le contrôle des naissances est devenu presque absolu pour l'écrasante majorité des familles. Il en découle un tout nouveau modèle familial, qui se caractérise par un mariage tardif et par un nombre réduit d'enfants – par un mariage et par des enfants choisis, et non plus imposés par la coutume ou par la nécessité. Dans ce nouveau modèle, la jeune génération cesse d'être au service des précédentes et des suivantes : elle vit pour elle-même. Plus précisément, les nouvelles générations d'après-guerre se composent, de manière de plus en plus nette, d'enfants *nés d'un désir d'enfant*, d'enfants voulus, choisis, et non nés par accident. D'où l'émergence d'un individualisme typiquement contemporain, différent de celui qui s'était imposé jusque-là dans la bourgeoisie[3]. L'enfant n'étant plus un moyen mais une fin, sa singularité est d'emblée acceptée par ses parents, et son autonomie est encouragée. Les parents répugnent à le soumettre à des normes, puisqu'ils ont précisément voulu faire naître un individu neuf, exceptionnel, différent des autres, *leur* enfant, né de leur amour. Ce que l'on appelle par commodité l'individualisme se répand

---

2. *Cf.* Paul Yonnet, *Famille I. Le recul de la mort. L'avènement de l'individu contemporain*, Paris, Gallimard, 2006.
3. J'ai esquissé ce contraste dans un petit livre intitulé *Deux figures de l'individualisme* (Bruxelles, Académie royale de Belgique, 2015), qui met l'époque contemporaine en regard de « l'individu intro-déterminé » dont David Riesman a montré, dans *La foule solitaire*, le développement au sein de la bourgeoisie jusqu'à la Seconde Guerre mondiale.

alors comme une traînée de poudre, mais Yonnet insiste sur le fait qu'il n'a pas toutes les significations qu'on lui attribue d'ordinaire.

Parmi les thèses originales de Yonnet, deux concordent parfaitement avec les traits caractéristiques des iGens mis en évidence par Jean Twenge. Tout d'abord, l'individu contemporain ne s'affirme pas de manière solitaire, à l'encontre de sa famille ou de son entourage : il ne construit pas sa personnalité contre ses parents, il la conquiert au contraire grâce à eux, en s'appuyant sur leur amour et sur leur bienveillance. Un tel individu n'a donc aucune tendance à l'isolement, pas plus qu'il n'a la suffisance d'un génie persuadé de sa valeur. Né dans un bain d'affection et d'approbation, il est profondément *dépendant* des autres, il incline à rechercher, dans ses contacts avec ses pairs, le degré d'encouragement et de reconnaissance dont il a bénéficié au sein du cocon familial. D'où sa tendance à entrer dans des « tribus », comme à l'époque du livre de Maffesoli, ou à s'immerger dans les réseaux sociaux, comme c'est davantage le cas aujourd'hui : ces deux types de collectifs offrent aux jeunes un prolongement de la famille, un cadre potentiellement porteur de gratifications symboliques, de jugements positifs. David Riesman avait déjà noté ce triomphe de « l'extro-détermination » dans la société contemporaine, l'extraordinaire recherche d'évaluation et d'approbation qui anime désormais les plus jeunes[4], et Jean Twenge montre, chiffres et témoignages à l'appui, qu'elle n'a fait que s'accroître sous l'empire des réseaux sociaux, entraînant un certain nombre de jeunes dans une addiction à la reconnaissance qui, faute de pouvoir jamais être satisfaite, fait exploser le taux de stress, d'anxiété et de dépression au sein des iGens.

En outre, dans son livre rédigé au moment même où cette génération commençait à naître, Yonnet insistait déjà sur le fait que l'autonomie dont bénéficient désormais les enfants est à double tranchant. Ils sont plus autonomes au sens où ils sont moins contraints : ils sont encouragés à décider par eux-mêmes, ils se voient octroyer le droit de contester les règles familiales ou de s'y soustraire, ils vivent dans une atmosphère d'ouverture et de chaleur qui les encourage à afficher leur différence. Mais ils ne sont *pas* encouragés à l'autonomie au sens de la capacité d'agir, ils ne sont pas mis sous pression pour devenir des adultes au plus vite, ils ne doivent pas

---

4. Dans l'ouvrage cité ci-dessus, paru en 1950 aux États-Unis et en 1964 en France, et qui souligne, comme le fera Yonnet, la césure sociologique observable après 1945.

se préparer à quitter le nid familial le plus tôt possible pour voler de leurs propres ailes. L'époque actuelle a vu triompher le phénomène des Tanguy, comme on l'appelle en France, parce que les parents ne sont pas pressés de voir partir les enfants qu'ils ont tant désirés. Ils les soumettent donc à une moindre pression scolaire, ils ne leur imposent plus de travailler pendant les vacances pour se faire de l'argent de poche, ils ne les pressent pas de se marier ou de travailler, ils les gardent au nid aussi longtemps qu'ils en ont les moyens. « Les enfants indépendants très tôt font des adolescents et des adultes dépendants plus tard [5] », écrivait déjà Yonnet au début des années 2000 : sans que je puisse développer davantage ce point ici, son œuvre prépare et appuie puissamment la thèse de Jean Twenge sur le retard de croissance des iGens, et nous contraint de la prendre au sérieux, voire de nous en inquiéter.

D'autres parallèles pourraient encore être tracés entre les deux auteurs, concernant notamment la remarquable ouverture des iGens à l'égalité des droits en faveur de toutes les minorités. Il s'agit là également d'un phéno-mène déjà souligné par Yonnet, et qui se comprend fort bien à la lumière de son modèle[6]. Mais cette préface n'a pas vocation à substituer un livre à un autre livre, ni à forcer l'auteure à entrer dans le moule d'un courant de pensée alors qu'elle s'efforce au positivisme le plus strict. Mon intention était seulement d'inviter le lecteur à lire cet ouvrage avec attention, sans sous-estimer sa nouveauté, qui est manifeste, et sans se priver de l'inscrire dans un cadre plus vaste qui peut, tantôt le contester, tantôt le conforter.

---

5. Paul Yonnet, *op. cit.*, p. 253.
6. On ne peut que revendiquer fièrement d'être femme, homosexuel, handicapé, d'une autre couleur de peau…, ou qu'accepter sereinement cette singularité dans le chef des autres, lorsque l'on vit dans un contexte d'amour inconditionnel à l'égard des enfants désirés.

Introduction
La génération iGen : qui est-elle et comment la reconnaître ?

Lorsque j'appelle la jeune Athena, 13 ans, vers midi un jour d'été, elle a l'air de sortir tout juste du lit. Nous discutons un peu de ses chansons et séries télévisées préférées et je l'interroge sur ce qu'elle aime faire avec ses amis. « On va au centre commercial », me dit-elle. « Tes parents t'y déposent ? », je lui demande, me rappelant l'époque où j'étais au collège dans les années 80 et où je pouvais profiter de quelques heures avec mes amis sans nos parents. « Non… J'y vais avec ma famille », répond-elle. « On y va avec ma mère et mes frères et on marche quelques pas derrière eux. Je dois juste dire à ma mère où on va et la contacter toutes les heures ou toutes les demi-heures. »

Traîner au centre commercial avec sa mère n'est pas la seule nouveauté dans la vie sociale des adolescents d'aujourd'hui. Athena et ses amis à son collège d'Houston, au Texas, passent plus de temps à correspondre par téléphone qu'à se voir en personne. Pour communiquer, ils privilégient Snapchat, une application permettant à ses utilisateurs d'envoyer des photos qui s'effacent au bout de quelques secondes. Ils sont particulièrement friands des filtres « chien » proposés par l'application, qui ajoutent une truffe et des oreilles de chien caricaturales sur le visage de la personne lorsqu'elle se prend en photo. « C'est génial. Ce filtre est trop mignon ! », s'exclame la jeune fille. Elle et ses amis veillent à maintenir à niveau leur *Snapstreak*, qui leur indique pendant combien de jours consécutifs ils ont échangé des images via Snapchat. Parfois, ils font des captures d'écran des photos particulièrement ridicules de leurs amis afin de pouvoir les conserver – « c'est un bon moyen de chantage ».

Athena m'explique qu'elle passe le plus clair de son temps seule dans sa chambre avec son téléphone pendant les vacances d'été. « Je préfère regarder Netflix dans ma chambre plutôt que de passer du temps avec ma famille. C'est ce que j'ai fait pendant quasiment tout l'été. J'ai passé plus de temps sur mon téléphone qu'avec de vraies personnes. » C'est typique de sa génération, explique-t-elle. « Nous n'avons pas connu de vie sans iPad ou sans iPhone. Je pense que nous aimons plus nos téléphones que les vrais gens. »

La génération iGen est arrivée.

Nés à partir de 1995, ces jeunes ont grandi avec les téléphones portables, avaient un compte Instagram avant d'entrer au lycée et ne se souviennent pas de l'époque avant Internet.

Les membres les plus âgés de cette génération étaient de jeunes adolescents quand l'iPhone a été lancé en 2007, puis lycéens quand l'iPad est entré en scène en 2010. L'I accolé au nom de ces appareils est l'abréviation d'*Internet*, commercialisé en 1995. Car s'il fallait trouver un dénominateur commun à cette génération, ce serait sans doute l'iPhone : selon une étude marketing réalisée en automne 2015, 2 adolescents américains sur 3 en possèdent un, une saturation du marché rarement observée pour un produit. « Il faut avoir un iPhone », affirme une jeune fille de 17 ans interviewée dans l'ouvrage *American Girls* consacré aux réseaux sociaux (Sales, 2016). « C'est comme si Apple avait un monopole sur les adolescents. »

L'omniprésence du smartphone parmi les adolescents a engendré des répercussions dans tous les domaines de la vie des iGens, depuis leurs interactions sociales jusqu'à leur santé mentale. Il s'agit de la première génération à disposer d'Internet en permanence, dans le creux de la main. Même si leur smartphone est un Samsung et leur tablette une Kindle, ces jeunes sont tous des iGens (et ce même quand ils ont un revenu moins élevé : aujourd'hui, les adolescents issus de milieux défavorisés passent autant de temps en ligne que les jeunes plus aisés ; c'est une autre conséquence de l'ère des smartphones). En moyenne, les adolescentes consultent leur téléphone plus de 80 fois par jour.

Mais la technologie n'est pas la seule évolution qui définit cette génération. L'I dans iGen représente aussi l'*individualisme* que ses membres considèrent comme acquis, une tendance générale qui constitue chez eux le fondement d'un sens profond de l'égalité, accompagné d'un rejet des règles sociales traditionnelles. Il reflète également l'*inégalité salariale* qui crée un important sentiment d'insécurité parmi les iGens et les conduit à s'interroger sur les meilleures méthodes à utiliser pour acquérir une certaine aisance matérielle et faire partie des classes possédantes. Du fait de ces influences, et de bien d'autres encore, la génération iGen se distingue de toutes les précédentes par la manière dont ses membres passent leur temps, par leur comportement, ainsi que par leur prise de position par rapport à la religion, la sexualité et la politique. Ils établissent de tout nouveaux rapports sociaux, rejettent des tabous auparavant sacrés et nourrissent des attentes différentes en ce qui concerne leur vie et leur carrière. Ils sont obsédés par la sécurité, craignent pour leur avenir économique et ne montrent aucune patience envers les inégalités basées sur le genre, l'origine ethnique ou l'orientation sexuelle. Ils sont au cœur de la pire crise de santé mentale depuis des décennies ; les taux de dépression et de suicides adolescents montent en flèche depuis 2011. Contrairement à l'idée répandue que les enfants deviennent aujourd'hui plus vite adultes que les anciennes générations, les iGens grandissent plus lentement : de nos jours, les jeunes de 18 ans agissent comme le faisaient ceux de 15 ans par le passé, et les enfants de 13 ans comme ceux de 10. Si les adolescents sont physiquement plus en sécurité que jamais, ils sont aussi bien plus vulnérables psychologiquement.

En analysant quatre études significatives et représentatives à l'échelle nationale, menées sur 11 millions d'Américains depuis les années 60, j'ai identifié dix tendances importantes qui façonnent les iGens, et, par extension, notre société dans son ensemble : les adolescents sont d'abord *immatures* plus longtemps, avec un prolongement de l'enfance dans l'adolescence ; ils sont aussi *hyperconnectés* (combien de temps passent-ils réellement en ligne ? Qu'est-ce que cette activité remplace ?) et se parlent *in absentia* (on observe en effet un déclin des interactions sociales physiques). *Mal dans leur peau*, comme l'indique la forte hausse des problèmes de santé mentale, ils *s'éloignent de la religion, sont moins ouverts d'esprit* et souffrent d'une *insécurité salariale* (par conséquent, leur rapport au travail se modifie). Ils sont à la fois *indécis*, adoptant de nouvelles attitudes par rapport au sexe, aux relations amoureuses et aux enfants, et *inclusifs*, valorisant la tolérance, l'égalité et la liberté d'expression. Enfin, ils font preuve d'*indépendance* dans leurs opinions politiques. L'éclosion de cette génération iGen est idéale pour débusquer les tendances qui façonneront notre culture dans les années à venir, puisque leurs membres, certes très jeunes, sont déjà assez mûrs pour exprimer leur point de vue et rendre compte de leurs expériences.

Cela fait presque 25 ans que j'étudie les différences entre générations ; j'ai commencé en tant que jeune doctorante de 22 ans faisant des recherches en psychologie de la personnalité à l'université du Michigan. À l'époque, je me concentrais sur ma propre génération, la Génération X, et en quoi elle se différenciait des baby-boomers (notamment par une égalité accrue entre les sexes et une plus grande anxiété) (Twenge, 1997a, 1997b, 2000). Au fil du temps, j'ai découvert un large éventail de disparités générationnelles dans le comportement, les attitudes et les traits de caractère des milléniaux qui faisaient de cette génération, née entre les années 80 et le milieu des années 90, une génération à part. Cette recherche a abouti à mon livre *Generation Me*[1] (Twenge, 2006, 2014), publié en 2006 et mis à jour en 2014 ; j'y examine les différences entre les milléniaux et leurs aînés. La plupart des caractéristiques générationnelles définissant la Génération X et les milléniaux se sont installées graduellement, atteignant leur apogée après une ou deux décennies de progression constante. Je m'étais habituée à observer des graphiques de tendance semblables à des collines qui se muaient lentement en pics, où les changements culturels débutaient modérément avec quelques jeunes avant de s'imposer peu à peu.

Cependant, vers 2012, j'ai commencé à constater une évolution massive et soudaine dans les comportements et les états émotionnels des adolescents. Tout à coup, les lignes des graphiques s'apparentaient à des montagnes escarpées – des chutes brusques balayaient en quelques années le résultat de décennies d'évolution ; après des années de diminution graduelle ou de creux, des remontées spectaculaires poussaient soudain certaines données à des sommets encore jamais atteints. Au cours de toutes mes analyses de données générationnelles – certaines remontant aux années 30 –, je n'avais encore jamais rien vu de semblable.

Je me suis d'abord demandé s'il s'agissait de petites anomalies aléatoires qui disparaîtraient après un ou deux ans. Mais ce ne fut pas le cas. Les lignes ont continué à évoluer dans le même sens, pour finalement se transformer en tendances durables et inédites. En m'intéressant de plus près à ces données, j'ai constaté qu'elles obéissaient à une structure : la plupart des grands changements avaient été amorcés autour de 2011 ou 2012. C'est-à-dire trop tard pour être la conséquence de la crise économique mondiale de la fin des années 2000, qui a officiellement duré de 2007 à 2009.

Alors, la lumière s'est faite : la période 2011-2012 correspondait exactement au moment où la majorité des Américains sont entrés pour la première fois en possession d'un téléphone portable capable d'accéder à Internet, communément appelé smartphone. Le produit de ce brusque changement, c'est la génération iGen.

---

1. *Génération Moi*, non traduit (N.d.T.).

Des transformations générationnelles d'une telle ampleur ont forcément des répercussions importantes. En effet, un tout nouveau groupe de jeunes gens qui agissent et pensent différemment – y compris par rapport à la génération si proche des milléniaux – entre dans l'âge adulte. Il nous faut les comprendre, que nous soyons leurs amis ou leur famille qui nous soucions d'eux, des entreprises cherchant de nouvelles recrues, des universités ou de hautes écoles éduquant et guidant les étudiants, ou des annonceurs cherchant à leur vendre divers produits. Les membres de cette nouvelle génération connectée doivent également parvenir à se comprendre eux-mêmes lorsqu'ils expliquent à leurs aînés comme à leurs pairs un peu plus âgés leur vision du monde et ce qui les distingue.

Les différences entre générations se creusent plus que jamais, et leur impact global est de plus en plus important. La plus grande disparité entre les milléniaux et leurs prédécesseurs résidait dans leur conception du monde, caractérisée par un individualisme plus important et un moindre attachement aux règles sociales (d'où le terme *Generation Me*). Mais avec l'avènement du smartphone, les iGens se distinguent surtout par la manière dont ils passent leur temps. Les expériences qu'ils vivent au quotidien sont radicalement différentes de celles de leurs prédécesseurs. D'une certaine manière, il s'agit d'une transformation générationnelle encore plus profonde que celle qui a permis la création des milléniaux ; c'est peut-être la raison pour laquelle les tendances annonçant l'arrivée d'iGen ont été si soudaines et si étendues.

Le choix des années de naissance

L'évolution fulgurante des nouvelles technologies a creusé un écart étonnamment grand entre les personnes nées dans les années 80 et celles qui ont vu le jour au cours des années 90. « Je n'ai pas vraiment grandi avec le numérique », écrit Juliet Lapidos (2015), née en 1983, dans le *New York Times*. « Internet n'était pas quelque chose de naturel, j'ai dû apprendre ce que c'était et comment l'utiliser… J'ai eu mon premier téléphone portable à 19 ans. » Elle avait 19 ans en 2002, cette époque où il fallait appuyer plusieurs fois sur une même touche de son téléphone à clapet pour écrire un SMS et s'asseoir devant son ordinateur de bureau pour surfer sur le web. Lorsque l'iPhone est entré sur le marché en 2007, à peine cinq ans plus tard, tout a changé. Les iGens sont la première génération à entrer dans l'adolescence avec un smartphone à la main ; une différence saisissante aux répercussions considérables.

La génération iGen est arrivée plus vite qu'on ne l'attendait. Jusqu'à récemment, la plupart des études générationnelles se concentraient sur les milléniaux, parfois définis comme les Américains nés entre 1980 et 1999. Il s'agit cependant d'une période étendue pour une génération aussi récente. La génération X, qui lui est immédiatement antérieure, n'a duré que quatorze ans, de 1965 à 1979. Si l'on considère que la génération des milléniaux s'étend sur la même durée que celle des X, alors sa dernière année de naissance correspondrait plutôt à 1994, ce qui signifie qu'iGen commence avec les personnes nées en 1995. Le hasard fait bien les choses : c'est aussi l'année de naissance d'Internet. D'autres évènements marquants ont également eu lieu autour de 1995. En 2006, Facebook s'est ouvert à tous les jeunes âgés de plus de 13 ans ; ceux qui sont nés après 1993 ont donc pu vivre toute leur adolescence sur les réseaux sociaux. Si l'on s'appuie sur les données concrètes, il semble tout aussi censé de placer la coupure au milieu des années 90. En 2011, l'année où les données de l'étude ont commencé à évoluer, les 13 à 18 ans interrogés étaient nés entre 1993 et 1998.

Quant à savoir en quelle année iGen arrivera à son terme, on ne peut que faire des suppositions. Je parierais entre 14 et 17 ans après 1995. Cela voudrait dire que les derniers iGens sont nés à peu près entre 2009 et 2015, 2012 se situant précisément au milieu de cette tranche. Les années de naissance des iGens s'étendent donc entre 1995 et 2012. Au fil du temps, ces délimitations pourront être revues à la hausse ou à la baisse, mais 1995-2012 semble un bon point de départ. Beaucoup dépendra des technologies développées dans les dix prochaines années et des transformations qu'elles induiront dans la vie des jeunes par rapport à celles opérées par le smartphone. Si l'on s'appuie sur cette période, les premiers iGens sont sortis du lycée en 2012 et les derniers auront leur baccalauréat en 2030 (voir Graphique 0.1).

Tous les découpages de générations sont arbitraires, il n'y a pas de science exacte ou de consensus officiel pour déterminer quelle année de naissance appartient à quelle génération. De plus, les personnes nées juste avant et juste après la limite auront baigné dans une culture quasiment identique, tandis que celles nées à dix ans d'intervalle, mais théoriquement incluses dans la même génération, auront connu une tout autre société. Malgré tout, les étiquettes générationnelles et les découpages spécifiques revêtent une utilité. Au même titre que les frontières d'une ville, la décision de fixer la majorité légale à 18 ans ou la classification des types de personnalité, elles nous permettent de définir et de décrire des personnes en dépit des faiblesses évidentes que présente un outil de mesure aussi précis, là où un instrument moins catégorique serait plus proche de la réalité. Peu importe où nous plaçons le découpage, il est important de comprendre dans quelle mesure les personnes nées après le milieu des années 90 diffèrent de celles nées à peine quelques années plus tôt.

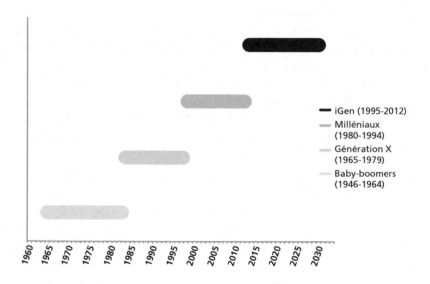

Graphique 0.1. Périodes où chaque génération était la plus nombreuse parmi la population de lycéens et de jeunes étudiants universitaires, selon les découpages générationnels des années de naissance.

Le nom

iGen est une appellation concise, globale et relativement neutre. Je sais qu'elle a été qualifiée de « terne » au moins une fois, mais c'est plutôt une force. Une étiquette générationnelle doit être suffisamment générale pour représenter une large portion de la population et suffisamment neutre pour être acceptée par la génération elle-même ainsi que par ses prédécesseurs. Elle doit également refléter en partie le mode de vie des membres de la génération, et jusqu'à présent, celui des iGens a été principalement déterminé par Internet et les smartphones. Le magazine *Advertising Age*, qui fait autorité aux États-Unis, reconnaît *iGen* comme l'appellation la mieux adaptée aux post-milléniaux. « Nous pensons qu'il s'agit du nom qui [leur] correspond le mieux et qui nous permettra de comprendre comme il faut cette génération », a affirmé Matt Carmichael, directeur de la stratégie statistique d'*Advertising Age*, à *USA Today* (Horovitz, 2012).

Un autre nom a été proposé pour ce groupe, celui de *Génération Z*. Cependant, il ne fonctionne que si la génération précédente est appelée *Génération Y* et ce terme est tombé en désuétude depuis que *milléniaux* s'est imposé. L'appellation *Génération Z* est donc mort-née. Sans oublier que les jeunes n'ont pas envie d'être appelés d'après leurs aînés. C'est pourquoi *Baby-busters* n'a jamais marché pour la génération X, tout comme *Génération Y* n'a jamais pris pour les milléniaux. *Génération Z* est avant tout un dérivé et les étiquettes générationnelles qui s'imposent sont toujours celles qui font preuve d'originalité.

Neil Howe (2014), qui a inventé le terme de *milléniaux* avec feu William Strauss, a proposé d'appeler la génération suivante les *Homelanders* parce qu'ils ont grandi dans l'après-11-septembre, avec la mise en place d'une politique de sécurité intérieure[2] très stricte. Mais je doute que les jeunes apprécient d'être nommés d'après l'agence gouvernementale qui nous oblige à enlever nos chaussures à l'aéroport. Howe considère également que la génération post-milléniaux commence avec les personnes nées en 2005, ce qui semble improbable vu la rapidité des progrès technologiques et l'évolution soudaine des passe-temps et des traits de caractère des adolescents depuis environ 2011. D'autres noms ont également été proposés. En 2015, des adolescents interrogés par MTV ont élu *les Fondateurs* comme leur étiquette générationnelle préférée (Sanburn, 2015). Mais fondateurs de quoi ?

À ma connaissance, je suis la première à avoir utilisé le terme *iGen*, l'introduisant dans l'édition originale de mon livre *Generation Me* en avril 2006 (Twenge, 2006)[3]. Cela fait donc un moment que j'utilise le terme

---

2. *Homeland Security* aux États-Unis (N.d.T.).
3. Le terme *iGen* est utilisé à la page 6 de l'édition reliée sortie en avril 2006, ainsi que dans

iGen pour parler de la génération post-milléniaux. En 2010, j'ai d'ailleurs nommé mon entreprise de conseil et conférences « iGen Consulting ».

Les données

Nos connaissances sur la génération iGen commencent tout juste à prendre forme. Des sondages annoncent que 29 % des jeunes adultes n'adhèrent pas à une religion ou que 86 % des adolescents s'inquiètent de trouver du travail. Mais ces enquêtes uniques se contentent peut-être de mettre en relief des croyances universelles partagées par les jeunes de toutes les générations. Les adolescents baby-boomers ou de la génération X dans les années 70 ou 90 méprisaient sans doute eux aussi la religion, tout comme ils craignaient peut-être le chômage. Ces sondages effectués une seule fois et sans groupe comparatif ne nous apprennent rien sur les changements culturels ou les expériences particulières des adolescents d'aujourd'hui. On ne peut pas tirer de conclusions générationnelles à partir de données valables pour une seule génération. Pourtant, jusqu'à présent, presque tous les livres et articles consacrés aux iGens s'appuient sur des enquêtes peu utiles de ce genre.

D'autres études uniques incluent des membres de différentes générations. Si leur méthode est meilleure, elles présentent aussi un grave défaut : elles sont incapables de séparer les effets dus à l'âge de ceux inhérents à la génération. Par exemple, si une étude détermine que les iGens ont davantage tendance à se faire des amis au travail que la génération X, c'est peut-être parce que les premiers sont jeunes et célibataires alors que les seconds sont plus âgés et mariés. Il est en tout cas impossible de le déterminer à partir d'un seul sondage. C'est regrettable, car les différences notées en fonction de l'âge ne nous en apprennent pas beaucoup plus sur la véritable nature des changements – et si les motivations des jeunes employés ou étudiants d'aujourd'hui sont les mêmes qu'il y a dix ans.

Pour réellement mettre le doigt sur ce qui rend cette génération unique et en quoi elle est réellement *nouvelle*, il nous faut la comparer aux générations précédentes, quand leurs membres étaient jeunes. Nous avons besoin de données collectées au fil du temps. C'est ce dont disposent les enquêtes

---

l'édition de poche de 2007. J'ai également mentionné le terme *iGen* dans la FAQ du site web *Generation Me* et ai nommé ma société de consultance *iGenConsulting*.

étendues et menées sur la durée que j'analyse dans ce livre : les mêmes questions sont posées aux jeunes année après année, pour être en mesure de comparer leurs réponses sur plusieurs générations.

Je puise principalement dans quatre bases de données. Une première, intitulée *Monitoring the Future*[4] (MtF), pose plus de mille questions chaque année à des lycéens de 17-18 ans depuis 1976 et interroge des jeunes de 13-14 ans et de 15-16 ans depuis 1991. Le *Youth Risk Behavior Surveillance System*[5] (ou YRBSS, administré par le *Centers for Disease Control and Prevention*[6]) enquête sur des lycéens depuis 1991. L'*American Freshman* (AF) *Survey*[7], administrée par le *Higher Education Research Institute*[8], interroge depuis 1966 des étudiants entrant en haute école ou à l'université pour des cursus de quatre ans. Enfin, la *General Social Survey*[9] (GSS) étudie les adultes de plus de 18 ans depuis 1972. (Pour plus de détails concernant ces recherches et leurs méthodes, voir Annexe A.) Au fil des années, ces études mettent en évidence le groove des lycéens baby-boomers dans les années 70, la rock'n roll attitude de la génération X dans les années 80 et 90, la pop des milléniaux dans les années 2000 et la petite musique bien à eux que composent les iGens depuis les années 2010.

En comparant une génération à une autre au même âge, nous avons un aperçu direct de l'opinion que les jeunes se font d'eux-mêmes, au lieu de nous reposer sur les réflexions de personnes plus âgées à propos d'un temps révolu. Nous pouvons constater les différences dues aux changements culturels et non à l'âge. Celles-ci ne peuvent pas être écartées à coup de « les jeunes ont toujours été comme ça ». En fait, ces enquêtes montrent que les jeunes d'aujourd'hui sont très différents de ceux des décennies passées. Et la relative jeunesse de ces échantillons est particulièrement intéressante. Elle nous permet d'avoir un aperçu des iGens au moment où ils forgent leur identité, commencent à exprimer leurs opinions et tracent leur chemin vers l'âge adulte.

Ces sources d'informations présentent trois autres avantages distincts. Tout d'abord, elles sont très étendues en ce qui concerne la taille des échan-

---

4. Surveiller le futur (N.d.T.).
5. Réseau de surveillance des comportements à risque chez les jeunes (N.d.T.).
6. Centre de contrôle et de prévention des maladies (N.d.T.).
7. Enquête sur les étudiants universitaires de première année aux États-Unis (N.d.T.).
8. Institut de recherche en éducation supérieure (N.d.T.).
9. Enquête sociale générale (N.d.T.).

tillons et leur portée : les données ont été collectées chaque année auprès de milliers de personnes qui répondent anonymement à des centaines de questions. Au total, 11 millions de personnes ont été interrogées. Ensuite, les administrateurs des enquêtes se sont assurés que les personnes répondant aux questions soient représentatives de la population américaine en termes de sexe, d'origine ethnique, de lieu et de statut socioéconomique, de manière à ce que leurs conclusions soient applicables à l'ensemble des jeunes Américains (ou, quand il s'agit d'étudiants, à l'ensemble des étudiants). Enfin, toutes ces données sont accessibles en ligne ; elles ne sont pas payantes et sont donc transparentes et ouvertes. Ces études représentent une véritable mine d'or pour le Big Data national : elles nous offrent un aperçu de la vie et des croyances des Américains dans les décennies passées en même temps qu'un regard actuel sur les jeunes de ces dernières années. Grâce à ce stock important de données générationnelles qui est ainsi en train de se constituer, nous ne devons plus nous contenter de sondages uniques et ambigus pour comprendre la génération iGen.

Les échantillons de ces enquêtes étant représentatifs au niveau national, ils reflètent les jeunes Américains dans leur ensemble, et non un groupe isolé. Bien sûr, les données démographiques de la jeunesse américaine ont changé avec le temps. Il y a par exemple davantage d'Hispaniques que dans la décennie précédente. On peut se demander si les transformations générationnelles sont uniquement dues à ces évolutions démographiques – c'est une question de cause plutôt que d'exactitude, mais elle vaut la peine d'être posée. C'est pourquoi, entre autres raisons, j'ai également observé si les tendances apparaissaient dans plusieurs groupes (par exemple, les Noirs, les Blancs et les Hispaniques ; les filles et les garçons ; le nord-est, le Midwest, le sud et l'ouest ; dans les zones urbaines, rurales et suburbaines ; dans les milieux défavorisés et favorisés, par exemple si les parents ont étudié à l'université ou non). Mis à part quelques exceptions, les tendances générationnelles apparaissent dans tous ces groupes démographiques. On observe ces évolutions significatives chez tous les adolescents, quels que soient leur statut socioéconomique, leur origine ethnique et l'endroit où ils vivent (métropoles, petites villes ou banlieues). Si vous désirez savoir à quoi ressemblent les tendances au sein de ces groupes, vous trouverez des graphiques détaillés dans les annexes.

Pour avoir un premier aperçu de quelques différences générationnelles, faites le test qui suit et découvrez quels points communs vous partagez avec la génération iGen. Indépendamment de votre année de naissance, à quel point êtes-vous un(e) iGen ?

Répondez par « oui » ou par « non » à chacune de ces 15 questions pour découvrir à quel point vous êtes « iGen ».

_____ **1.** Durant les dernières 24 heures, avez-vous passé au moins une heure au total à écrire des messages sur un téléphone portable ?

_____ **2.** Possédez-vous un compte Snapchat ?

_____ **3.** Vous considérez-vous comme une personne croyante ?

_____ **4.** Avez-vous passé votre permis de conduire à 18 ans ?

_____ **5.** Êtes-vous pour la légalisation du mariage homosexuel ?

_____ **6.** Avez-vous bu de l'alcool (plus que quelques gorgées) avant d'avoir 16 ans ?

_____ **7.** Vous disputiez-vous souvent avec vos parents quand vous étiez adolescent/e ?

_____ **8.** Plus d'un tiers des autres lycéens de votre école étaient-ils d'une autre origine ethnique que vous ?

_____ **9.** Quand vous étiez au lycée, sortiez-vous presque tous les week-ends avec vos amis ?

_____ **10.** Aviez-vous un job étudiant durant l'année quand vous étiez au lycée ?

_____ **11.** Pensez-vous que la mise en place de lieux sécurisés et d'avertissements est une bonne idée et que des efforts doivent être faits pour réduire les microagressions ?

_____ **12.** Êtes-vous indépendant/e politiquement ?

_____ **13.** Êtes-vous pour la légalisation du cannabis ?

_____ **14.** Est-il souhaitable d'avoir des rapports sexuels sans ressentir de sentiments ?

_____ **15.** Quand vous étiez au lycée, vous sentiez-vous souvent exclu/e et seul/e ?

Score : Vous obtenez 1 point par question si vous avez répondu « oui » aux questions 1, 2, 5, 8, 11, 12, 13, 14 et 15. Vous obtenez 1 point par question si vous avez répondu « non » aux questions 3, 4, 6, 7, 9 et 10. Plus votre score est élevé, plus votre comportement, vos attitudes et vos croyances sont proches de ceux des iGens.

Les statistiques démographiques... et le reste du monde

Si l'on prend en compte les années de naissance de 1995 à 2012, iGen comprend 74 millions d'Américains, soit environ 24 % de la population (selon les données du recensement de la population actuelle aux États-Unis). Cela signifie qu'un Américain sur quatre fait partie de la génération iGen ; une raison de plus pour vouloir les comprendre. D'un point de vue ethnique, iGen est la génération la plus diversifiée de l'histoire des États-Unis : une personne sur 4 est hispanique et presque 5 % ont plusieurs origines. Avec 53 %, les Blancs non hispaniques ne constituent qu'une faible majorité. Les années de naissance correspondant à la fin de cette génération sont les premières à présenter une majorité de non-blancs ; si l'on prend les iGens nés fin 2009, moins de 50 % sont des Blancs non hispaniques. Cela signifie qu'aucun groupe n'est en majorité, la définition même de la diversité. La génération après iGen – ceux nés en 2013 et plus tard – sera la première génération en majorité non blanche.

Les données présentées ici proviennent d'échantillons américains et les conclusions ne peuvent donc pas être généralisées directement à d'autres pays. Cependant, nombre de changements générationnels qui apparaissent aux États-Unis se manifestent également dans d'autres cultures. Des chercheurs du monde entier observent les mêmes tendances et de nouvelles recherches sont entreprises en permanence. Internet et les smartphones ont envahi les autres pays industrialisés plus ou moins à la même période qu'aux États-Unis et les conséquences sont probablement similaires.

Le contexte

Pour donner vie à ces chiffres à l'aide de cas concrets, j'ai étudié la génération iGen plus en profondeur à travers plusieurs angles. J'ai tout d'abord interviewé vingt-trois jeunes iGens en personne ou par téléphone pendant parfois deux heures, me plongeant dans leurs réflexions sur la pop culture, la vie sociale des adolescents, l'actualité, les polémiques de campus et leur indispensable smartphone. L'âge de ces jeunes gens varie entre 12 et 20 ans ; ils sont noirs, blancs, latinos, d'origine asiatique ou orientale ; issus de Virginie, du Connecticut, de l'Illinois, de l'Ohio, du Texas, du Minnesota, de Géorgie et de Californie ; ils fréquentent le collège, le lycée, une grande école ou l'université, et la plupart sont inscrits dans des établissements qui ne sont pas particulièrement élitistes. J'ai également posé des questions par écrit sur des sites comme *MTurk Requester* d'Amazon, mené un sondage parmi 250 étudiants en cours d'introduction à la psychologie à l'Université d'État de San Diego où j'enseigne, et ai discuté de diverses questions avec mes étudiants de premier cycle lorsqu'elles ont été abordées en classe. J'ai également lu un large éventail d'articles d'opinion tirés de magazines universitaires des quatre coins du pays. Ces sources ne sont pas représentatives au niveau national, elles ne peuvent donc remplacer efficacement les données issues des enquêtes. En effet, ces expériences individuelles d'iGens ne valent que pour elles-mêmes et ne sont pas forcément caractéristiques de leur génération. Les données statistiques constituent toujours la référence absolue ; quant aux interviews et aux diverses études, si elles contribuent à illustrer ces informations, elles ne peuvent en aucun cas s'y substituer. Elles sont, en revanche, un moyen d'humaniser les jeunes personnes qui se cachent derrière les chiffres. Au fur et à mesure que les iGens grandissent et commencent à laisser leur empreinte sur notre monde, ils méritent d'être entendus autant que d'être compris d'un point de vue empirique.

Quand j'ai écrit *Generation Me*, mon livre sur les milléniaux, j'étais à peine plus âgée que le groupe que j'étudiais et j'avais vécu la plupart des mêmes phénomènes culturels. Comme c'est le cas ici, ma recherche reposait sur des données chiffrées issues d'enquêtes ; mais en tant que membre de la génération X, ma propre vie se reflétait énormément dans ce que j'écrivais. C'est moins vrai pour cet ouvrage-ci, car j'ai à présent 25 à 30 ans de plus que les adolescents iGens. (À mon grand chagrin, l'un des étudiants que j'ai interrogés m'a avoué que je lui rappelais sa mère. Il s'est finalement avéré que j'ai le même âge que ses parents.) J'occupe cette fois davantage le rôle d'observatrice que de participante. Cependant, je dispose à présent d'un autre point de vue : mes trois filles sont nées respectivement en 2006, 2009 et 2012, dans les dernières années de la génération iGen. J'ai donc été personnellement témoin de certaines expériences caractéristiques des iGens, notamment le fait qu'un nourrisson à peine capable de marcher puisse manipuler avec aisance un iPad. J'ai également entendu ma fille de 6 ans me demander un téléphone portable et celle de 9 ans décrire la dernière application qui fait fureur dans sa classe de CM1. Si je parviens à donner un nom à leur génération, peut-être mes enfants m'écouteront-ils davantage quand je leur demanderai de mettre leurs chaussures.

Dans ce livre, les voix des iGens parlent d'elles-mêmes − que ce soient à travers les statistiques fournies par les enquêtes à large échelle, ou grâce à leurs propres mots en entretien. L'ouvrage présente également plus de 100 graphiques reprenant les données des enquêtes effectuées sur les différentes générations, afin que le lecteur puisse apprécier les chiffres par lui-même ; non seulement ceux pour la génération iGen, mais aussi pour les milléniaux, la génération X et les baby-boomers. Ces illustrations ont l'avantage de résumer un grand nombre de données en quelques pages (un graphique en dira toujours plus qu'un long exposé). Le lecteur pourra ainsi observer comment les jeunes iGens se démarquent, avec des déclins et des pics soudains autour de 2011 pour de nombreux traits de caractère et comportements, et une évolution plus progressive pour les autres.

Les mises en garde

Du fait de mes recherches sur les générations, on me pose souvent des questions telles que « Pourquoi accusez-vous les enfants ? N'est-ce pas la faute des parents ? » (ou « la faute des baby-boomers ? » ou « la faute de la génération X ? »). Cette question se fonde sur deux hypothèses erronées. D'abord, elle suppose que toutes les transformations générationnelles sont négatives ; ensuite, elle implique qu'une seule cause (par exemple, le rôle parental) peut être identifiée pour chaque changement. Aucune de ces idées n'est vraie. Certaines évolutions générationnelles sont positives, d'autres sont négatives, et la plupart sont neutres. Nous avons une tendance naturelle à classer les choses comme entièrement bonnes ou entièrement mauvaises, mais en ce qui concerne les changements culturels, il vaut mieux considérer les zones grises et les entre-deux. Étant donné que la plupart des différences entre générations sont positives ou en tout cas neutres, cela n'a pas de sens d'utiliser des termes comme « faute » et « accuser ». C'est d'ailleurs contre-productif puisque nous finissons par nous quereller pour savoir qui blâmer au lieu de chercher à comprendre les tendances, qu'elles soient bonnes ou mauvaises. De plus, un changement culturel peut avoir de nombreuses causes ; les parents jouent certes un rôle, mais c'est aussi le cas de la technologie, des médias, du système économique et de l'éducation, qui participent ensemble à créer toute une culture radicalement différente de celle que nos parents et grands-parents ont connue. Ce n'est la faute de personne ou c'est la faute de tout le monde. Les cultures changent et les générations se transforment avec elles ; voilà ce qu'il faut retenir. Il ne s'agit pas d'une compétition pour savoir quelle génération est la pire (ou la meilleure) ; la culture a évolué et nous sommes tous concernés par ce changement.

Une fois établi qu'une transformation générationnelle a eu lieu, la prochaine question coule de source : « Pourquoi ? » Il n'est pas forcément facile d'y répondre. Dans le domaine scientifique, pour démontrer qu'un phénomène découle d'un autre, il est d'usage de conduire une expérimentation, où l'on attribue aléatoirement différentes expériences à des individus. Appliqué aux différences générationnelles, ce modus operandi impliquerait d'imposer aléatoirement à certaines personnes de grandir à des époques différentes. Autant dire que c'est une mission impossible ! L'autre méthode la plus efficace pour identifier les causes possibles est un processus en deux temps. Premièrement, les deux phénomènes doivent être corrélés. Nous pouvons par exemple nous demander si les adolescents qui passent plus de temps sur les réseaux sociaux sont davantage déprimés. Deuxièmement, les deux phénomènes doivent connaître une évolution simultanée dans la même direction. Si l'usage des réseaux sociaux et la dépression augmentent au cours des mêmes années, l'un peut être la conséquence de l'autre. Si ce n'est pas le cas (par exemple, si l'un augmente pendant que l'autre demeure sensiblement le même), c'est qu'ils ne sont sans doute pas liés. Cette approche permet au moins d'éliminer des causes possibles. Elle ne permet pas d'avoir de certitude, mais elle apporte des preuves qui désignent un coupable potentiel.

Une autre mise en garde : les chiffres présentés ici sont des moyennes. Par exemple, l'adolescent iGen moyen passe plus de temps en ligne que le millénial moyen ne le faisait en 2005. Bien sûr, certains iGens passent peu de temps en ligne et certains milléniaux y passent des heures – les deux groupes se chevauchent énormément. Le fait qu'il existe une différence moyenne ne signifie pas que tous les membres d'une même génération sont identiques. Alors, pourquoi ne pas considérer chacun en tant qu'individu ? Si l'on veut analyser des données, ce n'est tout simplement pas possible. Les statistiques se basent sur des moyennes, on ne peut donc pas s'en passer pour comparer des groupes d'individus. C'est pourquoi presque toutes les études scientifiques anthropologiques se basent sur des moyennes. Il ne s'agit pas de stéréotyper, mais de comparer des groupes grâce à une méthode scientifique. La stéréotypie apparaît quand on suppose que n'importe quelle personne, prise individuellement, est forcément représentative de son groupe. Dire des études générationnelles qu'elles décrivent « tous les membres » d'une génération d'une certaine manière ou qu'elles « surgénéralisent » n'est pas une critique recevable. Toutes les généralisations excessives qui peuvent être faites sont dues à une mauvaise interprétation, pas aux données en elles-mêmes.

Et si les changements culturels affectaient toute la société et pas seulement la génération iGen ? C'est le cas pour la plupart d'entre eux. Il s'agit alors d'une évolution propre à l'époque, ou d'un changement culturel qui influence tous les individus de la même façon, quel que soit leur âge. Les conséquences d'ordre exclusivement temporel sont assez rares, car l'âge influence généralement la manière dont on appréhende un évènement. Les évolutions culturelles affectent souvent les jeunes en priorité, puis s'étendent aux personnes plus âgées. Les smartphones et les réseaux sociaux en sont un parfait exemple. Cependant, ce livre est principalement consacré aux différences notoires entre l'adolescence des iGens et celle de leurs prédécesseurs ; ce sont bien évidemment des différences générationnelles étant donné que l'adolescence des baby-boomers, de la génération X et même des milléniaux est déjà révolue.

Préparer l'avenir

Là où va la génération iGen, le pays la suivra. Les parents des adolescents s'inquiètent des conséquences qu'aura l'usage constant du smartphone sur leur cerveau, leurs émotions et leurs relations. La majorité des étudiants universitaires sont déjà des iGens, apportant sur les campus du pays tout entier leurs valeurs, leurs points de vue et leur smartphone omniprésent. C'est cette génération, et non plus les milléniaux, qui constituera bientôt les jeunes recrues dans les entreprises et certaines sociétés ne sont pas préparées à leur nouvelle mentalité. Leurs préférences en matière de produits modèlent déjà le marché, grâce à leur influence d'adolescents et jeunes adultes, et ils s'imposeront bientôt dans le créneau juteux des 18-29 ans. Leurs inclinations politiques orienteront les élections à venir et leur comportement dictera la politique et les lois. Leur taux de mariage et de naissance affectera l'équilibre démographique du pays et déterminera s'il y aura suffisamment de jeunes travailleurs pour soutenir les retraites des milléniaux et de la génération X. La génération (iGen) est au premier rang des immenses transformations qui ont lieu aujourd'hui aux États-Unis, poussées par Internet, l'individualisme, l'inégalité des salaires et d'autres forces de changement culturel. Parvenir à comprendre cette génération, c'est parvenir à comprendre le futur – celui que nous partagerons tous.

Mais alors, qu'est-ce que cette génération a de si particulier ?

Chapitre 1
Immatures : des adolescents qui grandissent moins vite

Par une belle après-midi d'automne, j'arrive dans un lycée en périphérie de San Diego et me dirige vers la classe de psychologie. Le professeur rappelle aux élèves qu'ils auront un examen le lundi suivant et qu'il leur faudra consacrer une journée de travail à l'organisation et à l'étude de leurs notes. Nous déplaçons deux bureaux à l'extérieur de la classe et l'enseignant fouille dans les papiers d'autorisation. « Azar », annonce-t-il et une jeune fille aux longs cheveux noirs lève la main et s'écrie : « Oui ! »

Azar déborde d'un enthousiasme débridé à propos de tout et n'importe quoi, et s'exprime au rythme rapide et chantant adopté par de nombreux adolescents sud-californiens. « Tu as vu *Spy* ? C'est trooop bien », s'extasie-t-elle. Quand je lui demande si elle a une chanson préférée à la radio en ce moment, elle me dit : « Oui. *Wildest Dreams* de Taylor Swift, *Blank Space* de Taylor Swift et *Bad Blood* de Taylor Swift. » Je la taquine : « Alors tu aimes Taylor Swift ? » « Eh bien, je ne dirais pas ça, c'est juste que je connais par cœur toutes ses chansons », répond-elle. Je lui demande ce qu'elle aime lire et elle me dit : « Harry Potter, c'est toute ma vie. J'*adore* ça ». Elle m'explique qu'elle n'a pas encore son permis de conduire et que sa mère la dépose à l'école.

Avec son obsession pour Taylor Swift, son amour pour Harry Potter et sa mère qui la conduit partout, on pourrait penser qu'Azar a 14 ans. Mais elle en a 17.

Azar grandit lentement, repoussant le moment d'endosser les responsabilités et les plaisirs de l'âge adulte. On aurait tendance à croire qu'elle est une exception. Avec le porno en libre-service sur Internet, les costumes d'Halloween sexy pour les jeunes filles, les garçons de 12-13 ans qui réclament à leurs camarades de classe des photos d'elles nues, parmi bien d'autres tendances symptomatiques d'un accès prématuré à l'âge adulte, on pourrait penser que les enfants et les adolescents grandissent au contraire plus vite que par le passé. « L'enfance a disparu. Ils ont accès à ce monde d'adultes auquel ils pensent devoir participer », déplorait récemment le directeur d'un collège à Brooklyn (Sales, 2016). Beaucoup pensent que les adolescents se précipitent à toute allure vers l'âge adulte. Mais est-ce le cas ?

(Ne pas) sortir et (ne pas) prendre du bon temps

Un vendredi soir, je frappe à la porte d'une belle maison de banlieue et la jeune Priya, 14 ans, m'ouvre. Cette jolie Amérindienne aux longs cheveux, porteuse d'un appareil dentaire, a commencé son année de 3ᵉ dans un lycée de la banlieue nord de San Diego. Sa mère m'offre un verre d'eau fraîche tandis que nous nous installons à la table de la salle à manger, à côté des manuels scolaires et de la calculatrice rose de Priya. La jeune fille a toujours fait partie des meilleurs élèves de son école. Je lui demande ce qu'elle fait pour s'amuser avec ses amis. « Parfois, nous prévoyons d'aller voir un film ou quelque chose comme ça… ou nous sortons dîner », dit-elle. Mais les parents ne sont jamais loin. « En général, un parent nous accompagne, ou bien deux, ça dépend combien nous sommes », poursuit-elle. « C'est assez sympa, avec les parents et les enfants. » Ils trouvent un film qui plaît à tous, m'explique-t-elle, et tout le monde y va ensemble. Comme ils le faisaient quand les enfants étaient à l'école primaire.

Je parviens à joindre Jack, 15 ans, après une journée chargée à l'école et à son entraînement d'athlétisme dans son lycée de la banlieue de Minneapolis, où il est en seconde. Nous nous sommes déjà rencontrés quelques fois, quand je me suis rendue dans le Minnesota. C'est un jeune homme blanc, sérieux, aux cheveux noirs et au sourire timide, très proche de sa famille, sportive tout comme lui. Quand je lui demande quels films il a vus récemment, il en mentionne deux, qu'il est allé voir accompagné de ses parents et de sa sœur. Cette information éveille ma curiosité et j'essaye de savoir s'il regarde parfois des films avec ses amis. « Où aimes-tu passer du temps avec tes amis et que faites-vous ensemble, en général ? », je lui demande. « La plupart du temps, on va courir, des trucs comme ça », dit-il. « On a une piscine à la maison donc on va nager, ou alors je vais chez eux. » Je lui demande s'il est allé à des soirées et il mentionne une fête d'été dans la maison d'un ami où ils ont joué au volley-ball. Les parents de son ami étaient présents toute la soirée. Le week-end, il va généralement faire une course à pied et passe du temps avec sa famille. « Est-ce que tu fais parfois des choses sans tes parents ? », je lui demande. « Eh bien, les matchs de foot… mais pas vraiment », répond-il.

La situation de Priya et de Jack est de plus en plus courante : les iGens ont moins tendance à sortir sans leurs parents (Twenge & Park, sous presse). Ce phénomène a débuté avec les milléniaux et s'est ensuite brusquement accé-

léré avec l'éclosion de la génération iGen (voir Graphique 1.1). Les chiffres
sont impressionnants : les jeunes de 17-18 ans en 2015 sortent moins que
ceux qui avaient 13-14 ans en 2009. Les jeunes de 18 ans d'aujourd'hui
sortent donc moins que ceux de 14 ans il y a tout juste six ans.

Ce déclin ne peut s'expliquer par des changements dans la démographie raciale : la tendance est la même pour les adolescents blancs (voir
Annexe B). Elle est également similaire pour les étudiants issus de la classe
ouvrière ou de la classe moyenne. Et elle n'est pas non plus causée par la
crise : même après la reprise économique aux alentours de 2012, le nombre
d'adolescents sortant sans leurs parents a continué à baisser. Le coupable
le plus probable ? Le smartphone, utilisé par la majorité des jeunes depuis 2011-2012.

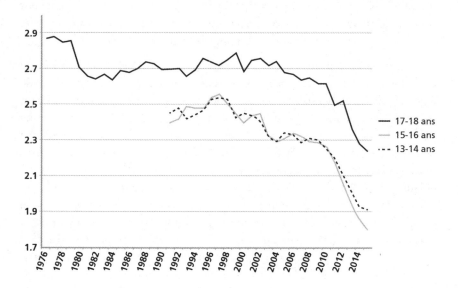

Graphique 1.1. Nombre de fois par semaine que les jeunes de 13-14 ans, 15-16 ans
et 17-18 ans sortent sans leurs parents. *Monitoring the Future*, 1976-2015.

Quelle qu'en soit la cause, le résultat est le même : les iGens connaissent
moins la liberté d'être hors de la maison sans leurs parents, ils goûtent
moins aux tentations de l'indépendance que confère le passage à l'âge
adulte, ces moments-clés où les adolescents prennent leurs propres décisions, qu'elles soient bonnes ou mauvaises.

Comparons cette situation à celle des années 70, quand les baby-boomers grandissaient. Bill Yates a récemment publié un livre de ses photographies d'adolescents prises sur une piste de roller dans la périphérie de Tampa, en Floride, au début des années 70 (Griggs, 2016). Sur l'une d'elles, on peut voir un jeune torse nu, une grande bouteille de schnaps à la menthe coincée dans la ceinture de son jean. Sur une autre, un garçon qui a l'air d'avoir 12 ans pose avec une cigarette à la bouche. Plusieurs clichés montrent des couples en train de s'embrasser. Comme le décrivait Yates, cette piste de roller était un endroit où les enfants pouvaient échapper à leurs parents et créer leur propre monde dans lequel ils buvaient, fumaient et s'embrassaient à l'arrière de leur voiture. Sur ces photos, ils arborent la panoplie habituelle des années 70 : pantalons à carreaux, grandes ceintures et longs cheveux. Mais ce qui m'a le plus frappée, c'est à quel point même les adolescents les plus jeunes ont déjà l'air adultes – non pas physiquement, mais dans leur attitude d'indépendance, audacieuse et insouciante. Ils regardent l'objectif avec l'assurance de ceux qui prennent leurs propres décisions ; et ce même si leurs parents ne les approuveraient pas, sans doute à juste titre. Voici les baby-boomers, élevés à une époque où leurs parents se réjouissaient de voir leur progéniture quitter le nid familial, sans que la réussite économique ne nécessite l'obtention d'un diplôme universitaire.

Ces baisers sur la piste de roller sont aussi de moins en moins communs : en effet, les adolescents iGens sont moins susceptibles d'avoir des relations amoureuses (voir Graphique 1.2). Seulement la moitié environ des iGens de 17-18 ans (comparé aux baby-boomers et aux X au même âge) se rendent de temps en temps à des rendez-vous galants. Au début des années 90, presque 3 jeunes de 15-16 ans sur 4 avaient parfois des relations amoureuses, contre seulement la moitié dans les années 2010.

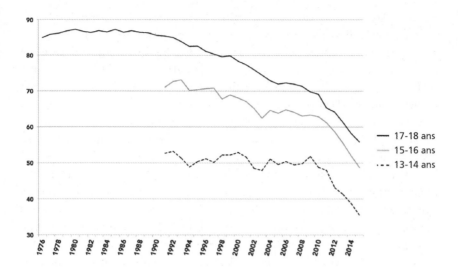

Graphique 1.2. Pourcentage de jeunes de 13-14 ans, de 15-16 ans et de 17-18 ans qui ont des relations amoureuses. *Monitoring the Future*, 1976-2015.

Les étudiants que j'ai interviewés m'ont assuré qu'ils appelaient toujours ça « sortir ensemble », ce déclin n'est donc pas à attribuer à un changement de terminologie. Le premier stade de ces relations, que la génération X appelait « aimer bien » (« Oooh, il t'aime bien ! »), les iGens l'appellent maintenant « parler » – un choix ironique pour une génération qui préfère envoyer des SMS plutôt que de téléphoner. Si deux personnes ont « parlé » pendant un moment, elles peuvent commencer à sortir ensemble. Emily, 14 ans et originaire du Minnesota, explique que certaines de ses amies ont déjà eu des fréquentations de ce genre. Je lui demande ce qu'elles font habituellement. « Je crois qu'ils se voient à la maison de l'un deux. Ou bien ils vont faire du shopping ensemble », me dit-elle. « En général, la fille fait du shopping et le garçon la suit. » Je rigole et lui confie que ces habitudes se perpétuent à l'âge adulte.

Chloe, 18 ans et originaire de l'Ohio, a eu deux relations amoureuses. Dans les deux cas, elle explique qu'environ un tiers des conversations « pour apprendre à se connaître » avait lieu par messages et à travers les réseaux sociaux (c'était la partie « parler ») et les deux autres tiers en personne. Il est donc possible que les jeunes se mettent toujours en couple mais ne se voient plus aussi souvent en chair et en os – avec cette interaction en face à face nécessaire pour que cela compte comme un rendez-vous. Dans d'autres cas, les parents sont peut-être plus protecteurs qu'auparavant. « Mon père a toujours dit que les relations de lycée étaient stupides et que personne ne devrait être en couple au lycée », écrit Lauren, 19 ans. « J'ai toujours trouvé ça étrange qu'il dise ça parce que ma mère et mon père ont commencé à sortir ensemble en seconde et sont toujours ensemble aujourd'hui. Quand je leur dis ça, ils me répondent "Je sais, nous étions bêtes". » D'autres adolescents, surtout des garçons, expliquent qu'ils n'avaient pas le courage de sortir avec des filles. Mike, 18 ans, écrit : « Non, j'ai aucun charme. Mon manque de confiance en moi m'a tenu éloigné des filles au lycée ».

Ce déclin des relations amoureuses nous amène au prochain fait surprenant à propos de la génération iGen : ses membres ont moins tendance à avoir des rapports sexuels que les adolescents des décennies précédentes (voir Graphique 1.3).

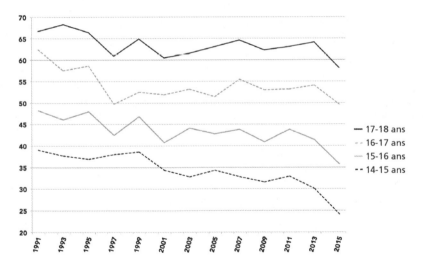

Graphique 1.3. Pourcentage de lycéens qui ont déjà eu des rapports sexuels, par tranche d'âge. *Youth Risk Behavior Surveillance System*, 1991-2015.

Cette diminution est la plus importante pour les lycéens de 14-15 ans, où le nombre d'adolescents sexuellement actifs a presque diminué de moitié depuis les années 90. Aujourd'hui, l'âge moyen de la première relation sexuelle est de 16-17 ans, alors que la plupart des membres de la génération X dans les années 90 ont commencé un an plus tôt, vers 15-16 ans. De 1991 à 2015, on observe une diminution de 15 % des jeunes de 17-18 ans ayant eu des rapports sexuels.

Cette diminution des relations sexuelles chez les adolescents est l'une des raisons qui expliquent une autre tendance parmi les jeunes de ces dernières années, souvent considérée comme positive : le taux de grossesse chez les adolescentes est parvenu à un plancher en 2015, ayant diminué de plus de moitié par rapport à son pic atteint au début des années 90 (voir Graphique 1.4). Seuls 2,4 % des filles âgées de 15 à 19 ans avaient un bébé en 2015 ; elles étaient 6 % en 1992. Puisque le nombre d'adolescentes qui ont des rapports sexuels diminue, elles sont donc moins nombreuses à tomber enceintes et à accoucher à un très jeune âge. L'étape de la parentalité, le signe le plus irrévocable du passage à l'âge adulte, est moins susceptible d'être franchie par les adolescents d'aujourd'hui.

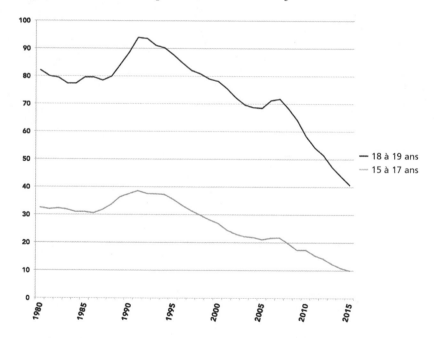

Graphique 1.4. Taux de grossesse chez les adolescentes de 18-19 ans aux États-Unis, sur 1 000 personnes. *Centers for Disease Control, National Center for Health Statistics*[10], 1980-2015.

---

10. NdT : Centre de contrôle des maladies, Centre national des statistiques de la santé.

Le faible taux de natalité adolescente forme également un contraste intéressant avec l'époque post-Seconde Guerre mondiale. En 1960, par exemple, 9 % des adolescentes avaient un enfant. Mais en ce temps-là, la plupart étaient mariées ; l'âge moyen du premier mariage pour les femmes en 1960 était de 20 ans. Par conséquent, la moitié des femmes qui se mariaient pour la première fois cette année-là étaient adolescentes – c'est impensable aujourd'hui mais parfaitement accepté à l'époque. De nos jours, le mariage et les enfants sont bien loin des préoccupations de l'adolescent moyen, comme nous l'étudierons plus en détail dans le chapitre 8 (avec une autre question intrigante : la tendance à une moindre activité sexuelle se poursuit-elle à l'âge adulte ?). Globalement, le déclin du sexe et de la grossesse adolescents est un autre signe de ralentissement du développement des iGens : ils attendent plus longtemps pour faire l'amour et avoir des enfants, tout comme ils attendent plus longtemps pour sortir sans leurs parents et avoir des relations amoureuses.

Interlude : pourquoi les adolescents agissent-ils moins comme des adultes – et pourquoi ce n'est ni entièrement bon ni entièrement mauvais

Vous vous demandez sans doute *pourquoi* les adolescents sont moins susceptibles de pratiquer des activités d'adultes, comme sortir sans leurs parents ou avoir des rapports sexuels, et si cette tendance à grandir plus lentement est bonne ou mauvaise. Une approche appelée la *théorie des histoires de vie* nous fournit quelques réponses (Ellis *et al.*, 2012 ; Mittal & Griskevicius, 2014). Cette théorie soutient que la rapidité de croissance des adolescents dépend du lieu et de l'époque où ils ont été élevés. En termes plus académiques, la vitesse de développement correspond à une adaptation au contexte culturel.

Les adolescents d'aujourd'hui suivent une stratégie d'histoire de vie *lente*, qui est courante aux époques et dans les lieux où les familles ont moins d'enfants et s'occupent de chacun d'eux plus longtemps et plus attentivement. C'est une bonne description de la culture actuelle aux États-Unis : la famille moyenne a deux enfants, les petits peuvent commencer dès 3 ans à pratiquer des sports organisés et la préparation à l'université semble commencer dès l'école primaire. Comparons cela à une stratégie d'histoire de vie *rapide*, dans laquelle les familles sont plus étendues et les parents se concentrent sur la survie plutôt que sur la qualité de vie. Cette stratégie de *vie rapide* implique moins de préparation pour le futur et une plus grande attention à la survie quotidienne. Elle était plus courante à l'époque des baby-boomers, quand il existait moins d'outils pour faciliter le travail et que les femmes avaient en moyenne quatre enfants ; certains d'entre eux étaient donc obligés de sortir jouer dans la rue. Mon oncle m'a raconté qu'il allait se baigner nu dans la rivière quand il avait 8 ans et je me suis demandé pourquoi ses parents le laissaient faire et ne l'accompagnaient pas. Puis je me suis souvenue que nous étions en 1946, que ses parents avaient sept autres enfants et devaient gérer une ferme. L'objectif majeur était la survie de la famille, pas de prendre des cours de violon à 5 ans.

La théorie des histoires de vie mentionne explicitement que les stratégies de *vie lente* ou *rapide* ne sont pas nécessairement bonnes ou mauvaises ; elles existent, tout simplement. Gardez cela à l'esprit lorsque nous explorons les tendances ; ce n'est pas parce qu'un comportement a changé par rapport aux générations précédentes qu'il est forcément mauvais (ou bon), et je ne veux pas laisser entendre que c'est le cas. Par exemple, dans certaines cultures, avoir des relations amoureuses dès les premières années du lycée est considéré comme positif – cela signifie que l'individu a du succès avec les membres du sexe opposé et n'aura pas de problème pour concevoir rapidement les petits-enfants que les parents attendent. Dans d'autres cultures, c'est considéré comme négatif – si une jeune fille commence à avoir des relations trop tôt, elle leur donnera la priorité et ne terminera pas son cursus universitaire. La question du caractère positif ou négatif de ces tendances dépend donc énormément de la perspective culturelle de chacun. Je suggère d'appliquer la même prudence à la question de la « maturité » ou de l'« immaturité » de certains comportements. Sortir avec ses amis est-il mature ou immature ? Et avoir des rapports sexuels ? En réalité, ce n'est ni l'un ni l'autre – ou les deux à la fois. De plus, ces étiquettes font l'impasse sur l'explication plus complète, et plus correcte, du parcours de développement différent que les adolescents empruntent aujourd'hui. La question n'est pas de dire si c'est négatif ou positif, mature ou immature, mais de constater que ces jalons de l'âge adulte sont de nos jours franchis plus tard qu'auparavant.

Un autre point-clé : presque toutes les transformations générationnelles analysées dans ce chapitre et les suivants apparaissent dans différents groupes démographiques. Les échantillons dans lesquels nous puisons sont représentatifs au niveau national, ce qui signifie que ces adolescents reflètent la démographie des États-Unis. Tous les groupes sont inclus. Même au sein de communautés spécifiques, les tendances se manifestent invariablement. Elles sont observables dans la classe ouvrière autant que dans la classe moyenne supérieure, dans les minorités et parmi les Blancs, chez les filles et les garçons, dans les grandes villes, les banlieues et les petites villes, et à travers tout le pays. Cela signifie qu'elles ne se limitent pas aux adolescents blancs de la classe moyenne supérieure au sujet desquels les journalistes s'inquiètent souvent. Les jeunes, quel que soit leur groupe ethnique, la région et le milieu d'où ils viennent, grandissent tous plus lentement.

Permis de conduire

J'appelle Matthew, 19 ans, alors qu'il est dans la chambre de sa petite université en Pennsylvanie. Il est originaire de Nouvelle-Angleterre et souhaite devenir professeur d'histoire au lycée. Sur les photos des matchs de tennis qu'il disputait au lycée, visibles en ligne, on peut voir un jeune homme grand et mince au swing gracieux. Sa playlist sur YouTube comprend des vidéos du groupe Imagine Dragons et un sketch de College Humor intitulée « Gluten Free Duck »[11] (elle met en scène un canard qui ne veut pas manger de miettes de pain et demande à la place « une tortilla au riz brun ou peut-être quelques crackers au quinoa ? »). Quand nous discutons, il est clair et réfléchi, parle des livres d'histoire qu'il aime et partage son avis sur les questions sociales. Il n'a pas passé son permis de conduire avant ses 18 ans, deux ans après l'âge légal aux États-Unis. Durant la plus grande partie de sa terminale, il prenait le bus pour aller à l'école ou bien ses parents venaient le chercher. « Pourquoi as-tu attendu ? », lui ai-je demandé. « J'étais trop paresseux pour m'y mettre », répond-il. « Et j'étais aussi assez stressé, parce que j'ai une sœur plus âgée qui a raté l'examen une ou deux fois ; et elle est très intelligente, donc je me suis dit que si elle ratait, il n'y avait pas moyen que je le réussisse. Je suppose que j'étais stressé et que j'avais peur d'échouer. » Bien sûr, les adolescents ont toujours été nerveux à l'idée de passer le permis de conduire, mais l'attrait de la liberté suffisait généralement à surmonter leur peur.

---

11. Le canard qui ne mange pas de gluten (N.d.T.).

Le cas de Matthew illustre parfaitement l'une des tendances propres à la génération iGen : alors que quasiment tous les baby-boomers avaient leur permis de conduire en terminale, ils n'étaient que 72 % des 17-18 ans à l'avoir obtenu en 2015. Ce qui signifie que plus d'un membre d'iGen sur quatre n'a pas le permis à sa remise de diplôme (voir Graphique 1.5).

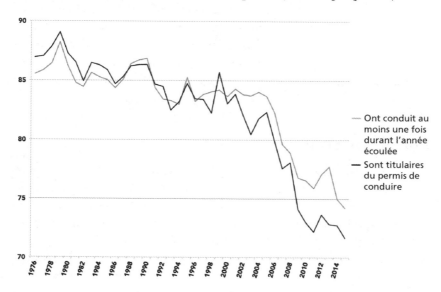

Graphique 1.5. Pourcentage d'élèves de 17-18 ans qui ont conduit au moins une fois durant l'année écoulée et sont titulaires du permis de conduire. *Monitoring the Future*, 1976-2015.

Pour certains, Maman conduit tellement bien qu'il n'y a aucune urgence à passer son permis. « Mes parents m'emmenaient partout et ne se sont jamais plaints, donc j'ai toujours eu un chauffeur », écrit Hannah, 21 ans. « À 18 ans, la plupart de mes amis avaient le permis et une voiture, mais je n'étais pas pressée. Je n'ai passé mon permis que quand ma mère me l'a demandé, parce qu'elle ne pouvait plus m'emmener à l'école. » Elle l'a finalement obtenu six mois après ses 18 ans. D'autres iGens m'ont confié des expériences similaires ; ils ne passent leur permis que si leurs parents insistent – un motif qui semblerait absurde pour les précédentes générations d'adolescents, qui trépignaient d'impatience à cette idée. Juan, 19 ans, me dit qu'il n'a pas passé son permis tout de suite « parce que [s]es parents ne [l]'y ont pas "poussé" ».

En tant que membre de la génération X, cette phrase me laisse à chaque fois bouche bée. Avant, c'était tout le contraire : nous voulions à tout prix passer notre permis et nos parents nous demandaient d'attendre. Dans le film *License to Drive*, sorti en 1988, le personnage principal rate son permis, mais vole quand même la voiture de son père pour la nuit (ses parents ne remarquent rien parce que sa mère est en train d'accoucher de leur quatrième enfant – une belle illustration de la théorie des histoires de vie mentionnée précédemment). Un autre personnage délivre un discours poignant sur le sens profond que revêt l'obtention du permis pour la consé-cration de sa vie amoureuse et de sa soif d'indépendance. « Tu devais rester là à regarder toutes les jolies filles s'en aller dans la voiture d'un connard plus âgé que toi. L'humiliation… je sais ce que c'est, je l'ai vécue », dit-il. « Mais c'est fini maintenant. Cette chose dans ton portefeuille, ce n'est pas une feuille de papier ordinaire. C'est un permis de conduire ! … Un permis de vivre, un permis d'être libre, d'aller où tu veux et avec qui tu veux ! » Alors qu'il déclame ces paroles, se tenant droit et fier, l'hymne national retentit en arrière-plan.

Mais quand les iGens envisagent de passer leur permis, ils se contentent d'un : « Bof ».

Est-ce à cause de services de covoiturage comme Uber ou Lyft que de moins en moins d'adolescents conduisent ? C'est peu probable. Tout d'abord, ces services exigent généralement que les passagers aient 18 ans ou plus, la plupart des lycéens ne peuvent donc pas les utiliser seuls. De plus, Uber a été lancé en 2009 et Lyft en 2012, et le déclin de l'obtention du permis de conduire s'est amorcé bien avant. D'autre part, cette baisse s'observe également dans les banlieues et les zones rurales où Uber n'est souvent pas disponible. La diminution la plus constante apparaît d'ailleurs parmi les adolescents de banlieue, ce qui tendrait à confirmer que ce dé-clin est plutôt à mettre sur le dos de Papa et Maman qui n'hésitent pas à conduire leur progéniture partout (voir Annexe B).

Il est vrai que certains États ont modifié leurs lois sur la conduite des adolescents pendant les années 2000. Cela pourrait expliquer les modifi-cations de comportement chez les plus jeunes mais ce n'est sans doute pas le cas pour les lycéens de 17-18 ans : ceux-ci remplissent le questionnaire au printemps, quand ils ont pratiquement tous 17 ans et la plupart 18. (Ils sont d'ailleurs *plus* nombreux à avoir 18 ans que les décennies précédentes – 57 % en 2015 contre 53 % en 1992.) Depuis 2016, quarante-neuf États (soit tous les États à l'exception du New Jersey) autorisent les adolescents à conduire seuls dès l'âge de 16 ans et demi[12] (même s'il existe des restrictions concernant la conduite de nuit ou la présence de passagers, ils sont en tout cas autorisés à conduire seuls). Pour avoir un aperçu des chiffres quand ils ne sont pas biaisés par ces nouvelles lois, on peut examiner les tendances dans la région ouest, où la majorité des États (onze sur quatorze, soit 85 %, en comptant la Californie) autorisent la conduite pleine, sans restriction, à partir de 17 ans. Dans cette région, on constate un déclin équivalent, voire même supérieur, du nombre d'adolescents titulaires d'un permis de conduire (voir Annexe B).

Même au-delà de la simple obtention du permis de conduire, de moins en moins d'adolescents conduisent. Tous les États peuvent fournir aux adolescents un permis provisoire qui les autorise à conduire avec un adulte titulaire d'un permis présent dans la voiture, dès l'âge de 14-16 ans. Cela signifie qu'au moment où ils répondent à l'enquête, tous les jeunes de 17-18 ans ont le droit de rouler depuis au moins un an. Pourtant, en 2015, un sur quatre ne conduisait pas du tout. La grande majorité des États (84 %) autorisent les jeunes de 15 ans à avoir un permis provisoire et tous les États l'autorisent à 16 ans. La moitié des étudiants ayant 16 ans avant le printemps de la seconde au lycée, ils peuvent alors commencer à conduire. Mais en 2015, pour la première fois, la majorité des lycéens de seconde ne conduisaient pas – pas même avec un permis provisoire. Le déclin de la conduite est commun à toutes les régions, tous les groupes ethniques et toutes les classes socioéconomiques (voir Annexe 3).

La régression du nombre d'enfants livrés à eux-mêmes

En 2015, un couple du Maryland a laissé ses enfants de 10 et 6 ans rentrer seuls à pied d'un parc situé à un peu plus d'un kilomètre de chez eux. Un riverain a aperçu les enfants marcher seuls et s'est empressé d'appeler la police, de sorte que le couple a ensuite fait l'objet d'une enquête pour négligence envers les enfants de la part des *Child Protective Services*[13]. L'histoire a fait les gros titres au niveau national (Wallace, 2015), en partie

---

12. *Governors Highway Safety Association. Teen and novice drivers.*
13. Services de protection de l'enfance (N.d.T.).

parce que de nombreux baby-boomers et membres de la génération X se sont remémoré la liberté de mouvement dont ils bénéficiaient au même âge. Dans un sondage effectué en 2015 (Moore, 2015), 71 % des adultes ont déclaré qu'ils ne laisseraient pas un enfant se rendre seul au parc, alors que 59 % des adultes de plus de 30 ans se rappellent avoir été dans cette situation quand ils étaient petits. Une de mes amies de la génération X se souvient qu'elle marchait seule jusqu'à son école maternelle le long d'un chemin qui traversait une voie ferrée. Aujourd'hui, quand sa fille de 6 ans se rend seule jusqu'au coin de la rue, les voisins prennent souvent soin de la raccompagner chez elle, au cas où elle se serait perdue.

Les membres de la génération X ont également le souvenir d'avoir souvent été livrés à eux-mêmes dans leur enfance. Ils rentraient de l'école à pied et avaient une clé pour entrer dans la maison vide, les parents étant encore au travail. Certains enfants en prenaient l'habitude dès l'école primaire ; et une fois arrivé au collège, a fortiori au lycée, cette pratique leur semblait naturelle. Peu d'adolescents iGens en font aujourd'hui l'expérience (voir Graphique 1.6).

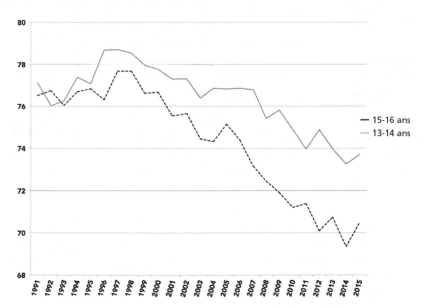

Graphique 1.6. Pourcentage d'élèves de 13-14 ans et de 15-16 ans qui passent du temps chez eux après l'école en l'absence d'un adulte. *Monitoring the Future*, 1991-2015.

Si l'évolution des pratiques reste restreinte, l'orientation de cette tendance est cependant surprenante, étant donné que le nombre de femmes travaillant à temps plein dans les années 2010 a augmenté par rapport aux années 1990. En conséquence, le nombre d'adolescents laissés seuls après l'école devrait augmenter, et non diminuer. (Et ce phénomène ne peut s'expliquer par le fait qu'ils sont plus nombreux à travailler ou à avoir des activités extrascolaires l'après-midi ; comme nous le verrons plus loin, ils sont moins qu'auparavant dans ce cas et le temps passé à d'autres activités est resté le même.) Que ce soit via des programmes parascolaires ou d'autres méthodes, les parents se sont arrangés pour qu'il y ait moins d'adolescents de 14, 15 et 16 ans laissés seuls à la maison pendant l'après-midi. Ainsi, les adolescents ont non seulement plus tendance à sortir uniquement avec leurs parents, mais ils sont aussi moins susceptibles de rester chez eux sans leurs parents.

Le déclin du travail adolescent

De nombreux baby-boomers et membres de la génération X se rappellent la première fois qu'ils ont pu acheter quelque chose avec leur propre argent – gagné notamment en tondant la pelouse ou en faisant du babysitting. Ou bien ils se souviennent d'avoir encaissé le premier chèque de leur job au centre commercial pour acheter des vêtements à la mode ou un CD pour lequel ils avaient économisé.

Les iGens ont moins de probabilités de vivre cette expérience. Le nombre d'adolescents qui travaillent est en chute libre : vers la fin des années 70, seuls 22 % des jeunes de 17-18 ans ne travaillaient pas du tout durant l'année scolaire ; au début des années 2010, ils étaient deux fois plus nombreux (44 %) (voir Graphique 1.7). Le nombre de collégiens de 13-14 ans exerçant un travail rémunéré a également diminué de moitié. Ce déclin s'est accéléré pendant la crise économique de 2007-2009, mais les chiffres ne sont pas remontés pour autant pendant les années suivantes, alors que le taux de chômage s'était drastiquement réduit et que les petits boulots étaient plus faciles à trouver. Parmi les adolescents les plus jeunes, le nombre de ceux qui travaillent a continué à baisser malgré une économie à nouveau florissante. De plus, les adolescents travaillent en moyenne moins d'heures par semaine ; ainsi, en 2016 (par opposition à 1987), les élèves de terminale qui se préparaient à entrer à l'université travaillaient environ cinq heures de moins par semaine, soit environ quarante minutes de moins par jour (voir Annexe B).

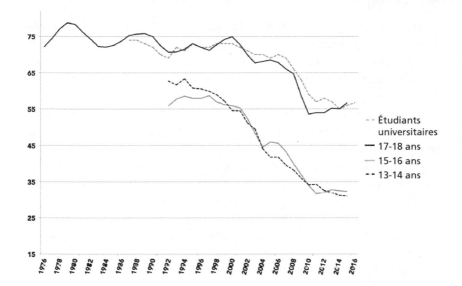

Graphique 1.7. Pourcentage d'élèves de 13-14 ans, 15-16 ans, 17-18 ans et d'étudiants en première année qui ont effectué un travail rémunéré au cours d'une semaine normale. *Monitoring the Future* et *American Freshman Survey*, 1976-2016.

En outre, moins d'adolescents travaillent pendant l'été (Hill, 2014, 2016) : en 1980, 70 % avaient un job d'été, contre 43 % dans les années 2010 (voir Annexe B). Cette diminution ne semble pas liée à l'incapacité de trouver un petit boulot ; selon le *Bureau of Labor Statistics*[14], le nombre d'adolescents qui veulent avoir un job d'été mais n'arrivent pas à en trouver est resté identique, tandis que le nombre de jeunes qui n'en veulent pas a doublé.

Peut-être les adolescents travaillent-ils et sortent-ils moins parce qu'ils consacrent plus de temps à leurs devoirs et aux activités extrascolaires. Selon un nombre grandissant d'articles, les étudiants américains, surtout les jeunes adolescents, passent de plus en plus de temps à étudier parce que les écoles se montrent toujours plus exigeantes. On parle également

---

14. Bureau des statistiques du travail (N.d.T.).

beaucoup d'étudiants qui accumulent quantité d'activités pour peaufiner leur dossier d'entrée à l'université, les établissements devenant de plus en plus compétitifs.

Sauf que la vérité des chiffres est tout autre. Examinons d'abord les activités extrascolaires. La mesure la plus éloquente à ce sujet se trouve dans l'enquête effectuée sur les étudiants qui entrent à l'université, précisément le groupe dans lequel on s'attend à constater une hausse des activités extrascolaires. Ce n'est pourtant pas le cas. Le temps consacré par les élèves de terminale aux organisations étudiantes et aux activités sportives a peu évolué au fil du temps (voir Annexe B). La seule augmentation observée se situe au niveau du bénévolat, qui est aujourd'hui souvent obligatoire pour obtenir son diplôme ; les étudiants de ces dernières années ont effectué environ 10 minutes de bénévolat supplémentaires par jour par rapport à ceux de la fin des années 80. Cependant, cette augmentation a eu lieu entre les années 80 et les années 90, bien avant la grande chute du travail rémunéré. Même si le bénévolat a légèrement augmenté, le timing ne correspond pas et le changement est trop mineur pour expliquer la chute conséquente du travail rémunéré.

Qu'en est-il du temps passé à faire les devoirs ? Il s'avère que les élèves de 13-14 ans, 15-16 ans et 17-18 ans de la génération iGen passent en fait *moins* de temps sur leurs devoirs que les adolescents X ne le faisaient au début des années 90, et ceux de terminale qui vont commencer une formation en quatre ans à l'université y passent plus ou moins le même temps (voir Annexe B). Entre 2005 et 2015 – période où le travail rémunéré a le plus diminué – le temps passé sur les devoirs variait souvent : les élèves de 13-14 ans y passaient huit minutes de moins par jour en 2015 qu'en 2005, et les élèves de 15-16 ans et 17-18 ans y passaient environ dix minutes de plus par jour. Ces changements sont trop légers pour expliquer le large déclin en temps observé pour le travail rémunéré – et en ce qui concerne les élèves de 13-14 ans, ils vont dans la mauvaise direction, étant donné que le temps passé sur les devoirs comme le temps passé à un travail rémunéré diminuent pareillement.

Nous pouvons également étudier le temps total que les adolescents consacrent au travail rémunéré, aux devoirs, au bénévolat et aux activités extrascolaires. Si ce total a augmenté ou est resté identique, les adolescents ont déplacé le temps qu'ils employaient pour du travail rémunéré dans les devoirs ou les activités parascolaires. S'il a diminué, le temps passé sur les devoirs n'a pas compensé les heures que les adolescents passaient à travailler par le passé.

Les tendances en ce qui concerne ces chiffres sont claires : les adolescents iGens passent *moins* de temps sur les devoirs, le travail rémunéré, le bénévolat et les activités extrascolaires combinés, et non pas plus (voir Graphique 1.8). Ainsi, les élèves de terminale prévoyant d'aller à l'université en 2015 passaient quatre heures de moins par semaine sur toutes ces activités durant leur dernière année de lycée que ceux qui sont entrés à l'université en 1987. Ce qui signifie que les adolescents iGens – y compris ceux qui commencent des études supérieures – ont trente-trois minutes de loisirs par jour *en plus* par rapport à la génération X. Le temps passé sur les devoirs et autres activités ne semble donc pas être la raison pour laquelle les adolescents ont aujourd'hui moins tendance à travailler pendant l'année scolaire.

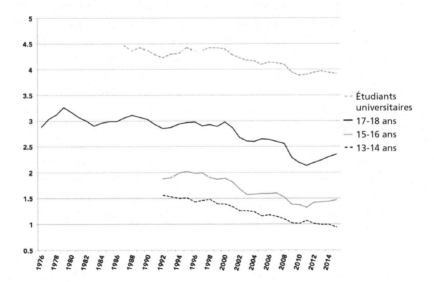

Graphique 1.8. Nombre total d'heures par jour passées au travail et sur diverses activités, par des jeunes de 13-14 ans, 15-16 ans, 17-18 ans et des étudiants entrant à l'université, se rapportant à leur dernière année de lycée. *Monitoring the Future* et *American Freshman Survey*, 1976-2015. (Pour les étudiants entrant à l'université, le total comprend les devoirs, le travail rémunéré, le bénévolat, le sport et les associations étudiantes. Pour les élèves de 17-18 ans, le total comprend les devoirs, le travail rémunéré et le bénévolat. Pour les élèves de 13-14 ans et 15-16 ans, le total comprend les devoirs et le travail rémunéré.)

Alors, le fait que moins d'adolescents travaillent est-il positif ou négatif ? Probablement un peu des deux. La plupart des jobs étudiants sont peu qualifiés et ne préparent pas nécessairement les jeunes pour les postes de niveau supérieur qu'ils occuperont plus tard. Mes étudiants à l'Université d'État de San Diego me disent qu'ils ont déjà replié les vêtements chez *Gap*, rempli les rayons au supermarché et nettoyé les sanitaires chez *McDonald's*. Même s'ils ont acquis des compétences en service client, ces jobs sont très différents des emplois de bureau que la plupart rechercheront après l'université. Un travail peut aussi empêcher les jeunes de trouver le sommeil dont ils ont besoin, surtout s'ils travaillent tard le soir et commencent l'école tôt le matin. Et même si le temps passé à faire les devoirs ne semble pas empêcher l'adolescent moyen d'avoir un job, ceux qui travaillent de longues journées ont souvent des difficultés à faire leur travail scolaire.

Même si les jeunes n'acquièrent pas des compétences précieuses grâce à ces jobs, ils y apprennent cependant souvent la valeur de la responsabilité et de l'argent. Vicki, une étudiante de 22 ans de ma classe de psychologie de la personnalité à l'Université d'État de San Diego, m'a expliqué que ses parents ne voulaient pas qu'elle travaille pendant ses années de lycée et elle a donc vécu comme un choc la recherche d'un petit boulot en arrivant à l'université. « Personne ne voulait m'engager à cause de mon manque d'expérience et quand j'ai enfin trouvé un travail, je n'agissais pas de manière professionnelle et j'ai finalement été virée après quelques mois », écrit-elle. « Si j'avais travaillé quand j'étais au lycée, peu importe où, j'aurais su comment me comporter. En fait, si j'avais eu un job, j'aurais probablement acquis une discipline et une éthique de travail qui m'auraient aidée dans différents domaines. J'aurais assimilé l'importance de la présence, avec laquelle j'ai du mal en ce qui concerne l'école et les rendez-vous. Je n'ai jamais appris ce que ça faisait de gagner de l'argent. »

Avoir un job peut également être bénéfique pour certaines tranches de la population. Une étude a démontré que des adolescents défavorisés assignés de manière aléatoire à des programmes de jobs estivaux avaient 43 % moins de risques d'être impliqués dans des activités de violence. L'effet est surtout visible après la fin du contrat de huit semaines, ce qui semble indiquer que l'emploi a eu un effet bénéfique à long terme et n'a pas seulement permis de passer le temps. Un job à mi-temps peut également fournir les fonds nécessaires aux jeunes qui vont commencer l'université, surtout dans le contexte actuel, où les frais de scolarité ne cessent d'augmenter, obligeant nombre d'étudiants à rembourser une lourde dette après l'obtention de leur diplôme universitaire. Que l'impact soit positif ou négatif, le travail est encore une autre activité d'adulte que les adolescents remettent à plus tard.

Demander un prêt à la banque « maman, papa »

Je rencontre Ellie, 16 ans, à son lycée ; par une journée d'automne ensoleillée, juste avant le déjeuner, nous nous asseyons à l'extérieur de sa classe et commençons à discuter. C'est une jolie élève de première aux longs cheveux châtain qui m'explique tout de la géolocalisation sur Instagram. Elle a repoussé le moment de passer son permis de conduire mais espère pouvoir le faire bientôt, car ses parents doivent encore la déposer au centre commercial quand elle veut passer du temps avec ses amis. Je lui demande si elle a un job et elle me répond par la négative ; elle ne reçoit pas non plus d'argent de poche. « Alors tes parents te payent ce dont tu as envie ; c'est comme ça que ça marche ? », je lui demande. « Oui », me dit-elle. « En général, quand j'ai besoin d'argent, ils me le donnent. Je dois juste leur demander. Ils ne le font pas toujours, mais ça arrive. »

Avec la diminution du nombre d'adolescents qui travaillent, on pourrait s'attendre à ce qu'ils soient aussi plus nombreux à recevoir de l'argent de poche pour satisfaire leurs envies. Pourtant, ils sont de *moins en moins* d'iGens à en recevoir. Quand le taux d'emploi des adolescents a commencé à chuter dans les années 80, beaucoup de parents ont d'abord réagi en donnant de l'argent à leurs enfants. Mais depuis 2000, moins d'adolescents reçoivent de l'argent de poche, et ils sont encore moins à en gagner grâce à un job : ainsi, 20 % des 17-18 ans n'ont aucun argent personnel à gérer (voir Graphique 1.9 ; voir Annexe B pour l'équivalent pour les jeunes de 15-16 ans). Quand ils ont besoin d'argent, ils doivent en demander à leurs parents, comme Ellie. Encore un autre exemple du fait que les jeunes de 18 ans sont aujourd'hui semblables à ceux de 15 ans auparavant : tout comme les enfants et les jeunes adolescents, un iGen de 17-18 ans sur cinq demande à ses parents ce qu'il veut au lieu de gérer son propre budget.

Il est difficile de dire si ce contrôle parental de l'argent est à l'initiative des parents ou des adolescents. Si l'idée vient des parents, cela implique qu'ils pensent que des jeunes de 17-18 ans ne sont pas prêts à gérer leur propre budget. Ou peut-être les adolescents se sont-ils rendu compte qu'ils recevraient plus d'argent s'ils en réclamaient de temps en temps plutôt qu'en percevant une somme fixe et régulière. Dans tous les cas, le résultat est le même : de plus en plus de jeunes sont diplômés du lycée sans avoir jamais eu à gérer un budget, ils n'ont jamais appris à décider combien ils pouvaient dépenser pour chaque poste (cinéma, essence et repas...) ce premier entraînement avant de payer, une fois adulte, le loyer, les factures et la nourriture.

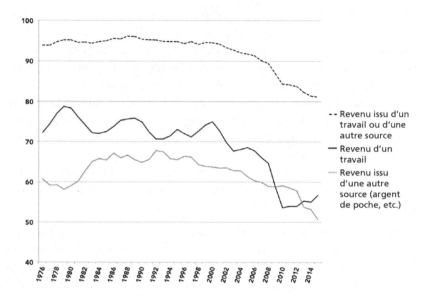

Graphique 1.9. Pourcentage de jeunes de 17-18 ans qui perçoivent un salaire, de l'argent de poche, ou les deux. *Monitoring the Future*, 1976-2015.

Tu bois, tu perds

Je parviens à joindre Chloe, 18 ans, sur son téléphone portable alors qu'elle sort de l'école par un doux mercredi de printemps. Elle est en terminale dans un lycée de banlieue à Cleveland, dans l'Ohio, et vient de décider qu'elle irait à l'Université d'État de l'Ohio (« Je suis trooop excitée », me dit-elle). Quand elle était plus jeune, elle pensait faire carrière dans la mode, mais elle envisage maintenant de se spécialiser en psychologie. Je lui demande quelles sont ses émissions de télé préférées et elle avoue avec une pointe d'embarras qu'elle a un faible pour *Keeping*

Up with the Kardashians – pas pour le côté dramatique, précise-t-elle, mais pour l'aperçu qu'offre l'émission du style de vie chic californien. Elle adore aussi regarder des vidéos en ligne d'animaux comiques.

Elle passe beaucoup de temps avec ses amis, à flâner au centre commercial ou à manger du yaourt glacé. Elle a un copain, un job à mi-temps et le permis de conduire, mais les autres activités d'adultes ne l'intéressent pas beaucoup. Ainsi, quand je lui demande si elle va en soirée ou boit de l'alcool, elle se montre très sceptique. « Les filles avec qui je travaille me racontent parfois : "Je suis allée à une soirée à l'université ce week-end et j'étais vraiment bourrée, j'ai couché avec un gars" ; pour moi, ce sont des bêtises qu'elles font à cause de l'alcool », dit-elle. « Et ça ne t'attire pas ? », je lui demande, un peu taquine. « Non. Je ne comprends pas pourquoi les gens ne veulent pas garder le contrôle d'eux-mêmes et de leurs actions », dit-elle.

Chloe ressemble plus aux autres iGens qu'il n'y paraît ; ils sont de moins en moins à boire de l'alcool. En 2016, presque 40 % d'iGens de 17-18 ans n'avaient encore jamais goûté d'alcool et le nombre de jeunes de 13-14 ans qui en ont déjà bu a presque diminué de moitié (voir Graphique 1.10).

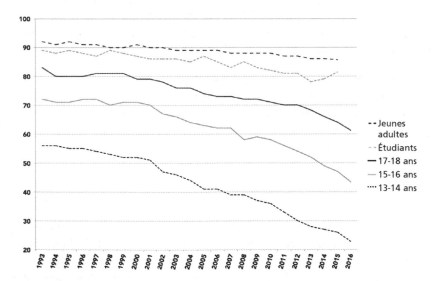

Graphique 1.10. Pourcentage de jeunes ayant déjà consommé de l'alcool (davantage que quelques gorgées) : 13-14 ans, 15-16 ans, 17-18 ans, étudiants universitaires et jeunes adultes (âgés de 19 à 30 ans). *Monitoring the Future*, 1993-2016.

La diminution de la consommation d'alcool touche majoritairement le groupe le plus jeune alors qu'elle est minime parmi les jeunes adultes. Ce déclin s'apparente à une piste noire escarpée pour les jeunes de 13-14 ans, à une piste verte pour ceux de 17-18 ans et à une modeste piste de ski de fond pour les jeunes adultes. Parmi ces derniers, presque tous ont goûté de l'alcool et ce chiffre a diminué seulement légèrement au fil des décennies. Ce qui a changé, c'est l'âge auquel ils commencent à boire. Au début des années 90, l'adolescent de 13-14 ans moyen avait déjà goûté de l'alcool, alors qu'en 2014, le jeune de 15-16 ans moyen n'y a pas encore touché. Cela signifie que la plupart des adolescents iGens repoussent le moment de boire de l'alcool jusqu'à leurs 16 ans, voire plus tard ; ils se lancent plus tardivement dans cette activité d'adulte qu'est la consommation d'alcool. Des tendances similaires ont été observées ce dernier mois dans l'étude *Monitoring the Future*, ainsi que dans des enquêtes telles que le *Youth Risk Behavior Surveillance Survey*[15] (voir Annexe B) conduite par le *Center for Disease Control and Prevention*[16].

Le déclin abrupt de la consommation d'alcool chez les jeunes adolescents est particulièrement encourageant ; nous pensons tous qu'il n'est pas bon que les jeunes commencent à boire dès 13 ou 14 ans, surtout quand on sait qu'ils sont autorisés à conduire dès l'âge de 16-17 ans. Cette diminution de la consommation juvénile représente donc une véritable avancée dans le domaine de la santé publique.

Cependant, ces tendances présentent aussi un inconvénient : les jeunes sont de plus en plus nombreux à arriver sur les campus universitaires ou à entrer dans l'âge adulte sans avoir une grande expérience de la boisson. Puisque la consommation d'alcool parmi les étudiants et les jeunes adultes n'a pas beaucoup changé, cela signifie que les iGens accélèrent leur consommation sur une période beaucoup plus courte que les générations précédentes. Beaucoup passent très rapidement d'un extrême à l'autre dans leur consommation d'alcool.

C'est particulièrement le cas pour le phénomène de « biture express », ou « binge drinking », généralement défini comme le fait de boire cinq verres ou plus à la suite. Le « binge drinking » est la forme la plus dangereuse de consommation d'alcool, car c'est celle qui est le plus susceptible

---

15. Enquête de surveillance des comportements à risque chez les jeunes (N.d.T.).
16. Centre de contrôle et prévention des maladies (N.d.T.).

de mener au coma éthylique, au manque de jugement et à la conduite sous l'emprise de l'alcool. Le nombre de jeunes de 18 ans qui pratiquent le « binge drinking » a diminué de moitié depuis le début des années 80, mais parmi les 21 à 22 ans, il est resté identique (voir Graphique 1.11).

Graphique 1.11. Pourcentage de jeunes de 18 ans et de 21-22 ans qui ont rapporté avoir consommé de l'alcool à l'excès durant les deux dernières semaines. *Monitoring the Future*, 1976-2015.

La hausse rapide de consommation d'alcool entre 18 et 21 ans peut se révéler risquée. Une étude de cette tendance, réalisée par les *National Institutes of Health*[17], a conclu que « toute augmentation de la consommation excessive d'alcool entre 18 et 21-22 ans accroît le risque de conséquences négatives ; il est probable que plus la progression est rapide, moins on a d'expérience avec les situations de consommation excessive d'alcool, et plus il y a de risques » (Jager, Schulenberg, O'Malley & Bachman, 2013).

Ce phénomène s'observe particulièrement chez les jeunes étudiants. Les lycéens qui s'apprêtent à entrer à l'université sont moins susceptibles de boire de l'alcool que ceux qui ne prévoient pas de faire des études supérieures, mais une fois qu'ils y sont, ils ont davantage tendance à s'adonner

---

17. Instituts nationaux de la santé (N.d.T.).

au « binge drinking » que ceux qui ne vont pas à l'université. Pour les étudiants, la courbe relative à l'expérience est très abrupte. Comme le dit l'un d'entre eux : « J'ai 21 ans et c'est la première fois que je peux boire de l'alcool, je compte bien en profiter à fond ! » (Schulenberg & Maggs, 2002). Cette attitude peut constituer un véritable défi pour les responsables des services étudiants, puisque les jeunes arrivent sur le campus sans aucune expérience de la boisson et sont rapidement immergés dans une culture de consommation excessive d'alcool.

Qu'en est-il de la drogue ? L'apogée de l'utilisation de drogues illégales par les adolescents – le cannabis, en grande partie – a eu lieu vers la fin des années 70 et le début des années 80. Leur usage a ensuite plongé au début des années 90 avant de remonter dans les années 2000 et 2010 (voir Graphique 1.12). Il n'y a que peu de différences entre les jeunes de 18 ans et ceux de 21-22 ans en ce qui concerne la consommation de drogues et celle-ci a légèrement augmenté avec le passage à la génération iGen au début des années 2010.

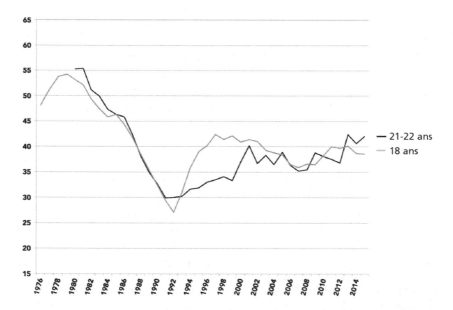

Graphique 1.12. Pourcentage de jeunes de 18 et 21-22 ans ayant consommé une drogue illégale au cours des douze derniers mois. *Monitoring the Future*, 1976-2015.

Pourquoi les comportements sont-ils différents pour la consommation d'alcool et l'usage des drogues ? Celui-ci est illégal, quel que soit l'âge, en tout cas dans la plupart des États. Il constitue toujours une infraction, que l'on ait plus ou moins de 21 ans. Acheter de l'alcool, par contre, devient légal à partir de 21 ans – c'est peut-être pourquoi cette génération prudente a davantage tendance à l'éviter à l'adolescence, pour mieux s'y adonner après 21 ans. Si davantage d'États légalisent l'usage du cannabis pour les adultes, ce modèle changera peut-être. (Nous explorerons ces tendances plus en détail dans le chapitre 6 consacré à la sécurité.) Pour l'instant, retenons que la génération iGen boit moins mais fume plus de cannabis que les milléniaux qui l'ont précédée.

Grandir lentement

Récapitulons : comparés à leurs prédécesseurs, les adolescents iGens ont moins tendance à sortir sans leurs parents, à avoir des relations amoureuses ou des rapports sexuels, à conduire, à travailler ou à boire de l'alcool. Toutes ces activités sont caractéristiques du monde des adultes. La plupart des individus s'y adonnent pour la première fois durant l'adolescence, période de transition entre l'enfance et l'âge adulte. Les lycéens iGens sont étonnamment moins susceptibles de vivre ces expériences, auparavant considérées comme des jalons presque universels de l'adolescence, ces premiers pas euphoriques vers l'indépendance qui nous donnent pour la première fois l'impression d'être adulte (voir Graphique 1.13). Même les iGens qui franchissent ces étapes au lycée le font à un âge plus avancé que les générations précédentes. Ces expériences incluent à la fois les plaisirs de l'âge adulte, comme le sexe et l'alcool, et ses responsabilités, comme travailler et conduire. Pour le meilleur ou pour le pire, les adolescents iGens ne sont pas pressés de grandir. Les jeunes de 18 ans d'aujourd'hui ressemblent à ceux qui avaient 14 ans à l'époque, et ceux de 14 ans à ceux de 10 ou 12 ans.

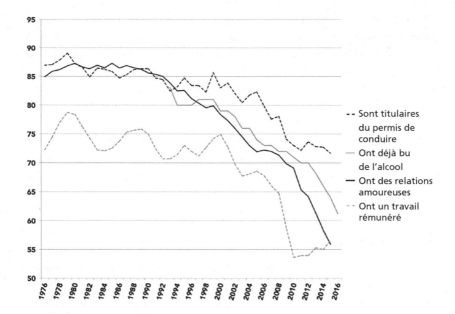

Graphique 1.13. Pourcentage de jeunes de 17-18 ans qui sont titulaires du permis de conduire, ont déjà bu de l'alcool, ont des relations amoureuses et ont eu un travail rémunéré durant l'année scolaire. *Monitoring the Future*, 1976-2016.

En réalité, cette arrivée à maturation plus lente s'est amorcée bien avant les iGen. Les premiers changements dans la vitesse de développement sont apparus non pas parmi les adolescents, mais parmi les jeunes adultes de la génération X dans les années 90, qui ont commencé à repousser les jalons traditionnels de l'âge adulte consistant à construire une carrière, se marier et avoir des enfants. En 1975, l'âge moyen auquel les femmes baby-boomers se mariaient était de 21 ans ; celui des X en 1995, de 25 ans. Et comme toujours plus de jeunes allaient à l'université, se lancer dans une carrière à temps plein était également reporté à plus tard.

Cependant, les *adolescents* de la génération X ne ralentissaient pas le rythme pour autant. Ils étaient tout aussi susceptibles de conduire, de boire de l'alcool et d'avoir des relations amoureuses que leurs prédécesseurs baby-boomers et ils avaient même plus tendance à avoir des rapports sexuels et, pour les filles, à tomber enceinte jeunes. Mais ils prenaient ensuite plus de temps pour arriver au cœur de l'âge adulte, synonyme de carrière et d'enfants. La génération X a donc réussi à allonger son adolescence comme jamais auparavant : ses membres commençaient à devenir adultes plus tôt et terminaient leur développement plus tard.

Aujourd'hui, l'adolescence se raccourcit à nouveau, mais à la limite inférieure ; ce phénomène a débuté avec les milléniaux et progresse maintenant à toute vitesse avec la génération iGen. L'enfance s'est allongée et les adolescents sont davantage traités comme des enfants, moins indépendants et plus protégés par les parents qu'ils ne l'étaient auparavant. La trajectoire de développement tout entière est plus lente, de l'enfance à l'adolescence jusqu'à la majorité. L'adolescence, période où les jeunes commencent à s'essayer aux activités d'adultes, se produit maintenant plus tard. Les jeunes de 13 ans – et même ceux de 18 ans – sont moins susceptibles d'agir et de passer le temps comme des adultes. Au contraire, ils ont plutôt tendance à agir comme des enfants – pas nécessairement en étant immatures, mais en retardant les activités habituellement pratiquées par les adultes. L'adolescence est maintenant une prolongation de l'enfance et non plus le début de la vie adulte.

Est-ce parce que les adolescents sont plus responsables ?

Dans une tribune libre du *Washington Post* publiée en 2014, le sociologue David Finkelhor (2014) prétendait que les adolescents iGens « font preuve de qualités qui manquaient à leurs aînés », du fait de leur consommation d'alcool réduite, leur faible taux de criminalité et leur sexualité plus limitée. Il concluait : « Lorsque nous regarderons en arrière, nous considérerons peut-être que cette jeunesse, relativement vertueuse, est celle qui a inversé la tendance à l'impulsivité et au vice. » Selon lui, les jeunes d'aujourd'hui devraient être félicités pour leur plus grande responsabilité. Un autre article publié dans le *Post* en 2016 poursuivait sur cette lancée en claironnant : « Les ados d'aujourd'hui sont bien mieux élevés que vous ne l'étiez » (Ingraham, 2016).

D'autres observateurs, notamment l'écrivaine de 20 ans Jess Williams (2014), voient plutôt ces tendances d'un mauvais œil ; Williams décrit en effet les iGens comme « des individus ennuyeux ». Les ados ne sont plus amusants, dit-elle. Un magazine a approuvé ce point de vue, titrant ainsi un récent article : « Comment la génération du bâillement est-elle née : avoir 40 ans à 20 ans » (Dove, 2014).

De mon point de vue, ces descriptions passent à côté de la question. Des termes comme *vertu, vice, mieux élevés* et *ennuyeux* posent seulement le problème d'un point de vue moral. Cette approche est incomplète, incluant certaines des différences générationnelles pour en écarter d'autres. Ainsi, aucun de ces articles ne mentionne que les adolescents iGens sont également moins susceptibles d'avoir un job ou leur permis de conduire, de rester seuls chez eux ou de gérer leur propre argent, des activités qui ne sont pas nécessairement associées au fait d'être plus (ou moins) « vertueux », « responsable », « mieux élevé » ou « ennuyeux ». Dans leur ensemble, ces tendances ne soutiennent pas explicitement l'idée que les adolescents sont devenus plus responsables, vertueux et ennuyeux (et se comportent donc peut-être *plus* comme des adultes). Mais elles supportent presque sans équivoque l'idée que les adolescents grandissent plus lentement (et se comportent donc *moins* comme des adultes). Il n'y a que le fait de grandir plus lentement qui explique pourquoi travailler, conduire, rester seul et gérer son propre argent décline également parmi les adolescents. Ni le terme « mieux élevé » ni l'adjectif « ennuyeux » ne saisissent ce qui est réellement à l'œuvre chez la génération iGen : ils prennent simplement plus de temps pour grandir.

Au lieu de cela, il est plus instructif d'utiliser les termes de la théorie des histoires de vie présentée plus tôt : les adolescents ont adopté une stratégie de vie *lente*, peut-être en raison de la taille réduite des familles et des exigences liées à l'inégalité grandissante des salaires. Les parents ont le temps d'élever chaque enfant pour qu'il réussisse dans notre nouvel environnement économique compétitif, ce qui prend peut-être 21 ans là où il en fallait 16 auparavant. L'évolution culturelle vers l'individualisme peut aussi jouer un rôle : l'enfance et l'adolescence sont des stades où l'on est exclusivement concentré sur soi-même, y rester plus longtemps permet donc de mieux cultiver son être intérieur. Lorsque l'on a moins d'enfants et que l'on peut consacrer plus de temps à chacun d'entre eux, on peut les choyer davantage. Effectivement, l'individualisme culturel est lié à un rythme de développement plus lent à travers les pays comme le temps. Partout dans le monde, les jeunes adultes grandissent plus lentement dans les pays individualistes que dans les pays collectivistes (Twenge & Campbell, 2017, manuscrit non publié). Et comme la culture américaine est devenue de plus en plus individualiste depuis 1965, les jeunes adultes prennent de plus en plus de temps pour entrer dans la vie active et dans des rôles familiaux (voir Annexe B).

Un autre facteur joue également un rôle. Plusieurs études en développement du cerveau très médiatisées ont démontré que le cortex frontal, la zone du cerveau responsable du jugement et de la prise de décision, n'est définitivement développée qu'à l'âge de 25 ans. De cette découverte a découlé l'idée que les adolescents ne sont pas tout à fait prêts à grandir et ont donc besoin d'être protégés plus longtemps. Ces conclusions sur le cerveau sous-développé des adolescents ont donné lieu à de nombreux livres, articles et conseils d'éducation en ligne. Il est intéressant de noter que l'interprétation qui ressort de ces études semble ignorer une vérité fondamentale de la recherche neurologique : le cerveau change en fonction de l'expérience. Les adolescents et jeunes adultes d'aujourd'hui ont peut-être un cortex frontal sous-développé parce qu'on ne leur donne pas de responsabilités d'adultes. Si les scanners cérébraux avaient existé en 1950, je me demande ce qu'ils auraient montré d'une génération qui commençait généralement à travailler à 18 ans, se mariait à 21 ans et fondait une famille peu après. Mais cette interprétation n'est jamais présentée, laissant croire aux parents que leurs enfants adolescents et jeunes adultes sont biologiquement programmés pour faire de mauvais choix. Ainsi, pensent-ils, mieux vaut les protéger le plus longtemps possible.

Partenaires sans être prisonniers

Voici une autre question importante : les adolescents sont-ils d'accord pour grandir plus lentement ou les parents leur forcent-ils la main ? Il serait facile d'imaginer des adolescents se rebiffant contre un traitement infantilisant des parents. Mais si cette maturation plus lente correspond à une adaptation naturelle à la culture, peut-être l'acceptent-ils plus volontiers.

Il est certain que les parents surveillent plus étroitement les adolescents de nos jours. Ils sont toujours plus de jeunes à déclarer que leurs parents savent *toujours* où ils sont et avec qui quand ils sortent le soir (voir Graphique 1.14). Cette surveillance est probablement facilitée par les applications de traçage de téléphone qui permettent aux parents de savoir où sont leurs enfants. Mais elles ne leur disent pas pour autant qui les accompagne, alors que les adolescents affirment que leurs parents connaissent aussi cette information. C'est un autre signe de cette croissance ralentie : comme la mère sur le terrain de jeux qui sait si son bambin de 5 ans s'apprête à courir au-devant des balançoires, les parents d'adolescents sont plus susceptibles de savoir où et avec qui traînent leurs enfants.

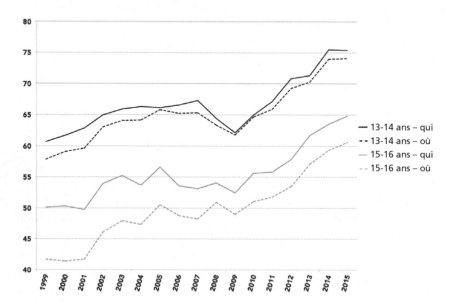

Graphique 1.14. Pourcentage de jeunes de 13-14 ans et 15-16 ans dont les parents savent toujours où ils sont et avec qui quand ils sortent le soir. *Monitoring the Future*, 1999-2015.

La plupart des adultes se souviennent très bien de leur rébellion adolescente contre ce type d'ingérence parentale : « Qui sera à la soirée ? Je ne sais pas… des gens ? » Ou au retour du centre-ville, après avoir bu peut-être un verre ou deux : « On a fait du bowling. *Oui*, du bowling. »

Étant donné la tendance adolescente à résister aux contraintes, on pourrait penser que les jeunes et leurs parents se disputent davantage. La manière la plus simple de se disputer avec une adolescente est encore de prendre ses clés de voiture, n'est-ce pas ? (Et c'est effectivement ce qui est arrivé à de nombreux iGens.) Si les iGens n'aiment pas les entraves, ils devraient se disputer avec leurs parents davantage que les générations précédentes. Pourtant, ils se disputent *moins* avec eux ; le nombre d'ados ayant eu une dispute sérieuse avec leurs parents à plus de trois reprises en un an a diminué de 66 % en 2005 à 56 % en 2015 (voir Annexe B). Non seulement les iGens sont plus étroitement surveillés par leurs parents, mais ils se disputent moins avec eux, ce qui contredit l'hypothèse des baby-boomers et de la génération X selon laquelle les adolescents se rebellent automatiquement contre les restrictions parentales. Les jeunes iGens et leurs parents sont sur la même longueur d'onde : il faut grandir plus lentement.

Dans les cas extrêmes de résistance aux parents, les adolescents peuvent envisager de fuguer. Comme la fugue n'a jamais lieu à l'initiative d'un parent, l'observation de ce phénomène donne un aperçu des pensées propres aux adolescents, de leurs sentiments les plus profonds, sans qu'ils soient influencés par les conseils parentaux. Il s'avère que la fugue est moins courante parmi les iGens : le nombre d'adolescents qui déclarent avoir tenté de quitter la maison s'est effondré en seulement cinq ans, entre 2010 et 2015 (voir Graphique 1.15). C'est donc une bonne nouvelle, les adolescents sont moins susceptibles de fuir pour acquérir leur indépendance.

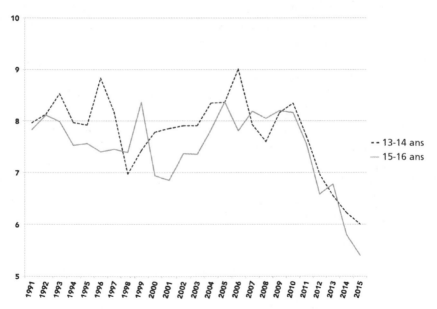

Graphique 1.15. Pourcentage de jeunes de 13-14 ans et 15-16 ans qui ont tenté de fuguer dans les 12 derniers mois. *Monitoring the Future*, 1999-2015.

Il semblerait donc qu'ils s'accommodent très bien de cette maturation ralentie ; ils restent volontiers enfants plus longtemps. Une étude récente a révélé que les étudiants universitaires iGens (comparé aux étudiants dans les années 1980 et 1990) ont des scores beaucoup plus élevés en ce qui concerne les « peurs de la maturité » (Smith *et al.*, 2017). Les iGens ont davantage tendance à être d'accord avec les affirmations suivantes : « J'aimerais pouvoir revenir à la sécurité de l'enfance » et « La période la plus heureuse de la vie est l'enfance ». Par contre, ils approuvent moins ces propositions : « Je préférerais être un adulte plutôt qu'un enfant » et « Je suis heureux de ne plus être un enfant ». Au lieu d'être indignés qu'on les traite comme des enfants, les iGens souhaitent rester enfants plus longtemps.

De nos jours, de nombreuses personnes semblent caractériser l'enfance (par opposition à l'âge adulte) comme une période amusante et peu stressante ; en témoigne l'émergence, en 2014, du néologisme « adulting »[18] un concept qui désigne la prise en charge de ses responsabilités. La *Adulting School* dans le Maine offre à présent des cours aux jeunes adultes pour leur apprendre comment gérer leur argent ou plier leur linge. L'hashtag *#adulting* sur Twitter renvoie à des publications telles que « Un truc que je déteste dans le fait d'être adulte… payer les factures »[19], « Je reste au lit… Pas envie d'être adulte aujourd'hui »[20] et « Vous vous rappelez quand vous étiez un enfant et que vous comptiez le nombre de jours jusqu'à la fin de l'année scolaire ? Il faudrait faire la même chose avec l'âge adulte »[21]. Le mot *adulte* est maintenant utilisé comme un verbe et semble signifier la fin de tout plaisir : « Quand tu es bourré à 4 h du matin et que tu te rends compte que tu dois te lever et être adulte dans 5 heures »[22] ou « Quand tout le monde est blotti sous la couette et que je sors pour aller travailler. J'en ai marre d'être adulte »[23]. Beaucoup répercutent l'idée que grandir n'est pas amusant. Un utilisateur de Twitter a ainsi écrit : « POURQUOI LES GENS SONT-ILS TELLEMENT EXCITÉS À L'IDÉE D'AVOIR

---

18. Néologisme anglais pour lequel il n'existe pas encore de traduction française à ce jour et qui décrit le passage à l'âge adulte et les responsabilités qui en découlent. L'équivalent en français serait « adulter », la conversion en verbe du substantif « adulte » (N.d.T.).

19. Traduction libre de : "One thing I hate about adulting . . . Paying bills." (N.d.T.)

20. Traduction libre de : "I'm just gonna lay in bed… I don't feel like adulting today." (N.d.T.)

21. Traduction libre de : "Remember when you were a kid and counted the number of days until school was out? #adulting needs something like that." (N.d.T.)

22. Traduction libre de : "When you're drunk at 4am and realize you have to get up and #adult in 5 hours." (N.d.T.)

23. Traduction libre de : "When everyone's all snuggled in bed and I'm walking out the door to go to work. I'm done adulting."(N.d.T.)

18 ANS ???? J'AI TROP PEUR D'ÊTRE ADULTE !!!! »[24] Un autre a posté : « Les soucis insignifiants et puérils de mon enfance me manquent, comme les crayons de couleur et les après-midi de jeux avec mes amis. Être un adulte, ça craint. Je veux démissionner »[25]. Et comment peut-on démissionner de l'âge adulte, exactement ? Il n'y a pas encore de mode d'emploi pour cela.

Ces dernières années, les produits tels que les « livres de coloriage pour adulte » ont connu un véritable succès : vantant l'aspect « relaxant » de cette activité, ils proposent aux adultes de manier des crayons, comme le feraient des élèves de primaire. Un article, paru en 2016 dans *Adweek*, constatait que les marques n'hésitent pas à exploiter « l'angoisse des mil- léniaux à l'idée de grandir » (Birkner, 2016). Quand j'ai interviewé Josie, une jeune fille de 17 ans en train de poser sa candidature pour l'université, je lui ai demandé quels étaient ses films préférés. Verdict ? *Raiponce* et *La Reine des neiges*, deux films Disney pour enfants.

Au lieu d'aspirer à grandir comme c'était le cas de nombreuses gé- nérations précédentes – rappelez-vous Tom Hanks dans le film *Big* des années 80 –, les enfants aiment être des enfants. Dans un sondage ef- fectué en 2013, 85 % des jeunes de 8 à 14 ans approuvaient l'affirmation « J'aime l'âge que j'ai », contre 75 % en 2003 (Alpert, 2013). À la question : « Voudrais-tu être plus âgée ? », la jeune Hannah, 7 ans, a répondu : « Non, j'aime bien être une enfant. On peut faire plus de choses. ». (Ibid.)

J'ai demandé à vingt iGens pourquoi l'enfance valait mieux que l'âge adulte et presque tous m'ont répondu que celui-ci comporte trop de responsabilités. Quand ils étaient petits, expliquent-ils, leurs parents s'occupaient de tout et ils n'avaient qu'à s'amuser. « Je pouvais plus ou moins me concentrer sur la satisfaction de mes propres désirs, sans jamais m'inquiéter des questions pratiques ou logistiques », écrit Elizabeth, 22 ans. « Tout comme je n'ai jamais eu à me préoccuper des conséquences quand je m'amusais ou que je n'allais pas à l'école. Je le faisais sans me poser de questions. » En d'autres termes, ils pouvaient, en tant qu'enfants, vivre dans un cocon, où la notion de plaisir dominait largement la notion d'effort. Leurs parents ont fait de leur enfance une période merveilleuse,

---

24. Traduction libre de : "HOW ARE PEOPLE EXCITED TO TURN 18???? IM VERY SCARED OF ADULTING!!!!" (N.d.T.)

25. Traduction libre de : "I miss the trivial and juvenile concerns I had as a child, things like crayon sets and cute play dates. Adulting sucks. I want to quit." (N.d.T.)

ponctuée de nombreux encouragements, tournée vers l'amusement et quasiment dépourvue de responsabilités. Pas étonnant qu'ils rechignent à grandir.

Même lorsqu'ils entrent à l'université, les étudiants sont encore traités comme des enfants par leurs parents. Ces derniers les inscrivent aux séminaires, leur rappellent les différentes échéances et les réveillent à l'heure pour les cours, observe Julie Lythcott-Haims (2015), l'ancienne responsable des premières années à Stanford. Les téléphones portables leur ont simplifié la tâche. « Mais ces étudiants ne sont pas morts de honte quand leurs parents agissent ainsi – contrairement à ma génération et aux précédentes –, ils leur sont même reconnaissants ! », note-t-elle. « Reconnaissants de pouvoir communiquer avec un parent plusieurs fois par jour, dans le dortoir, dans le réfectoire, au syndicat étudiant, en allant en cours, en allant à un autre cours, en sortant après les cours, dans la salle d'attente du conseiller d'orientation. Et même dans mon bureau. Du moins ils essayaient. "C'est ma mère", précisaient-ils, avec un haussement d'épaules penaud. "Ça vous dérange si... je réponds ? Je vais juste... Maman ?" » Selon Lythcott-Haims, durant la décennie qu'elle a passée à ce poste, ce sont les étudiants eux-mêmes qui ont commencé à se désigner comme des « enfants ».

La boucle générationnelle est donc bouclée : n'ayant jamais connu d'autre style parental, les iGens ne se rebellent pas contre la surprotection de leurs parents, mais au contraire l'acceptent. « Nous voulons que vous nous traitiez comme des enfants, pas comme des adultes », voilà ce qu'un étudiant a déclaré à un membre de la faculté étonné. Certains pensent que cette « mentalité de cocon » explique certaines tendances observées récemment sur les campus, comme les « avertissements sur le contenu » pour alerter les étudiants qu'un livre ou un cours peut être dérangeant, et les « espaces positifs » où les étudiants peuvent se réfugier si le message d'un conférencier les a troublés. Un de ces lieux propose ainsi de crayonner dans des cahiers de coloriage ou de regarder des vidéos de chiots qui s'ébattent, associant ouvertement l'idée d'espace positif à la période de l'enfance (Shulevitz, 2015).

Peu importe la raison, les adolescents grandissent plus lentement, reportant les activités d'adulte à un âge plus avancé. On peut alors logiquement se poser la question suivante : si les adolescents travaillent moins, passent moins de temps sur leurs devoirs, sortent moins et boivent moins, que *font*-ils ? Pour une génération appelée iGen, la réponse est évidente : il suffit de regarder le smartphone qu'ils ont dans la main.

Chapitre 2
Internet : une génération hyperconnectée à tous les réseaux

Le poste 33 du service de police de New York a récemment mis en garde les habitants contre un danger tapi dans leur lit : leur téléphone (Hooper, 2016). Plusieurs appareils avaient pris feu alors que leurs propriétaires les gardaient sous l'oreiller pendant leur sommeil, donnant lieu à des images « attrape-clics » de smartphones calcinés et de matelas recouverts d'immenses traces de brûlures. Un incident similaire s'est produit au Texas, où une jeune fille de 13 ans s'est réveillée en sentant une odeur de brûlé. Son téléphone en train de charger, glissé sous son oreiller, avait surchauffé et fondu dans les draps (Bean, 2014).

Il s'est ensuite avéré que certains téléphones Samsung présentaient un grave dysfonctionnement au niveau des batteries, qui s'enflammaient spontanément. Mais pour ma part, ce ne sont pas les smartphones embrasés qui m'ont le plus surprise dans ces anecdotes. « Pourquoi quelqu'un garderait-il son téléphone sous son oreiller ? », se demande le membre de la génération X que je suis. Ce n'est pas comme si on pouvait surfer sur Internet dans son sommeil. Et qui parvient à dormir profondément à quelques centimètres d'un téléphone qui vibre ? Curieuse, j'ai posé à mes étudiants universitaires ce qui était, selon moi, une question très simple : « Que faites-vous de votre téléphone quand vous dormez ? Pourquoi ? »

Leurs réponses ont esquissé le portrait d'une obsession. Presque tous dorment avec leur smartphone, le glissant sous l'oreiller, le posant sur le matelas ou tout du moins à portée de main du lit. Ils consultent les réseaux sociaux ou regardent des vidéos juste avant de dormir et se saisissent à nouveau de leur téléphone dès qu'ils se réveillent le matin (ils n'ont pas le choix : tous l'utilisent comme réveil). Leur smartphone est la dernière chose qu'ils voient avant de se coucher et la première quand ils se lèvent. S'ils se réveillent au milieu de la nuit, ils finissent généralement par le prendre en main. Ils m'ont parlé de leur smartphone comme un toxicomane parlerait de la drogue : « Je sais que je ne devrais pas, mais je ne peux pas m'en empêcher », a dit l'une d'entre eux en parlant du fait d'être sur son téléphone au lit. Certains le voient comme une bouée de sauvetage ou une extension de leur corps, ou comme un amant. « Avoir mon téléphone près de moi quand je dors me réconforte » écrit Molly, 20 ans.

Les smartphones sont différents de toutes les précédentes formes de médias, infiltrant quasiment chaque minute de nos vies, y compris durant notre temps de sommeil. Quand nous sommes éveillés, le téléphone divertit, communique, embellit. Azar, la jeune fille de 17 ans que nous avons rencontrée dans le chapitre 1, en est un bon exemple. Quand je demande si je peux la prendre en photo, elle ramène ses longs cheveux noirs vers l'avant et chantonne : « Je dois être bel-le ! » Je lui demande quelles sont ses applications préférées et elle cite Instagram, Snapchat et une troisième dont je n'ai jamais entendu parler, nommée iFunny. Quand je lui demande si elle peut m'expliquer comment cette dernière marche, elle est visiblement ravie et me dit : « Vraiment ? Je peux prendre mon téléphone ? » Elle me montre alors toutes les fonctionnalités de l'application en continuant à babiller à propos de chaque même[26] ou vidéo humoristique. Si le signal Wi-Fi faiblit, elle soupire de frustration. « Où est-elle ? Ma connexion… Nooooon ! » Elle m'explique que son forfait comprend une utilisation illimitée des données Internet et des SMS, mais seulement 100 minutes d'appel par mois, « parce que je n'appelle jamais personne ». Elle garde son téléphone en main pour la suite de notre entretien, me montrant des images et des applications.

Il semble évident que les adolescents (tout comme nous) passent beaucoup de temps sur leur téléphone ; non pas à s'appeler mais à s'échanger des messages, à aller sur les réseaux sociaux ou en ligne et à jouer (tous ces supports sont parfois qualifiés de « nouveaux médias »). Un jour, aux alentours de 2011, nous avons relevé la tête, sans doute penchée sur notre propre smartphone, et nous nous sommes rendu compte que le monde autour de nous avait un téléphone à la main. Mais ce que nous observons dans la file au café le matin ou à la table du dîner n'est peut-être pas représentatif ; et les interminables débats des parents et des médias au sujet du temps passé devant les écrans seraient alors inutiles. Peut-être l'obsession du smartphone n'est-elle aussi prononcée que dans la classe moyenne et les milieux plus favorisés, ou peut-être ne remarquons-nous pas les adolescents qui ne sont pas en permanence sur leur téléphone. Heureusement, nous pouvons nous baser sur les enquêtes représentatives au niveau national et menées sur le long terme, puisqu'elles demandent aux adolescents combien de temps ils passent en ligne, à jouer et à envoyer des messages. Alors, combien de temps cela représente-t-il ?

Pour faire court, la réponse est : beaucoup. D'après l'enquête la plus récente, les iGens de 17-18 ans passent en moyenne 2 h 15 par jour à

---

26. Définition du Larousse : Concept (texte, image, vidéo) massivement repris, décliné et détourné sur Internet de manière souvent parodique, qui se répand très vite, créant ainsi le buzz (N.d.T.).

envoyer des messages sur leur téléphone, environ 2 h par jour sur Internet, 1 h 30 par jour sur les jeux électroniques et à peu près une demi-heure en conversation vidéo. Cela donne un total de 6 heures par jour sur les nouveaux médias − un chiffre calculé uniquement sur leur temps libre (voir Graphique 2.1). Les jeunes de 13-14 ans, encore au collège, ne sont pas si loin derrière : chaque jour, ils passent 1 h 30 à envoyer des SMS, 1 h 30 en ligne, 1 h 30 à jouer et environ une demi-heure en conversation vidéo − un total de 5 heures par jour sur les nouveaux médias. Ces chiffres varient très peu en fonction du milieu familial ; les jeunes défavorisés passent tout autant de temps en ligne, si ce n'est plus, que ceux ayant davantage de moyens. La fracture de l'accès à Internet en fonction de la classe sociale a pris fin avec l'ère du smartphone (voir Annexe C).

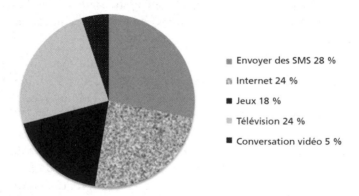

- Envoyer des SMS 28 %
- Internet 24 %
- Jeux 18 %
- Télévision 24 %
- Conversation vidéo 5 %

Graphique 2.1. À quoi les jeunes de 17-18 ans passent leur temps quand ils sont sur les écrans. *Monitoring the Future*, 2013-2015.

Étant donné que les adolescents passent environ 17 heures par jour à l'école, à dormir et à faire leurs devoirs et activités scolaires, la quasi-totalité de leur temps de loisir est à présent occupée par les nouveaux médias. L'heure et demie restante est consacrée à la télévision, que les jeunes regardent environ deux heures par jour. Ces calculs donnent l'impression que leurs journées contiennent plus de 24 heures. Mais il est plus probable qu'ils soient adeptes du multitasking : envoyer des SMS en surfant sur le web, regarder la télé en postant sur Instagram. (De plus, ils dorment peut-être moins, une hypothèse sur laquelle nous reviendrons dans le chapitre 4.) Globalement, les adolescents passent aujourd'hui beaucoup plus de temps en ligne qu'ils ne le faisaient il y a à peine quelques années − les jeunes de 17-18 ans en 2015 passaient deux fois plus de temps en ligne que ceux de 2006 (voir Graphique 2.2 ; voir Annexe C pour le temps passé en ligne par les jeunes de 13-14 et 15-16 ans).

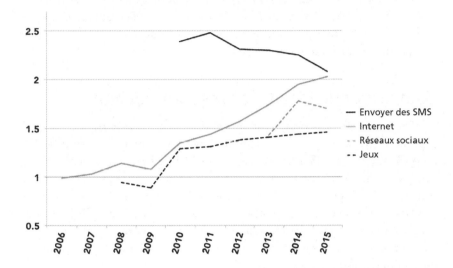

Graphique 2.2. Heures par jour passées sur les nouveaux médias (SMS, Internet, réseaux sociaux et jeux) par les jeunes de 17-18 ans. *Monitoring the Future*, 2006-2015.

Même en prenant en compte le multitasking, ces 6 heures par jour restent un chiffre stupéfiant. Que font les jeunes de ce temps ? Ils écrivent beaucoup de messages – les adolescents que j'ai interrogés m'ont tous affirmé qu'il s'agissait de leur moyen de communication principal avec leurs amis. Et de quoi parlent-ils ? Principalement des mêmes choses que les adultes, mais à une fréquence plus élevée. « En général, j'écris à ma copine et je lui parle de divers trucs, de l'école, ou des problèmes dans notre relation. J'écris aussi à mes amis et je leur envoie des blagues pendant la journée », explique Victor, 18 ans. « J'écris à ma meilleure amie ou à mon copain », dit Eva, 19 ans. « En général, nous parlons d'un truc drôle qui est arrivé pendant la journée ou je prends des nouvelles pour savoir comment ils vont ou ce qu'il s'est passé depuis notre dernière conversation. » L'envoi de SMS a largement remplacé les appels téléphoniques : en 2015, les adolescents se parlaient environ 45 minutes par jour au téléphone, un tiers du temps qu'ils passaient à écrire des messages.

Les sondages ont commencé à évoquer l'« envoi de SMS   » en 2010, quand la pratique était déjà très répandue ; il est donc impossible d'observer le moment où sa popularité a décollé, pour passer d'une absence d'activité dans les années 90 à deux heures par jour en 2010. De 2010 à 2015, le temps passé par les adolescents à écrire des SMS a en fait légèrement diminué, d'environ 30 minutes par jour. Pourquoi ? Sans doute parce qu'ils passent plus de temps sur les réseaux sociaux.

Tout le monde le fait : les réseaux sociaux

Ma voiture de location remonte péniblement le chemin de terre et j'aperçois déjà la ferme au loin, face aux champs de maïs verts, sous le ciel bleu d'un jour d'été dans la campagne du Minnesota. Emily et sa famille sont là quand je m'arrête devant le petit chalet au bord du lac où ils se sont tous réunis pour le week-end du 4 juillet. Emily a 14 ans et vient de terminer son année de 3ᵉ . Membre de l'équipe d'athlétisme, elle a le corps mince d'une coureuse, des cheveux blonds ondulés et tressés et un sourire large et heureux qui révèle son appareil dentaire. Elle ponctue la plupart de ses phrases d'un enthousiaste « Donc voilà ! ».

Emily vit dans les villes Jumelles Minneapolis et Saint-Paul, à deux heures d'ici, mais sa meilleure amie habite la ferme à côté du refuge au bord du lac et les deux jeunes filles font fréquemment l'aller-retour. La première activité du jour, c'est la rencontre avec Liberty, la vache d'Emily, née deux ans plus tôt un 4 juillet. Pieds nus, Emily saute par-dessus la barrière de la grange et amène Liberty. Elle est tout sourire alors que nous la prenons en photo à côté de l'immense animal noir et blanc qui nous regarde avec méfiance de ses yeux brun foncé.

Une fille de ferme, balançant ses tresses et exhibant sa vache ; un tableau intemporel que l'on aurait pu contempler à n'importe quel moment au cours des deux siècles derniers. Mais nous ne sommes pas à n'importe quelle époque et Emily est une adolescente iGen typique des années 2010 : elle est connectée avec ses amis via les réseaux sociaux, notamment parce que c'est quasiment une obligation. « Tout le monde les utilise », déclare-t-elle. « C'est un bon moyen d'être en contact avec les gens. Si tu n'y es pas, tu risques de rater des soirées auxquelles tu aurais pu aller, par exemple. » Emily a reçu son premier smartphone à 14 ans, un âge assez tardif pour une iGen, mais il lui est déjà indispensable. Quand je lui demande quelles applications elle utilise, elle me dit : « Principalement Snapchat, Instagram et Twitter... J'y consulte les dernières nouvelles de l'équipe d'athlétisme et je regarde des vidéos humoristiques. Je publie des photos de mes entraînements ou si je fais une activité sympa avec ma famille ou mes amis. La plupart des gens passent leur temps à poster des selfies – une photo sur deux est un selfie. » Elle m'explique comment taguer les images sur Instagram ; si quelqu'un ne te tague pas, cela signifie « qu'on n'est plus vraiment amis, ou que la personne est fâchée sur toi ». Voilà la nouvelle réalité de la vie sociale des adolescents : elle se passe en ligne, visible de tous, avec des critères clairs pour évaluer la popularité ou l'impopularité de chacun.

Combien de temps les adolescents passent-ils sur les réseaux sociaux et cette pratique a-t-elle réellement évolué au cours de la dernière décennie ? Ces sites de partage ne sont pas nouveaux. Les premiers sont apparus dès 1997, MySpace a vu le jour en 2003 et Facebook s'est ouvert à tous au-delà de 13 ans en 2006. (J'utiliserai par la suite indistinctement les termes de *réseaux sociaux* et *médias sociaux*.) L'enquête *Monitoring the Future* a commencé à interroger les jeunes à propos des médias sociaux en 2008 (si tard, hélas, qu'il semblerait que les administrateurs du sondage, d'habitude consciencieux, aient manqué de vigilance). La question relative à l'usage des réseaux sociaux est très large, demandant aux jeunes s'ils utilisent ces sites « presque tous les jours », « au moins une fois par semaine », « une ou deux fois par mois », « quelques fois par an » ou « jamais ». Malgré le retard et la généralité de la question, la croissance de popularité de ces sites est très claire (voir Graphique 2.3).

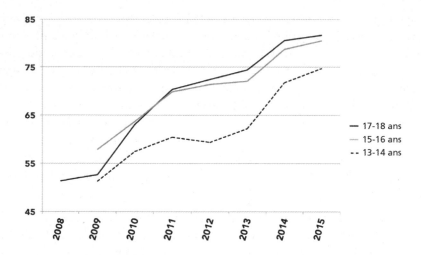

Graphique 2.3. Pourcentage des jeunes de 13-14 ans, 15-16 ans et 17-18 ans qui utilisent les réseaux sociaux presque tous les jours. *Monitoring the Future*, 2008-2015.

En sept ans, l'usage quotidien des médias sociaux s'est étendu de la moitié des adolescents à la quasi-totalité d'entre eux. En particulier pour les filles : en 2015, 87 % des filles de 17-18 ans utilisaient des réseaux sociaux presque tous les jours, comparés à 77 % des garçons. La hausse de ces usages a été encore plus grande parmi les minorités et les adolescents moins favorisés – en 2008, les jeunes Blancs, dont le SSE était plus élevé (soit le statut socioéconomique, selon la terminologie employée par les sociologues), avaient davantage tendance à utiliser ces sites quotidiennement, mais en 2015, ces différences de race et de milieu ont disparu. L'usage quotidien des réseaux sociaux constitue aujourd'hui une expérience partagée par tous les adolescents. Ces sites sont presque devenus obligatoires : en 2008, 14 % des jeunes de 17-18 ans disaient ne jamais les utiliser, sans doute assez pour former un groupe distinct ; en 2015, le nombre de ceux qui n'y allaient jamais s'est réduit à 3 %. Seuls 2 % des filles de 17-18 ans disent ne « jamais » se rendre sur les réseaux sociaux. Par conséquent, 97 % des jeunes de 17-18 ans et 98 % des filles de 17-18 ans utilisent au moins de temps en temps les médias sociaux. Indiscutablement, il s'agit d'une pratique universelle.

La présence sur les réseaux sociaux requiert également une stratégie de présentation personnelle très particulière. Harper, 12 ans, est la plus jeune iGen que j'ai interrogée. Elle est arrivée chez moi avec sa tante par une après-midi de printemps ensoleillée et nous avons discuté pendant que sa tante jouait avec mes enfants. Harper ressemble encore davantage à une enfant qu'à une adolescente, même si elle a l'habitude de porter beaucoup de maquillage pour les compétitions de pom-pom girls auxquelles elle participe presque tous les week-ends. Elle vit dans une petite ville montagneuse de Californie et se rend parfois chez ses grands-parents en raison du divorce de ses parents. Elle a déjà un iPhone et l'utilise très fréquemment. Comme de nombreux adolescents avec qui j'ai discuté, elle estime que les réseaux sociaux servent principalement à publier des nouvelles positives et nécessitent d'entretenir une certaine culture de sa propre image. « En général, on ne veut pas avoir l'air triste », dit-elle. Elle les utilise surtout pour suivre ses amis sur Instagram : « Si un ami fait quelque chose, tu peux voir tous les trucs cools qu'il est en train de faire », explique-t-elle. « Personne ne fait rien de mal ; on veut juste voir ce que les autres font. »

Le *Washington Post* a récemment dressé le portrait de Katherine, une jeune de 13 ans vivant à McLean, en Virginie (Contrera, 2016a). L'article décrit ce qu'elle fait sur son iPhone durant les 12 minutes du trajet en voiture après l'école : « Son pouce [est] sur Instagram. Un mème de Barbara Walters à l'écran. Elle fait défiler la page et un autre mème apparaît. Puis encore un, et elle ferme l'application. Elle ouvre BuzzFeed. Il y a un article sur le gouverneur de Floride Rick Scott, qu'elle passe pour arriver sur un autre article à propos de Janet Jackson, puis un autre : "28 choses que vous comprendrez si vous êtes à la fois Anglais et Américain". Elle referme l'appli. Elle ouvre Instagram. Elle ouvre l'application NBA. Elle éteint son écran. Elle le rallume. Elle ouvre Spotify. Ouvre Fitbit. Elle a fait 7 427 pas. Ouvre à nouveau Instagram. Ouvre Snapchat. Elle regarde un arc-en-ciel scintillant sortir de la bouche de son amie ; une Youtubeuse faire la moue devant la caméra ; un tutoriel de nail-art. Elle perçoit les cahots de l'allée et relève la tête. Ils sont arrivés à la maison. » Katherine a 604 abonnés sur Instagram et ne garde que les photos qui reçoivent suffisamment de likes : « Si j'ai plus de 100 likes, c'est bon », dit-elle. Quand elle a changé son nom d'utilisateur sur Snapchat, son score est retombé à zéro (les utilisateurs de Snapchat obtiennent un point pour chaque snap envoyé ou reçu). Elle a alors envoyé 1 000 snaps en une journée pour le retrouver. Elle utilise si souvent son téléphone que son père a eu du mal à trouver un forfait adapté.

Pour son livre *American Girls : Social Media and the Secret Lives of Teenagers*[27], la journaliste Nancy Jo Sales a interrogé des centaines d'adolescentes à travers le pays à propos de ce qu'elles font sur leur téléphone et en quoi cela les affecte. Elle décrit des jeunes filles perpétuellement à la recherche de likes et de commentaires positifs sur leur page, soumises à la pression permanente de publier des photos sexy et osées. Après tout, ce sont celles-là qui génèrent le plus de likes. Un jour de printemps, elle a interviewé un groupe de jeunes de 13 ans à Montclair, dans le New Jersey. Ces filles, tout comme les adolescentes que j'ai interrogées, ont une relation d'amour-haine avec leur téléphone et les réseaux sociaux. « Je passe tellement de temps sur Instagram à regarder les photos des gens et parfois je me dis, pourquoi je passe mon temps à ça ? Mais je continue quand même à le faire », dit Melinda. « Si je vais sur mon téléphone pour voir un truc sur Snapchat, j'y passe une heure, je perds la notion du temps », remarque Riley. « Dès que je commence à faire mes devoirs, je dois avoir mon téléphone à mes côtés pour voir ce que mes amis m'écrivent… C'est comme si quelqu'un te tapotait l'épaule en permanence et tu es obligée de regarder », ajoute Sophia. Elles aimeraient arrêter mais ont l'impression de ne pas pouvoir y arriver. Quand les parents de Melinda ont supprimé l'application Instagram de son smartphone pendant une semaine en guise de punition, « à la fin de la semaine, j'étais stressée : "Et si je perds des abonnés ?" » « J'ai toujours voulu supprimer mon Instagram », dit Sophia. « Mais je me trouve tellement bien sur toutes mes photos. »

Un jour ou l'autre, nombre d'iGens finissent par voir plus loin que cette chasse aux likes illusoire ; mais c'est généralement après être sorti de l'adolescence. James, 20 ans, est étudiant dans l'État de Géorgie. « Quand tu vas sur les réseaux sociaux et que tu publies un statut ou une photo et que tu reçois tout à coup tous ces likes, cette approbation de la part des gens, ça peut devenir addictif, comme de constantes tapes dans le dos qui te disent "Tu es intelligent, tu es drôle, tu es séduisant" », dit-il. Mais il l'admet : « J'ai l'impression que c'est aussi un peu faux. »

Bien évidemment, c'est un monde différent de celui dans lequel ont grandi les membres de la génération X et même les milléniaux. « On se rend compte à quel point les choses sont dingues aujourd'hui quand on pense à la vitesse relative de l'évolution », dit Paul Roberts, auteur de *The*

---

27. *Jeunes américaines : réseaux sociaux et vies secrètes des adolescentes*, non traduit (N.d.T.).

Impulse Society : America in the Age of Instant Gratification[28] (Sales, 2016). « Quand j'étais au lycée, si je m'étais promené en disant "Voilà une photo de moi, aimez-moi", je me serais pris des coups. Si une fille s'était baladée en distribuant des photos d'elle nue, les gens lui auraient conseillé de suivre une thérapie. Aujourd'hui, c'est devenu complètement banal. »

Alors, quels sites les adolescents utilisent-ils ? Les modes en termes de médias sociaux se font et se défont sans cesse, et au moment où vous lirez ce livre, d'autres applications seront probablement apparues. À l'automne 2016, la société de gestion d'actifs Piper Jaffray a mis en évidence que seuls 30 % des jeunes de 14 ans utilisent Facebook au moins une fois par mois, comparé à 80 % pour Instagram et 79 % pour Snapchat (Johnson, 2016). Ces plateformes gagnent également en popularité parmi les jeunes adultes. Au printemps 2016, le *Pew Research Center*[29] a révélé que 59 % des personnes de 18 à 20 ans utilisent Instagram et 56 % Snapchat, une nette augmentation depuis 2015 (Greenwood, Perrin & Duggan, 2016). Les adolescents avec lesquels je me suis entretenue fin 2015 et en 2016 mentionnaient le plus souvent Instagram et Snapchat. Plus récemment, des applications de conversation vidéo de groupe telles que Houseparty s'imposaient parmi les iGens, leur permettant de passer du temps ensemble « en live ».

Matthew, l'étudiant de 19 ans rencontré dans le chapitre 1, utilise un élément de Snapchat appelé Snapstory. « Si je suis à mon cours de tennis ou à la cafétéria avec quelques amis, je vais prendre une photo ou enregistrer une vidéo et l'ajouter à ma Snapstory pour la partager avec mes contacts. Je regarde aussi les Snapstories de mes amis et je vois ce qu'ils font », explique-t-il. Les photos restent 24 heures sur Snapstory avant de disparaître, créant un flux continu, mis à jour en permanence, de photos envoyées à tous ceux que l'on a tagués en tant qu'ami. C'est facile, dit-il, parce que « l'application est en fait comme une caméra » et les photos se chargent bien plus vite que sur Facebook. « Cela me permet de me tenir au courant et de savoir ce que chacun fait. » Beaucoup d'adolescents utilisent la version classique de Snapchat dans laquelle les photos et les messages disparaissent automatiquement (d'après l'entreprise, les serveurs de Snapchat

---

28. *La société de l'impulsion : les États-Unis à l'ère de la gratification instantanée*, non traduit (N.d.T.).

29. Centre de recherches américain qui fournit des statistiques et des informations sociales sous forme de démographie, sondage d'opinion et analyse de contenu (N.d.T.).

suppriment automatiquement les « snaps » après qu'ils ont été visionnés). Les adolescents considèrent Snapchat comme un moyen « sécurisé » de parler à leurs amis parce que rien d'embarrassant n'est enregistré de façon permanente et susceptible d'être partagé. Une nouvelle fonction prévient les usagers quand quelqu'un a voulu garder une trace de leur message en faisant une capture d'écran – « Alors on se fâche sur la personne », m'a expliqué un adolescent.

Comme nous l'avons vu plus tôt, les filles passent en général plus de temps sur les réseaux sociaux que les garçons. Mais alors, que font ces derniers à la place ? Ils jouent principalement aux jeux vidéo – tout comme bon nombre de filles. Les adolescents passent aujourd'hui plus de temps à jouer sur leur ordinateur qu'ils ne le faisaient il y a quelques années. Les jeunes de 17-18 ans y passent environ 1 h 30 par jour, comparé à moins d'une heure en 2008. Les filles ont rapidement rattrapé leur retard, sans doute grâce à des jeux sur téléphone moins violents et plus girly tels que *Candy Crush*.

Le jeu présente ce que les statisticiens appellent une « distribution bimodale » : certains adolescents ne le pratiquent pas du tout et d'autres énormément. En 2015, 27 % des adolescents déclaraient jouer aux jeux vidéo moins d'une heure par semaine et 9 % affirmaient qu'ils y jouaient plus de 40 heures par semaine – l'équivalent d'un travail à temps plein.

Quand j'interroge Max, 16 ans, à son lycée de San Diego et lui demande ce qu'il aime faire pour s'amuser, il me dit « jouer à des jeux vidéo ». Il me dit qu'il joue généralement à des jeux multijoueurs en ligne dans lesquels il peut parler à d'autres joueurs grâce à son casque. N'ayant jamais joué à un tel jeu, je lui demande donc comment il fonctionne et il essaye de m'expliquer. « Tu commences à un endroit et tu dois essayer de capturer ou détruire les trucs de l'ennemi et tu as des sbires et ce genre de choses qui se battent les uns contre les autres et abattent des tours au fur et à mesure », dit-il. Avec son groupe de quatre amis, ils ont d'autres sujets de conversation que le jeu, mais quand je lui demande s'ils se rencontrent en vrai, il me dit : « Parfois, mais pas si souvent. » Il n'est pas non plus très présent sur les réseaux sociaux. Je l'interroge sur ses autres activités sociales et il me répond qu'il ne sort pas beaucoup. Je commence alors à me rendre compte que jouer aux jeux vidéo est la seule activité sociale de Max.

Mark est un étudiant universitaire de 20 ans, au Texas, qui se décrit comme « un gros joueur ». Il a rencontré son meilleur ami quand il l'a entendu dire « Snapshot » (une référence à son jeu préféré, *Halo*) dans le hall du lycée. Ils ont échangé les Gamertags de leur Xbox et jouent ensemble depuis lors. Quand je demande à Mark ce qui est, selon lui, la chose la plus importante que les personnes âgées devraient comprendre à propos de sa génération, il me surprend en déclarant : le fonctionnement des jeux vidéo. « Avec la Xbox, quand tu joues avec des gens en ligne, tu ne peux pas mettre ton jeu en pause. Quand tes parents te demandent quelque chose, ils veulent que ce soit tout de suite. Et quand tu essayes de leur expliquer : "Je joue en ligne avec d'autres personnes, je ne peux pas juste mettre en pause et venir", ils ne comprennent pas. »

Certains jeunes passent tellement de temps à jouer aux jeux vidéo qu'ils doivent finalement s'en sevrer. Darnell, 20 ans, étudie la gestion dans une université d'État en Géorgie. Il m'explique : « Au lycée, j'avais un problème : je jouais et je ne faisais rien d'autre. Je quittais mon entraînement sportif vers 20 h 30-21 h, je revenais à la maison et je commençais à jouer aux jeux vidéo ; je jouais souvent jusque 3 h 30, parfois 4 h du matin. Et je devais être prêt à partir à l'école vers 6 h 30 ». À présent, il se limite aux vacances scolaires et ne joue pas pendant les semaines de cours. « Je ne voulais pas que ce soit un problème à l'université. Personne n'est là pour me dire, "Va en cours", donc je ne m'y rendrais tout simplement pas. »

Dans l'ensemble, les garçons comme les filles passent beaucoup plus de temps en ligne et sur les appareils électroniques. Mais voilà le hic : le temps libéré pour ces activités doit bien venir de quelque part – il doit y avoir autre chose que les adolescents iGens ne font *pas* et que les générations précédentes faisaient. Il y a probablement plusieurs réponses possibles, mais la plus probable, c'est sans doute tous les autres moyens qu'utilisaient les individus pour communiquer et se divertir. Et je ne parle pas des téléphones à clapet.

Les livres sont-ils morts ?

L'air frais à l'intérieur de la maison est un soulagement bienvenu après l'humidité extérieure de cette fin de printemps en Virginie. Sam, 13 ans, ouvre la porte de sa chambre avec précaution ; son bras, blessé lors d'une bagarre avec un ami, est maintenu par un harnais noir. Dans la pièce aux meubles en bois et rideaux bleu marine se mêlent des posters de sport et des livres d'école en pagaille. Le jeune garçon projette de jouer au football quand il sera au lycée et peut-être de faire de la lutte : « J'aime les sports physiques où tu jettes les gens à terre », me dit-il tout naturellement. Ce qu'il préfère, c'est passer du temps avec ses amis ; ils se taquinent mutuellement avec cette bienveillance naturelle propre à la gent masculine. Un de ses amis s'est vu affublé du surnom « Pube-stache » à cause de sa fine moustache, un autre est appelé « Diabeto Torpedo ». Même si Sam préfère voir ses amis en personne, il aime aussi leur envoyer des messages via Snapchat. Il apprécie particulièrement la fonction « face swap » qui permet d'échanger les visages (mais pas les corps ou les cheveux) de deux personnes sur une photo. « En général, c'est super drôle », dit-il. S'il a une demi-heure de libre, il regarde *SportsCenter* sur la chaîne ESPN ou des vidéos de sport sur YouTube. Je lui demande alors s'il lit *Sports Illustrated* ou la rubrique sportive d'un journal, ou encore des livres sur le sport ? Non, me dit-il, « je ne lis que ce qu'on nous donne pour les travaux en cours d'anglais. Je n'aime pas trop lire pour le plaisir. »

L'aversion de Sam pour l'imprimé est-elle caractéristique des iGens ? Ils passent tellement de temps sur leur téléphone qu'il serait tentant de répondre par l'affirmative. Cependant, même si ce comportement est courant, peut-être les adolescents n'ont-ils jamais aimé lire. Comme d'habitude, le meilleur moyen de trancher est de comparer des jeunes du même âge à différentes époques : les iGens ont-ils moins tendance à lire que les adolescents des époques précédentes ?

C'est effectivement le cas. Vers la fin des années 70, la grande majorité des jeunes lisaient, que ce soit un livre ou un magazine, presque chaque jour, mais en 2015, seuls 16 % le faisaient (Twenge, Martin & Spitzberg, 2017). En d'autres termes, trois fois plus de baby-boomers que d'iGens lisaient tous les jours. Comme la question de l'enquête a été rédigée dans les années 70, avant l'existence des liseuses électroniques, elle ne spécifie pas le format du livre ou magazine et inclut donc les milléniaux ou iGens qui lisent sur une Kindle ou un iPad.

Pendant un temps, les liseuses semblaient pouvoir sauver les livres : le nombre de personnes affirmant avoir lu deux livres ou plus pour le plaisir au cours de l'année écoulée est remonté à la fin des années 2000 – mais il est ensuite redescendu lorsque les iGens (et les smartphones) sont entrés en scène dans les années 2010. En 2015, un jeune de 17-18 ans sur trois avoue ne pas avoir lu de livre pour le plaisir dans l'année écoulée, trois fois plus qu'en 1976. Même les étudiants universitaires, les jeunes a priori les plus susceptibles de lire des livres, lisent moins (voir Graphique 2.4).

Cet immense déclin contredit nettement une étude du *Pew Research Center* de 2014 (Zickhur & Rainie, 2014), acclamée par l'industrie de l'édition, qui a déterminé que les jeunes de 16 à 29 ans avaient *plus* tendance à lire des livres que les personnes âgées. Pourquoi cette différence ? L'enquête du *Pew* incluait les livres lus pour l'école, que les jeunes sont évidemment plus susceptibles de posséder. Elle a donc commis l'erreur classique d'un sondage unique : confondre l'âge et la génération. Selon les données présentes dans cet ouvrage, où tous les individus ont le même âge, les adolescents iGens lisent beaucoup moins de livres que leurs prédécesseurs milléniaux, de la génération X et baby-boomers.

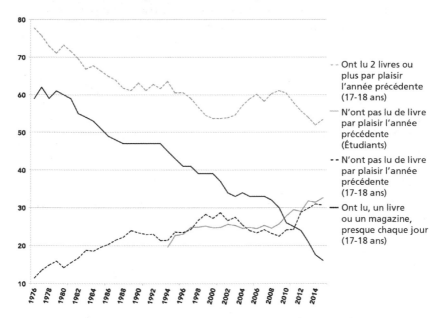

Graphique 2.4. Pourcentage de jeunes de 17-18 ans (*Monitoring the Future*) et d'étudiants universitaires (*American Freshman Survey*, 1976-2015) qui lisent des livres et des magazines.

Pourquoi ? Peut-être tout simplement parce que la lecture n'est pas une activité assez rapide. Pour une génération habituée à cliquer sur un lien ou à « scroller » jusqu'à la page suivante en quelques secondes, les livres ne suffisent pas à retenir leur attention. La jeune Harper, 12 ans, que nous avons rencontrée plus tôt, n'a que de bonnes notes à l'école mais déclare : « Je ne suis pas une grande lectrice. C'est difficile pour moi de lire le même livre pendant aussi longtemps. Je n'arrive pas à rester calme et super silencieuse. Nous devons lire vingt minutes par jour, mais si un livre prend du temps à devenir intéressant, c'est difficile pour moi de le lire. »

Les livres ne sont pas le seul média imprimé qui connaît un déclin avec les iGens. Les enquêtes menées sur les jeunes de 13-14 ans et 15-16 ans mentionnent aussi la lecture de magazines et de journaux, et les baisses sont constantes, importantes et stupéfiantes (voir Graphique 2.5). La lecture du journal a dégringolé, passant de presque 70 % au début des années 90 à seulement 10 % en 2015 (et il s'agit de la lecture d'un journal une fois par semaine ou plus, une mesure assez basse). Le taux de lecture des magazines n'est pas beaucoup plus élevé.

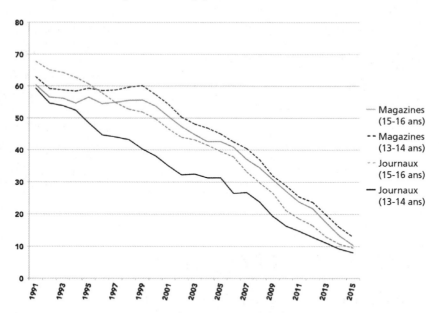

Graphique 2.5. Pourcentage de jeunes de 13-14 ans et 15-16 ans qui lisent des magazines et des journaux une fois par semaine ou plus. *Monitoring the Future*, 1991-2015.

Certains d'entre vous se disent peut-être : rien d'étonnant ! Cependant, il s'agit d'un résultat surprenant selon de nombreuses théories réputées concernant l'usage des médias (Robinson, 2011). Certains chercheurs soutiennent que les nouvelles technologies ne remplacent pas les anciennes formes de médias mais, au contraire, les complètent. Les personnes intéressées par un sujet vont souvent se renseigner sur différents supports, remarquent-ils. De plus, la technologie rend la lecture de livres et maga-zines plus facile, puisqu'ils peuvent être téléchargés instantanément sur un iPad ou une Kindle. Mais ces facteurs n'ont pas été suffisants pour endiguer la vague de déclin du format papier. (Comme le montre le dessin humoristique d'une bibliothécaire qui donne un livre à un adolescent en disant : « Tu n'as qu'à le voir comme un long texto. »)

Les adolescents lisent-ils moins pour le plaisir parce qu'ils ont plus de devoirs et d'activités extrascolaires ? Non ; comme nous l'avons vu dans le chapitre 1, les adolescents passent autant, si ce n'est moins de temps sur ces activités que dans les décennies précédentes. (Et rappelez-vous, ils passent également moins de temps à exercer un travail rémunéré.) Les jeunes de 13-14 ans en sont le meilleur exemple : ils passent deux heures de moins sur leurs devoirs chaque semaine par rapport au début des an-nées 90, mais ils ont aussi beaucoup moins tendance à lire des magazines et journaux. Quand NPR[30] a demandé à Jamahri Sydnor, jeune fille de 14 ans à Washington, DC, si elle lisait parfois, elle a répondu : « Je ne lis pas vraiment pour le plaisir... Je regarde des séries sur Netflix, ou sur Hulu, surtout la télévision. C'est tout ». (Ludden, 2014). Son amie Chiamaka Anosike a ajouté : « Je ne lis pas non plus pour le plaisir, je ne le fais que pour les travaux scolaires. En général, je suis sur mon téléphone ou je regarde la télé ».

Parmi les 200 élèves de 14-15 ans et 15-16 ans de l'État de San Diego que j'ai interrogés en 2015, la plupart m'ont dit ne jamais lire de journaux et uniquement les magazines people ou de mode. L'un d'eux est très spé-cifique : « Je lis des magazines comme *Cosmopolitan* quand je suis dans l'avion ». Une réponse courante indique la nécessité d'un devoir scolaire : « [Je ne lis] que si un travail scolaire le demande, parce que je n'ai pas envie de passer mon temps libre à lire énormément ».

---

30. *National Public Radio* : organisation qui fédère des stations de radio locales (N.d.T.).

Beaucoup me disent aimer lire des livres, mais ceux pour qui ce n'est pas le cas sont inébranlables dans leur aversion. « Je n'aime pas les livres », écrit l'un d'eux. « Ils m'endorment et sont ennuyeux. » Un autre remarque : « Je n'ai pas la patience de lire des livres que je ne suis pas obligé de lire ». Un dernier affirme simplement : « Je ne lis jamais de livres ».

Pour paraphraser le film culte *Princess Bride*, l'imprimé n'est pas mort, il est juste presque mort. Ou peut-être sous respirateur artificiel. Les smart-phones occupant une telle portion du temps des adolescents, il n'en reste plus beaucoup pour d'autres loisirs. Comme un adolescent l'exprime dans une interview au *Chronicle of Higher Education* : « Mon père est toujours intéressé par les livres et toutes ces choses-là. Il ne s'est pas encore rendu compte qu'Internet a en quelque sorte pris la place de tout ça. » (*How the new generation of well-wired multitaskers is changing campus culture*, 2007).

Cet abandon de l'imprimé est peut-être anodin, surtout si les adoles-cents maintiennent leurs aptitudes scolaires au même niveau. Mais ce n'est pas le cas : les scores des SAT[31] ont baissé depuis le milieu des années 2000, surtout en écriture (13 points de déclin depuis 2006) et en lecture critique (13 points de déclin depuis 2005 ; voir Graphique 2.6). Malheureusement, les compétences académiques des iGens sont à la traîne par rapport à celles de leurs prédécesseurs milléniaux, et par une marge importante.

---

31. *Scholastic Assessment Test* : examen standardisé sur une base nationale et utilisé pour l'admission aux universités aux États-Unis (N.d.T.).

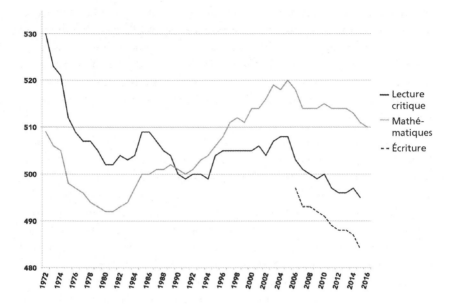

Graphique 2.6. Moyenne nationale des scores des SAT, 1972-2016. College Board.

Le déclin des scores obtenus aux SAT est souvent attribué au fait que davantage d'étudiants choisissent d'aller à l'université. Si plus de lycéens passent le test, le groupe qu'ils forment deviendra progressivement moins performant. C'est sans doute la raison pour laquelle les scores des SAT ont autant baissé entre les années 70 et les années 90, au moment où le taux d'inscription à l'université est monté en flèche. Cependant, ce n'est pas le cas pour la transition des milléniaux aux iGens à la fin des années 2000 et au début des années 2010, quand ce taux d'inscription est resté relativement constant. Il est intéressant de noter que l'évolution des scores en lecture critique suit la même courbe que celle des jeunes lisant deux livres ou plus pour le plaisir chaque année, qui a atteint un pic au milieu des années 2000 avant de plonger une nouvelle fois.

Apparemment, écrire des SMS et publier des contenus sur les réseaux sociaux plutôt que de lire des livres, des magazines et des journaux ne contribue pas à développer la compréhension à la lecture ou l'écriture académique. Cette dégradation de la compréhension s'explique sans doute en partie par la capacité d'attention limitée que les nouveaux médias semblent encourager. Une étude a installé sur les ordinateurs portables d'étudiants universitaires un programme qui réalise une capture d'écran toutes les cinq secondes (Yeykelis, Cummings & Reeves, 2014). Les chercheurs se sont rendu compte que les étudiants passaient d'une tâche à l'autre en moyenne toutes les dix-neuf secondes. Plus de 75 % de leurs fenêtres d'ordinateur étaient ouvertes pendant moins d'une minute. Une expérience bien différente de celle qui consiste à être assis et à lire un livre pendant plusieurs heures.

Le déclin de la lecture pose des défis distincts pour un large éventail d'aînés inquiets, y compris les parents, les éducateurs et les maisons d'édition. Par exemple, comment des étudiants qui lisent rarement des livres vont-ils être capables d'assimiler un manuel universitaire de 800 pages ? La plupart des facultés rapportent que les étudiants ne les lisent tout simplement pas, même si leur lecture est obligatoire. De nombreux éditeurs s'orientent vers des ebooks plus interactifs pour tenter de retenir l'attention des étudiants. En tant que membre d'une faculté universitaire et auteur ou coauteure de trois ouvrages universitaires, je pense qu'il faut aller encore plus loin. Les iGens ont non seulement besoin de manuels qui comprennent des activités interactives comme du partage de vidéos ou des questionnaires, mais également de livres plus courts au style d'écriture plus conversationnel. Ils entrent à l'université avec moins d'expérience de lecture, nous devons donc aller dans leur sens tout en continuant à leur enseigner ce qu'ils doivent savoir. Cette nouvelle méthode impliquera peut-être de renoncer à certains détails, mais cela vaut mieux que d'avoir des étudiants qui n'ouvrent même pas leur livre.

Les livres et magazines classiques ont déjà pris certaines de ces mesures, notamment en raccourcissant leurs articles et en abaissant leur niveau de lecture. Ils peuvent aussi imiter les manuels scolaires, en intégrant des quizz et des sondages pour éveiller l'intérêt des lecteurs ou en ajoutant des photos et des vidéos à l'image des pages web. De telles initiatives inciteront peut-être les iGens — et nous avec — à se tourner à nouveau vers la lecture.

Chats marrants – Grande compilation 2017 !

« Ils ont un chien qui grimpe sur une barrière de sécurité pour enfants et il décroche la barrière, et on voit la barrière basculer en arrière avec le chien dessus, et le chien disparaît hors champ… Je trouve ça très drôle », raconte Chloe, la jeune élève de terminale âgée de 18 ans, originaire de l'Ohio, que nous avons rencontrée dans le chapitre 1. Avec ses amis, elle regarde toutes sortes de vidéos sur Twitter, Buzzfeed, Facebook et YouTube, avec une prédilection certaine pour les vidéos d'animaux. Il en existe une autre qu'elle aime bien sur YouTube, dit-elle : « Le chien a fait une bêtise ; tu as déjà vu un chien qui a des problèmes et qui sait qu'il a fait quelque chose de mal, et on dirait qu'il essaye de sourire ? Le chien sourit et il y a cette musique un peu bizarre et compatissante. J'ai flashé sur cette vidéo pendant deux jours en janvier. Je ne pouvais pas m'empêcher de la regarder toutes les cinq minutes. »

Les vidéos courtes de ce genre sont très populaires, et ce depuis les débuts de YouTube en 2006. Bien qu'aucune des enquêtes à long terme ne le relève spécifiquement, une bonne partie du temps que les jeunes passent en ligne est sans doute consacré à regarder des vidéos, que ce soit via les réseaux sociaux ou les sites comme YouTube. Les iGens trouvent également des vidéos via Twitter. Darnell, 20 ans, explique qu'il suit plusieurs personnes sur Twitter qui ne postent rien d'autre que des photos de chiens et qu' « [il] regarde parfois des images de chiots toute la journée ». Les vidéos les plus populaires semblent être celles qui montrent des « losers », des animaux, ou des animaux « losers ». Les bébés qui rigolent, les enfants drogués chez le dentiste, les clips musicaux et les poules dansantes ont également connu leur heure de gloire. Nous disposons de l'accès à l'information le plus complet et le plus instantané de toute l'histoire et nous l'utilisons pour regarder des vidéos de chats humoristiques.

Les vidéos en ligne ont remplacé une partie du temps consacrée à la télévision par les adolescents, même si le déclin du temps passé devant la télé n'est pas aussi fort que pour la lecture. En 2015, les adolescents regardaient la télévision environ une heure de moins par jour par rapport au début des années 90 (voir Graphique 2.7). Même avec les nouveaux horizons télévisuels tels que Netflix et Amazon Prime, les chats drôles continuent de l'emporter.

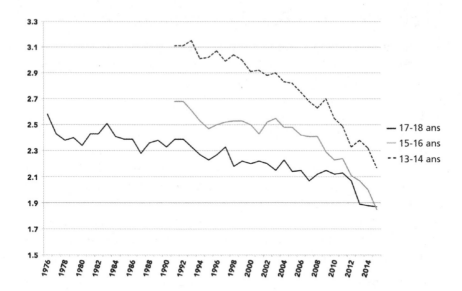

Graphique 2.7. Nombre d'heures que les jeunes de 13-14 ans, 15-16 ans et 17-18 ans passent devant la télévision en semaine. *Monitoring the Future*, 1976-2015.

Et quand les iGens regardent la télé, c'est plutôt une consommation « à la demande » ou du streaming. « Je ne sais même pas comment allumer notre télé à la maison et je regarde tout mon contenu "télévisuel" sur mon ordinateur portable », écrit Grace Masback, 17 ans, dans le *Huffington Post*.

En outre, les adolescents iGens ne vont plus aussi souvent au cinéma. Les chiffres sur la fréquentation du cinéma sont restés assez stables pendant l'ère de la location de vidéos dans les années 80 et 90, et constants jusqu'à la moitié des années 2000, où ils ont commencé à décliner (voir Graphique 2.8). Par conséquent, en tout cas en ce qui concerne les adolescents, ce n'est pas Blockbuster Video (ouvert en 1985) qui a tué le cinéma ni le service postal de Netflix (qui a fait ses débuts en 1997) ; mais plutôt le streaming de vidéos et autres activités en ligne (qui ont également tué Blockbuster, bien entendu).

Graphique 2.8. Pourcentage des jeunes de 13-14 ans, 15-16 ans et 17-18 ans qui vont au cinéma une fois par mois ou plus. *Monitoring the Future*, 1976-2015.

J'ai demandé à mes étudiants s'ils préféraient voir un film au cinéma ou à la maison et la plupart m'ont répondu à la maison, citant comme principaux motifs le confort, le coût et le fait de pouvoir rester en pyjama. De nombreux iGens préfèrent personnaliser leur expérience cinématographique, ce qui est impossible au cinéma. « Je ne comprends pas les gens qui disent qu'ils aiment payer pour aller voir un film au cinéma », écrit Carmen, 22 ans. « Avec la technologie actuelle, tu peux regarder le film en streaming en ligne, porter ta tenue la plus moche (ou ne pas porter de pantalon du tout) et grignoter des snacks tout droit sortis de ton frigo et de tes placards. Tu peux aussi faire pause, revenir en arrière et avancer le film à ta guise, toutes ces choses qui sont et seront toujours impossibles au cinéma. »

Résumons : la génération iGen passe beaucoup plus de temps en ligne et à envoyer des SMS et beaucoup moins de temps sur les médias plus traditionnels comme les magazines, les livres et la télévision. Les iGens passent tellement de temps sur leur smartphone qu'ils ne sont tout simplement pas intéressés ou n'ont pas le temps de lire des magazines, aller au cinéma ou regarder la télévision (sauf si c'est sur leur téléphone). Bien que la télévision semblât présager une révolution des écrans, Internet a accéléré la disparition de l'imprimé. La presse à imprimer a été inventée en 1440 et pendant plus de 500 ans, les mots sur papier ont constitué le moyen classique pour transmettre de l'information. Nous vivons maintenant à l'époque où cette pratique est en train d'évoluer.

L'avenir de la génération iGen – et le nôtre avec – sera façonné par cette révolution. Il se peut qu'elle se déroule sans heurt : les contenus proposés par les sites web seront complétés par de longs documents textuels sous la forme d'ebooks, et nous aurons ainsi toutes les informations nécessaires à portée de main, dans nos ordinateurs portables et sur Internet. Plus besoin de recycler le journal, plus besoin d'empaqueter des caisses de livres quand on déménage. Il se peut aussi que cette révolution tourne mal : la génération iGen et les suivantes n'acquerront peut-être jamais la patience nécessaire pour étudier un sujet en profondeur, ce qui provoquerait le déclin de l'économie américaine.

Mais nous faisons actuellement face à une question plus pressante : si les adolescents passent plus de temps à communiquer avec leurs amis en ligne, à quelle fréquence les voient-ils en personne ? L'interaction électronique a-t-elle remplacé le face-à-face ? C'est ce que nous examinerons dans le prochain chapitre.

Chapitre 3
In absentia : je suis avec toi, mais virtuellement

Kevin et moi nous asseyons devant deux tables à l'extérieur de sa salle de cours, dans son lycée du nord de San Diego. Le jeune homme âgé de 17 ans est américain, d'origine asiatique. Il porte des cheveux noirs hérissés en pointes, des lunettes dernier cri et un pâle sourire. Il est l'aîné de trois enfants et ses parents attendent un autre bébé qui arrivera dans quelques mois. Jusqu'à récemment, sa famille vivait dans un appartement, où régnait un vacarme incessant causé par ses jeunes frères et sœurs. C'est peut-être la raison pour laquelle il se montre exceptionnellement empathique pour un adolescent. « Vous faites ça depuis ce matin ? », me demande-t-il alors que je bois un verre d'eau avant de commencer notre entretien.

Il n'est pas l'étudiant le mieux organisé : il a d'abord oublié de faire signer la feuille d'autorisation à son père et quand je réponds aux questions de sa classe un peu plus tard dans la journée, il oublie la sienne lorsque j'arrive à sa hauteur. Pourtant, quand je lui demande ce qui fait la particularité de sa génération, il n'hésite pas une seconde : « J'ai l'impression que nous ne faisons pas autant la fête. Les gens restent plus chez eux. Ma génération a perdu tout intérêt pour les vraies rencontres. On ne se voit pas en personne, on se contente de s'écrire en restant chacun chez soi. »

Kevin met le doigt sur un point important. En effet, les adolescents iGen passent beaucoup moins de temps à sortir en soirée que ceux des générations précédentes (voir Graphique 3.1) (Twenge & Uhls, 2017). Les tendances sont similaires pour les étudiants universitaires à qui l'on demande combien d'heures par semaine ils passaient en soirée lors de leur terminale. En 2016, ils indiquaient deux heures par semaine, seulement un tiers du temps que les étudiants de la génération X passaient à faire la fête en 1987. Le déclin de cette activité n'est pas dû au fait que les iGens étudient davantage ; comme nous l'avons vu au chapitre 1, le temps consacré aux devoirs est resté identique, ou a même baissé. Cette tendance ne peut pas non plus s'expliquer par l'immigration ou les variations dans la composition ethnique ; la diminution est presque identique parmi les adolescents blancs.

Graphique 3.1. Pourcentage de jeunes de 13-14 ans, 15-16 ans et 17-18 ans qui se rendent à une fête une fois par mois ou plus. *Monitoring the Future*, 1976-2015.

Priya, la lycéenne de 14 ans que nous avons rencontrée au chapitre 1, m'explique qu'elle n'est jamais allée à une soirée et qu'elle n'en a pas envie. « Ce qu'on lit dans les livres, c'est… oh ! là là, au lycée, il y a tous ces matchs de foot et ces soirées, et une fois qu'on y est, personne ne fait vraiment tout ça. Personne n'est vraiment intéressé par ça, moi y compris. » Dans l'enquête effectuée sur les nouveaux étudiants de l'Université d'État de San Diego, plusieurs rapportent que les soirées auxquelles ils se rendaient au lycée étaient surveillées par des adultes et n'avaient donc rien des « fêtes débridées » que commémoraient les films de John Hughes dans les années 80, où les enfants s'enivraient et détruisaient la maison de leurs parents. « Les seules soirées où je suis allé au lycée étaient des fêtes d'anniversaire et elles étaient presque toujours surveillées par un adulte, ou en tout cas se déroulaient en présence d'un adulte », remarque Nick, 18 ans.

Pourquoi les soirées sont-elles moins populaires ? Voici l'explication de Kevin : « Les gens font la fête parce qu'ils s'ennuient, ils veulent faire quelque chose. Aujourd'hui, nous avons Netflix, nous pouvons regarder des séries en permanence. Il y a tellement de choses à faire sur Internet. » Il a peut-être raison ; avec autant de divertissement à la maison, pourquoi sortir et faire la fête ? Et les adolescents ont d'autres moyens d'entrer en contact et de communiquer, notamment les réseaux sociaux sur lesquels ils passent tellement de temps. Leurs soirées se passent sur Snapchat, sans jamais prendre fin.

Traîner ensemble

Les fêtes ne conviennent sans doute pas à cette génération prudente et focalisée sur sa carrière. La consommation d'alcool connaissant un moindre succès, on pourrait imaginer que les iGens rejettent les soirées pour pouvoir simplement passer du temps avec leurs amis.

Sauf que ce n'est pas le cas. Le nombre d'adolescents qui voient leurs amis tous les jours a diminué de moitié en à peine 15 ans, avec une chute récente particulièrement abrupte (voir Graphique 3.2).

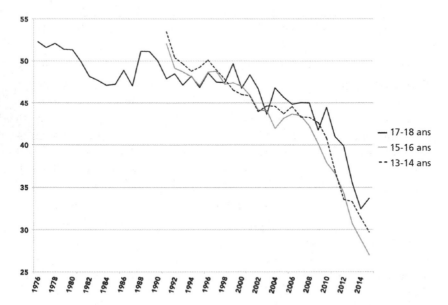

Graphique 3.2. Pourcentage de jeunes de 13-14 ans, 15-16 ans et 17-18 ans qui voient leurs amis tous les jours ou quasiment tous les jours. *Monitoring the Future,* 1976-2015.

C'est sans doute la preuve la plus évidente que les iGens passent moins de temps à interagir avec leurs camarades en face à face que toutes les générations précédentes. Il ne s'agit pas seulement des fêtes arrosées, mais aussi du temps passé à voir ses amis. C'est une activité pratiquée par tous les adolescents : les intellos et les sportifs, les introvertis et les extravertis, les pauvres et les riches, les bons et les mauvais élèves, les fumeurs de cannabis et les propres sur eux. Pas besoin de dépenser de l'argent ou d'aller dans un endroit branché ; il suffit d'être avec ses amis. Et les adolescents le font de moins en moins.

L'enquête menée sur les étudiants universitaires permet d'examiner de plus près leurs interactions sociales en personne, puisqu'elle leur demande combien d'heures par semaine ils passent sur ces activités. En 2016 (comparé à la fin des années 80), les étudiants passaient quatre heures de moins par semaine à voir leurs amis et trois heures de moins par semaine à faire la fête ; ce qui donne sept heures de moins par semaine consacrées aux interactions sociales directes. Cela signifie que les iGens voient leurs amis une *heure* de moins par jour par rapport aux membres de la génération X et aux milléniaux. Une heure de moins par jour avec ses amis constitue une heure de moins à développer des compétences sociales, à entretenir des relations et à gérer ses émotions. Certains parents le voient peut-être comme une heure de plus pour des activités plus productives mais, comme nous l'avons observé dans les deux chapitres précédents, ce temps n'est pas consacré aux devoirs, mais plutôt aux activités sur écrans.

Les adolescents sortent aussi moins avec leurs amis. Dans le chapitre 1, nous avons constaté la forte diminution du nombre de sorties par semaine que font les adolescents sans leurs parents. Elle concerne surtout ceux qui ne sortent pas avec leurs amis lors d'une semaine type et qui restent chez eux la plupart du temps le vendredi et le samedi. Il s'agissait auparavant d'un petit pourcentage des jeunes de 17-18 ans – moins de 8 % – mais en 2015, presque un élève de terminale sur cinq n'est pas sorti avec ses amis au cours d'une semaine type. Cette tendance est encore plus marquée chez les 13-14 ans et les 15-16 ans : dans les années 90, seul un jeune sur 5 ne sortait que rarement, mais en 2015, ce total s'élevait à un sur trois.

Le moment exact où s'est opéré ce déclin récent et soudain des sorties entre ados interroge : en effet, il a eu lieu précisément au moment où l'usage des smartphones et des réseaux sociaux a réellement décollé. Le temps passé avec des amis en personne a été remplacé par du temps passé avec des amis (virtuels ou non) en ligne. « Certains jeunes sont tellement drogués aux réseaux sociaux et aux jeux qu'ils n'interagissent pas avec les personnes qui sont juste à côté d'eux », explique Kevin. « Ils ont de faux amis en ligne. Certaines personnes peuvent t'aider à retrouver le moral par écran interposé, mais tu ne les connais pas et tu ne peux donc pas avoir une relation profonde avec eux. »

Allons-y ensemble (ou pas)

Si vous étiez adolescent dans les années 80 ou 90, vous vous rappelez sans doute vous être promené au centre commercial avec vos amis, avoir essayé les équipements de sport chez Decathlon ou les boucles d'oreilles chez Claire's, puis vous être assis à la cafétéria. Une autre activité que les iGens délaissent peu à peu (voir Graphique 3.3) ; de moins en moins d'adolescents voient leurs amis au centre commercial pour simplement passer du temps ensemble.

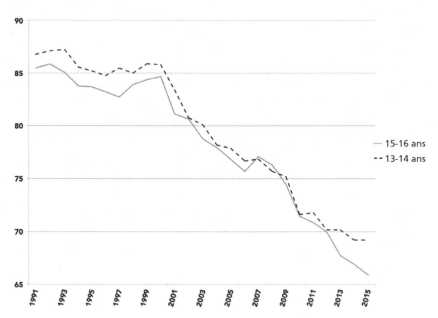

Graphique 3.3. Pourcentage d'élèves de 13–14 ans et 15–16 ans qui vont au centre commercial une fois par mois ou plus. *Monitoring the Future*, 1991–2015.

Voilà au moins une raison qui explique la fermeture massive des centres commerciaux à travers le pays (Smith, 2014). Buzzfeed a même rassemblé des photos de ces endroits abandonnés, comme celle de ces plantes à l'agonie autour d'un escalator à miroir au Rolling Acres Mall à Akron, dans l'Ohio, fermé en 2013. Dans l'ancien Cloverleaf Mall de Chesterfield, en Virginie, un stand à pop-corn est laissé à l'abandon, surmonté d'un néon « Food Court » désormais éteint. Au bout du couloir, des palmiers desséchés et cassés en deux entourent une fontaine vide, encerclée d'étalages déserts et de débris. Une autre photo, prise au Randall Park Mall dans l'Ohio, montre un kiosque de téléphones publics désaffectés. Au sol, un annuaire est grand ouvert, victime collatérale sur l'autoroute de l'information.

Quelle que soit l'activité prise en compte, les iGens sont moins sociables que ne l'étaient les milléniaux, les membres de la génération X et les baby-boomers au même âge. Comme nous l'avons vu au chapitre 1, les iGens ont moins tendance à sortir ou à avoir des relations amoureuses. Ils sont aussi moins enclins à « se balader en voiture pour s'amuser », une occupation centrale dans les anciens films pour adolescents tels que *Génération rebelle* et *American Graffiti* (voir Annexe D). Passer une soirée au cinéma a toujours été une activité sociale classique pour les jeunes depuis des générations (que serait l'adolescence sans une bataille enfantine de pop-corn ?), mais comme nous l'avons vu dans le chapitre 2, les iGens ont moins tendance à aller au cinéma. Ils ont également moins tendance à se rendre dans des bars et boîtes de nuit – dès 1988, lorsque l'âge légal de la boisson a été fixé à 21 ans dans tout le pays, le nombre de jeunes de 17-18 ans allant dans des bars ou boîtes de nuit a été réduit de moitié. En 2006, le *New York Times* s'intéressait à la nouvelle tendance des clubs pour adolescents (où ceux-ci peuvent pratiquer ce qu'on appelle le « safe-clubbing »), réservés aux moins de 18 ans. Mais dix ans plus tard, en 2016, le *Times* et d'autres journaux annonçaient la fermeture de nombreuses boîtes de nuit.

Cela ne signifie pas que les adolescents restent à la maison pour passer du temps de qualité en famille. La jeune Athena, 13 ans, que nous avons rencontrée dans l'introduction, m'a raconté qu'elle et ses amies sont souvent sur leur téléphone quand elles sont chez elles. « J'ai vu mes amies avec leur famille – elles ne leur parlent pas », dit-elle. « Elles disent juste "OK, OK, peu importe" en regardant leur téléphone. Elles ne font pas attention à leur famille. » Athena a passé beaucoup de temps seule récemment : après un été cloîtrée dans sa chambre à regarder Netflix, à envoyer des SMS et à surfer sur les réseaux sociaux, « [son] lit a pris la forme de [son] corps », dit-elle. Comme le montrent ses activités estivales, il y a une chose que les iGens font davantage que leurs prédécesseurs : ils passent plus de temps seuls (voir Annexe D). Même si nous ne pouvons pas en être sûrs, ils consacrent sans doute ce temps à aller en ligne, sur les réseaux sociaux, à regarder des vidéos en streaming et à envoyer des messages.

En un mot : les iGens ont moins tendance à participer à toute activité sociale en face à face mesurée dans quatre ensembles de données sur trois groupes d'âge différents. Ces interactions qui disparaissent peu à peu correspondent à diverses activités, soit en petit groupe ou à deux, telles que rencontrer des amis, soit en groupe plus important, telles que les fêtes. Elles comprennent également les occupations sans but précis, comme se promener en voiture, et celles qui ont un objectif, comme aller voir un film. Enfin, elles incluent des activités qui se déroulent plutôt en ligne pour une question de commodité, comme faire ses achats au centre commercial, et celles qui ne peuvent pas être facilement reproduites sur Internet, comme les sorties entre amis.

À la place, les jeunes d'aujourd'hui communiquent par voie électronique. Voyez par exemple le graphique 3.4. La démonstration est implacable : Internet a pris le relais. Les adolescents sont sur Instagram, sur Snapchat, envoient davantage de SMS à leurs amis et les voient moins en personne. Pour les iGens, l'amitié en ligne a remplacé l'amitié hors-ligne.

Certains chercheurs soutiennent que tout le tapage autour du temps passé devant les écrans est hors de propos ; les jeunes d'aujourd'hui favo-risent simplement les réseaux sociaux pour entrer en contact avec leurs amis, mais le reste de leur vie n'a pas changé. Ce graphique démontre qu'il n'en est rien : avec l'avènement des réseaux sociaux et des smartphones, les vies sociales des adolescents comptent nettement moins d'interactions en personne. Ils passent bien moins de temps avec leurs amis que ne le faisaient les adolescents des décennies précédentes – environ une heure de moins par jour. Les vies des jeunes – et les nôtres – ne seront peut-être plus jamais les mêmes alors que l'accès à l'Internet mobile s'enracine de plus en plus profondément dans notre quotidien.

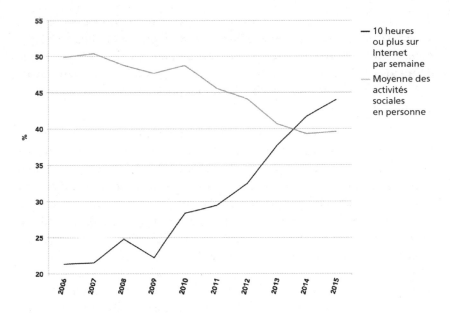

Graphique 3.4. Pourcentage de jeunes de 17-18 ans qui passent dix heures ou plus par semaine en ligne et pourcentage moyen de quatre activités sociales en personne. *Monitoring the Future*, 2006-2015.

D'autres assurent que les réseaux sociaux n'ont pas remplacé les interactions en personne parce que les mêmes adolescents qui y consacrent davantage de temps passent aussi plus de temps avec leurs amis en face à face. Cependant, ce phénomène illustre surtout les différences qui existent entre les adolescents (les enfants « populaires », extrêmement sociables, par opposition aux « intellos », moins sociables) plutôt que les évolutions de leur comportement au fil du temps. Il n'est pas surprenant que les adolescents très sociables le soient davantage à la fois sur les réseaux et en personne. Mais en moyenne, les jeunes d'aujourd'hui passent moins de temps entre eux et plus de temps en ligne que ne le faisaient ceux d'il y a cinq ans, et leur vie en est ainsi radicalement transformée.

Si vous n'êtes pas un iGen, remémorez-vous l'époque du lycée. Quel en est votre souvenir le plus marquant ? Peut-être est-ce la fête après le bal de fin d'année, votre premier baiser ou bien la fois où vous et vos amis avez eu des ennuis au centre commercial. Il y a fort à parier qu'il s'agisse d'une anecdote en présence de vos camarades, alors que vos parents étaient absents. Des expériences de ce genre sont de moins en moins courantes pour les jeunes d'aujourd'hui. De quoi se souviendront-ils ? De cet échange de textos particulièrement drôles ? De leur plus beau selfie ? D'un mème devenu viral ? Ou bien se rappelleront-ils les quelques fois où ils côtoyaient physiquement leurs amis ?

Darnell, le jeune étudiant de 20 ans habitant en Géorgie, lie explicitement l'usage du smartphone à la réticence des iGens à rencontrer les personnes en face à face. « La génération précédente veut toujours que nous nous rencontrions, mais beaucoup d'entre nous ne sont pas comme ça », dit-il. « Nous sommes une génération davantage basée sur la technologie. Sans mon téléphone, je serais littéralement perdu. J'y ai mon calendrier, ma boîte mail, j'ai fait différentes recherches, je lis toujours quelque chose en ligne. » James, un autre étudiant de 20 ans dans la même université, explique qu'il est tout simplement plus facile d'utiliser les réseaux sociaux plutôt que de se rencontrer en personne. « C'est vraiment tentant de simplement envoyer un message à quelqu'un ou d'aller sur les réseaux sociaux et d'aimer sa photo et de la commenter, au lieu d'appeler et de dire "Hey, ça te dit de sortir et d'aller manger quelque chose ?" Ça demanderait de la préparation », dit-il.

Même quand ils voient leurs amis, la technologie, surtout les SMS, permet aux iGens d'éviter certaines interactions sociales. Henry, 23 ans, apprécie le fait qu'envoyer un message peut l'aider à éviter des échanges sociaux potentiellement gênants. « Quand j'arrive chez un ami, au lieu de sonner à la porte et de me retrouver face à son coloc ou ses parents, je lui envoie juste un message disant que je suis arrivé », explique-t-il. Il est facile d'imaginer Henry garer sa voiture dans une rue de banlieue, écrire un bref SMS sur l'écran illuminé de son téléphone et regarder son ami traverser la pelouse pour le rejoindre, seul. Ce dernier monte dans la voiture, qui démarre à toute vitesse dans la nuit : toute interaction sociale superflue a été évitée.

Les écrans s'assombrissent : santé mentale et bonheur

De nombreuses personnes déclarent que le fait que les jeunes communiquent avec leurs amis par voie électronique n'est pas un problème. Du moment qu'ils établissent des contacts, la manière dont ils le font importe peu. Selon ce point de vue, la communication par le biais de l'informatique est à mettre sur le même pied que les interactions physiques. Si c'était vraiment le cas, elle serait tout aussi bénéfique à la santé mentale et au bonheur : les adolescents qui correspondent via réseaux sociaux et messages devraient être aussi heureux et capables d'éviter la solitude et la dépression que ceux qui voient leurs amis en personne ou s'adonnent à d'autres activités ne nécessitant pas d'écrans.

Nous pouvons déterminer si c'est le cas. Commençons avec le bonheur. Les enquêtes de *Monitoring the Future* demandent aux adolescents à quel point ils sont heureux en général (« très heureux », « assez heureux » ou « pas très heureux ») ainsi que le temps qu'ils consacrent à diverses activités durant leurs loisirs, à la fois sur écran, comme les réseaux sociaux, l'envoi de SMS et l'utilisation d'Internet, et hors écran, comme les interactions sociales en face à face, le sport et les médias imprimés. Nous pouvons ainsi observer quelles activités sont source de joie et lesquelles sont plus susceptibles de mener à la tristesse.

Les résultats ne pourraient pas être plus clairs : les adolescents qui passent plus de temps sur les écrans (représentés par les barres noires dans le Graphique 3.5) sont plus susceptibles d'être malheureux et ceux qui passent plus de temps à des activités hors écran (représentés par les barres grises) ont plus tendance à être heureux. Il n'y a pas une seule exception : toutes les activités sur écran sont liées à une diminution du bonheur et toutes celles hors écran, à davantage de bien-être.

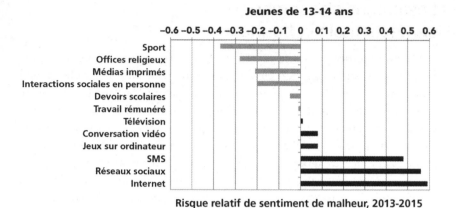

Risque relatif de sentiment de malheur, 2013-2015

Graphique 3.5. Risque relatif de sentiment de malheur calculé à partir du temps passé à des activités sur écran (barres noires) et hors écran (barres grises), jeunes de 13-14 ans. *Monitoring the Future*, 2013-2015.

Par exemple, les jeunes de 13-14 ans qui passent 10 heures ou plus par semaine sur les réseaux sociaux ont 56 % plus de risques d'être malheureux que ceux qui ne le font pas. Certes, il s'agit là d'une très longue durée — qu'en est-il de ceux qui passent seulement six heures par semaine ou plus sur les réseaux sociaux ? Ils sont toujours 47 % plus susceptibles de dire qu'ils sont malheureux. Mais l'inverse est vrai pour les interactions sociales en personne : ceux qui passent plus de temps avec leurs amis en personne ont 20 % moins de risques d'être malheureux (-.20 sur le graphique ; voir Annexe A pour plus d'informations sur le risque relatif). S'il fallait donner des conseils pour une vie heureuse sur base de ce graphique, ils seraient très simples : dépose ton téléphone, éteins ton ordinateur ou ton iPad et fais quelque chose — n'importe quoi — qui ne nécessite pas d'écran.

Ces analyses ne peuvent pas prouver sans équivoque que le temps passé sur les écrans est cause de tristesse ; il est également possible que les adolescents malheureux passent plus de temps en ligne. Cependant, trois études récentes laissent entendre que le temps passé sur les écrans (surtout pour faire usage des réseaux sociaux) est effectivement source de malheur. Une étude a demandé à des étudiants universitaires ayant une page Facebook de compléter de courts sondages sur leur téléphone pendant deux semaines — cinq fois par jour, ils recevaient un SMS contenant un lien et devaient rendre compte de leur humeur et de leur usage de Facebook (Kross *et al.*, 2013). Plus ils se rendaient sur le site, plus ils se sentaient malheureux. Toutefois, se sentir malheureux ne les poussait pas à passer plus de temps sur le réseau social. L'usage de Facebook rend triste, mais la tristesse ne mène pas à l'usage de Facebook.

Une autre étude menée sur des adultes a abouti à la même conclusion : plus les individus utilisaient Facebook, plus leur santé mentale et leur satisfaction de la vie diminuaient lors de l'évaluation suivante (Shakya & Christakis, 2017). Mais après avoir interagi avec leurs amis en personne, ces deux critères remontaient. Une troisième étude portant sur 1 095 adultes danois leur a demandé aléatoirement d'arrêter d'utiliser Facebook pendant une semaine (le groupe expérimental) ou de continuer leur usage normal du réseau social (le groupe de contrôle) (Tromholt, 2016). À la fin de la semaine, ceux qui avaient fait une pause dans leur usage de Facebook se sentaient plus heureux, moins seuls et moins déprimés que les autres (et par des marges assez importantes : 36 % de moins souffraient de solitude, 33 % de moins déprimaient et 9 % de plus étaient heureux). Ils avaient également moins tendance à être tristes, en colère ou inquiets. Les participants ayant été affectés aux groupes de manière aléatoire, l'hypothèse selon laquelle les personnes qui sont déjà malheureuses, seules ou déprimées utilisent davantage Facebook n'était plus valable. En tant qu'expérience réelle, cette étude a montré que l'usage de Facebook provoque les sentiments de malheur, de solitude et de dépression.

Le risque de se sentir malheureux en fréquentant les réseaux sociaux est au plus haut pour les adolescents les plus jeunes. Les jeunes de 13–14 ans qui passent dix heures par semaine ou plus sur les réseaux sociaux ont 56 % de risques en plus d'être malheureux, comparé à 47 % pour ceux de 15-16 ans et 20 % pour ceux de 17-18 ans (voir Graphique 3.6). Collégiens vulnérables, les jeunes de 13–14 ans sont encore en train de construire leur identité et se débattent souvent avec des problèmes d'apparence physique. Il suffit d'y ajouter le cyberharcèlement et on obtient un cocktail explosif. Une fois que les adolescents grandissent, ils ont moins tendance à se harceler mutuellement et ont davantage confiance en eux, ce qui les protège quelque peu des épreuves auxquelles les réseaux sociaux les soumettent.

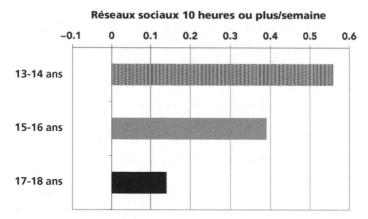

Graphique 3.6. Risque relatif de sentiment de malheur causé par la fréquentation des réseaux sociaux pendant 10 heures ou plus par semaine, jeunes de 13-14 ans, 15-16 ans et 17-18 ans. *Monitoring the Future*, 2013-2015.

Mais peut-être les réseaux sociaux présentent-ils tout de même quelques bienfaits. Ils ont pour but d'établir des contacts, du moins en théorie. Si l'usage des médias sociaux ne mène pas au bonheur, ils peuvent aider les adolescents à se sentir plus intégrés, entourés d'amis, et moins seuls. C'est en tout cas ce que ces sites promettent. Une publicité récente pour Facebook Live nous informe que : « Si tu as quelque chose d'autre à dire, sors ton téléphone et appuie sur ceci [icône Facebook], puis sur ceci [icône de la caméra vidéo] et passe en live. À présent, tu n'es plus seul. Tes amis sont là pour t'écouter. » En d'autres mots, les réseaux sociaux peuvent nous aider à nous sentir moins seuls et nous entourer d'amis à tout moment. Si cette hypothèse est vraie, les adolescents qui les fréquentent régulièrement devraient logiquement se sentir moins seuls et ces sites devraient se révéler tout aussi bénéfiques que les interactions sociales en face à face pour lutter contre la solitude.

Malheureusement, pour les iGens hyperconnectés, c'est loin d'être le cas. Les adolescents qui se rendent tous les jours sur les réseaux sociaux ont en fait *plus* tendance à admettre « Je me sens souvent seul », « Je me sens régulièrement mis à l'écart » et « Je souhaiterais avoir plus d'amis proches » (voir Graphique 3.7 ; cette liste contient moins d'activités que celle concernant le bonheur parce que la solitude est mesurée sur un nombre moindre de questionnaires). Au contraire, ceux qui passent du temps avec leurs amis en personne ou qui font du sport souffrent moins d'isolement.

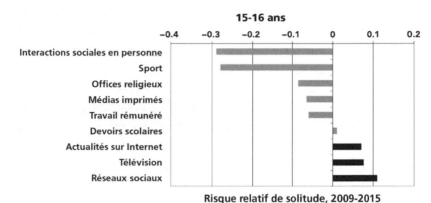

Graphique 3.7. Risque relatif de solitude en fonction du temps passé à des activités sur écran (barres noires) et hors écran (barres grises), jeunes de 15-16 ans. *Monitoring the Future*, 2009-2015.

Comme pour le bonheur, les résultats sont clairs : les activités sur écran sont liées à une augmentation de la solitude et les activités hors écran, à une diminution de l'isolement. Les adolescents qui passent beaucoup de temps avec leurs amis en personne sont beaucoup moins susceptibles de se sentir seuls (le risque est réduit de près de la moitié) et ceux qui se rendent sur les réseaux sociaux tous les jours ou quasiment tous les jours ont 11 % plus de risques de se sentir seuls. Les activités hors écran aident les adolescents à se sentir intégrés dans un groupe, pas les réseaux sociaux. Les adolescents les plus solitaires sont ceux qui passent plus de temps sur les réseaux sociaux et moins de temps avec leurs amis. Si les réseaux sociaux réduisent les interactions sociales en personne, ils peuvent ainsi indirectement mener à plus d'isolement.

À l'instar de ce que nous avons pu observer avec le bonheur, il se pourrait que les adolescents solitaires utilisent plus les réseaux sociaux. Toutefois, deux études mentionnées précédemment ont démontré que c'est l'usage des réseaux sociaux qui provoque la hausse de la solitude. De plus, le lien entre usage des réseaux sociaux et isolement apparaît dans tous les groupes démographiques : les garçons et les filles, les Hispaniques, les Blancs, les Noirs, les jeunes aisés ou moins aisés.

« À l'école, les gens sont plus calmes », nous confie Olivia, une jeune fille de 18 ans en terminale. « Ils sont tous sur leur téléphone et ils s'ignorent. Je suis déçue de ma vie parce que beaucoup de mes amis sont dépendants de leur smartphone. On dirait qu'ils ne veulent pas me parler parce qu'ils sont toujours sur leur téléphone. »

Olivia n'a pas seulement l'air seule, mais triste, voire déprimée. De nombreux parents et éducateurs s'inquiètent de la dépression et autres problèmes de santé mentale qui pourraient menacer les adolescents hyper-connectés. Ils craignent que tout ce temps passé devant un écran se révèle néfaste pour la santé.

Nous pouvons déterminer si ces inquiétudes sont fondées ou non. *Monitoring the Future* mesure les symptômes de dépression grâce à six critères : être d'accord avec « La vie paraît souvent vide de sens », « Le futur paraît souvent sans espoir », « J'ai l'impression que je n'arrive à rien faire correctement » et « J'ai l'impression que ma vie n'est pas très utile », et être en désaccord avec « Je profite de la vie autant que tout un chacun » et « C'est bon d'être vivant ». Un questionnaire de ce type ne permet pas de diagnostiquer une dépression clinique (ce travail doit être réalisé par un professionnel lors d'un entretien spécifique), mais il permet de mesurer les symptômes classiques de la dépression, y compris le désespoir, le manque de sens et la perte d'intérêt pour la vie.

Une fois de plus, la scission entre les activités sur écran et hors écran est manifeste : les adolescents qui passent plus de temps sur les écrans ont plus tendance à être déprimés par rapport à ceux qui passent plus de temps sans écrans (voir Graphique 3.8). Chez les jeunes de 13-14 ans qui utilisent énormément les réseaux sociaux, le risque de dépression augmente de 27 % tandis que ceux qui font du sport, se rendent à des offices religieux ou bien font leurs devoirs réduisent ce risque de manière significative. Les adolescents les plus actifs sur les réseaux sociaux sont également ceux qui sont le plus susceptibles de développer une dépression, ce problème de santé mentale qui fait des ravages auprès de millions d'adolescents américains chaque année.

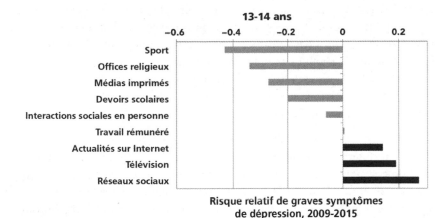

Graphique 3.8. Risque relatif de graves symptômes de dépression en fonction du temps passé à des activités sur écran (barres noires) et hors écran (barres grises), jeunes de 13-14 ans, 2009-2015.

Les adolescents plus jeunes présentent un plus grand risque de dépression liée à un usage intensif des réseaux sociaux. Pour les jeunes de 15-16 ans, le risque est d'environ 50 % (voir Annexe D). Ce qui est sûr, c'est que les médias sociaux ne suscitent pas la joie et ne protègent pas contre la dépression comme c'est le cas des activités hors écran ; ils n'aident pas et, surtout chez les adolescents plus jeunes, ils peuvent même nuire.

Ben, 18 ans, vit à Champaign, dans l'Illinois, non loin du campus principal de l'Université de l'Illinois. Je parviens à le joindre un matin du mois d'août, quatre jours avant qu'il ne commence sa première année dans une université privée du nord-est des États-Unis. Passionné de lecture, il est heureux de se rendre dans un endroit où les études sont prises au sérieux. Nous parlons des difficultés que l'on rencontre au moment de faire ses valises pour partir à l'université et abordons finalement la question des réseaux sociaux. « J'ai eu ma première page Facebook à 13 ans », me dit-il – l'âge minimum fixé par le site. « Bien sûr, tout le monde en avait déjà une. » À cet âge, ajoute-t-il, les réseaux sociaux sont une expérience un peu difficile. « Quand je publiais quelque chose, j'étais toujours très inquiet. Je rafraichissais sans cesse la page pour voir le nombre de likes et de commentaires », explique-t-il. « Aujourd'hui, mon comportement vis-à-vis des réseaux sociaux est très différent. J'ai beaucoup plus confiance en moi et par conséquent, je me soucie moins de ce que les gens pensent de mes pages. Résultat : je ne les utilise presque pas. » Il met en évidence trois vérités à propos des réseaux sociaux et des adolescents : leur effet sur la santé mentale semble être plus fort sur les jeunes, les médias sociaux peuvent attiser l'anxiété chez ceux qui sont plus sensibles et ceux qui ont vraiment besoin des « likes » sont souvent le plus susceptibles de connaître des problèmes de santé mentale.

Chercher « Facebook et dépression » sur Google nous donne une longue liste de résultats, et les pages en anglais incluent même un post de forum intitulé « Je pense que Facebook me déprime ». MissingGirl, qui indique avoir entre 16 et 17 ans, écrit : « Ça me fait carrément déprimer. Tous mes amis partagent les moindres détails de leur vie super marrante et glamour, et je me sens comme une ****. Je déteste FB. » Sur Reddit, quelqu'un publie : « Faire défiler mon fil d'actualité, voir [mes amis] heureux me rend triste. C'est aussi parce que… je ne reçois pas de messages… la vue d'une boîte de réception sans aucune notification me procure un horrible sentiment de solitude. Facebook me déprime, je vais arrêter de l'utiliser. »

Être dépressif ne revient pas seulement à se sentir d'humeur morose. Si la dépression pousse un individu à envisager le suicide, elle peut aussi se ré-véler physiquement dangereuse. Le *Youth Risk Behavior Surveillance System* (l'enquête réalisée dans les lycées et menée par le *Centers for Disease Control and Prevention*) évalue le risque de suicide, mesuré par le fait de répondre « oui » à au moins une des affirmations suivantes : se sentir très triste et désespéré pendant deux semaines, envisager sérieusement le suicide, planifier son suicide ou avoir fait une tentative de suicide. Une fois de plus, le lien entre le temps passé sur les écrans et les problèmes de santé mentale est indiscutable et les chiffres sont interpellants : les adolescents qui passent plus de trois heures par jour sur les appareils électroniques ont 35 % plus de risques de présenter au moins une des prédispositions menant au suicide (voir Graphique 3.9). C'est bien plus que le risque lié au fait de regarder la télévision, ce qui suggère que le problème n'est pas simplement lié aux écrans, mais aux nouveaux médias que sont les smartphones, les jeux et les réseaux sociaux. Les activités hors écrans comme le sport réduisent au contraire le risque de suicide. Les adolescents qui passent beaucoup de temps sur leur téléphone présentent donc non seulement un plus grand risque de dépression, mais également un risque alarmant de suicide.

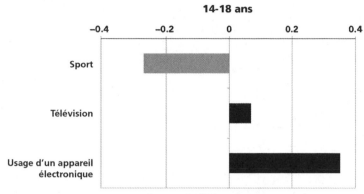

Graphique 3.9. Risque relatif de présenter au moins un facteur de risque de suicide en fonction du temps passé à des activités sur écran (barres noires) et hors écran (barres grises), jeunes de 14 à 18 ans. *Youth Risk Behavior Surveillance System*, 2013-2015. (Les appareils électroniques incluent les smartphones, les tablettes, les jeux vidéo et les ordinateurs.)

Ces analyses montrent que le fait de passer trois heures par jour devant un écran augmente la probabilité qu'un adolescent envisage le suicide. Quelle durée ne faut-il donc pas dépasser ? Le risque commence à augmenter avec deux heures ou plus par jour et s'envole à partir de ce chiffre. Une utilisation intensive (cinq heures ou plus) est liée à des risques de suicide et de mal-être beaucoup plus élevés (voir Graphique 3.10). Ces chiffres tendraient à indiquer que la modération de l'usage, et pas nécessairement l'élimination complète de tous les appareils électroniques de la vie des adolescents, est à préconiser.

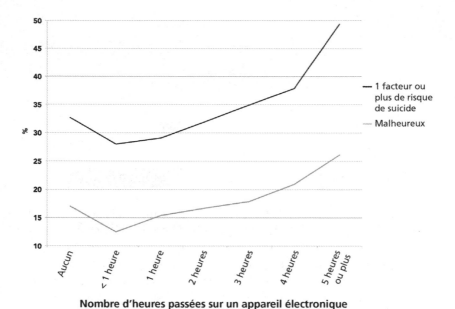

Graphique 3.10. Pourcentage de jeunes présentant au moins un facteur de risque de suicide et pourcentage de jeunes malheureux en fonction du nombre d'heures par jour passées sur les appareils électroniques ou en ligne (courbe dose-réponse), jeunes de 14 à 18 ans (*Youth Risk Behavior Surveillance System*) et 13-14 ans, 15-16 ans et 17-18 ans (*Monitoring the Future*), 2013-2015.

Pourquoi l'usage des appareils électroniques est-il lié à un risque de suicide aussi élevé ? Cela n'a rien à voir avec la démographie ; les probabilités sont quasiment identiques quand le genre, la race et le niveau d'étude sont pris en considération. Il se pourrait que les jeunes davantage suicidaires soient attirés par les appareils électroniques. C'est possible, mais l'on pourrait penser que ces adolescents, souvent dépressifs, se tourneraient davantage vers des activités passives comme regarder la télévision, au lieu de choisir des activités interactives telles que les réseaux sociaux ou les jeux sur ordinateur. Alors, quels sont les désavantages spécifiques des appareils électroniques, qui seraient pires que la télévision ? L'un d'eux est le cyberharcèlement.

Le harcèlement a toujours été l'une des causes principales de suicide chez les adolescents. Il n'est donc pas surprenant que les enfants harcelés à l'école soient deux fois plus susceptibles de présenter au moins un facteur de risque, tel qu'envisager ou planifier son suicide. Toutefois, le cyber-harcèlement – soit le harcèlement électronique via les SMS, les réseaux so-ciaux ou les forums – a des effets encore plus néfastes (voir Graphique 3.11). Deux tiers (66 %) des adolescents cyberharcelés présentent au moins un facteur de risque de suicide, 9 % de plus par rapport à ceux qui sont har-celés à l'école. Les jeunes harcelés en ligne disent souvent qu'ils n'arrivent pas à échapper à leurs bourreaux – ils ne peuvent pas se contenter d'éviter certains individus, comme ils pourraient le faire s'ils étaient face à leur tortionnaire en chair et en os. À moins d'abandonner totalement leur téléphone, le harcèlement ne prend jamais fin.

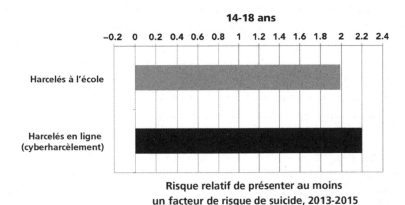

Graphique 3.11. Risque de présenter au moins un facteur de risque de suicide en fonction du cyberharcèlement (barre noire) et du harcèlement scolaire (barre grise), jeunes de 14 à 18 ans. *Youth Risk Behavior Surveillance System*, 2011-2015.

« Elles me disaient "Personne ne t'aime, va te suicider" », explique Sierra, une jeune de 15 ans originaire de Virginie, dans *American Girls* (Sales, 2016), en parlant des filles qui la harcelaient en ligne. Un commentaire Instagram qu'elle a reçu disait : « Tu n'as pas de cul, meuf, arrête d'essayer de prendre des photos comme si tu en avais un, ce n'est pas mignon, tu ressembles à une pute. T'as l'air débile… cette tenue te fait ressembler à une prostituée bon marché qui fait le trottoir. » Ce harcèlement constant a entraîné Sierra dans une spirale infernale. « J'ai commencé à manger de la glace en permanence pour ne pas me laisser abattre, mais je n'avais pas en-vie de grossir. J'ai donc résolu le problème en me tailladant », avoue-t-elle, faisant référence à l'automutilation (qui consiste à se blesser volontairement avec un couteau ou une lame de rasoir, généralement sur les jambes et les bras). Finalement, elle a essayé de se suicider, d'abord en avalant autant de pilules qu'elle pouvait en trouver, puis en sautant devant une voiture. Une amie l'a attrapée et tirée en arrière.

David Molak était en seconde au lycée Alamo Heights à San Antonio, au Texas, quand ses camarades de classe ont commencé à le harceler continuellement par messages, dénigrant son apparence physique et proférant diverses insultes. Le 4 janvier 2016, il s'est donné la mort (Mendoza, 2016 ; Fletcher & Tedesco, 2016). « J'ai vu la douleur dans les yeux de David il y a trois nuits alors qu'on l'avait ajouté dans une conversation de groupe simplement pour se moquer de lui avant de l'en chasser deux minutes plus tard », a écrit son grand frère Cliff dans un post Facebook. « Il est resté l'œil vague, regardant au loin, pendant presque une heure. Je pouvais ressentir sa souffrance… David subissait des abus de ce genre depuis déjà longtemps. De nos jours, les brutes ne te poussent plus contre un casier d'école… elles se tapissent derrière des noms d'utilisateur et de faux profils à des kilomètres de distance, maltraitant sans répit des personnes pures et innocentes. »

Même si le cyberharcèlement ne mène pas au suicide, il peut certainement causer le malheur et la dépression. Les iGens célèbres et performants ne sont pas épargnés. Gabby Douglas, la gymnaste olympique qui a remporté la médaille d'or dans le concours multiple lors des Jeux de 2012, a subi du harcèlement après une performance décevante en 2016. « Je me demande combien de fois j'ai pleuré. Sans doute assez pour remplir plusieurs seaux d'eau. C'était de vraies larmes, de vrais sanglots, je me sentais tellement blessée », a raconté la jeune fille de 21 ans au magazine *People* (Kimble, 2016). Une série d'études effectuées par le *Cyberbullying Research Center*[32] a montré que le cyberharcèlement est devenu plus courant, avec 34 % des adolescents affectés en 2016, comparés à 19 % en 2007 (Patchin & Hinduja, 2016). Les vies entières des adolescents sont accessibles en ligne et un sur trois est harcelé jusque chez lui.

Une dernière donnée reflète indirectement, mais avec force, le déclin des activités en personne et la hausse de l'interaction solitaire en ligne. Depuis 2007, le taux d'homicide parmi les jeunes a diminué tandis que

---

32. Centre de recherche en cyberharcèlement (N.d.T.).

le taux de suicide a augmenté. La baisse régulière, entre 2007 et 2014, des meurtres commis par des adolescents est très similaire au déclin de l'interaction sociale en face à face (voir Graphique 3.12). Les adolescents passant moins de temps ensemble en personne, ils sont devenus moins susceptibles de se tuer entre eux. En revanche, le taux de suicide adolescent a commencé à grimper après 2008. L'augmentation paraît faible sur le graphique en raison de l'échelle, mais elle ne l'est pas – 46 % d'adolescents en plus se sont suicidés en 2015 par rapport à 2007. Cette croissance est apparue alors que le temps passé sur les nouveaux médias a amorcé sa hausse et que les activités sociales en personne ont diminué. En 2011, pour la première fois en 24 ans, le taux de suicide adolescent était plus élevé que le taux d'homicide adolescent. L'écart s'est élargi de 2011 à 2014, où l'on observe un taux de suicide de 32 % plus élevé que le taux d'homicide – l'écart le plus important depuis que les statistiques sont tenues (et il est resté élevé en 2015, avec 30 %).

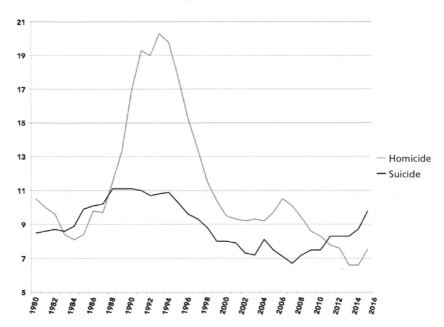

Graphique 3.12. Taux d'homicide et de suicide sur 100 000 personnes parmi les 15-19 ans, 1980-2015. *Centers for Disease Control and Prevention.*

Une explication surprenante, bien qu'encore hypothétique, serait que l'avènement du smartphone a entraîné à la fois le déclin des homicides et l'augmentation des suicides. Les adolescents passant plus de temps avec leur téléphone qu'avec leurs amis, ils sont davantage à déprimer et à se donner la mort, et moins nombreux à commettre des homicides. Plus concrètement : les adolescents doivent être en présence les uns des autres pour s'assassiner, mais ils peuvent se cyberharceler et se pousser au suicide à travers leur téléphone. Et même s'il n'y a pas de harcèlement, la communication à travers les écrans les isole les uns des autres, ce qui peut mener à la dépression et parfois au suicide. Bien sûr, la dépression et le suicide ont des causes très diverses ; l'invasion technologique n'est certainement pas la seule (après tout, le taux de suicide était encore plus élevé dans les années 90, bien avant que les smartphones fassent leur apparition). Il est cependant inquiétant, et absolument inadmissible que le nombre d'adolescents se donnant la mort ait à ce point augmenté en quelques années.

Cerveaux primaires, FOMO et compétences relationnelles

Somme toute, l'interaction sociale en personne est bien plus bénéfique à la santé mentale que la communication électronique. Cela se comprend : les humains sont des êtres naturellement sociables et nos cerveaux ont évolué pour privilégier les interactions en face à face. Au temps des chasseurs-cueilleurs, les personnes qui étaient exclues de la tribu mouraient souvent parce qu'elles n'avaient personne avec qui partager de la nourriture (et personne avec qui se reproduire ; l'évolution a littéralement éradiqué le gène de l'ermite en nous). Cette époque a formaté nos cerveaux, qui se révèlent merveilleusement réceptifs à l'acceptation sociale et au rejet. J'ai étudié ce phénomène moi-même : j'ai consacré mon stage postdoctoral à observer les effets du rejet social dans une série de projets menés par l'éminent psychologue social Roy Baumeister. Nous avons découvert qu'une expérience de rejet social, même brève, attribuée aléatoirement, poussait les individus dans une spirale négative, augmentant leur agressivité, créant des sentiments de désespoir et (mon aspect préféré) les incitant à manger davantage de cookies (Twenge, Baumeister, Tice & Stucke, 2001 ; Twenge, Catanese & Baumeister, 2002, 2003). Les neuroscientifiques ont ainsi découvert que, quand des individus sont tenus à l'écart d'un jeu par d'autres joueurs, la zone de leur cerveau liée à la douleur physique est activée (Eisenberger, Lieberman & Williams, 2003). Apparemment, ce n'est pas une coïncidence si de nombreux termes décrivant la douleur sociale reproduisent ceux de la douleur physique, notamment « blessé dans ses sentiments » et « cœur brisé ». (C'est plutôt le cerveau qui serait brisé, mais l'expression trouve son origine à une époque où l'on pensait encore que le cœur était la source de nos pensées et sentiments.)

Nos cerveaux − et sans doute encore plus ceux des adolescents − étant particulièrement réceptifs au rejet social, les SMS et les réseaux sociaux forment un terreau fertile pour le développement des émotions négatives. Même quand nous allons bien, la cadence de la communication électronique peut se révéler problématique. Contrairement aux interactions en face à face, l'échange de messages implique souvent un délai entre nos envois et la réponse du destinataire. Pensez à ce qui se passe quand vous envoyez un SMS. Si l'autre personne ne répond pas immédiatement, vous vous demandez sans doute pourquoi. Est-elle fâchée ? N'a-t-elle pas apprécié ce que j'ai dit ? C'est la même chose lorsque vous publiez quelque chose sur les réseaux sociaux. Tout le monde veut obtenir des likes, mais s'ils tardent à arriver, ou s'ils n'arrivent pas du tout, l'anxiété peut s'installer.

Dans le cadre d'une étude, des chercheurs ont demandé à des étudiants universitaires d'interagir de deux manières : en ligne ou en personne (Sherman, Minas & Greenfield, 2013). Ceux qui ont interagi en personne se sentaient plus proches émotionnellement de leur interlocuteur, ce qui est logique étant donné les conditions dans lesquelles nos cerveaux humains ont évolué. Voyez-le ainsi : nous autres, êtres humains, avons vécu environ 99,9 % de notre évolution en disposant des interactions en personne comme moyen exclusif de communication. Les échanges électroniques ne sont guère qu'une pâle imitation de la personne bien vivante en face de nous.

Selon de nombreux iGens, leur vie en ligne s'apparente à la traversée d'une corde raide. « En fait, je trouve que les réseaux sociaux sont très stressants », a expliqué la jeune Sofia Stojic, 19 ans, au journal australien *The Age* (Evans, 2016). « Le simple fait de savoir qu'ils sont là, en arrière-plan. C'est très difficile aujourd'hui de se déconnecter et d'être seul avec ses pensées. » Les autres iGens interrogés dans l'article ont tous affirmé qu'ils tâchaient de désactiver complètement les notifications sur leur téléphone afin de se concentrer sur d'autres choses, comme parler à un ami en personne. Mais ils se rendent compte qu'ils n'y arrivent pas, parce qu'ils ont peur de manquer quelque chose. « Ce n'est pas comme si tu pouvais vraiment y échapper. Tu peux déconnecter ton téléphone, mais ce sera toujours là », dit Amy Bismire, 19 ans.

Même quand notre expérience sur les réseaux sociaux se passe bien et nous fait nous sentir intégrés, elle n'offre pas d'alternative à l'interaction véritable en face à face. Comme le dit Kevin, 17 ans : « Si tu as un contact en personne, tu vis de véritables émotions quand tu passes du temps avec la personne. Si vous avez des activités ensemble, accomplissez quelque chose ensemble, ça fait tellement de bien, tu comprends ? Tu peux partager des émotions, comme se disputer et se réconcilier. Ce genre de sentiments ne passe pas par les réseaux sociaux. »

Les iGens aspirent malgré tout à une interaction en face à face. Presque tous les jeunes de 18 et 19 ans interrogés par l'enquête de l'Université d'État de San Diego ont dit qu'ils préféraient voir leurs amis en personne que de communiquer par voie électronique. « C'est beaucoup plus sympa d'avoir une véritable conversation », écrit Bailey, 19 ans. « Quand tu es réellement avec quelqu'un, c'est beaucoup plus personnel et chaleureux. Les souvenirs sont créés par les expériences et on ne peut pas faire ça par téléphone ou sur l'ordinateur », écrit Julian, 18 ans.

Pour les parents, les professeurs, les responsables des services étudiants et les entreprises, la grande question est la suivante : ce déclin dans les interactions sociales en personne affectera-t-il négativement les compétences sociales des iGens ? Les données préliminaires suggèrent que ce sera effectivement le cas. Dans une étude, des enfants de 11-12 ans ont passé cinq jours et cinq nuits dans un camp de nature sans accès à un ordinateur, un téléphone portable ou une télévision (Uhls *et al.*, 2014). Un groupe de contrôle a continué ses activités technologiques habituelles. Tous les enfants ont ensuite passé deux tests de compétences sociales qui consistaient à nommer les émotions (joie, tristesse, colère, peur) exprimées dans une série de photos de visages ou à regarder des vidéos muettes mettant en scène des interactions sociales. Les enfants qui avaient passé cinq jours éloignés des écrans avaient significativement augmenté leurs aptitudes sociales par rapport au groupe témoin.

Athena, 13 ans, pense que les enfants d'aujourd'hui manquent d'expériences qui leur permettraient de développer leurs compétences sociales.

« Nous avons grandi avec les iPhone », dit-elle. « Nous ne savons pas comment communiquer comme des personnes normales, regarder les gens dans les yeux et leur parler. » Son professeur de théâtre au collège ordonne aux élèves : « Rangez votre téléphone, nous allons apprendre à regarder les gens dans les yeux. » Athena pense que les téléphones ont également eu un effet sur la manière de parler des adolescents : « Parfois, on est un peu comme des extraterrestres. On ne sait plus comment parler aux gens ».

Tout comme la pratique du piano, l'acquisition de compétences sociales demande de l'entraînement. Les iGens n'ont pas développé ces aptitudes de la vie réelle de la même manière que les générations précédentes. Ainsi, quand vient le temps de faire la preuve de ces aptitudes sociales, ils ont plus tendance à faire des erreurs à un moment décisif : à l'entretien d'admission à l'université, pour se faire des amis au lycée et quand ils postulent pour un emploi. Les décisions existentielles d'ordre social sont toujours prises essentiellement en personne et les iGens ont moins l'expérience de ces situations. La prochaine décennie verra peut-être davantage de jeunes capables d'utiliser l'émoji adéquat dans une situation donnée, sans pour autant savoir quelle expression faciale adopter.

Chapitre 4
Instables : des jeunes plus que jamais mal dans leur peau

Ilaf Esuf, étudiante à l'Université de Californie à Berkeley, était de retour chez elle pour les vacances quand c'est arrivé. De retour des courses avec sa mère, elle s'est sentie submergée par la tristesse et a commencé à pleurer. « Je me suis engagée dans l'allée, les manches trempées d'avoir discrètement essuyé mes larmes », écrivit-elle dans le *Daily Californian* (Esuf, 2016). « Ma mère se tenait à mes côtés, abasourdie. Elle m'a saisie par le bras et m'a demandé pourquoi je pleurais, mais je ne pouvais pas lui répondre. Cette tristesse inexplicable, et inhabituelle, s'est attardée, à l'image de ma mère inquiète qui restait sur le pas de la porte, le cœur brisé, cherchant à comprendre. » Ilaf ne sait pas toujours exactement pourquoi elle se sent déprimée et elle a des difficultés à expliquer ses sentiments à ses parents. « Je ne sais pas ce qui ne va pas et je ne sais pas pourquoi je me sens comme ça, mais je promets que je vais bien et que ça va passer. C'est ce que je me dis quand je marche dans la rue et que je sens les larmes couler sur mes joues. »

Sur les réseaux sociaux, les iGens ont l'air parfaitement heureux : ils font des grimaces sur Snapchat et arborent de larges sourires sur leurs photos Instagram. Mais si l'on creuse un peu, la réalité est moins reluisante. Car la génération iGen est au bord de la crise de santé mentale la plus grave observée chez les jeunes depuis des décennies. Pourtant, en surface, tout va bien.

Tout (n') est (pas) super génial

– « Tu sais ce qui est super génial ? TOUT ! » (citation extraite du film *La Grande Aventure Lego)*.

De nos jours, Internet – et la société en général – encourage à toujours se montrer positif. Les publications sur les réseaux sociaux mettent en lumière les moments heureux, mais rarement les instants moins joyeux : tout le monde sourit sur les selfies, sauf les adeptes de la « duck face »[33].

Cette positivité trouve son origine dans une tendance initiée par les baby-boomers, approfondie par la génération X et portée à son sommet par les milléniaux : l'individualisme croissant de la société américaine. Les

---

33. Littéralement « bouche de canard » ; mimique qui consiste à serrer et avancer simultanément les lèvres tout en creusant légèrement les joues. Cette expression est souvent adoptée sur les photos destinées aux réseaux sociaux (N.d.T.).

cultures individualistes se concentrent sur la personne davantage que sur les règles sociales. Ce concept se dissimule derrière la plupart des grands bouleversements culturels des dernières décennies, depuis les tendances généralement considérées comme positives (l'égalité accrue entre les races, les genres et les orientations sexuelles) à celles dont la connotation est plus négative (l'arrogance et le sentiment de « tout m'est dû » dont font preuve de nombreuses personnes). L'individualisme encourage également les individus à être fiers d'eux-mêmes – de façon parfois même excessive. Une vision de soi positive caractérise les cultures individualistes, qui encouragent l'autopromotion et l'estime de soi. Alors que la vague de l'individualisme a grandi dans les années 90 et 2000, les milléniaux se sont rapidement fait connaître pour leur confiance excessive et leurs attentes bien trop irréalistes – une réputation qui s'explique par la vision plus positive qu'ils ont d'eux-mêmes, leur narcissisme accru, et leurs ambitions plus élevées par rapport aux générations précédentes (Reynolds, Stewart, MacDonald & Sischo, 2006 ; Twenge, Campbell & Gentile, 2012a, 2012b, 2013). Ces tendances ont diminué avec les membres de la génération iGen, qui n'ont pas l'optimisme présomptueux qu'affichaient les milléniaux au même âge. Les iGens se montrent moins narcissiques et leurs attentes sont moindres, ce qui suggère que l'arrogance démesurée dont font preuve certains milléniaux est sur le déclin. Puisque cette vision de soi excessivement positive est davantage l'apanage des milléniaux que des iGens, j'ai choisi de détailler ces tendances en annexe (voir Annexe E).

Les adolescents milléniaux des années 2000 étaient également plus heureux que ceux des années 1990, époque où la génération X portait des t-shirts noirs et n'hésitait pas à s'épancher sur son mal-être. L'individualisme, centré sur les notions de liberté et d'optimisme, est bénéfique aux adolescents et il a ainsi contribué à cet essor du bonheur.

Puis la génération iGen est arrivée et le bien-être des adolescents a commencé à vaciller (Twenge, Martin & Campbell, 2017b). Les acquis des années 2000 ont été effacés durant les années qui ont suivi 2011 (voir Graphique 4.1), surtout pour les jeunes de 13-14 ans et 15-16 ans. Au moment où la génération iGen a commencé à être prise en compte dans les échantillons, l'exubérance caractéristique des milléniaux a commencé à se dissiper. D'une certaine manière, la pop culture a anticipé ce phénomène et les films pour adolescents ont changé de cap : les comédies joyeuses qui mettaient en scène des adolescents festifs (*American Pie, SuperGrave*) ont laissé la place à des mondes dystopiques où le jeune héros lutte pour sa survie (*Hunger Games, Divergente*).

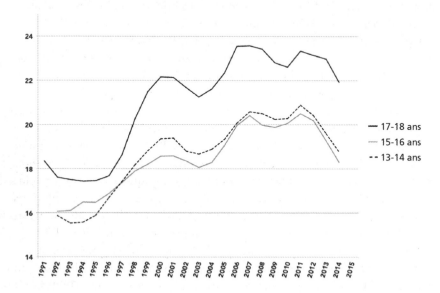

Graphique 4.1. Pourcentage de jeunes de 13-14 ans, 15-16 ans et 17-18 ans qui déclarent être « très heureux » (moyenne mobile sur trois ans). *Monitoring the Future*, 1991-2015.

Bien sûr, la question du bonheur n'est qu'un élément parmi d'autres, et si un déclin est bien perceptible, il n'est cependant pas extrême. Il peut donc être utile d'observer plus en profondeur les tendances relatives au bien-être psychologique des adolescents.

Les premiers signes sérieux de cette crise imminente de santé mentale chez les iGens transparaissent dans les réponses qu'ils donnent lorsqu'on les interroge sur leur niveau de satisfaction vis-à-vis d'eux-mêmes et de leur vie en général. Entre les années 80 et 2000, de plus en plus de jeunes se disaient satisfaits. Puis, quand les premiers iGens sont entrés en terminale en 2012 et 2013, ce taux de satisfaction s'est soudain effondré, atteignant un creux historique en 2015 (voir Graphique 4.2). Alors que les adolescents passaient moins de temps avec leurs amis en personne, et de plus en plus de temps sur leur téléphone, leur niveau de satisfaction a chuté à une vitesse fulgurante.

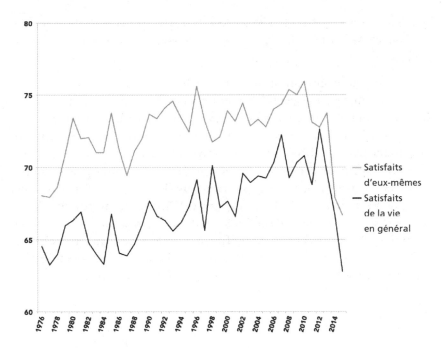

Graphique 4.2. Pourcentage de jeunes de 17-18 ans qui sont satisfaits d'eux-mêmes et de leur vie en général. *Monitoring the Future*, 1976-2015.

En quelques années à peine, cet effondrement soudain et vertigineux a balayé la progression qui s'était opérée sur vingt ans. Et il s'avère que ce n'est que la partie visible de l'iceberg.

Exclus et isolés

Un beau jour, Grace Nazarian, 13 ans, a ouvert Instagram pour y trouver des photos de ses meilleurs amis à une fête d'anniversaire à laquelle elle n'avait pas été invitée. « J'avais l'impression d'être la seule qui n'y était pas », a raconté Grace à l'émission *Today* (Flam, 2015). « … Je me suis dit : ils s'amusent sans moi. Et ça m'a complètement déprimée. » L'expérience de Grace est courante de nos jours : alors qu'avant, les adolescents entendaient parler des activités sociales à travers des discussions et des rumeurs à l'école, ils peuvent à présent voir des images en direct de ce qu'ils ratent. La génération iGen dispose d'un terme spécifique pour désigner ce phénomène : FOMO (*Fear Of Missing Out*, littéralement la peur de manquer quelque chose). À bien des égards, c'est une recette toute trouvée pour la solitude.

Bien sûr, la communication numérique peut également avoir l'effet inverse, aidant les adolescents à se sentir connectés les uns aux autres même quand ils sont éloignés. Les jeunes restent en contact avec leurs amis via les SMS et les réseaux sociaux, s'envoyant des photos drôles sur Snapchat et alertant tout un chacun de leurs activités à chaque instant. Mais cela ne dissipe pas pour autant leur isolement ; en fait, ils sont plus solitaires qu'ils ne l'étaient il y a tout juste cinq ans. De 2011 à 2015, il y a eu une augmentation de 31 % du nombre des 13-14 ans et des 16-17 ans touchés par un sentiment de solitude, et de 22 % chez les 17-18 ans (voir Graphique 4.3) ; des chiffres stupéfiants. En seulement quatre ans, c'est en effet une augmentation radicale. Depuis les premières enquêtes effectuées en 1991, les adolescents sont aujourd'hui plus isolés que jamais.

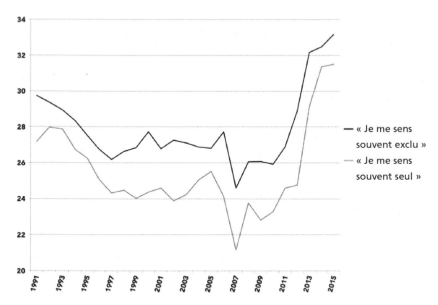

Graphique 4.3. Pourcentage de jeunes de 13-14 ans, 15-16 ans et 17-18 ans qui sont d'accord ou plutôt d'accord avec les affirmations suivantes : « Je me sens souvent exclu » ou « je me sens souvent seul ». *Monitoring the Future*, 1991-2015.

Comme l'on peut s'y attendre à l'ère du FOMO, les jeunes ont également plus tendance à dire qu'ils se sentent souvent exclus. Dans chacun des trois groupes d'âge, le sentiment de rejet a atteint des sommets sans précédent. Tout comme le sentiment de solitude, la montée du sentiment d'exclusion a été rapide et importante, les adolescents étant aujourd'hui beaucoup plus nombreux à l'éprouver (voir Graphique 4.3).

Des changements aussi importants sur un court laps de temps sont inhabituels et laissent supposer que leur cause est spécifique et ses répercussions considérables. Compte tenu de l'époque à laquelle ces évolutions ont eu lieu, les smartphones sont certainement les responsables, puisqu'ils augmentent l'isolement à la fois directement et indirectement, en se substituant aux interactions sociales en chair et en os. En effet, comme les adolescents abandonnent les activités qui atténuent la solitude et s'adonnent davantage à celles qui la renforcent, il n'est pas étonnant que ce sentiment ait augmenté. Ce mécanisme hypothétique est illustré dans le schéma 4.4.

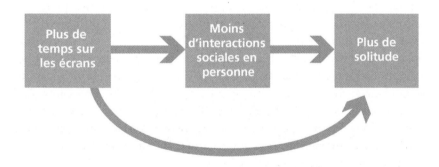

Schéma 4.4. Un modèle possible pour expliquer la solitude des iGens.

Pour représenter le déclin des interactions sociales en personne, on peut l'assimiler à un tueur à gages engagé par une tierce personne : il commet le crime même s'il n'en est pas le commanditaire. Le temps passé sur les écrans engage le tueur et, pour faire bonne mesure, tire quelques coups lui-même.

Une remarque importante : ce modèle ne vise pas à illustrer la manière dont le temps passé sur les écrans et celui passé en face à face influencent les individus, car les adolescents qui consacrent plus de temps aux réseaux sociaux consacrent également plus de temps à leurs amis en personne – les jeunes très sociables le sont davantage dans les deux cas, et les jeunes moins sociables le sont moins. Il s'agit plutôt d'une hypothèse pour évaluer la manière dont ces variables sont liées au caractère générationnel : quand les adolescents, en tant que groupe, passent plus de temps sur les écrans et moins de temps à interagir en personne, l'isolement moyen augmente.

Il est possible que la solitude entraîne une utilisation accrue du smartphone, et non pas l'inverse, mais le pic de solitude observé rend cette hypothèse peu probable. Si l'isolement favorisait l'usage du téléphone, l'augmentation soudaine de l'isolement sans cause connue entraînerait une popularité soudaine des smartphones. Il semble bien plus probable que les smartphones soient devenus populaires, que le temps passé devant les écrans ait augmenté et que, par conséquent, la solitude des adolescents se soit amplifiée. De plus, comme nous l'avons vu au chapitre précédent, plusieurs études ont montré que c'est l'usage des réseaux sociaux qui mène à des émotions négatives plutôt que l'inverse.

Bien que la tendance à ressentir de l'exclusion apparaisse parmi les garçons et les filles, l'augmentation est particulièrement significative chez ces dernières (voir Annexe F). De 2010 à 2015, le sentiment d'exclusion touchait 48 % de filles en plus, contre 27 % de garçons en plus. Les filles utilisent davantage les réseaux sociaux, ce qui leur donne plus d'occasions de se sentir exclues et seules quand elles voient leurs amis ou camarades de classe s'adonner à des activités sans elles. Les réseaux sociaux sont également le média parfait pour pratiquer l'agression verbale, privilégiée par les filles. Avant même l'apparition d'Internet, les garçons avaient tendance à se harceler entre eux physiquement, et les filles oralement. Les réseaux sociaux offrent aux collégiennes et lycéennes une plateforme ouverte en permanence pour donner libre cours à la violence verbale qu'elles affectionnent, et ainsi ostraciser et exclure les autres filles. Les jeunes adolescentes sont deux fois plus susceptibles que les garçons de vivre ce type de harcèlement en ligne (connu sous le nom de cyberharcèlement) ; dans l'enquête YRBSS effectuée sur des lycéens, 22 % des filles ont avoué avoir été victimes de cyberharcèlement durant l'année écoulée, et seulement 10 % des garçons. Les adolescentes iGen passent leur vie sociale en ligne et sont donc de plus en plus susceptibles de se sentir exclues.

Peur de vivre : la dépression

Sur sa photo de profil Tumblr, Laura est une jeune fille aux cheveux bruns bouclés qui fait à peine ses 16 ans. Son site s'intitule « La vie d'une personne dépressive ». Sa douleur transparaît dans chacune de ses publications, qui incluent notamment les déclarations suivantes : « C'est ainsi que la dépression te frappe. Tu te réveilles un matin, avec la peur de vivre », « Je ne sais pas pourquoi je suis si bête. Je ne sais pas pourquoi je suis si triste » et « Ils avaient tous l'air si heureux. Pourquoi ne pouvais-je pas être comme eux ? » Le titre de la page web se résume à un seul mot, très éloquent : « Brisée ».

Les dépressions comme celle de Laura sont sans doute plus courantes aujourd'hui qu'auparavant. De nombreux parents et éducateurs craignent que l'usage permanent du smartphone, et surtout la sollicitation permanente des réseaux sociaux et des SMS, ait créé une génération fragile sur le plan émotionnel, davantage sujette à la dépression. Un nombre considérable de débats ont été menés à ce sujet, puisque les informations traitées par les médias proviennent en grande partie des rapports rédigés par les membres des centres de conseil universitaires. Ces administrateurs signalent que les étudiants sont de plus en plus nombreux à chercher de l'aide et que leurs problèmes se sont aggravés en quelques années (CU-CitizenAccess, 2014). Cependant, leur perception pourrait être influencée par nombre de facteurs externes, y compris le fait que les étudiants sont peut-être plus disposés à demander de l'aide.

Pour déterminer avec certitude si les problèmes de santé mentale ont augmenté, il faudrait analyser les données recueillies lors de plusieurs enquêtes anonymes menées sur un échantillon représentatif d'adolescents (tous les adolescents, pas uniquement ceux qui cherchent de l'aide), de préférence avant qu'ils n'entrent à l'université (pour éliminer tout lien entre l'entrée à l'université et la santé mentale), et sur plusieurs décennies, afin d'être en mesure de comparer leurs réponses avec celles des générations précédentes au même âge. Par chance, les enquêtes de *Monitoring the Future*, effectuées sur des jeunes de 13-14 ans, 15-16 ans et 17-18 ans, remplissent toutes ces conditions. Elles utilisent la méthode des six symptômes caractéristiques de la dépression introduite au chapitre précédent. Ces critères mesurent les sentiments et symptômes au lieu de demander directement aux adolescents s'ils se sentent déprimés. Cette méthode permet d'éviter que leurs réponses soient influencées par le fait qu'ils soient plus (ou moins) à l'aise au moment d'évoquer des problèmes de santé mentale. De plus, les enquêtes MtF sont bien sûr anonymes, mentionnant explicitement aux étudiants que leurs réponses ne seront pas identifiées. Cette mesure des symptômes de dépression n'équivaut pas à un véritable diagnostic, mais elle permet de mettre en lumière les sentiments et croyances qui constituent des facteurs de risque importants pour diagnostiquer une dépression clinique.

Les données de ces enquêtes sont frappantes : les symptômes de dépression chez les adolescents sont montés en flèche sur un très court laps de temps (Twenge, Martin & Campbell, 2017a). Le nombre d'adolescents qui sont d'accord avec la proposition « J'ai l'impression que je n'arrive à rien faire correctement » a atteint des sommets sans précédent ces dernières années, augmentant rapidement après 2011 (voir Graphique 4.5). Dans les trois groupes d'âge, ce sentiment a atteint un pic très récemment. Ce n'est pas une simple vague, c'est un véritable tsunami.

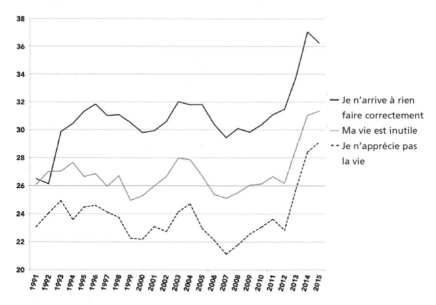

Graphique 4.5. Pourcentage de jeunes de 13-14 ans, 15-16 ans et 17-18 ans qui sont neutres, assez d'accord ou d'accord avec les affirmations suivantes : « J'ai l'impression que je n'arrive à rien faire correctement », « Ma vie est inutile » ou « Je n'apprécie pas la vie ». *Monitoring the Future*, 1989-2015.

Les réseaux sociaux jouent sans doute un rôle dans ces sentiments d'infériorité : de nombreux individus ne publient que leurs réussites en ligne et beaucoup d'adolescents ne se rendent donc pas compte que leurs amis vivent aussi des échecs. Les profils qu'ils voient sur les réseaux sociaux leur donnent l'impression d'être des ratés. S'ils passaient plus de temps avec leurs amis en personne, ils se rendraient peut-être compte qu'ils ne sont pas les seuls à faire des erreurs. Une étude a démontré que les étudiants universitaires qui utilisent Facebook plus souvent sont plus déprimés, mais seulement s'ils ressentent plus de jalousie envers les autres. Les chercheurs ont mesuré la jalousie à l'aide de critères qui reflètent les sentiments de nombreux utilisateurs, tels que « Je me sens généralement inférieur aux autres », « Nombre de mes amis ont une meilleure vie que la mienne » et « Nombre de mes amis sont plus heureux que moi ». Megan Armstrong, une étudiante de l'Université du Missouri qui a lutté contre la dépression, le présente ainsi : « Tu entends toujours parler de ce que cette personne a fait et à quel point c'était génial. Cela me pousse chaque fois à me demander ce que je fais. Ce que je devrais faire. Est-ce que c'est assez ? » (Heck, 2015).

Azar, l'élève de terminale que nous avons rencontrée dans les chapitres précédents, est une fine observatrice de cette couche trompeuse de sentiments positifs présente sur les réseaux sociaux, qui dissimule souvent le tableau bien plus sombre de la réalité. « Les gens publient des choses sur Instagram, du genre "Ma vie est trop belle". Mais leurs vies sont nulles ! Ce ne sont que des ados », dit-elle. « [Ils écrivent] "Je suis tellement reconnaissante de t'avoir comme meilleure amie." Ce sont des conneries. Tu n'es pas reconnaissante qu'elle soit ta meilleure amie, parce que dans deux semaines ton copain te trompera avec elle, vous vous disputerez et vous ne vous supporterez plus. Voilà la vie des adolescents. » L'analyse d'Azar, à la fois cocasse et triste, reflète le paradoxe de la génération iGen : un optimisme et une confiance en soi affichée en ligne qui dissimulent en fait une profonde vulnérabilité, voire une tendance à la dépression, dans la vie réelle. Ainsi va la vie des iGens sur les réseaux sociaux, mais aussi en dehors. À l'image des canards dont ils imitent le bec sur leurs selfies, les iGens se montrent sereins et tranquilles en apparence, mais ils pataugent furieusement sous la surface.

Cependant, ce mal-être dépasse le simple sentiment de ne pas se sentir à la hauteur. Ces dernières années, de plus en plus d'adolescents sont d'accord avec cette affirmation déprimante : « Ma vie est inutile », et ce sentiment d'inutilité atteint des sommets sans précédent (voir Graphique 4.5). En outre, ils sont aussi moins de jeunes à être d'accord avec la proposition « Je profite de la vie autant que tout un chacun ». Ne pas s'identifier à cette affirmation est un symptôme clair de dépression, les personnes déprimées déclarant presque toujours qu'elles n'apprécient plus autant la vie qu'auparavant. Entre 2012 et 2015, de plus en plus d'adolescents ont ainsi affirmé qu'ils n'appréciaient pas la vie (voir Graphique 4.5). Parmi les six critères, la dépression a explosé en à peine quelques années, une tendance que l'on observe aussi bien chez les Noirs que les Blancs et les Hispaniques, dans toutes les régions des États-Unis, à travers tous les milieux socioéconomiques, dans les petites villes, les banlieues et les métropoles (voir Annexe F). Sur Tumblr, un site de microblogging populaire parmi les adolescents, les occurrences de l'expression « santé mentale » ont augmenté de 248 % entre 2013 et 2016 (Ruiz, 2017). « Si le but était de créer le terreau parfait pour fabriquer des personnes angoissées, c'est réussi », a déclaré Janis Whitlock, chercheuse à l'Université Cornell. « Ils sont dans un incubateur de stimuli auxquels ils ne peuvent pas échapper. » (Schrobsdorff, 2016).

Tout comme pour le sentiment de solitude, les filles sont les principales victimes de l'augmentation des symptômes dépressifs. Bien que garçons et filles étaient autrefois égaux à cet égard, ces dernières atteignent aujourd'hui des niveaux nettement plus élevés (voir Graphique 4.6, et Annexe F). La dépression chez les garçons a augmenté de 21 % entre 2012 et 2015, et celle des filles de 50 % – c'est plus que le double. Les filles passent également plus de temps sur les réseaux sociaux que les garçons. « Nous sommes la première génération qui ne parvient pas du tout à échapper à ses problèmes », explique Faith Ann Bishop, 20 ans, au *Time* (Schrobsdorff, 2016).

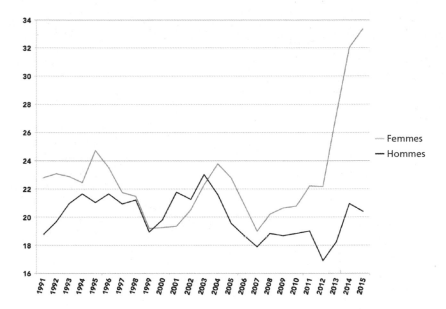

Graphique 4.6. Symptômes de dépression par sexe, jeunes de 13-14 ans, 15-16 ans et 17-18 ans. *Monitoring the Future*, 1991-2015.

La santé mentale des étudiants universitaires se dégrade également. Selon une importante enquête effectuée à long terme par le *American Collegiate Health Association*[34], les étudiants universitaires sont aujourd'hui plus susceptibles de dire qu'ils ressentent une angoisse écrasante et qu'ils se sentent déprimés, au point qu'ils n'arrivent plus à fonctionner correctement. Comme pour les lycéens, l'angoisse et la dépression ont augmenté récemment, depuis 2013 (voir Graphique 4.7).

---

34. Association américaine de la santé à l'université (N.d.T.).

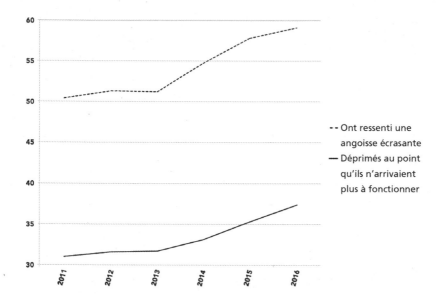

Graphique 4.7. Pourcentage d'étudiants universitaires de premier cycle qui, durant les 12 derniers mois, ont ressenti une angoisse écrasante ou se sont sentis déprimés au point qu'ils n'arrivaient plus à fonctionner, 2011-2016. Enquête de l'*American College Health Association* (ACHA) sur environ 400 000 étudiants de plus de 100 campus.

L'*American Freshman Survey* menée sur les étudiants entrant à l'université montre des tendances similaires. Tous les indicateurs de problèmes de santé mentale ont atteint des sommets en 2016 – évaluer sa santé émotionnelle en dessous de la moyenne (hausse de 18 % depuis 2009), se sentir découragé (hausse de 51 %), prévoir de rechercher de l'aide (hausse de 64 %) et (c'est peut-être le plus perturbant) se sentir déprimé (hausse de 95 %, soit presque le double) –, avec des montées en flèche perceptibles entre 2015 et 2016. En 2016, pour la première fois, la majorité des étudiants entrant à l'université décrivaient leur santé mentale comme en dessous de la moyenne (voir Graphique 4.8). Dans l'ensemble, de plus en plus d'étudiants universitaires se débattent avec des problèmes de santé mentale – pas seulement ceux qui cherchent de l'aide aux centres de conseil, mais également les échantillons représentatifs qui complètent les enquêtes anonymes.

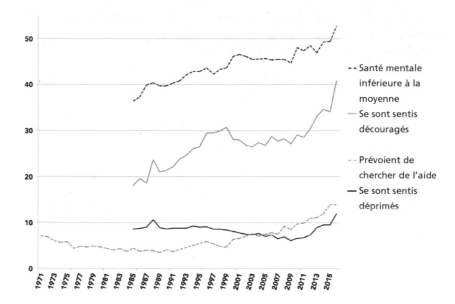

Graphique 4.8. Étudiants entrant à l'université qui déclarent des problèmes de santé mentale. *American Freshman Survey*, 1971-2016.

La montée soudaine et abrupte des symptômes dépressifs s'est produite quasiment au moment où les smartphones sont devenus omniprésents et où les interactions physiques ont chuté. La coïncidence est trop énorme pour ne pas envisager une corrélation, surtout lorsqu'on sait que l'augmentation du temps passé sur les réseaux et la diminution des interactions physiques sont deux phénomènes liés à la dépression. Avec des données corrélées de ce genre, il y a trois possibilités : soit les réseaux sociaux causent la dépression, soit les personnes déprimées utilisent davantage les réseaux sociaux, soit un troisième facteur explique l'augmentation de ces deux phénomènes. Même si les deux dernières explications sont vraies sur le plan individuel, elles ne permettent pas d'expliquer l'augmentation soudaine du sentiment de dépression. Il reste alors la possibilité d'un facteur extérieur inconnu à l'origine de cette augmentation brutale de la dépression parmi les adolescents. La crise de 2007-2009 pourrait-elle être en cause ? Elle est certes apparue soudainement, mais la période ne correspond pas. Le taux de chômage, un des meilleurs indicateurs de la manière dont l'économie affecte les gens, a connu un pic en 2010 et est ensuite redescendu, selon un schéma inverse à celui de la dépression, qui est restée stable jusque 2014 avant d'augmenter. Les smartphones, au contraire, ont gagné en popularité vers la même période (voir Graphique 4.9).

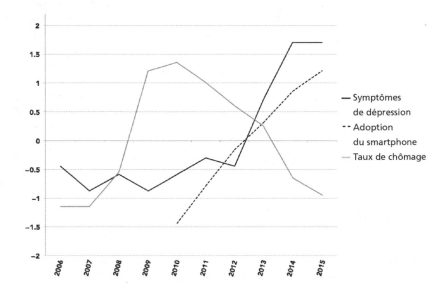

Graphique 4.9. Taux de possession d'un smartphone parmi les Américains, taux de chômage annuel et symptômes dépressifs parmi les jeunes de 15-16 ans. *Monitoring the Future*, 2006-2015. (Les variables sont standardisées.)

Pourquoi les smartphones causeraient-ils la dépression ? D'un côté, ne pas recevoir de réponse à son SMS ou à son message sur les réseaux sociaux peut constituer une grande source d'anxiété, signe précurseur fréquent de la dépression. Dans *American Girls*, un échange entre trois jeunes filles de 16 ans à Los Angeles reflète bien ce phénomène (Sales, 2016). « Nous analysons beaucoup trop tout ça », déclare Greta, en référence aux garçons qui ne répondent pas aux SMS ou sur Snapchat. « Et ça va dans les deux sens. J'adore le fait que, si je suis fâchée sur un garçon, il peut voir que j'ai vu son message et il *sait* que je l'ignore. » « Mais c'est stressant quand c'est toi », dit Melissa. « Et déprimant », ajoute Padma. « Quand ils ignorent tes SMS, tu te dis, mais à quoi ça sert que j'*existe* ? »

Les filles semblent également particulièrement vulnérables aux effets des réseaux sociaux sur la santé mentale. La tyrannie des selfies parfaits a amplifié leurs complexes physiques. Les jeunes filles sont alors souvent à la recherche de likes et prennent des centaines de photos pour obtenir la bonne, mais elles ont cependant toujours l'impression de ne pas être à la hauteur. « Ils te font croire que tu dois changer, perdre du poids ou en gagner, au lieu d'être simplement toi-même », explique une jeune de 16 ans dans *American Girls*. « Tous les jours, c'est comme si tu devais te lever, mettre un masque et essayer d'être quelqu'un d'autre au lieu d'être toi-même », dit une autre, « et tu ne peux jamais être heureuse ». Essena O'Neill, une mannequin de 19 ans qui gagnait sa vie en postant des photos d'elle sur Instagram, a soudainement fermé tous ses comptes sur les réseaux sociaux en novembre 2015 (McCluskey, 2015, 2016). Elle a publié une vidéo sur YouTube dans laquelle elle explique : « Je passais des heures à regarder des filles parfaites sur Internet, en souhaitant être comme elles. Puis, quand je suis devenue "l'une d'entre elles", je me suis rendu compte que je n'étais pas plus heureuse, satisfaite ou en paix avec moi-même. Les réseaux sociaux, ce n'est pas la vraie vie. » Ses photos, qui semblent prises sur le vif, demandaient en fait des heures de préparation et parfois une centaine d'essais avant d'obtenir l'image parfaite. Se préoccuper de son nombre d'abonnés, dit-elle, « [l'] oppressait… [Elle était] malheureuse. »

L'attitude ambivalente des utilisateurs des réseaux sociaux vis-à-vis de la sexualité est également frappante. Les filles ont souvent l'impression de se retrouver devant un dilemme : une photo sexy leur vaudra beaucoup de likes, mais elle invite également au jugement et à la stigmatisation. Les drames habituels entre jeunes filles – qui a dit quoi à qui et qui est amoureux de qui – sont également exacerbés sur les réseaux sociaux, plongeant en permanence les adolescentes dans les va-et-vient d'une interaction souvent toxique, sans le contexte des expressions faciales et des gestes. Sur un smartphone, il est beaucoup plus difficile de répondre à la perpétuelle question des adolescentes : « Elle est fâchée sur moi ? ».

Épidémie de détresse : troubles dépressifs majeurs, automutilation et suicide

Madison Holleran était tout ce que la plupart des jeunes filles rêvent de devenir quand elles grandissent : belle, bonne élève, sportive. Élevée dans le New Jersey, dans une famille très unie de cinq enfants, elle est ensuite entrée à l'université de Pennsylvanie où elle faisait de l'athlétisme.

Comme de nombreux étudiants, elle postait régulièrement des photos sur son compte Instagram : les entraînements, les amis, les soirées. « Madison, tu as l'air si heureuse à cette fête », lui disait sa mère. « Maman », répondait Madison, « c'est juste une photo. »

Le compte Instagram de Madison ne reflétait pas ce qu'il se passait réellement : elle souffrait de dépression. Comme elle l'a confié à son amie Emma, elle avait peur de grandir et était terrifiée à l'idée de son avenir incertain. Elle devait encore passer son permis de conduire. Après un premier semestre difficile à l'université, elle a commencé à consulter un psychiatre près de chez elle, dans le New Jersey. Un jour de janvier, son père l'a appelée pour lui demander si elle avait trouvé un thérapeute à Philadelphie pour continuer son traitement au cours de l'année scolaire. « Non, mais ne t'inquiète pas, papa, je vais en trouver un », avait-elle répondu. Quelques heures plus tard, elle sautait du toit d'un parking de neuf étages. Elle avait 19 ans (Fagan, 2015).

Jusqu'à présent, nous avons observé les variations des symptômes parmi la population normale : les signes sont inquiétants, mais ils ne constituent pas des preuves de dépression clinique. Ces sentiments sont tout de même très importants, car ils affectent un grand nombre d'adolescents et sont des facteurs de risque pouvant alerter de l'existence de problèmes plus sérieux ; pourtant, la plupart du temps, ils ne sont jamais diagnostiqués en tant que maladie mentale invalidante. Il convient donc de se demander si la hausse des sentiments d'isolement, de dépression et d'anxiété s'est également accompagnée d'une évolution dans le diagnostic de la dépression et de sa conséquence extrême, le suicide ?

La *National Survey on Drug Use and Health*[35] *(NSDUH)*, dirigée par le département américain de *Health and Human Services*[36], examine les adolescents américains depuis 2004 pour détecter des signes de dépression clinique. Chaque année, le projet envoie des enquêteurs qualifiés pour analyser un échantillon représentatif au niveau national de plus de 17 000 adolescents (entre 12 et 17 ans) à travers tout le pays. Les participants sont interrogés via des casques et ils encodent leurs réponses directement dans un ordinateur, ce qui garantit la discrétion et la confidentialité. Les questions s'appuient sur les critères de troubles dépressifs majeurs consignés

---

35. Enquête nationale sur la consommation de drogue et la santé (N.d.T.).
36. Département de la Santé et des Services sociaux des États-Unis (N.d.T.).

dans le *Diagnostic and Statistical Manual*[37] (DSM) de la *American Psychiatric Association*[38], la référence absolue pour le diagnostic des problèmes de santé mentale. Ces critères incluent le fait d'éprouver de la déprime, de l'insomnie, de la fatigue ou une diminution du sentiment de plaisir dans sa vie, de façon marquée et continue, pendant au moins deux semaines. L'étude est spécifiquement conçue pour constituer un point de référence afin d'évaluer les taux de maladie mentale parmi les Américains, peu importe qu'ils aient demandé un traitement ou non (Mojtabai, Olfson & Han, 2016). Une étude de ce genre est la plus fiable et valide qui soit.

Ce test de dépistage montre une augmentation troublante de la dépression dans un court laps de temps : de 2010 à 2015, 56 % d'adolescents en plus ont connu un grave épisode dépressif (voir Graphique 4.10), et 60 % en plus ont connu une incapacité grave.

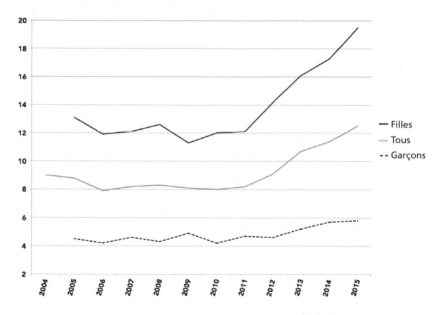

Graphique 4.10. Pourcentage des jeunes de 12 à 17 ans qui ont connu un grave épisode dépressif dans les 12 derniers mois, en général et par sexe. *National Survey on Drug Use and Health, US Department of Health and Human Services*, 2004-2015.

---

37. Manuel diagnostique et statistique (N.d.T.).
38. Association américaine de psychiatrie (N.d.T.).

De plus en plus de jeunes éprouvent non pas de simples symptômes de dépression ou des sentiments d'anxiété, mais une grave dépression clinique. Avec plus d'un adolescent sur neuf et un jeune adulte sur onze souffrant de dépression sévère, ce problème est loin d'être insignifiant. Encore plus que les informations sur le sentiment de solitude croissant et les symptômes dépressifs, ces données de référence montrent que la vie des adolescents américains modernes est sérieusement perturbée.

Tout comme c'était le cas avec les symptômes de dépression et l'isolement, l'augmentation du nombre d'épisodes de dépression majeure est bien plus importante parmi les filles, davantage susceptibles d'abuser des réseaux sociaux. En 2015, une adolescente sur cinq avait vécu un épisode de dépression grave au cours de l'année précédente (voir Graphique 4.10).

Les jeunes dépressifs sont plus susceptibles de s'automutiler, par exemple en se tailladant. Fadi Haddad, psychiatre à l'hôpital Bellevue à New York City, a expliqué au magazine *Time* : « Toutes les semaines, une fille arrive aux urgences après qu'une rumeur ou un incident sur les réseaux sociaux l'a bouleversée. » (Schrobsdorff, 2016). L'automutilation est la principale cause de ces visites aux urgences. Entre 2011 et 2016, 30 % en plus d'étudiants universitaires ont avoué s'être blessés eux-mêmes volontairement (dans l'enquête ACHA ; voir Annexe F). Certains adolescents discutent de leur automutilation sur les réseaux sociaux ; une étude a noté que l'hashtag *#selfharmmm*[39] est passé de 1,7 million d'occurrences sur Instagram en 2014 à 2,4 millions en 2015. Les deux *m* supplémentaires servent apparemment à exprimer le plaisir ressenti, car, ironie cruelle, les personnes qui s'automutilent expérimentent, selon leurs propres dires, un sentiment de soulagement au moment de passer à l'acte. De nombreux parents n'ont aucune idée des activités de leurs enfants sur les réseaux sociaux et beaucoup se sentent impuissants, raconte Haddad. Une mère a découvert que sa fille, qui s'automutilait, avait 17 comptes Facebook ; elle les a immédiatement supprimés (Ibid.). « Mais à quoi cela sert-il ? », demande Haddad. « Il y en aura un 18e. »

Une dépression majeure, surtout si elle est sévère, est également le premier facteur de risque de suicide. Une camarade de classe du lycée a un jour confié à Whitney Howard, étudiante de l'Université d'État de l'Utah, qu'elle ne comprenait pas comment quiconque pouvait se suicider.

---

39. Littéralement « automutilatiooonnn » (N.d.T.).

Comment en arriver à une telle extrémité ? « Elle était loin de se douter que j'étais moi-même suicidaire », explique Whitney. « … J'ai essayé de faire une overdose d'antidouleurs. » D'après elle, la dépression s'apparente à « un vide, une absence de sensations. [Elle] t'engourdit et t'ôte tout bonheur, tout espoir et toute joie. Comme les Détraqueurs dans *Harry Potter*. » (Howard, 2016). Entre 2009 et 2015, le nombre de lycéennes ayant sérieusement envisagé de se donner la mort au cours de l'année écoulée a augmenté de 34 % et la proportion de celles qui avaient fait une tentative de suicide a augmenté de 43 %. Le nombre d'étudiants universitaires qui ont réellement envisagé de se suicider a augmenté de 60 % entre 2011 et 2016 (voir Annexe F).

Le suicide, un comportement qui fait l'objet d'un suivi rigoureux et qui n'est pas affecté par les irrégularités possibles des études par autodéclaration, est la conséquence la plus extrême et la plus tristement objective de la dépression. Si les taux de suicide ont augmenté, ce serait une preuve tangible que la dépression a atteint des niveaux problématiques. C'est malheureusement le cas. Après un déclin dans les années 90 et une stabilisation dans les années 2000, le taux de suicide chez les adolescents a de nouveau augmenté (Curtin, Warner & Hedegaard, 2016 ; Tavernise, 2016). En 2015 – par rapport à 2007 –, il y a eu une hausse de 46 % du nombre de suicides chez les 15-19 ans et ce taux a augmenté de 2,5 points chez les 12-14 ans (voir Annexe F). Des chiffres bouleversants.

L'augmentation du nombre de suicides est plus marquée chez les filles. Bien que le taux ait augmenté pour les deux sexes, trois fois plus de filles de 12 à 14 ans se sont tuées en 2015 par rapport à 2007, contre deux fois plus pour les garçons (voir Graphique 4.11). Bien que le taux de suicide reste plus élevé pour les garçons (sans doute parce qu'ils utilisent des méthodes plus létales), les filles commencent à combler leur retard.

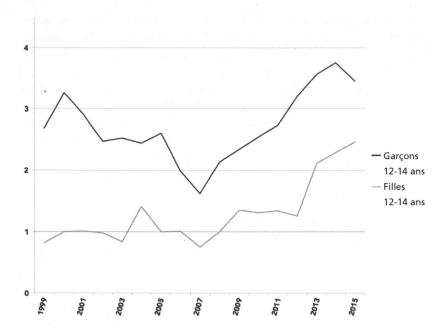

Graphique 4.11. Taux de suicide pour 100 000 individus de 12 à 14 ans, par sexe. *Fatal Injury Reports, Centers for Disease Control and Prevention*, 1999-2015.

Lorsqu'il s'agit d'un acte aussi terrible – la fin d'une vie jeune et précieuse –, cette hausse est particulièrement préoccupante. Elle est aussi surprenante, car davantage d'Américains aujourd'hui prennent des antidépresseurs (un sur dix au cours de l'année écoulée, plus du double par rapport au milieu des années 1990). Les antidépresseurs sont particulièrement efficaces contre la dépression sévère, la plus étroitement liée au suicide. Pourtant, ils ne sont pas parvenus à endiguer l'augmentation de suicides parmi les adolescents, qui a débuté vers la période où les smartphones se sont imposés. Nous ne pouvons pas dire avec certitude que les téléphones sont coupables, mais le timing est particulièrement suspect. Avec deux fois plus de jeunes adolescents se donnant la mort, il est vital de trouver une solution.

Pourquoi cette hausse des problèmes de santé mentale ?

Bien que l'augmentation de l'anxiété, de la dépression et du suicide se soit produite au même moment que l'essor des smartphones, il est logique de prendre en compte d'autres causes. Un article paru dans *The Atlantic* considère la pression scolaire comme la cause presque exclusive des problèmes de santé mentale des adolescents (Dwyer, 2014). « On demande aux élèves de s'inscrire à des cours plus difficiles, d'avoir des résultats élevés… L'école est devenue plus exigeante », explique un conseiller d'orientation dans un lycée. Cependant, un bon indicateur de cette pression scolaire reste le temps passé par les étudiants sur leurs devoirs, et comme nous l'avons vu au chapitre 1, ce temps a diminué ou est resté le même par rapport aux décennies précédentes, avec très peu de changements entre 2012 et 2016, les années où la dépression a explosé. De plus, comme nous l'avons vu au chapitre 3, les étudiants qui passent plus de temps sur leur travail scolaire ont en fait *moins* tendance à déprimer. Il semble donc très peu probable que le temps excessif passé à étudier soit responsable de la hausse de l'anxiété et de la dépression.

D'autres causes possibles peuvent être éliminées grâce aux chiffres dont nous disposons. Nous pouvons leur appliquer un test en deux parties : (1) elles doivent être liées à des problèmes de santé mentale ou à un sentiment de malheur (voir chapitre 3) et (2) elles doivent avoir évolué sur la même période et dans la direction adéquate. Le temps passé à faire les devoirs échoue à ces deux tests : il n'est pas lié à la dépression et n'a pas vraiment évolué au fil du temps. Regarder la télévision est corrélé à la dépression, mais les adolescents le font moins aujourd'hui qu'avant ; cette activité échoue donc au test numéro deux. Le temps passé à faire du sport est lié à la diminution des sentiments dépressifs, mais il n'a pas vraiment évolué depuis 2012 et échoue donc également au test numéro deux.

Seules trois activités passent réellement les deux tests. Premièrement, le temps passé sur les écrans des nouveaux médias (comme les appareils électroniques et les réseaux sociaux) est lié à des problèmes de santé mentale et/ou au malheur, et il a augmenté au même moment. Deuxièmement et troisièmement, les interactions sociales en personne et le temps passé à consulter les médias imprimés sont liés à une diminution des sentiments de malheur et de dépression, et ces deux activités ont diminué au moment où la santé mentale s'est dégradée. Pour obtenir une théorie plausible, nous pouvons donc inclure trois causes possibles : (1) l'augmentation du temps passé devant les écrans a directement mené à une augmentation des sentiments de tristesse et de dépression, (2) l'augmentation du temps passé devant les écrans a mené à une diminution des interactions sociales en personne, ce qui a ensuite engendré de la tristesse et de la dépression, et (3) l'augmentation du temps passé devant les écrans a mené à un usage réduit des médias imprimés, entraînant la tristesse et la dépression. Finalement, tous ces mécanismes sont liés d'une manière ou d'une autre au temps passé sur les nouveaux médias. De toute évidence, la généralisation de cette pratique est la cause première de toutes les autres.

Malgré cette démonstration, les données récoltées ne suffisent évidemment pas à affirmer avec certitude que l'évolution du temps passé devant les écrans a causé l'augmentation des problèmes de santé mentale. Cependant, d'autres études l'ont prouvé : des expériences où des individus devaient, de façon aléatoire, passer plus ou moins de temps devant un écran ainsi que des analyses au long cours de ces comportements sont toutes parvenues à la même conclusion (Tromholt, 2016 ; Sherman, Minas & Greenfield, 2013). Plus l'on passe de temps devant les écrans, plus l'anxiété, la dépression et l'isolement augmentent, tandis que les liens affectifs se distendent. Il semble donc clair que l'augmentation du temps passé par les adolescents devant les écrans explique au moins en partie la recrudescence soudaine et massive du taux de dépression.

Nous pouvons formuler une autre hypothèse pour expliquer ce phénomène : peut-être la génération iGen n'est-elle pas préparée à l'adolescence et aux premiers pas dans la vie adulte en raison de son manque d'indépendance. Les iGens étant moins susceptibles de travailler, de gérer leur propre argent et de conduire une voiture au lycée, ils ne développent peut-être pas la résilience qui s'acquière en se débrouillant seul. Une étude a demandé à des étudiants universitaires si leurs parents « surveillent le moindre de leurs mouvements », « interviennent pour régler les problèmes de la vie quotidienne à leur place » et « ne les laissent pas se débrouiller seuls » (LeMoyne & Buchanan, 2011). Les étudiants dont les parents présentent ces caractéristiques (également connus aux États-Unis et au Canada sous le nom de « parents hélicoptères ») connaissent un bien-être psychologique moindre et sont plus susceptibles de recevoir un traitement contre l'anxiété et la dépression. Par conséquent, l'indépendance réduite passe les deux tests : elle est liée aux problèmes de santé mentale et a évolué au même moment.

La chanson de 2015 « Stressed Out » de Twenty One Pilots reflète ce lien possible entre le fait de grandir lentement et les problèmes de santé mentale. Dans le clip, les membres du groupe roulent sur des tricycles trop grands dans une rue de la banlieue de Columbus, en Ohio, et boivent du jus d'orange à la paille. Le chanteur Tyler Joseph s'exclame qu'il aimerait pouvoir « retourner au bon vieux temps où notre maman nous chantait des berceuses ». L'âge adulte est aussi assimilé à une réalité soudaine et inattendue : d'après eux, leurs parents « se moquent de nous/ Disant "Réveille-toi, tu dois gagner de l'argent" ». Il croyait que ses peurs disparaîtraient avec l'âge, ajoute-t-il, mais il n'est à présent plus si sûr de lui et l'opinion des autres le préoccupe. La chanson était numéro deux du *Billboard Hot 100* en 2015 et la vidéo compte plus de 800 millions de vues sur YouTube. Comme l'a écrit Alyssa Driscoll (2015), étudiante à l'Université Asbury, la chanson « reflète exactement ce que nous pensons… [Elle] nous COMPREND. »

Dans la vidéo, Tyler porte du maquillage noir sur sa nuque et ses mains, ce qu'il définit comme une métaphore du stress qu'il ressent. Ce grimage représente « une sorte de sentiment d'étouffement », a-t-il expliqué dans une interview. Un sentiment qui n'a rien d'étonnant : parvenir à trouver sa voie en tant qu'adolescent peut se révéler difficile quand l'enfance s'est résumée à un cocon protégé et qu'on nous a toujours dit de ne pas nous inquiéter de ce que les autres pensent. Soudain, les opinions des autres comptent, soudain il faut être adulte, et c'est stressant. Comme Tyler le chante si justement, entre le prêt étudiant et la cabane dans les arbres, nous choisirions tous la cabane.

Sommeil volé

Juste avant d'aller vous coucher, vous jetez un œil dans la chambre de votre adolescente. La lumière semble éteinte, mais vous n'en êtes pas certain. Puis, vous la voyez : cette faible lueur bleutée qui émane du téléphone qu'elle est en train de consulter dans son lit.

De nombreux iGens sont tellement dépendants des réseaux sociaux qu'ils ont du mal à déposer leur téléphone et à aller dormir quand ils le devraient. « Je reste éveillée toute la nuit sur mon téléphone », avoue une jeune fille de 13 ans originaire du New Jersey dans *American Girls* (Sales, 2016). Elle se cache souvent sous ses couvertures la nuit pour écrire des messages, afin que sa mère ne sache pas qu'elle est réveillée. Elle se lève la plupart du temps fatiguée mais, dit-elle, « Je n'ai qu'à boire un Red Bull. » La jeune Athena, 13 ans, m'a rapporté la même chose : « Certaines de mes amies ne vont pas dormir avant deux heures du matin. » « Pendant les vacances d'été, je suppose ? », lui ai-je demandé. « Non, pendant l'année scolaire aussi », a-t-elle répondu. « Et nous devons nous lever à 6 h 45. »

L'usage du smartphone a probablement réduit le temps de sommeil des adolescents : de nos jours, de plus en plus de jeunes dorment moins de sept heures la plupart des nuits (voir Graphique 4.12) (Twenge, Krizan & Hisler, 2017). Les spécialistes du sommeil estiment que les adolescents devraient dormir environ neuf heures par nuit ; un jeune qui dort moins de sept heures souffre donc d'un manque considérable de sommeil. En 2015, par rapport à 1991, c'était le cas pour 57 % d'adolescents en plus. Dans les trois années entre 2012 et 2015, 22 % en plus dormaient moins de sept heures.

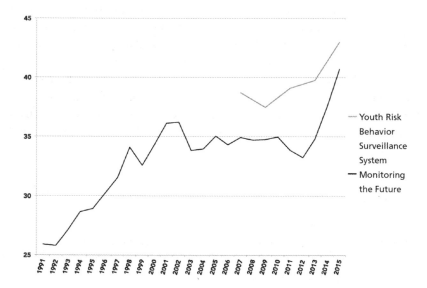

Graphique 4.12. Pourcentage d'adolescents qui dorment moins de sept heures par nuit en moyenne ; jeunes de 13-14 ans, 15-16 ans et 17-18 ans (*Monitoring the Future*) et jeunes de 14 à 18 ans (*Youth Risk Behavior Surveillance System*), 1991-2015.

Comme toujours, il est difficile de déterminer avec certitude la cause d'une tendance qui s'est développée sur le long terme. Malgré tout, la période où cette hausse s'est amorcée interpelle, car elle correspond une fois de plus à l'époque où la plupart des adolescents ont commencé à avoir des smartphones, autour de 2011 et 2012. Cette augmentation est également plus importante pour les filles, plus actives sur les réseaux sociaux, que pour les garçons (voir Annexe F).

Si les adolescents qui passent plus de temps en ligne dorment également moins, il s'agirait d'une preuve supplémentaire que les nouveaux médias et les smartphones sont responsables du manque de sommeil. C'est effectivement le cas : les jeunes qui passent trois heures par jour ou plus sur les appareils électroniques sont 28 % plus susceptibles de dormir moins de sept heures, et ceux qui se rendent sur les réseaux sociaux tous les jours sont 19 % plus susceptibles de ne pas dormir correctement (voir Graphique 4.13). Le nombre d'adolescents qui ne dorment pas assez augmente après deux heures par jour ou plus d'usage des appareils électroniques et explose à partir de ce chiffre (voir Annexe F). Une méta-analyse poussée des études consacrées à l'usage d'appareils électroniques par les enfants a révélé des résultats similaires : les enfants qui utilisaient un appareil média avant de dormir avaient davantage tendance à dormir moins qu'ils ne le devraient ou à dormir mal, et deux fois plus tendance à sommeiller durant la journée (Carter, Rees, Hale, Bhattacharjee & Paradkar, 2016).

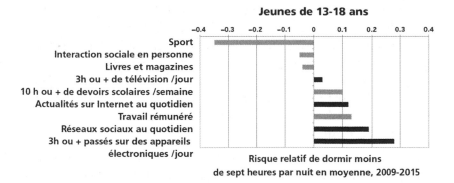

Graphique 4.13. Risque relatif de dormir moins de sept heures par nuit en moyenne, en fonction des activités sur écran (barres noires) et hors écran (barres grises). *Monitoring the Future* et *Youth Risk Behavior Surveillance System*, 2009-2015.

Comparés aux anciennes formes de média, les appareils électroniques et les réseaux sociaux semblent avoir un effet unique sur le sommeil. Les adolescents qui lisent plus souvent des livres ou des magazines sont moins susceptibles de souffrir d'un manque de sommeil – soit lire les endort, soit ils arrivent à déposer le livre à l'heure du coucher. Le temps passé à regarder la télévision est à peine lié au temps de sommeil. Apparemment, les adolescents qui regardent beaucoup la télévision sont capables de l'éteindre et d'aller dormir, contrairement à ceux qui sont sur leur téléphone. Il semble souvent impossible de résister au charme du smartphone et à sa lumière bleutée brillant dans la nuit.

D'autres activités qui demandent beaucoup de temps, comme les devoirs ou le travail rémunéré, augmentent également le risque de moins dormir. Mais étant donné que les adolescents consacrent le même temps au travail et à l'étude en 2015 qu'en 2012, ces activités ne sont probablement pas à l'origine du manque de sommeil accru depuis 2012. D'autres activités qui demandent du temps, comme le sport et le fait de voir ses amis, sont en fait liées à une hausse du temps de sommeil. L'usage des nouveaux médias est à la fois l'activité la plus fortement liée au manque de sommeil et la seule activité qui a augmenté de façon significative entre 2012 et 2015. Par conséquent, les smartphones semblent être la cause principale de l'augmentation récente du manque de sommeil, ce qui signifie que cette nouvelle technologie a affecté négativement la santé physique ainsi que la santé mentale.

L'insuffisance de sommeil peut avoir des conséquences graves. Elle est liée à de nombreux problèmes, notamment à la limitation des facultés de réflexion et de raisonnement, une vulnérabilité accrue aux maladies, une prise de poids et une tension artérielle élevée (Altman, Izci-Balserak, Schopfer *et al.*, 2012 ; Meerlo, Sgoifo & Suchecki, 2008 ; Owens, 2015). Le manque de sommeil a également un effet significatif sur l'humeur : les personnes qui ne dorment pas assez sont davantage sujettes à la dépression et à l'anxiété (Ilardi, 2010).

Ces symptômes vous semblent familier ? Le manque de sommeil pourrait être une autre raison à la tendance dépressive des iGens. Les adolescents qui ne dorment pas assez sont deux fois plus susceptibles de déclarer des niveaux élevés de symptômes dépressifs (31 %, contre seulement 12 % pour ceux qui dorment plus). Les adolescents qui dorment moins de sept heures par nuit sont également 68 % plus susceptibles de présenter au moins un facteur de risque de suicide (voir Graphique 4.14). Le manque de sommeil est le trouble-fête ultime en ce qui concerne l'humeur, et avec le temps il peut faire boule de neige et mener à de sérieux problèmes de santé mentale.

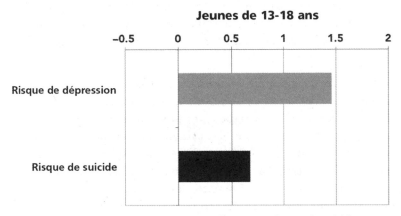

Jeunes de 13-18 ans

**Risque relatif de dépression et de suicide
en dormant moins de sept heures par nuit en moyenne, 2009-2015.**

Graphique 4.14. Risque relatif d'un niveau élevé de symptômes dépressifs ou d'au moins un facteur de risque de suicide, calculé sur le fait de dormir moins de sept heures par nuit en moyenne, jeunes de 13-14 ans et 15-16 ans (*Monitoring the Future*) et jeunes de 14 à 18 ans (*Youth Risk Surveillance System*), 2009-2015.

Ces risques sont presque identiques en fonction des genres, des races et des statuts socioéconomiques ; ces facteurs ne sont donc pas à mettre en cause. D'intéressantes nouvelles recherches ont montré que la lumière bleue émise par les appareils électroniques fait croire à notre cerveau qu'il fait encore jour ; il lui faut alors plus de temps pour s'endormir. Et les drames auxquels les adolescentes, en particulier, sont confrontées dans leurs échanges sur les réseaux sociaux ne les aident sûrement pas à se détendre avant de s'endormir. Les smartphones pourraient donc causer le manque de sommeil, ce qui mènerait à la dépression, ou bien causer la dépression, ce qui mènerait au manque de sommeil. Tous ces maux, c'est le charme irrésistible du smartphone qui les provoque : quand les adolescents entendent le chant de ses sirènes, ils s'échouent sur les rochers au lieu de s'effondrer dans leur lit.

Que pouvons-nous faire ?

D'après ses parents, Brian Go, jeune étudiant de Caltech, a écrit un mail à une thérapeute du centre de conseil de son université pour demander de l'aide. Après une rupture amoureuse, il n'était pas sûr d'avoir encore « la volonté de continuer ». La conseillère lui a répondu qu'elle ne pouvait pas lui fixer de rendez-vous avant plusieurs jours. Peu de temps après, il se donnait la mort (Wilson, 2015).

Caltech a contesté ce rapport, soutenant que Brian avait affirmé ne plus avoir de pensées suicidaires. Néanmoins, ce cas illustre un problème à l'échelle nationale : les ressources souvent insuffisantes en ce qui concerne l'assistance en santé mentale sur les campus universitaires. Les listes d'attente pour obtenir un rendez-vous avec un psychologue peuvent être longues et les restrictions budgétaires ont entraîné une diminution du personnel prêt à pourvoir aux besoins des étudiants en difficulté, sans cesse plus nombreux. Beaucoup de centres de conseil universitaires ont imposé une limite au nombre de rendez-vous qu'un étudiant peut prendre avec un psychologue sur le campus. Après que Shefali Arora a épuisé les douze sessions auxquelles elle avait droit à l'Université Tulane, le bureau lui a fourni une liste de psychologues hors du campus. « Mais je n'avais pas de voiture », dit-elle. Après un semestre d'arrêt maladie, elle a fait une tentative de suicide qui n'a heureusement pas réussi (Ibid.).

Bien plus qu'avant, les lycéens et leurs parents sollicitent un soutien psychologique. En 1983, seuls 4 % des élèves de terminale (dans l'étude de MtF) avaient consulté un professionnel pour obtenir une aide psychologique et émotionnelle au cours des 12 derniers mois. Ce chiffre a doublé à 8 % en 2000 et est monté à 11 % en 2015. Les prestataires de soins de santé mentale reçoivent donc un plus grand nombre de malades qu'auparavant, une tendance qui va probablement se poursuivre. Les thérapeutes doivent se préparer à voir arriver chez eux une vague croissante de patients iGens.

Le problème s'aggravera si les jeunes ne demandent pas l'aide dont ils ont besoin. Dans les journaux universitaires, les iGens eux-mêmes tirent la sonnette d'alarme, appelant à une meilleure reconnaissance des maladies mentales et à cesser leur stigmatisation. « Je m'inquiète du manque de compréhension qui entoure toujours le fait de parler de son bien-être émotionnel », écrit Logan Jones en 2016) dans le journal étudiant de l'université de l'Utah. « … Voir un psychologue est encore considéré comme tabou.

Personne n'aime l'idée de mettre une étiquette sur quelque chose qui peut si facilement être assimilé à une forme d'insécurité – personne ne veut être diagnostiqué. » La majorité du temps, la dépression n'est pas traitée. Même si nous sommes tous sensibilisés, à notre époque, aux maladies mentales, la dépression est toujours stigmatisée et n'est pas traitée convenablement, explique Cooper Lund (2015) dans le *Daily Oklahoman*. « Si je pensais avoir un cancer, je me précipiterais chez le médecin, mais quand j'ai cru souffrir de dépression, il m'a fallu quatre ans pour enfin me décider à aller voir un psychiatre », avoue-t-il.

Aider à lutter contre les problèmes de santé mentale est essentiel, mais il serait évidemment bien plus opportun d'enrayer la dépression et l'anxiété avant même qu'elles ne se manifestent. Pour ce faire, il faudrait en premier lieu connaître l'origine des problèmes. Bien que certaines personnes aient des prédispositions génétiques à l'anxiété et à la dépression, l'augmentation soudaine des problèmes de santé mentale indique clairement que la génétique n'est pas la seule responsable. Des recherches récentes le confirment, démontrant que celle-ci interagit avec l'environnement. Parmi les personnes prédisposées à la dépression, seules celles qui grandissent dans un certain milieu vont effectivement devenir déprimées. Par exemple, le manque de sommeil est lié à la dépression ; comme nous l'avons vu, les adolescents ne dorment pas assez et c'est probablement une des raisons pour lesquelles ils sont de plus en plus nombreux à être dépressifs. Parmi les autres raisons possibles, on peut aussi citer le déclin des interactions sociales en personne et l'essor des smartphones. En d'autres mots, il existe un moyen simple et gratuit d'améliorer sa santé mentale : déposer son téléphone portable et faire autre chose.

Chapitre 5
Indifférents à la religion : le déclin des croyances et de la spiritualité

Des garçons s'élancent sur les rampes, leurs skateboards crissant sous leurs pieds lorsqu'ils sautent. Il fait froid dehors et ils se réjouissent d'être à l'abri pour pratiquer leur sport. Mais ce n'est pas un skate-park comme les autres — ici, les skateurs s'envolent sous de spectaculaires plafonds voûtés, surveillés par l'œil impassible d'une statue de pierre à l'effigie de Saint-Jean. Ce lieu de loisir, c'est en fait l'ancienne église de Saint-Joseph à Arnhem, aux Pays-Bas (Bendavid, 2015).

Alors que toujours plus d'Européens se dissocient de la religion, cette église, tout comme de nombreuses autres à travers le continent, a fermé ses portes. Une autre église néerlandaise est maintenant utilisée comme école de cirque et une troisième s'est convertie à la vente de vêtements haut de gamme pour femmes. Beaucoup d'autres anciens lieux de culte restent vides. « Il y en a tellement que la société tout entière devra bientôt y faire face », a expliqué Lilian Grootswagers, militante pour le patrimoine religieux des Pays-Bas, au *Wall Street Journal*. « Tôt ou tard, nous serons tous confrontés à ces immenses bâtiments vides au cœur même de nos quartiers. »

Durant des décennies, les États-Unis ont été bien plus religieux que la majorité des pays européens. Alors que les églises d'Europe se vidaient, les Américains sont demeurés très pieux. Pendant très longtemps, les spécialistes de la religion américaine ont soutenu que les pratiques et croyances religieuses restaient relativement stables aux États-Unis. Les quelques changements observés, même parmi les jeunes, étaient considérés comme « faibles et légers » (Smith & Snell, 2009). Il semblait inconcevable qu'une église américaine puisse être reconvertie en skatepark.

Puis sont arrivés les milléniaux. Comme l'ont montré des études réalisées par le *Pew Research Center* au milieu des années 2010, un millénial sur trois (à l'époque âgés de 20 à 34 ans) ne revendiquait aucune affiliation religieuse ; parmi les plus de 70 ans, ce chiffre tombe à un sur dix (Pew Research Center, 2015b). Cependant, les adolescents ont toujours été moins pieux que leurs aînés. Peut-être les milléniaux sont-ils moins religieux tout simplement parce qu'ils sont jeunes. Étant donné que les données du *Pew* ne remontent qu'à 2007, cette enquête n'est pas en mesure de nous dire si les milléniaux sont moins croyants en raison de leur âge ou d'un réel bouleversement générationnel et culturel.

Pour déterminer avec certitude si le paysage religieux américain est en train de changer, il vaut mieux s'appuyer sur des données qui remontent sur plusieurs décennies afin de comparer les jeunes d'aujourd'hui avec ceux des générations précédentes. Les iGens étant sur le point d'entrer dans l'âge adulte, leur orientation religieuse est un premier indice pour deviner à quoi ressemblera le visage des États-Unis dans les décennies à venir – verront-elles la fermeture progressive des églises ou bien le renouvellement de la foi américaine ? La plupart des adolescents américains qui s'identifient à une religion étant chrétiens – 68 % des jeunes de 15-16 ans en 2015 –, la majeure partie de cette analyse se focalisera sur la chrétienté et les raisons qui poussent les jeunes à s'en éloigner. Les adolescents juifs, bouddhistes et musulmans restent largement minoritaires aux États-Unis (respectivement 1,6 %, 1 % et 1,5 % des jeunes de 15-16 ans en 2015). De nouveaux débats sur ces croyances et la manière dont elles influencent la génération iGen émergeront sans doute dans les années à venir.

Membre d'une communauté : la participation religieuse publique

Ben est un jeune de 18 ans réfléchi, originaire de l'Illinois, l'un des rares iGens que j'ai rencontrés qui préfère les livres papier à son téléphone. Quand je lui demande s'il se rend parfois à l'église ou à un office religieux, il me répond : « Non. Et la plupart de mes amis non plus ». Je lui demande s'il a été élevé comme ça ou s'il a abandonné la religion en cours de route. « Mes parents ne nous ont jamais emmenés à l'église. Ils ont tous les deux été élevés de manière plus ou moins religieuse, mais ils ne nous ont jamais forcés à faire quoi que ce soit », dit-il. J'ai un ou deux amis dont les parents vont toujours à l'église et voudraient qu'ils les accompagnent, mais ils n'y vont pas. »

Auparavant, l'adhésion à une religion était une expérience commune à quasiment tous les jeunes. Au début des années 80, plus de 90 % des adolescents de 17-18 ans faisaient partie d'un groupe religieux quelconque, ce qui signifie que seul un sur dix ne déclarait aucune affiliation religieuse. Jusqu'en 2003, 87 % des jeunes de 15-16 ans avaient adopté une religion.

Puis, la situation a changé. Dès les années 90 et de manière encore plus importante au cours des années 2000, de moins en moins de jeunes se sont identifiés à une religion (Twenge, Sherman, Exline & Grubbs, 2016 ; Twenge, Exline, Grubbs, Sastry & Campbell, 2015). Le changement le plus important a été observé chez les jeunes adultes, les individus religieux se réduisant à 66 % en 2016 (voir Graphique 5.1). Par conséquent, un tiers des jeunes adultes n'adhère à aucune religion organisée.

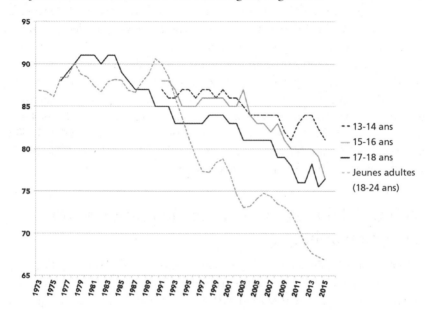

Graphique 5.1. Pourcentage d'affiliation à une religion, jeunes de 13-14 ans, 15-16 ans et 17-18 ans (*Monitoring the Future*) et jeunes de 18 à 24 ans (*General Social Survey*), 1972-2016.

Il ne s'agit pas seulement des jeunes : les iGens ont plus de probabilités que n'importe quelle génération précédente d'avoir été élevés par des parents non croyants. Dans une enquête de 2016 réalisée sur les étudiants universitaires, 17 % des parents de ces jeunes n'étaient pas croyants, par rapport à seulement 5 % à la fin des années 70. Le déclin des croyances chez les étudiants eux-mêmes est encore plus significatif ; en 2016, 31 % n'adhéraient pas à une religion. Comme l'illustre le Graphique 5.2, l'écart entre l'affiliation religieuse des parents et de leur enfant étudiant universitaire s'est élargi ces dernières années. Bien que les étudiants aient toujours eu moins tendance que leurs parents à adhérer à une religion, la fracture est aujourd'hui profondément marquée.

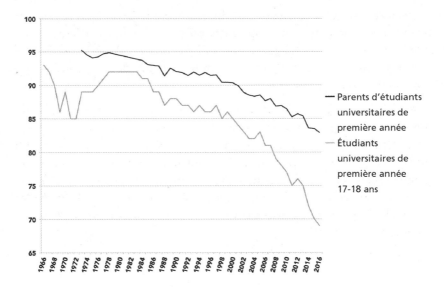

Graphique 5.2. Pourcentage d'étudiants universitaires et leurs parents qui adhèrent à une religion. *American Freshman Survey*, 1966-2016.

Ces chiffres semblent indiquer que deux forces travaillent simultanément pour éloigner les iGens de la religion : ils sont de plus en plus nombreux à être élevés dans des familles non religieuses et ils sont toujours plus nombreux à décider de ne plus adhérer à une religion. Il semblerait que cette évolution se produise quelque part entre 13-14 ans et le jeune âge adulte, quand les adolescents commencent à poser plus de questions et à prendre des décisions par eux-mêmes.

Les iGens deviennent adultes à une époque où renier ses croyances religieuses est devenu beaucoup plus acceptable socialement. En 2009, Barack Obama a été le premier président américain à inclure les « non-croyants » dans un discours inaugural où il énumérait les différents groupes religieux. De plus en plus d'Américains contestent ouvertement la religion. « Au 21e siècle, il est devenu évident que les textes religieux antiques ont été rédigés par des êtres humains. Il est illusoire de croire le contraire », a écrit Brian Sheller de Columbus, Ohio, sur le site web du *New York Times* en 2015. « Tout ce qu'offre la religion peut être satisfait à travers d'autres croyances ou comportements moins illusoires. »

Peut-être les iGens évitent-ils d'adhérer à une religion mais se rendent quand même de temps en temps à des offices religieux. Par le passé, de nombreux spécialistes religieux ont affirmé que les Américains étaient toujours aussi pratiquants qu'avant – ou que la baisse de fréquentation des offices religieux était minime.

Mais ce n'est plus le cas. Le taux de fréquentation aux offices a baissé progressivement jusqu'aux environs de 1997 avant de dégringoler. En 2015, 22 % des jeunes de 17-18 ans affirmaient qu'ils n'assistaient « jamais » à des offices religieux (voir Graphique 5.3). C'est un seuil très bas ; il ne prend même pas en compte une fréquentation annuelle unique. La situation est la même dans le cas d'une fréquentation plus régulière : seuls 28 % des jeunes de 17-18 ans ont assisté à un office une fois par semaine en 2015, par rapport à 40 % en 1976.

Graphique 5.3. Pourcentage d'individus assistant parfois à des offices religieux, jeunes de 13-14 ans, 15-16 ans et 17-18 ans (*Monitoring the Future*) et étudiants entrant à l'université (*American Freshman Survey*), 1968-2016.

Dans une interview sur NPR, le Révérend James Bretzke, du Boston College, reconnaît que seul un petit pourcentage d'étudiants universitaires se rend à la messe mais remarque que son église de la banlieue de

Bedford est remplie de jeunes familles (Gjelten, 2015). « Elles ont tendance à revenir à l'église parce qu'elles veulent que leurs enfants aient une certaine éducation religieuse », dit-il. Cela supposerait que les iGens et les milléniaux se tiennent à l'écart des offices religieux parce qu'ils sont jeunes – sans situation stable et sans enfant, ils ne sont pas encore confrontés à des évènements tels que la mort ou la maladie qui incitent à se tourner vers la religion. Peut-être ces générations y reviendront-elles plus tard, quand elles se seront installées et auront fondé un foyer.

Cependant, l'âge seul ne peut expliquer l'écart qui s'est creusé au fil du temps : les iGens et les milléniaux sont moins religieux que ne l'étaient les baby-boomers et les membres de la génération X au même âge. Les données récentes sur les milléniaux, qui ont à présent l'âge de fonder une famille, indiquent qu'ils sont moins susceptibles d'assister à des offices religieux que les baby-boomers et la génération X ne l'étaient à cet âge. Le déclin du taux de fréquentation des offices pour ce groupe, sur le point de fonder une famille, est en fait tout aussi important que celui observé chez les 18-24 ans (voir Graphique 5.4). Si les milléniaux ne sont pas revenus aux institutions religieuses dans leur vingtaine et leur trentaine, il est peu probable que les iGens le fassent.

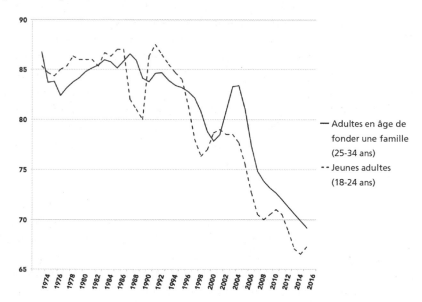

Graphique 5.4. Pourcentage de jeunes adultes et d'adultes dans la force de l'âge qui assistent à des offices religieux. *General Social Survey*, 1972-2016.

Fidèles mais différents

Bien qu'il soit 22 h, le jeune James, 20 ans, est bien réveillé et disposé à discuter. Il vient de sortir d'un cours d'économie à son université d'Atlanta et quand je l'appelle et que je demande : « C'est bien James ? », il répond par un joyeux : « C'est moi ! » Après avoir parlé un moment de ses études, de ses parents et d'où il vient, je lui demande s'il allait parfois à l'église durant son enfance. Il me parle de l'église baptiste, fréquentée par une population principalement blanche, dans laquelle lui et sa famille se rendaient dans la banlieue d'Atlanta ; d'abord tous les dimanches, puis de moins en moins souvent. « Ils étaient très conservateurs. Très vieux jeu. Ce qui nous convenait. Nous sommes une famille vieux jeu. Nous avons des idéaux traditionalistes », dit-il. Malgré cela, ils ont eu des problèmes dès le début : « Ma famille et moi avons eu du mal… mon père est noir, ma mère est blanche, et mon frère et moi sommes métis. Quand nous entrions dans l'église, tout le monde nous fixait. »

Puis, son frère s'est déclaré transgenre à l'âge de 14 ans, ce qui a tout de suite causé un problème à l'église. « Notre paroisse n'était pas du tout ouverte aux LGBT », explique James. Un jour, dit-il, le pasteur s'est moqué d'une autre église qui se montrait plus tolérante à leur égard, en disant qu'ils n'avaient qu'à accepter aussi les bandits et les assassins. « Pourquoi célébrer le péché ? », a demandé le pasteur. Quelques années après, James a dévoilé son homosexualité à sa famille, après avoir bataillé contre ses sentiments au collège. Il savait qu'il était attiré par les hommes mais il savait aussi que ce n'était pas accepté dans sa paroisse. « C'était de la peur, tout simplement. On ne peut même pas y penser, car sinon on sera envoyé en enfer », dit-il. « À l'église, il fallait faire attention à beaucoup de choses pour être accepté. On ne pouvait pas exprimer directement ses problèmes ou parler de ses valeurs, au risque d'être exclu. » Sans surprise, James et sa famille ont cessé de se rendre dans cette église.

Pourtant, dit-il, « nous sommes tous les quatre encore très chrétiens. Nous avons une croyance très profonde ». Son frère « s'implique beaucoup avec ses amis croyants. J'ai l'impression que ses connaissances en dehors de cette paroisse lui ont apporté beaucoup plus en termes de spiritualité ». Et même si James s'est éloigné de l'église, il garde ce besoin d'une inspiration religieuse. « Je préfère entretenir de bonnes relations avec Dieu et la religion dans ma tête, plutôt que de chercher à m'accomplir à travers une église », dit-il.

Si James et son frère étaient nés cinquante ans plus tôt, ils auraient peut-être continué à fréquenter leur paroisse et à dissimuler leur véritable identité au moins pour un temps. Mais ils appartiennent à la génération iGen et ils ne veulent plus faire semblant. À présent, leur défi sera de trouver une église qui accepte à la fois leur identité et leur fervente foi chrétienne. Ils n'y sont pas encore parvenus, mais ils espèrent y arriver une fois qu'ils seront plus âgés. « Pour l'instant nous sommes à l'université, nous sommes très occupés… Il a dix-huit ans, j'en ai vingt. Une fois que je serai plus sûr de moi et mon frère aussi, on fera tout pour trouver une paroisse », dit-il.

Un déclin de la religion au profit des croyances religieuses privées

Quand je demande à la jeune Priya, 14 ans, si elle croit en Dieu, elle me répond : « Je ne sais pas vraiment s'il y a quelqu'un là-haut, s'ils sont plusieurs, ou s'il n'y a personne. Donc je reste ouverte à toutes les possibilités – je trouverai bien. » Elle ne se rend qu'occasionnellement aux offices religieux. « Ma mère m'emmène parfois avec elle quand elle se rend au temple [hindou] », m'explique-t-elle sur un ton indifférent. Je lui demande s'il lui arrive de prier et elle me dit : « Pas vraiment. Parfois je me dis "S'il te plaît s'il te plaît donne-moi un 15 ou plus pour cette rédaction." Donc je suppose que je prie le professeur. Ou un mystérieux Dieu des rédactions qui n'existe pas, j'en suis sûre. »

Pendant vingt ans, les gros titres et les articles scientifiques n'ont cessé d'affirmer que le déclin bien réel de la religion institutionnelle s'accompagnait toutefois d'une volonté persistante à prier et à croire en Dieu. Les Américains ne sont pas moins religieux, disaient-ils, ils ont juste moins tendance à pratiquer leur foi publiquement. C'était vrai pendant plusieurs décennies : le pourcentage de jeunes adultes qui croyaient en Dieu a peu changé entre 1989 et 2000.

Puis il a dégringolé. En 2016, un jeune de 18 à 24 ans sur trois disait ne pas croire en Dieu. La prière a suivi une trajectoire descendante similaire. En 2004, 84 % des jeunes adultes priaient au moins de temps en temps, mais en 2016, plus d'un sur quatre disait qu'il ne priait « jamais ». De moins en moins de jeunes croient que la Bible est la parole inspirée de Dieu ;

en 2016, un sur quatre pensait qu'il s'agissait d'« un livre antique de fables, de légendes, d'histoire et de préceptes moraux consignés par des hommes » (voir Graphique 5.5).

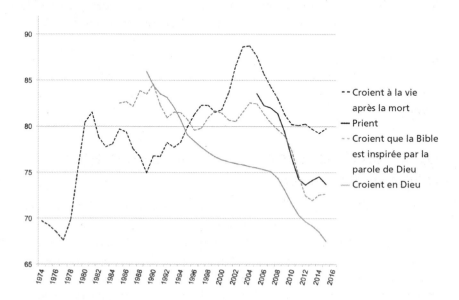

Graphique 5.5. Convictions religieuses privées des jeunes de 18 à 24 ans. *General Social Survey*, 1974-2016.

Les Américains sont donc désormais moins religieux en privé. Ils sont de plus en plus nombreux, surtout les milléniaux et les iGens, à se montrer moins croyants en public comme en privé. Ce phénomène ne peut s'expliquer par une modification dans la composition ethnique ou raciale de la population : les tendances sont identiques, et parfois même plus fortes, parmi les Américains blancs uniquement (en 2016, seuls deux jeunes adultes blancs sur trois avaient déjà prié et seuls 60 % croyaient en Dieu). La décroissance des croyances religieuses privées signifie que la dissociation des nouvelles générations par rapport à la religion ne provient pas uniquement de leur méfiance à l'égard des institutions ; ils sont de plus en plus nombreux à délaisser complètement la religion, y compris à la maison et dans leurs cœurs.

Je rencontre Max, 16 ans, à son lycée. Il est assis devant sa salle de classe, attendant la pause déjeuner. Avec ses cheveux blond foncé coupés plus courts sur le côté et son t-shirt blanc et gris, il pourrait passer pour un adolescent des années 50. Ses hobbies, en revanche, sont résolument modernes : il passe tout son temps libre à jouer aux jeux vidéo. Quand je lui demande s'il se rend à l'église, il me répond simplement : « Non ». Il me donne la même réponse quand je demande s'il croit en Dieu ou s'il prie. Quand je lui demande quelle utilité revêt la religion à ses yeux, il déclare : « C'est bien pour soutenir les gens, s'ils traversent une période difficile. Comme on dit : quand on est dans les tranchées et qu'on nous bombarde, tout le monde se met à prier ». Il explique que les parents de certains de ses amis « les obligent » à aller à l'église, mais ses propres parents ne sont pas croyants.

Certains iGens qui prient ne se livrent pas exactement à la supplique religieuse classique. « J'ai arrêté de prier simplement pour remercier Dieu ; je ne prie que quand j'ai besoin de quelque chose ou quand une personne de mon entourage en a besoin », écrit Tiara, 17 ans. « En fait, pour être honnête, j'oublie un peu de prier tant que je n'ai pas un problème à résoudre. » D'autres suivent une approche plus pieuse, mais à leur façon. « Je prie en parlant simplement avec Dieu », écrit Marlee, 21 ans. « Je ne me mets pas à genoux et ne tombe pas dans un excès de religiosité. La prière est quelque chose de très personnel. »

Pendant plusieurs décennies, la foi en l'au-delà est restée une exception notable à la tendance générale du déclin des croyances religieuses privées : au milieu des années 2000, il y avait plus de jeunes adultes qui croyaient en l'au-delà que dans les années 70. Peut-être certains voulaient-ils continuer à croire en la vie éternelle même s'ils ne se rendaient pas aux offices religieux ou n'admettaient pas l'existence de Dieu. Mais même la croyance en une vie après la mort a commencé à disparaître après 2006. Par conséquent, les derniers milléniaux et les iGens sont sensiblement moins religieux que leurs voisins générationnels proches, les premiers milléniaux, et cela s'observe à travers les quatre domaines de croyance religieuse privée (prier, croire en Dieu, croire que la Bible est la parole de Dieu et croire en l'au-delà).

Parmi ces sentiments caractéristiques des croyances privées, il y a aussi la place qu'occupe la religion dans la vie des individus : dans ce cas également, les adolescents se montrent moins croyants. En 2015, presque un jeune de 15-16 ans et de 17-18 ans sur quatre affirmait que la religion n'était « pas importante » dans sa vie. Jusqu'en 2000 environ, la grande majorité des adolescents déclarait que la religion revêtait au moins une petite importance pour eux, et ce chiffre a ensuite commencé à chuter. Dans l'ensemble, on peut affirmer avec une quasi-certitude qu'iGen est la génération la moins pieuse de l'histoire des États-Unis.

La plupart des iGens prennent encore part à la religion d'une manière ou d'une autre. Mais il existe maintenant un large segment de non-croyants complètement laïcs qui ne revendiquent plus aucune religion : ils n'assistent jamais à des services religieux, ne prient pas et ne croient pas en Dieu. Ce segment grandissant est constitué d'environ un jeune de 13-14 ans sur six, un jeune de 15-16 ans sur cinq, un jeune de 17-18 ans sur quatre et un étudiant ou jeune adulte sur trois. Jamais encore on n'avait observé un nombre si important de jeunes totalement déconnectés de la religion. C'est aussi un prélude probable de l'avenir de la religion américaine : toujours moins de croyants et toujours plus d'église abandonnées. Nous ne sommes pas encore au niveau de l'Europe, mais c'est peut-être la prochaine étape.

La religion *vs* le XXIe siècle

Nous sommes un lundi, vers l'heure du déjeuner, quand j'appelle Mark, 20 ans, alors chez ses parents près de Fort Worth au Texas. « Pouvons-nous encore parler ? », je demande. « Oui, M'dame », me répond-il, ces mots me ramenant momentanément à ma propre éducation texane. Mark a été élevé dans une famille chrétienne pieuse – « Mes parents sont de vrais chrétiens selon les règles, selon la Bible, dévoués à la Bible », explique-t-il. Il va à l'église tous les dimanches, soit à celle de ses parents, soit à une megachurch (ou mégaéglise) de Dallas avec sa petite amie. Quand je lui demande s'il prie, il me dit : « Je prie, tous les jours. Je prie pour que Dieu accorde sa bénédiction à tous ceux que je connais, c'est la main de la protection. Je prie pour que Dieu me donne la sagesse et qu'il fasse de moi la personne qu'il souhaite que je devienne. » Son but dans la vie ? Il le décrit ainsi : « J'aimerais qu'au moment où je sors du lit et que mes pieds touchent le sol, le Diable se dise : "Oh, merde, il est debout." » J'éclate de rire en me disant que c'est cela la véritable foi.

Mais Mark est aussi un iGen et au cours de notre discussion d'une heure, j'ai pu constater à de nombreuses reprises le conflit incessant entre sa foi de chrétien évangélique et les réalités du monde moderne, dominé par sa génération. Quand nous parlons de politique, le mariage homosexuel n'est jamais au centre de ses préoccupations. Je lui pose finalement la question et il me répond : « Oui, je sais que le mariage homosexuel est mauvais parce qu'il ne permettra jamais la reproduction de la vie. Mais chacun a son propre point de vue et si quelqu'un veut avoir un amant du même sexe que lui, nous ne pouvons rien y faire, ce n'est pas comme si on pouvait les forcer à aimer le sexe opposé. »

La décision d'avoir ou non des rapports sexuels avant le mariage l'a également tiraillé. Il n'a pas participé à la culture de drague en vogue dans son lycée public, mais il a rencontré sa petite amie deux ans plus tard – qu'il décrit comme « la bonne personne » – et ils ont finalement décidé d'avoir des relations sexuelles. Ils prévoient de se marier après leurs études, m'explique-t-il. « Mais c'est difficile, n'est-ce pas ? Qui sait combien de temps tu seras à l'université ? », je lui demande. « Exactement. Ça pourrait être deux ans de bachelier, mais aussi quatre ans, six ans, huit, dix ans. Je connais des personnes qui ont passé douze ans à l'université », dit-il. Malgré tout, il considère comme un échec le fait de ne pas avoir attendu le mariage avant d'avoir des rapports sexuels. « 90 % des gens échouent, et j'en fais partie », dit-il. « Tu as attendu plus longtemps que la plupart des gens, donc je n'appellerais pas ça un échec », lui dis-je pour le rassurer. « C'est vrai, mais ce n'est pas une victoire non plus. [Ma petite amie] a dit que c'était la bonne chose à faire et que ça aurait été bien d'attendre, mais elle m'a aussi dit qu'elle est heureuse que nous ayons sauté le pas. » (Il s'avère que la majorité des jeunes chrétiens évangéliques non mariés sont dans le même cas que Mark : selon une étude récente, 80 % d'entre eux ont des relations sexuelles [Tyler, 2011].) Mais Mark n'est toujours pas sûr de lui. « Si j'avais un petit frère dans la même situation, je lui conseillerais d'attendre jusqu'au mariage », dit-il.

Mark revendique sa foi tout en reconnaissant la réalité de son monde iGen. Son point de vue représente peut-être l'avenir de la chrétienté : en supposant que les croyances de cette génération perdurent, celle-ci inaugurera une ère nouvelle et plus tolérante de la croyance chrétienne, qui ne dictera pas aux individus ce qu'ils ne devraient *pas* faire, pour se concentrer sur ce qu'ils *devraient* faire.

Hier « spirituels mais pas religieux », aujourd'hui « ni spirituels ni religieux »

Parmi les idées communes concernant l'émergence de nouvelles tendances religieuses chez les Américains, on peut également retenir la théorie selon laquelle la spiritualité aurait remplacé la religion. En 2001, Robert Fuller, sociologue des religions, publiait un livre intitulé *Spiritual but Not Religious*[40], affirmant que la plupart des Américains qui rejetaient les religions organisées n'abandonnaient pas pour autant leur vie spirituelle, toujours aussi développée et dynamique (Fuller, 2001). Cette théorie est souvent mentionnée pour évoquer le cas des adolescents ; elle avance l'hypothèse selon laquelle les jeunes, les plus méfiants envers les religions traditionnelles, se montrent toujours disposés à explorer les questions spirituelles.

C'était peut-être vrai à une époque, mais ce n'est plus le cas aujourd'hui. En fait, les iGens sont *moins* spirituels, tout en étant moins religieux. Les iGens et les derniers milléniaux âgés de 18 à 24 ans sont le groupe d'âge et de génération le moins enclin à déclarer qu'ils sont des « personnes spirituelles », marquant une rupture nette y compris avec les milléniaux les plus âgés qui se situent à la fin de la vingtaine et au début de la trentaine (voir Graphique 5.6). Les différences d'âge sont très semblables à celles que l'on peut observer dans le cas où les individus sont invités à se définir comme des « personnes croyantes » : les générations plus âgées sont les plus enclines à s'identifier comme à la fois religieuses et spirituelles, contrairement aux jeunes générations.

---

40. *Spirituels mais pas religieux*, non traduit (N.d.T.).

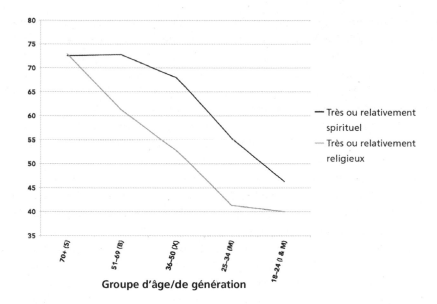

Graphique 5.6. Pourcentage de personnes s'identifiant comme « très » ou « relativement » religieuses ou spirituelles, par âge/groupe de génération. *General Social Survey*, 2014-2016.

Bien sûr, ces différences pourraient être dues à l'âge et non à la génération : peut-être les jeunes ont-ils toujours été moins spirituels. Cependant, en 2014-2016, de moins en moins de jeunes de 18 à 24 ans se décrivaient comme modérément ou très spirituels : 48 % par rapport à 56 % en 2006-2008.

D'autres données confirment cette tendance : dans l'*American Freshman Survey*, le pourcentage d'étudiants universitaires déclarant une spiritualité supérieure à la moyenne a chuté entre 2000 et 2016, passant de 45 % à 36 %. Quand le sociologue Christian Smith a interrogé des jeunes sur leurs croyances religieuses à la fin des années 2000, la plupart ne savaient même pas ce que représentait la spiritualité (Smith & Snell, 2009). « Que voulez-vous dire par "quête spirituelle" ? », demandaient la plupart. L'idée selon laquelle les jeunes Américains de ces dernières années sont moins religieux mais plus spirituels ne tient donc pas la route ; ils sont *moins* spirituels que leurs aînés. Chez les adolescents, la spiritualité n'a donc pas remplacé la religion.

Pendant des années, les spécialistes de la religion et les observateurs ont soutenu que le déclin de la vie religieuse américaine pouvait s'expliquer par d'autres facteurs ou qu'il n'était pas significatif : c'est parce que cette génération est encore jeune ; cette génération n'aime pas les institutions ; les Américains sont tout aussi susceptibles de croire en Dieu et de prier ; les jeunes Américains aujourd'hui sont davantage attirés par la spiritualité que la religion ; les changements sont minimes (Alper, 2015 ; Berger, 2011 ; Berger, Davie & Fokas, 2008 ; Finke & Stark, 2005 ; Fuller, 2001 ; Pew Research Center, 2010 ; Putnam & Campbell, 2012 ; Smith & Snell, 2009 ; Smith, 2012). Les données des enquêtes les plus récentes, que vous avez pu observer ici, invalident toutes ces explications : ce phénomène n'a rien à voir avec l'âge, puisque les baby-boomers et la génération X étaient très pieux quand ils étaient jeunes ; même lorsqu'il s'agit de croyances non institutionnalisées, les iGens se montrent moins dévots ; de nos jours, de moins en moins d'Américains croient en Dieu ou prient ; de moins en moins de jeunes adultes sont spirituels, contrairement à ce qui est affirmé ; enfin, le nombre de jeunes qui ne prennent plus part à la religion a doublé.

Les iGens sont donc moins religieux et moins spirituels, en public comme en privé, et profondément différents des générations précédentes quand elles étaient jeunes. L'abandon de la religion n'est plus seulement fragmentaire, mineur ou hésitant ; il est désormais significatif et irré-vocable. De plus en plus de jeunes Américains sont profondément laïcs, délaissant complètement la religion, la spiritualité et les questions exis-tentielles en général. Ces non-croyants absolus sont toujours en minorité, mais leur nombre a considérablement augmenté dans un très court laps de temps. Toutes générations confondues, les iGen enregistrent un nombre record de non-croyants. Mais qui sont ces ados qui n'ont plus la foi ?

Le gouffre : polarisation religieuse par race, statut socioéconomique et région

Il n'y a pas si longtemps, la religion était une expérience commune à quasiment tous les Américains. Qu'ils soient Blancs ou Noirs, issus de la classe aisée, moyenne ou pauvre, qu'ils habitent à Boston ou à Atlanta, les Américains se rendaient aux offices religieux et s'identifiaient à une tradition religieuse. La religion ou la confession spécifique pouvait différer en fonction de différents facteurs : il y avait plus de baptistes dans le Sud, plus de catholiques et de juifs dans le Nord-Est, plus de luthériens dans le Midwest ; les épiscopaliens étaient généralement riches ; les églises chrétiennes se séparaient par race – mais tous les groupes démographiques assistaient à des offices religieux à peu près à la même fréquence.

La génération iGen a bouleversé ces tendances, dans la lignée des milléniaux. Aujourd'hui, la fréquentation des offices religieux varie par race, groupe socioéconomique et région, bien plus qu'il y a quelques décennies. Le paysage religieux est à présent davantage divisé en fonction de l'identité de ses membres.

La plupart des tendances générationnelles sont remarquablement similaires à travers les groupes démographiques. Le lien entre race et participation religieuse est l'exception la plus notable à cette règle, avec des tendances étonnamment divergentes pour les adolescents blancs et noirs, sur le long terme. Au début des années 80, les Afro-américains de 17-18 ans n'étaient que légèrement plus susceptibles que les Blancs du même âge de se rendre à des offices, mais en 2015, cet écart s'est considérablement creusé (voir Graphique 5.7). Jusqu'à récemment, le taux de fréquentation des offices par les adolescents noirs est resté quasiment identique tandis qu'il a chuté pour les adolescents blancs.

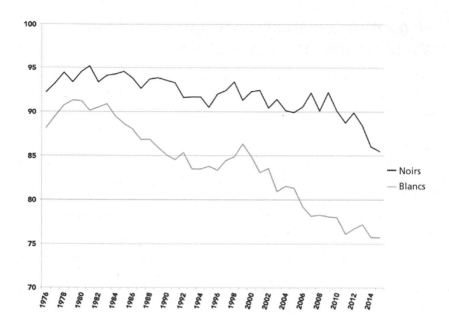

Graphique 5.7. Pourcentages de jeunes Noirs et Blancs de 17-18 ans qui assistent parfois à des offices religieux. *Monitoring the Future*, 1976-2015.

Les jeunes iGens noirs vont peut-être suivre l'exemple des adolescents blancs – le déclin de leur taux de fréquentation des services religieux est constant depuis 2009. C'est peut-être le présage d'un abandon progressif de la religion au sein de la communauté noire, qui s'implantera dans les années à venir. Toutefois, l'écart entre les adolescents blancs et noirs dans la fréquentation des offices religieux, autrefois faible, s'est considérablement creusé aujourd'hui.

Les croyances ne sont plus les mêmes non plus. À la fin des années 80, les adultes américains blancs et noirs affichaient une foi en Dieu quasiment similaire, mais en 2016, les Noirs avaient beaucoup plus tendance à être croyants que les Blancs (voir Graphique 5.8 ; il reprend les adultes de tout âge afin que le nombre d'individus sondés soit suffisant dans chaque groupe). Ainsi, alors que les Américains, blancs ou noirs, pouvaient auparavant revendiquer une foi commune, les deux races se distinguent aujourd'hui l'une de l'autre vis-à-vis de cette croyance religieuse fondamentale.

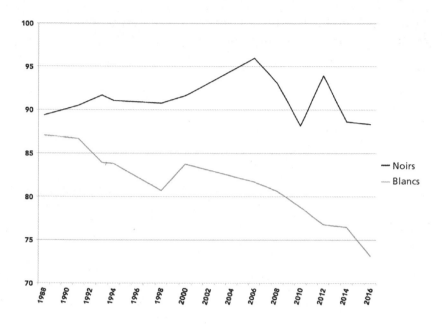

Graphique 5.8. Pourcentage d'adultes, Noirs et Blancs, qui croient en Dieu.
General Social Survey, 1988-2016.

Les élections de 2016 ont révélé la fracture existant entre les Américains de la classe moyenne et les diplômés universitaires. Pourtant, il existe une différence de classe qui est rarement abordée, peut-être parce qu'elle est méconnue : contrairement à la croyance populaire, les adolescents venant d'une famille avec un père titulaire d'un diplôme universitaire ont en fait *plus* tendance à assister à des offices religieux que ceux dont le père n'a pas fait d'études supérieures. Ça n'a pas toujours été le cas : dans les années 70 et 80, les jeunes issus de ces deux types de familles se rendaient à des offices à la même fréquence, qui était très élevée. La situation a commencé à changer dans les années 90 et, ces dernières années, les adolescents de familles avec un statut socioéconomique plus élevé étaient plus susceptibles d'assister à des services religieux (voir Graphique 5.9). Cet écart récent n'est pas aussi important que celui relevé pour la race, mais il suit ce modèle de polarisation croissante sur le long terme, avec des adolescents originaires de différents milieux connaissant des expériences religieuses variées alors qu'ils étaient quasiment tous exposés aux offices religieux par le passé. Cependant, cette tendance ne s'observe pas en ce qui concerne les croyances : le déclin de la foi en Dieu est similaire parmi tous les adultes, peu importe leur niveau d'éducation.

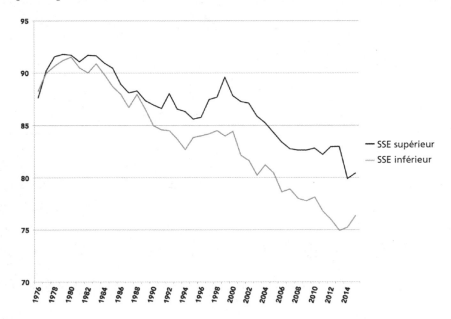

Graphique 5.9. Pourcentage de jeunes de 17-18 ans qui assistent occasionnellement à des offices religieux, selon leur statut socioéconomique. *Monitoring the Future*, 1976–2015.

Les régions des États-Unis sont également davantage divisées. Le Sud est souvent décrit comme la *Bible Belt*, littéralement la ceinture de la Bible ; une réalité que j'ai expérimentée de près, au cours de mon enfance à Irving, au Texas. Cette ville s'est un temps vantée de posséder plus d'églises par habitant que toute autre ville du pays. Dans les années 70 et au début des années 80, la fréquentation des offices religieux ne variait pas beaucoup par région (voir Graphique 5.10). En 2015, un écart plus important s'était toutefois creusé : le nombre d'adolescents du Sud fréquentant au moins occasionnellement un service religieux a augmenté (l'enquête MtF ayant cessé de poser cette question en Californie en 1997, nous ne pouvons pas faire la comparaison avec les habitants de l'Est).

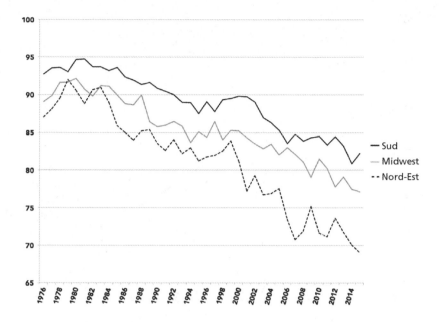

Graphique 5.10. Pourcentage de jeunes de 17-18 ans qui assistent occasionnellement à des offices religieux, par région des États-Unis. *Monitoring the Future*,
1976-2015.

La croyance en Dieu n'est plus la même non plus d'une région à l'autre.
Dans les années 90, le pourcentage d'individus croyant en Dieu était
presque similaire dans le Sud et dans le reste du pays, avec un léger avantage
pour les premiers. Mais les positions ont considérablement divergé depuis,
la foi en une force supérieure ayant à peine évolué dans le Sud alors qu'elle
a décliné dans le Nord-Est, le Midwest et l'Est (voir Graphique 5.11).
En 2016, seul un habitant blanc du Sud sur cinq ne croyait pas en Dieu,
contre presque un sur trois habitants blancs non sudistes. L'image d'un
Nord impie n'est pas nouvelle, mais elle n'est devenue (partiellement)
exacte qu'au XXIᵉ siècle.

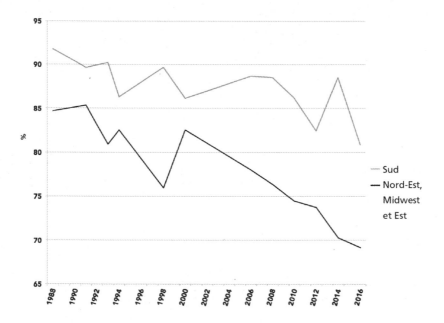

Graphique 5.11. Pourcentage d'adultes américains blancs qui croient en Dieu, en comparant le Sud aux autres régions. *General Social Survey*, 1988-2016.

Cette division religieuse par région est peut-être le produit de la nouvelle liberté de choix acquise par les Américains au cours des dernières décennies, qui leur permet à présent de s'installer où ils le veulent. Les communautés et les groupes se rassemblent par quartier, de plus en plus isolés des autres groupes qui ne partagent pas le même point de vue.

Tout récemment, dans les années 90, la religion était quasiment universelle aux États-Unis – qu'elle soit noire ou blanche, septentrionale ou méridionale, riche ou pauvre, une lycéenne qui observait ses camarades de classe pouvait s'attendre à ce qu'ils soient tous religieux. À présent, environ un jeune sur quatre est non-croyant – mais ce chiffre augmente largement si l'on prend une classe d'étudiants principalement blancs dans le Nord-Est, et il diminue considérablement si l'on est dans le Sud, entouré en majorité d'étudiants noirs. Au fil du temps, cet écart pourrait se réduire si les Américains noirs et les habitants du Sud sont de plus en plus nombreux à délaisser la religion. Pour l'heure, le fossé demeure.

Trop de règles : pourquoi la religion est en déclin

« Je ne prie pas et je ne crois pas non plus en un Dieu omniscient », écrit Brittany, 19 ans. « J'aime à penser que notre vie n'a pas été planifiée à notre place dans les moindres détails et que nos choix déterminent la personne que nous deviendrons. »

Pourquoi le point de vue de Brittany est-il devenu si courant ? Pourquoi les jeunes Américains sont-ils aujourd'hui moins croyants ? Comme nous l'avons fait pour les autres tendances, nous pouvons identifier les pratiques qui ont évolué au même moment et qui seraient également liées à un moindre engagement religieux. Le raisonnement de Brittany indique une cause possible : l'importance de plus en plus grande accordée par la culture américaine à l'individualisme –, soit, selon sa formule, à « nos choix ».

Afin d'analyser plus précisément le lien entre religion et individualisme au fil du temps, j'ai fait correspondre les indicateurs d'individualisme avec la fréquentation des offices religieux par les adolescents chaque année (chaque année est ainsi associée à un indice d'individualisme, soit le niveau moyen de terminologie individualiste observé dans les livres, ainsi qu'à un taux moyen de fréquentation des services religieux) (Twenge, Exline, Grubbs, Sastry & Campbell, 2015). L'augmentation de ces éléments individualistes a évolué en parallèle avec le déclin de la croyance : les époques plus individualistes étaient aussi moins pieuses. Ce phénomène paraît logique, étant donné que la religion implique par définition de croire en un tout qui nous dépasse. Elle suppose également souvent de suivre certaines règles et de faire partie d'un groupe, deux autres critères qui ne correspondent pas vraiment à une mentalité individualiste. Dans une société où les jeunes s'entendent dire « Si ça te fait plaisir, fais-le » et « Crois en toi », la religion semble presque contre nature. Comme nous l'avons vu avec les témoignages de James et Mark, la foi iGen implique souvent un équilibre délicat entre les réalités modernes individualistes et les doctrines religieuses traditionnelles – en particulier en ce qui concerne les questions de sexualité, d'identité de genre et d'orientation sexuelle.

Même les adolescents croyants adhèrent souvent à une version plus individualiste de la foi. Quand Christian Smith a interrogé des jeunes pour rédiger son livre *Soul Searching*[41], il s'est rendu compte que nombre d'entre

---

41. *Introspection*, non traduit (N.d.T.).

eux adhéraient à un système de croyances qu'il a nommé le « déisme moraliste thérapeutique » (Smith & Denton, 2009) : il inclut une croyance en Dieu, mais aussi des idées plus modernes, comme l'importance du bonheur, de se sentir bien dans sa peau et l'idée que « Dieu ne doit pas occuper une place trop importante dans la vie d'un individu sauf quand il y a un problème à résoudre. » Smith a également constaté que la plupart des adolescents adoptaient un « individualisme moral ». C'est ainsi qu'il nomme leur idée selon laquelle « nous sommes tous différents, et c'est très bien comme ça. » La jeune Harper, 12 ans, que nous avons rencontrée au chapitre 2, voit un but individualiste dans la fréquentation d'une Église : « L'Église est là pour que les gens puissent exprimer leur foi. Il y a certaines Églises pour certaines personnes, en fonction de leurs croyances. C'est un endroit où tu peux rencontrer des gens qui croient en la même chose que toi. »

Dans *You Lost Me : Why Young Christians Are Leaving… and Rethinking Faith*[42], son livre sur les jeunes qui ont renié le christianisme, David Kinnaman (2016) rapporte que de nombreux adolescents ressentent une rupture entre leur Église et ce qu'ils vivent en-dehors, notamment dans les domaines de la science, de la pop culture et de la sexualité. Par exemple, la moitié des jeunes de 13 à 17 ans voudraient entamer une carrière scientifique. Pourtant, seul 1 % des pasteurs en charge des jeunes fidèles admettent avoir abordé avec eux un sujet en lien avec la science durant l'année écoulée. Kinnaman rapporte l'histoire de Mike, 20 ans, invité à expliquer à une salle remplie de pasteurs pourquoi il ne s'identifiait plus au christianisme. « Je suis aussi nerveux qu'un athéiste à une conférence de prêtres », a-t-il commencé. Il a ensuite poursuivi : « J'étais en seconde. Nous commencions à parler de la théorie de l'évolution à l'école… J'avais appris à l'église que je ne pouvais pas croire à la fois en Dieu et à la science. C'est ainsi que je n'ai plus cru en Dieu. » Selon lui, il serait peut-être resté si son église n'avait pas présenté les choses de manière aussi tranchée. D'autres iGens partagent cet avis. « Mon père est athée et ma mère est agnostique. Nous sommes des scientifiques », écrit Timothy, 23 ans. « La religion appartient au passé, en tout cas pour les gens de mon âge », dit Matthew, que nous avons rencontré au chapitre 1. « C'est une croyance qui ne fait pas moderne. »

---

42. *Vous m'avez perdu : pourquoi les jeunes chrétiens quittent les églises… et repensent leur foi*, non traduit (N.d.T.).

Il faut également mentionner le problème le plus frappant : de nombreux milléniaux et iGens se défient de la religion parce qu'ils trouvent qu'elle encourage des attitudes homophobes. Toujours plus de jeunes l'associent aujourd'hui avec la rigidité et l'intolérance − des notions inacceptables pour une génération aussi individualiste et ouverte. « J'ai l'impression que les personnes les plus fermées d'esprit et les moins tolérantes sont souvent croyantes », écrit Sarah, 22 ans. « Ma belle-sœur n'arrête pas de dire sur Facebook qu'elle est une bonne personne et que sa religion est belle, tout en publiant des articles haineux sur les homosexuels, les personnes qui mangent du porc et tout autre sujet avec lequel elle n'est pas d'accord. » Cette situation touche certains iGens personnellement. « Non, je ne prie pas », écrit Earnest, 21 ans. « Je m'interroge sur l'existence de Dieu. J'ai cessé d'aller à l'église parce que je suis gay et que j'appartenais à une religion qui dénigre les homosexuels. »

Une enquête de 2012 sur des jeunes de 18 à 24 ans a constaté que la plupart trouvaient le christianisme homophobe (64 %), moralisateur (62 %) et hypocrite (58 %) (Jones, 2012). 79 % des non religieux estimaient que le christianisme était anti-gay. « Je suis croyante et j'aime Dieu », écrit Michelle, 22 ans. « Mais les règles sont trop strictes. Et certaines sont préjudiciables, comme le fait de ne pas aimer l'homosexualité. Comment peut-on aimer tout le monde, sauf les homosexuels, les transgenres et les personnes qui ne croient pas en notre Dieu ? Je pense que les gens ne veulent plus vivre avec cette façon de penser. C'est une manière révoltante de traiter les autres. »

J'ai rencontré ce point de vue à de nombreuses reprises lorsque j'ai interrogé les iGens au sujet de la religion. Kelsey, 23 ans, m'a raconté l'histoire d'un de ses amis, homosexuel, qui « a été expulsé de l'école biblique au collège à cause de son orientation sexuelle. Il a ensuite caché son homosexualité pendant des années et se sentait très mal dans sa peau. » Elle conclut : « C'est pour ça que les gens ne veulent plus adhérer à la religion. Personne ne veut être associé à un système qui dit aux gens que leurs préférences sexuelles sont un péché. Dieu aime tout le monde. Dieu veut juste que nous soyons bons envers les autres. » *unChristian*[43], le livre de David Kinnaman, rapporte que quatre jeunes athées sur dix ont une « mauvaise image » de la religion (Kinnaman & Lyons, 2012). Pourquoi ?

---

43. *inChrétien*, non traduit (N.d.T.).

Comme l'explique Kinnaman, c'est parce que « Nous sommes devenus célèbres pour ce que nous combattons, plutôt que pour ceux que nous soutenons. »

Haley, 18 ans et étudiante dans une université publique, n'est pas croyante elle-même mais travaille à mi-temps avec de nombreuses personnes qui le sont. Nous déjeunons un jour ensemble à San Diego et elle m'explique que beaucoup de ses collègues sont intolérants par rapport aux homosexuels, aux lesbiennes et aux transgenres. Elle n'a aucun problème avec leurs croyances religieuses, mais plutôt avec leur intransigeance. « Si tu es croyant et que ça t'aide à devenir une meilleure personne, c'est très bien, c'est le but de la religion – t'aider à devenir meilleur et à mieux traiter les autres », dit-elle. « Si ce n'est pas le cas, si tu l'utilises pour exprimer ta haine, pour imposer ton propre code social et moral, alors tu tourneras très mal. »

Finalement, qu'attendent les iGens de la religion ? Beaucoup font écho à l'analyse de Kinnaman, déclarant qu'ils aimeraient une religion davantage positive que négative, qui préconise des actions plutôt que de proférer des interdits, et qui accepte tout un chacun en son sein. Tess, 21 ans, a grandi dans la foi catholique. « Quand ma cousine avait 21 ans, elle a appris qu'elle était enceinte et est allée se confesser pour demander des conseils. Au lieu de lui accorder le pardon de Dieu et de lui donner confiance en son avenir et celui de son futur enfant, le prêtre l'a humiliée jusqu'à ce qu'elle rentre chez elle en pleurant », écrit-elle. « Comment peut-on donner envie aux gens d'adhérer à la religion en se comportant comme ça ? Même si ce n'était pas Dieu lui-même qui l'a rabaissée, les prêtres portent le message du Seigneur. La parole de Dieu devrait encourager le bonheur et la foi. Pas le dégoût de soi et le désespoir. » Les iGens ne ressentent pas le besoin d'établir des règles au sujet de la sexualité, étant donné que la plupart d'entre eux considèrent ces prescriptions comme totalement dépassées. Millie, 19 ans, remarque que les « idéaux des religions entrent en conflit avec ce que les gens considèrent comme normal dans la société moderne. Par exemple, la Bible ordonne de ne pas avoir de rapports sexuels avant le mariage, mais de nos jours, le sexe est considéré comme une activité normale et saine dans les relations hors mariage ; les gens peuvent même trouver cela étrange si vous n'avez pas eu de relations sexuelles avant le mariage. Se marier n'est plus une nécessité pour [nous], mais plutôt un choix parmi bien d'autres. »

Les iGens veulent interagir avec la religion et non plus s'entendre dire ce qu'ils doivent faire. Trevor, 20 ans, écrit : « Nous, jeunes adultes, voulons des réponses à nos questions sur la vie, notre identité, l'importance de tout ça, ce que nous pouvons faire. Au lieu de ça, on nous dit juste de prier ou bien on nous donne un prospectus avec des versets de la Bible. » Vanessa, 21 ans, approuve ce point de vue : « L'église devrait se montrer plus interactive pour pousser les gens à réfléchir et non pas simplement se contenter d'écouter. »

Ces témoignages laissent à penser que les organisations religieuses devraient privilégier des discussions actives avec les iGens, en abordant les « grandes questions » qu'ils se posent sur le sens de la vie, l'amour et Dieu. Kinnaman a constaté que 36 % des jeunes adultes ayant grandi dans un milieu chrétien disent ne pas avoir l'impression de pouvoir « poser [leurs] questions existentielles les plus fondamentales à leur église ». Tout comme l'éducation délaisse les cours magistraux pour proposer des discussions de groupe plus interactives, les organisations religieuses pourraient envisager des rassemblements qui encouragent les paroissiens à participer et à poser des questions. Mark, que nous avons rencontré plus tôt, explique qu'il apprécie la mégaéglise dans laquelle il se rend parce que « tu vas à l'église pour en apprendre plus sur Dieu et savoir que tu n'es pas seul à connaître les expériences que tu vis. Les gens partagent leurs témoignages tout le temps, c'est bien de savoir que quelqu'un d'autre a traversé la même épreuve que toi et s'en est sorti, ça veut dire que tout va bien se passer pour toi. » Il y a cependant eu des progrès à certains égards : une église dans l'Oregon invite les paroissiens à poser toutes leurs questions sur la foi – et ils peuvent le faire par SMS ou sur Twitter (Kinnaman & Lyons, 2012). Les iGens ne veulent pas qu'on leur dise exactement comment vivre leur vie et en quoi croire – mais cette attitude peut être une force, parce que s'ils viennent à la foi par eux-mêmes, celle-ci n'en sera peut-être que renforcée.

Comme l'Europe, mais avec de plus grandes voitures : le paysage religieux du futur

De nombreux Américains considèrent d'un mauvais œil cette tendance à s'éloigner des institutions religieuses. « C'est la famille », a déclaré Lorraine Castagnoli en 2015 (Silber & Reiner, 2015) ; elle avait l'habitude de se rendre dans une des huit églises catholiques qui ont été abandonnées à Westchester et Rockland, New York. « C'est un peu de mon âme et de mon cœur qui meurt avec cette église. Nous nous y réunissions tout le temps, c'est vraiment triste. » Les leaders religieux regrettent cette perte du sens communautaire et remarquent que les personnes croyantes ont tendance à être en meilleure santé et plus heureuses. « À la fin du voyage, la plupart d'entre nous s'apercevront qu'il existe une dimension supérieure qui nous dépasse », dit le Révérend James Bretzke du Boston College (Gjelten, 2015). « Nos vies ont besoin d'être transcendées et… [la religion offre] un sens plus profond [et] des réponses plus profondes. » Selon un sondage du *Pew Research Center* en 2012, la plupart des Américains (56 %) désapprouvent le déclin de la religion, tandis qu'ils sont seulement 12 % à l'approuver.

Certains voient des points positifs dans le recul de la religion, comme Ronald Lindsay du *Center for Inquiry*[44], qui travaille à réduire l'influence de la religion sur les politiques publiques (Gjelten, 2015). Selon lui, les Américains ne « consultent plus l'église en tant qu'autorité sur certaines questions. Ils se sentent confiants pour prendre des décisions eux-mêmes à ce sujet… Les gens cherchent toujours une communauté… mais plus dans le contexte d'une organisation religieuse. » Quand le déclin de la religion est abordé sur Internet, beaucoup mentionnent les aspects plus sombres de l'histoire de la religion, les persécutions et la haine qu'elle a propagées, notamment en ce qui concerne les questions LGBT.

En Europe, la moitié de la population rejette la religion et de nombreuses églises restent vides. Alors que les fermetures d'églises américaines se multiplient, les associations caritatives dirigées par des organisations religieuses vont elles aussi commencer à s'effondrer. Lorsque les iGens auront à leur tour des enfants, le rapport de la nation américaine à la religion aura été complètement bouleversé.

Certaines religions survivront-elles ? Dans les dernières décennies, l'hémorragie de fidèles a moins touché les églises évangéliques que les autres confessions chrétiennes. Peut-être parce qu'elles ont compris ce que les iGens et les milléniaux attendaient de la religion : qu'elle les complète, qu'elle les aide à consolider leurs relations et à donner un sens à leur vie. Certaines de ces églises vont commencer à modérer leur point de vue sur le sexe avant le mariage, le mariage homosexuel et les personnes transgenres,

---

44. Centre d'enquête (N.d.T.).

à mesure qu'elles seront de mieux en mieux acceptées, y compris parmi les personnes croyantes.

La religion survivra, mais il s'agira d'une religion flexible, ouverte et égalitaire qui donnera aux individus un sentiment d'appartenance et de sens, et qui touchera moins de la moitié des Américains. Il est difficile de deviner quel lien communautaire les iGens substitueront à la religion. Peut-être ne la remplaceront-ils pas, se satisfaisant de leurs réseaux sociaux, avec les conséquences néfastes qu'on leur connaît sur la santé mentale. Ou peut-être les iGens s'identifieront-ils à d'autres individus qui partagent leurs intérêts plutôt que de construire une communauté par la religion. Quoi qu'il advienne, la structure de la société américaine changera profondément.

Chapitre 6
Individualistes et dans leur bulle : moins de charité pour plus de sécurité

Un jour de juin, juste avant midi, j'arrive à mon restaurant de sushi préféré à San Diego alors que le soleil commence à peine à percer les nuages gris du matin. Haley, 18 ans, est déjà là et s'est levée à mon entrée pour me saluer. Elle est métisse, moitié blanche, moitié asiatique, et son sourire chaleureux illumine ses yeux derrière ses lunettes.

Face à un tempura de crevettes et un dragon roll, nous discutons de tous les sujets possibles, du travail à la psychologie en passant par les relations. Haley vient de terminer sa première année d'études supérieures et vit encore chez ses parents. Elle travaille à temps partiel mais ne suit aucun cours durant l'été. « J'ai besoin de mon été » explique-t-elle. « Si je n'avais pas ce temps pour moi, je deviendrais folle. » Comme un nombre croissant de jeunes, Haley ne fume pas, ne boit pas et n'a que peu d'expérience en matière de relations amoureuses.

C'est surtout la raison de ce comportement qui intrigue. Pour faire court, elle estime que ces activités sont dangereuses. « Quand on sort faire la fête et qu'on boit trop, notre cerveau ne fonctionne plus normalement, on fait des choses que l'on ne ferait jamais en étant sobre », explique-t-elle. « Certaines personnes conduisent ivres, et d'autres profitent de toi quand tu es soûl. C'est dangereux. On pourrait se blesser ou quelqu'un pourrait nous blesser. Ce n'est pas pour moi. »

L'intérêt de Haley pour la sécurité s'étend au-delà de la sécurité physique et recouvre un concept que je n'ai découvert que récemment, grâce aux iGens : la sécurité émotionnelle. Ainsi la jeune fille estime que l'on est trop jeune au lycée pour avoir une relation amoureuse, et plus particulièrement une relation sexuelle. Elle cite des études scientifiques pour conforter sa théorie. « La production d'ocytocine (lors d'un rapport sexuel) crée une connexion émotionnelle avec l'autre qu'on l'apprécie ou pas », affirme-t-elle. « Je trouve qu'il est dangereux de dépendre émotionnellement de quelqu'un, plus particulièrement à un âge où le cerveau continue à se développer. »

Sois prudent

Comme c'est le cas pour la plupart des tendances générationnelles, l'intérêt pour la sécurité ne provient pas uniquement des iGens. Cette inquiétude faisait déjà partie de la culture, de l'atmosphère dans laquelle ils ont grandi. Cette génération est celle de la ceinture de sécurité soigneusement attachée, des enfants que l'on récupère à l'école au lieu de les laisser rentrer par eux-mêmes et qui jouent dans des plaines de jeux aseptisées en plastique. Les baby-boomers et la génération X, libres de se promener dans leur quartier, ont été remplacés par les iGens, soumis à une surveillance constante. La langue elle-même commence à refléter cet intérêt croissant pour la sécurité : dans les livres américains, l'utilisation des expressions « fais attention » et « sois prudent » s'est accrue durant la première partie des années 1990, précisément à l'époque où les premiers iGens sont nés (voir Annexe G).

L'intérêt de cette génération pour la sécurité vient peut-être en partie de leur trajectoire de développement plus lente : les enfants plus jeunes sont davantage préservés que les plus âgés et les enfants sont plus protégés que les adolescents. Remarquez la façon dont Haley a immédiatement associé l'idée de relation sexuelle juvénile à celle de la lenteur du développement cérébral : il s'agit de l'étude que tous les parents citent quand ils ne veulent pas donner leurs clés de voiture à un adolescent. Et c'est maintenant au tour des enfants de s'y référer.

À de nombreux égards, cet intérêt pour la sécurité a porté ses fruits. Pour commencer, les adolescents de la génération iGen conduisent plus prudemment : il y a moins de jeunes de 17-18 ans impliqués dans des accidents de voiture, tout comme ils sont moins nombreux à recevoir des amendes. Il s'agit d'une tendance récente, seulement amorcée au début des années 2000 en ce qui concerne les amendes et à la moitié des années 2000 pour les accidents (voir Graphique 6.1). Il y a pourtant peu, en 2002, plus d'un jeune de 17-18 ans sur trois avait déjà reçu une amende, alors qu'en 2015, ils n'étaient plus qu'un sur cinq.

Les iGens considèrent comme acquis l'obligation du port de la ceinture de sécurité. Ils sont bien plus nombreux à l'attacher que les représentants des générations précédentes : en 2015, le nombre de jeunes de 18 ans qui affirmaient toujours porter leur ceinture de sécurité avait doublé par rapport à l'année 1989. Cette augmentation s'explique sans doute en partie par l'adoption, pendant les années 90, des lois rendant obligatoire le port de la ceinture. Mais il est évident qu'une loi ne suffit pas à empêcher les adolescents d'adopter des comportements dangereux. De plus, l'augmentation n'a pas été soudaine, comme l'on aurait pu s'y attendre si les effets de la loi avaient été seuls en cause : elle s'est au contraire effectuée de manière progressive. Dans une étude de 2016 (Beltz Snyder, 2016), des chercheurs ont interrogé les représentants de la génération iGen sur leurs attentes prioritaires à l'achat d'une voiture, et ils ont comparé leurs réponses avec les souvenirs des jeunes adultes milléniaux au même âge. Quelle est la caractéristique qui intéresse les jeunes d'aujourd'hui, bien plus que les milléniaux ? La sécurité. Pourtant, rappelez-vous : ce sont des adolescents, pas exactement le groupe de population réputé pour rêver d'une Volvo. Mais ces adolescents ne sont pas comme les autres : ils appartiennent à la génération iGen.

Les jeunes de cette génération sont également moins susceptibles de monter dans une voiture conduite par une personne qui a bu. Leur nombre a en effet été divisé de moitié : de 40 % en 1991, ils sont passés à 20 % en 2015 (voir Annexe G). Mais un sur cinq, cela fait toujours trop d'adolescents qui montent dans des voitures avec un conducteur potentiellement inapte à conduire. Néanmoins, une autre interprétation est possible : puisque les iGens sont moins enclins à boire comme à passer leur permis, il faut peut-être compter dans ce pourcentage une part de jeunes en voiture avec leur mère, qui aurait bu un ou deux verres de vin avant de recevoir un message disant : « Maman, tu peux venir me chercher chez Tyler ? »

Le danger de la boisson et la sécurité de la fumette

Comme nous l'avons vu dans le chapitre 1, peu d'iGens ont déjà consommé de l'alcool. Le simple fait d'y goûter n'est pourtant pas dangereux, mais le binge drinking, souvent défini comme la pratique consistant à boire cinq verres ou plus en une seule fois, l'est bel et bien. C'est contre ce type de consommation d'alcool que les adultes mettent leurs enfants en garde.

La génération iGen est moins susceptible de pratiquer le binge drinking. Le taux de consommation excessive d'alcool chez les jeunes de 17-18 ans a diminué de plus de la moitié. Considèrent-ils cette pratique comme dangereuse ? C'est là que la tendance devient intéressante. Jusque récemment, ils étaient plus nombreux à s'y prêter qu'à la considérer comme dangereuse (voir Graphique 6.2).

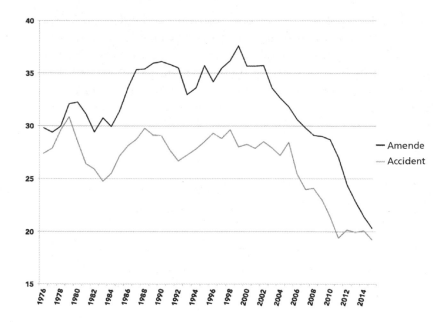

Graphique 6.1. Pourcentage des jeunes de 18 ans ayant reçu une amende ou ayant été impliqués dans un accident de voiture parmi ceux qui ont conduit au cours de l'année précédente. *Monitoring the Future*, 1976-2015.

À cet âge, on aime prendre des risques, on veut vivre dangereusement, être ivre et s'amuser. Ou du moins, c'était le cas jusqu'à l'arrivée des iGens. Car les courbes se sont alors inversées : il y a désormais moins d'adolescents à s'adonner au binge drinking qu'à estimer cette pratique dangereuse. Au lieu de dépasser les limites de la sécurité et de prendre des risques, nos jeunes préfèrent jouer la carte de la prudence. Nous sommes nombreux à associer cette attitude à des personnes d'âge mûr plutôt qu'à des adolescents. Voici bien une illustration frappante de cette transition générationnelle vers plus de sécurité.

Certaines personnes attribuent la diminution de la pratique du binge drinking chez les iGens à leur crainte de voir une photo d'eux peu flatteuse devenir le sujet de toutes les moqueries sur Instagram. C'est un premier indice pour aborder la question suivante : aux yeux de la génération iGen, la notion de sécurité va au-delà de la simple sécurité physique pour inclure leur réputation et même leurs émotions. « Je ne bois pas parce que je trouve que ce n'est pas sécurisant » écrit Teagan, 20 ans. Pour elle, boire « peut entraîner des problèmes avec la police ou vous faire honte sur les réseaux sociaux. Des employeurs [peuvent] refuser de vous engager parce qu'ils ne vous trouvent pas fiables ou que vous ne présentez pas bien. » Remarquez que les motifs évoqués par Teagan pour expliquer son rejet de l'alcool ne concernent pas la sécurité physique ; au contraire, ils se concentrent sur les émotions et la vie économique, qui font partie des plus importantes préoccupations des iGens en matière de sécurité.

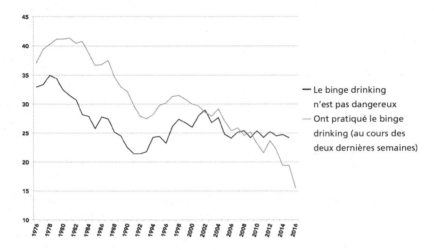

Graphique 6.2. Pourcentage des jeunes de 17-18 ans qui ont bu au moins 5 verres d'alcool consécutifs à une seule occasion (*binge drinking*) au cours des deux dernières semaines et pourcentage de ceux qui estiment que le *binge drinking* ne comporte pas ou peu de risques. *Monitoring the Future*, 1976-2016.

Comme nous l'avons vu dans le chapitre 1, les iGens sont tout aussi enclins à consommer du cannabis que les milléniaux. Or, s'ils recherchent tant la sécurité, comment expliquer ce phénomène ? Tout simplement parce qu'ils n'y voient pas de danger. En réalité, ils considèrent qu'une utilisation régulière de marijuana est moins nocive que le binge drinking. Ils sont les premiers à penser ainsi (voir Graphique 6.3), ce qui pourrait expliquer pourquoi ils sont moins nombreux à boire de l'alcool à l'adolescence alors qu'ils s'adonnent presque autant que les milléniaux à la consommation de cannabis.

« Je crois que le cannabis est absolument sans danger tant que l'on n'utilise pas de machine ou de véhicule », écrit Brianna, 20 ans. « C'est bien moins néfaste que l'alcool, qui est pourtant parfaitement légal et qui attire plus d'ennuis ». « On a prouvé que l'herbe avait de nombreux effets bénéfiques pour la santé » écrit Ethan, 19 ans. « Elle soulage la douleur, combat le cancer et de nombreuses autres maladies. Elle peut aussi empêcher certaines personnes de devenir dépendantes à d'autres drogues bien plus nocives. » Certains iGens utilisent le cannabis pour des raisons médicales. « Je considère que le cannabis est une substance absolument sans danger. Personnellement je l'utilise depuis trois ans pour traiter des douleurs chroniques aux vertèbres, la dépression, l'anxiété, et de l'arthrite psoriasique » écrit Nelly, 21 ans. « La suppression de mon antidouleur a été un des moments les plus difficiles de ma vie. Mais grâce au cannabis, je suis parvenue à gérer aussi bien ce retrait que les douleurs aigües. Je n'ai jamais subi d'effets secondaires négatifs durant ces années d'utilisation intensive. » Malheureusement, peu d'iGens semblent être conscients des risques à long terme qu'implique la consommation de cannabis. Parmi ceux-ci, on retrouve une diminution de l'intelligence et une augmentation des risques de schizophrénie, surtout lorsqu'il est consommé durant l'adolescence. Le cannabis actuel est également bien plus puissant que l'herbe fumée par les baby-boomers dans les années 1970.

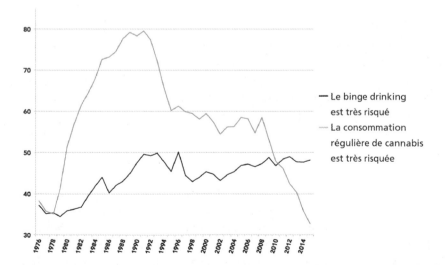

Graphique 6.3. Pourcentage des jeunes de 17-18 ans qui estiment que le binge drinking ainsi que la consommation de cannabis sont des pratiques très dangereuses. *Monitoring the Future*, 1976-2015.

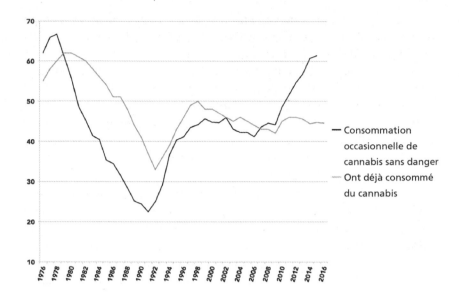

Graphique 6.4. Pourcentage des jeunes de 17-18 ans qui ont déjà consommé du cannabis et pourcentage de ceux qui estiment qu'une consommation occasionnelle ne comporte que « peu » ou « pas » de risques. *Monitoring the Future*, 1976-2016.

Cependant, les iGens restent prudents. Bien qu'ils aient davantage tendance à considérer le cannabis comme inoffensif, la consommation n'a pas pour autant augmenté. Traditionnellement, la consommation d'herbe fluctue en fonction de la perception que se font les individus de sa nocivité. Mais les jeunes d'aujourd'hui rompent avec cette tendance en se montrant encore plus prudents que ce qu'il leur semble nécessaire. Tout comme avec l'alcool, les iGens sont la première génération dont les membres sont moins nombreux à consommer du cannabis qu'à le trouver dangereux. À nouveau, les courbes s'inversent (voir Graphique 6.4).

Aussi bien pour l'alcool que pour le cannabis, les iGens se demandent tout d'abord : est-ce sans danger ? Et même quand ils estiment ces pratiques sûres, nombre d'entre eux se gardent d'en consommer, un choix peu habituel à un âge traditionnellement associé à la prise de risques. Les jeunes ne veulent tout simplement plus se risquer à quoi que ce soit : ils restent chez eux, conduisent prudemment, et ne consomment des substances que dans des quantités qu'ils estiment sans danger, ou bien n'en consomment pas du tout… La sécurité avant tout !

Le déclin des bagarres et des agressions sexuelles

La plupart des baby-boomers et des X se souviennent avoir assisté à une bagarre au collège ou au lycée : une altercation dans un couloir, une rixe après les cours, des coups de poing échangés pour régler un désaccord. Lors de ma dernière année de lycée, début 1980, le défi était toujours lancé de la même manière : « Retrouve-moi derrière le KFC après l'école ».

Aujourd'hui, les alentours du KFC servent bien moins souvent de décors aux scènes d'action : en effet, les iGens sont moins querelleurs. En 1991, au moins la moitié des jeunes de 14-15 ans s'étaient battus physiquement au cours des douze derniers mois. En 2015, ils étaient à peine un sur quatre (voir Graphique 6.5 et Annexe G).

De nombreux iGens considèrent l'affrontement physique comme risqué et inutile, car il peut entraîner des blessures corporelles. « Il n'y a aucun intérêt à se battre physiquement » écrit Aiden, 20 ans. « Je déteste être blessé et je ne souhaite pas que d'autres le soient ».

Les actes de violence extrême sont aussi moins courants. Comme nous l'avons vu dans le chapitre 3, le taux d'homicide chez les adolescents et les jeunes adultes a atteint en 2014 son niveau le plus bas depuis quarante ans. Selon l'étude YRBSS, le nombre d'étudiants qui apportent des armes à l'école est actuellement trois fois moins important qu'au début des années 90.

Compte tenu de l'attention accordée aux agressions sexuelles ces dernières années, surtout sur les campus des universités, on pourrait penser qu'il s'agit de l'exception à cette tendance à la baisse de la violence. Mais c'est faux : les agressions sexuelles sont en réalité *moins* fréquentes qu'elles ne l'étaient dans le passé (Finkelhor, Jones, 2012). Entre 1992 et 2015, le taux de viol a été quasiment divisé par deux selon les *Uniform Crime Reports*[45] du FBI, ces rapports qui se basent sur les déclarations à la police.

---

45. Rapports annuels sur la criminalité (N.d.T.).

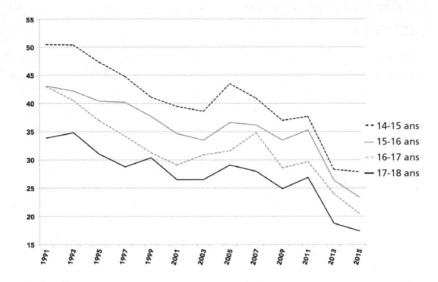

Graphique 6.5. Pourcentage des étudiants de lycée qui ont été impliqués dans un affrontement physique au cours des douze derniers mois. *Youth Risk Behavior Surveillance System*, 1991-2015.

Évidemment, les viols sont connus pour être les crimes les moins déclarés : la plupart des études suggèrent que la majorité des victimes ne déclarent pas le viol qu'elles ont subi à la police. Par conséquent, mieux vaut se fier à des études menées sur des échantillons représentatifs pour appréhender la véritable ampleur de ces crimes. Citons par exemple la *National Crime Victimization Survey* (NCVS)[46] dirigée par le département de la Justice des États-Unis. Dans un rapport de 2014, le département de la Justice a réparti les données en fonction des âges et du statut des individus (étudiants ou non). Le graphique 6.6 montre le taux de viol chez les 18-24 ans inscrits dans une université ou une haute école. Il s'agit d'un groupe de population important vu l'attention récemment accordée aux viols sur les campus. Là aussi, on constate que les viols sont moins fréquents ces dernières années. Leur taux a en effet diminué de moitié (de 9,2 à 4,4 pour 1 000) entre 1997 et 2013.

---

46. Enquête nationale sur la victimisation aux États-Unis (N.d.T.).

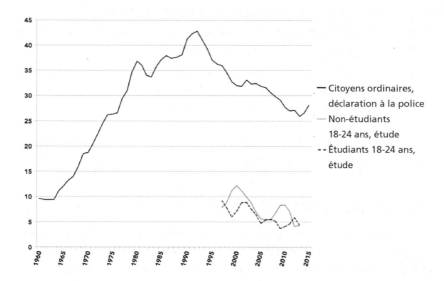

Graphique 6.6. Taux de viol (agression sexuelle) au cours de l'année précédente selon (1) les déclarations à la police pour 100 000 citoyens ordinaires (*FBI Uniform Crime Reports*, 1960-2015) et (2) les études sur les victimes parmi les étudiants et non-étudiants âgés de 18 à 24 ans pour 1 000 individus (*National Crime Victimization Survey*, 1997-2013).

Les données de la NCVS sont exprimées en un taux sur 1 000 tandis que le taux du FBI est calculé sur 100 000. De ce fait, l'étude montre un taux en réalité bien plus élevé que celui des rapports du FBI. De même, il reste encore moins élevé (environ 0,5 %) que celui de la *National Intimate Partner and Sexual Violence Survey*[47], menée en 2011 par les CDC[48], et qui a découvert que 1,6 % des femmes avaient été violées l'année précédente. Les CDC ont donc utilisé une définition plus large de l'agression sexuelle et actuellement, les données qu'ils ont récoltées sont uniquement disponibles pour 2010 et 2011. Nous ne pouvons donc pas, à partir de ces études, déterminer si le viol est plus ou moins courant qu'il ne l'était auparavant. Cette étude a également révélé que 19,3 % des femmes, soit environ une sur cinq, ont été violées au moins une fois dans leur vie (ce chiffre est plus élevé, car il concerne les expériences au cours d'une *vie entière* plutôt que sur une seule année). D'autres comptes-rendus, tels que celui émis

---

47. Enquête nationale de 2011 sur les partenaires intimes et la violence sexuelle (N.d.T.).
48. Centres pour le contrôle et la prévention des maladies (N.d.T.).

par le *Crimes Against Children Research Center*[49] de l'université du New Hampshire, montrent également que le taux d'enfants et d'adolescents victimes d'agression sexuelle diminue.

Dans l'ensemble, une forte controverse entoure la question de la définition et de la mesure des agressions sexuelles. Les données citées ci-dessus se réfèrent forcément à une définition particulière. Mais ces taux restent sans conteste trop élevés, bien qu'il soit encourageant de constater leur diminution apparente. Encore une autre preuve que la génération iGen se comporte moins dangereusement.

Risque minimum, s'il vous plaît

Au-delà des comportements particuliers, l'aversion des iGens pour le danger se traduit par une attitude générale qui consiste à éviter tout risque et tout danger. Les jeunes de 13-14 ans et de 15-16 ans sont aujourd'hui moins nombreux à affirmer « J'aime tester mes limites aussi souvent que possible en faisant quelque chose d'un peu risqué » (voir Graphique 6.7). Près de la moitié des adolescents trouvaient cela excitant au début des années 1990 alors qu'en 2015, ils étaient moins de 40 %.

Les jeunes de la génération iGen ont également moins tendance à être d'accord avec la phrase « Je prends un réel plaisir à faire des choses un petit peu dangereuses ». Pas plus tard qu'en 2011, la plupart des adolescents reconnaissaient qu'ils éprouvaient de l'excitation face au danger, mais en quelques années, ils ne sont plus qu'une minorité à partager ce point de vue.

Cette tendance à privilégier la sécurité se révèle en grande partie positive : chacun se porte mieux dans un monde où les adolescents sont moins nombreux à s'adonner aux courses de vitesse sur l'autoroute, à mettre le feu à des objets divers ou encore à démolir des boîtes aux lettres. Ce constat se fait plus nuancé lorsque l'on aborde non plus les risques physiques mais les risques intellectuels, sociaux et émotionnels, cette confiance aveugle en eux-mêmes dont font parfois preuve les jeunes et qui peut leur faire vivre les plus belles aventures. Certains observateurs se demandent si l'intérêt des iGens pour la sécurité pourrait étouffer leur curiosité et leur créativité. Richard Goldstein (2015), ancien critique musical pour l'hebdomadaire

---

49. Centre de recherche sur les violences contre les enfants (N.d.T.).

Village Voice et aujourd'hui professeur au Hunter College, observe que ses étudiants sont bien plus prudents que ne l'étaient les jeunes de sa génération de baby-boomers. Il loue l'ambition dont font preuve ses élèves mais il écrit aussi : « Je comprends que la prudence soit importante. Cependant, je m'inquiète des conséquences s'ils en font une priorité. Si vous ne prenez aucun risque, comment pouvez-vous vous inventer ? Si vous n'êtes pas à l'aise avec l'instabilité, comment pouvez-vous amener du changement ? »

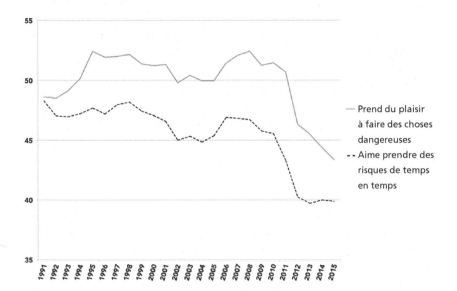

Graphique 6.7. Pourcentage des 13-14 ans et des 15-16 ans qui aiment faire des choses dangereuses ou prendre des risques. *Monitoring the Future*, 1991-2015.

La recherche permanente de ce sentiment de sécurité peut aussi amener à vouloir se protéger des contrariétés émotionnelles : c'est le concept de « sécurité émotionnelle », qui semble propre aux iGens. Cet état d'esprit inclut notamment le fait de se prémunir contre les mauvaises expériences, d'éviter les situations qui peuvent se révéler gênantes et les personnes qui ont des idées différentes des nôtres. C'est là que réside le risque, à la fois pour la génération actuelle et pour les précédentes qui ont du mal à la comprendre.

Un espace positif pour tous les étudiants

Lorsque l'écrivaine Claire Fox (2017) s'est rendue à un débat organisé par un lycée pour filles au Royaume-Uni, elle s'attendait à ce que les étudiantes remettent en question une partie de ce qu'elle avait à dire. Mais ce qu'elle n'avait pas prévu, c'était les larmes. Lorsque les élèves n'ont plus été d'accord avec elle, Claire Fox a été abasourdie de les voir pleurer et s'exclamer « Vous ne pouvez pas dire ça ! » au lieu de présenter des arguments rationnels pour étayer leur position. Depuis, elle surnomme les iGens la « génération flocon de neige » (Fox, 2016), prête à fondre à la moindre contrariété en raison de son extrême fragilité.

Il s'agit du revers de leur intérêt pour la sécurité : cette idée que l'on devrait être à l'abri non seulement des accidents de voiture et des agressions sexuelles mais aussi des personnes qui ne sont pas d'accord avec nous. Prenons par exemple la version la plus récente de « l'espace positif », ce concept qui désigne aujourd'hui un endroit où il est possible de se rendre pour se protéger d'idées jugées offensantes. Ces dernières années, les espaces positifs sont devenus très prisés sur les campus en réponse à la visite d'un intervenant controversé : quand des étudiants sont heurtés par son message, ils se rendent ensemble dans un lieu distinct pour se réconforter mutuellement. Ces espaces positifs ne reflètent pas uniquement l'intérêt des iGens pour la sécurité mais aussi leur association de la sécurité à l'enfance. L'article « The Coddling of the American Mind »[50], publié en 2015 dans *The Atlantic* et signé par Greg Lukianoff et Jonathan Haidt (2015), a fait énormément de bruit. Traitant des espaces positifs et des polémiques liées aux campus universitaires, il était illustré par un tout petit garçon, l'air un peu perdu et portant un pull avec l'inscription « College », ou « université » en français. Comme l'a écrit Josh Zeitz (2015) dans le *Politico Magazine*, « les étudiants activistes d'hier voulaient être traités comme des adultes. Ceux d'aujourd'hui veulent être traités comme des enfants. »

Au début, les espaces positifs étaient des endroits où (par exemple) les étudiants LGBT ou issus d'une minorité savaient qu'ils seraient acceptés, qu'ils pouvaient se rassembler entre eux en compagnie de personnes qui pensaient comme eux, sans avoir peur d'être jugés. Néanmoins, le terme *espace positif* s'est élargi, au cours des dernières années, pour inclure la

---

50. *L'esprit trop materné des Américains*, non traduit (N.d.T.).

protection de toute personne face à un point de vue qui pourrait l'offenser. Ce phénomène a souvent été tourné en dérision, notamment dans la série *South Park* avec la chanson de l'épisode éponyme « Dans ma bulle » : « Tout le monde m'aime et trouve que je suis super dans ma bulle/On peut presque tout affronter mais on se passe de la réalité. »

James, l'étudiant de Georgia college, estime qu'il est bénéfique de disposer d'espaces positifs dans lesquels les personnes LGBT ne se sentiront pas jugées. En revanche, il n'est pas d'accord avec le fait que de tels espaces soient créés pour protéger les étudiants des opinions controversées. « Le fait que quelqu'un pense différemment de toi ou qu'il dise quelque chose que tu pourrais trouver offensant ou qui pourrait te déstabiliser fait partie de la vie » explique-t-il. « Quand tu quitteras l'université, il n'y aura aucun espace pour protéger tes sentiments. » Il considère que la version actuelle des espaces positifs n'est plus fidèle à l'idée d'origine : « Les espaces positifs sont destinés aux personnes qui ont besoin d'un endroit où elles peuvent exprimer leur personnalité sans craindre d'être attaquées verbalement ou physiquement. Ces espaces ne devraient pas être là pour des personnes qui ont juste peur d'être offensées. [Ce genre de sensibilité] peut entraver votre capacité à fonctionner dans notre monde. » Ce revirement paraît quelque peu inquiétant : à l'origine, les espaces positifs visaient à promouvoir la tolérance envers l'identité et les opinions d'une personne ; leur nouvelle version suggère au contraire que les étudiants ne devraient pas tolérer des identités ou des opinions différentes des leurs.

Ben, 18 ans, l'étudiant nouvellement inscrit à l'université dont nous avons fait la connaissance au chapitre 3, voit dans les espaces positifs une problématique de santé émotionnelle. « [Les espaces positifs] pouvaient être utilisés si vous étiez, par exemple, en pleine crise de panique ou lorsque vous vous sentiez terriblement déprimé, stressé, etc. Un endroit était alors mis à votre disposition pour vous relaxer un peu » explique-t-il. Partant de là, il considère la mise à disposition d'espaces positifs comme un droit de la personne. « Selon moi, chacun sait ce qui est le mieux pour lui-même, et si une personne estime avoir besoin d'un endroit où aller parce qu'elle est sur le point de faire une dépression, alors qui sommes-nous pour lui dire qu'elle ne va pas craquer ? »

Mon étudiante de Master Hannah VanLandingham et moi-même étions curieuses de savoir dans quelle mesure cette nouvelle conception des espaces positifs s'était répandue : s'agit-il juste de quelques jeunes aux convictions extrêmes qui considèrent que ces endroits devraient servir à s'isoler des points de vue opposés ? Nous avons interrogé plus de 200 étudiants de l'université d'État de San Diego inscrits au cours d'introduction à la psychologie. Nous nous sommes concentrées sur les membres de la génération iGen, âgés de 21 ans ou moins. Il s'est avéré que le soutien aux espaces positifs était largement répandu : trois étudiants sur quatre étaient d'accord avec la proposition « si de nombreux étudiants ne partagent pas le point de vue d'une personne invitée à venir s'exprimer sur le campus, alors il faudrait organiser un "espace positif" où les étudiants pourraient se rendre durant le discours ». Une écrasante majorité, soit 86 %, approuvait la proposition selon laquelle « l'administration universitaire est responsable de la création d'espaces positifs pour que les étudiants se sentent bien ». Par conséquent, une vaste proportion soutient l'idée des espaces positifs, à la fois durant un discours polémique et en tant qu'objectif général sur les campus. Il ne s'agit pas de points de vue marginaux mais bien d'une conception commune à la majorité des iGens.

Une autre réaction courante face à des orateurs controversés consiste à purement et simplement annuler l'invitation. De nombreuses annulations sont justifiées en prétextant la protection de la « santé » ou de la « sécurité » des étudiants, le plus souvent émotionnelle et non pas physique. Lorsque le Williams College a annulé l'invitation d'un orateur (Adler, 2015), le journal du campus a publié un éditorial affirmant que la présence de cet intervenant aurait causé aux étudiants – voilà bien une expression propre aux iGens – des « dommages émotionnels ». La protection de ces jeunes contre tout bouleversement est plus importante qu'un débat sur des sujets potentiellement sensibles. Pour éviter à certaines personnes d'être perturbées, la logique veut que l'on interdise l'intervention. Mais pourquoi les étudiants qui ne sont pas d'accord ne décident-ils pas simplement de ne pas assister à la discussion ? J'ai posé cette question à plusieurs iGens mais n'ai jamais obtenu de réponse satisfaisante.

Aujourd'hui, les exigences en matière de sécurité et de protection s'appliquent même aux lectures obligatoires qui doivent être aseptisées pour éviter d'offenser un étudiant. Dans son article « I'm a Liberal Professor, and My Liberal Students Terrify Me »[51], Edward Schlosser (2015) fait remarquer que de nombreux membres de la faculté ont modifié leur programme

---

51. « Je suis un professeur progressiste et mes étudiants progressistes me terrifient » (N.d.T.).

de peur d'être licenciés si les étudiants se plaignaient de la présence de contenu offensant. Un assistant, écrit-il, a été écarté, car « des élèves se sont plaints d'avoir été exposés à des textes offensants écrits par Edward Said et Mark Twain. Lorsque l'assistant a répondu que ces textes étaient précisément là pour les déstabiliser légèrement, la colère des étudiants n'a fait que s'accroître, ce qui a scellé son destin ». De nos jours, déclare-t-il, on se concentre sur l'état émotionnel des étudiants plutôt que sur leur développement intellectuel. On sacrifie donc des discussions stimulantes à l'éventualité qu'un étudiant puisse les considérer choquantes.

Les opinions des étudiants de la génération iGen et les incidents qu'elles provoquent sur les campus présentent des points communs. Le premier est d'apparenter le discours à de la violence physique. Lorsque la notion de sécurité s'étend à la sécurité émotionnelle, une parole peut heurter. Tout comme l'a écrit Laura Kipnis (2015), professeure à l'université Northwestern, « l'inconfort émotionnel est [aujourd'hui] considéré comme l'équivalent d'un préjudice grave, et tous les préjudices doivent être réparés. » Peut-être est-ce parce que, comparés aux autres générations, ils sont bien plus à l'abri physiquement, ou parce qu'ils passent tant de temps en ligne que les iGens voient dans le discours un danger caché. Dans leur vie exclusivement numérique, les mots peuvent heurter et blesser même lorsque l'on est seul. En 2016, le magazine musical Billboard avait élu « Stitches » comme chanson de l'année. Son interprète : Shawn Mendes, un iGen de 18 ans. « Tes mots blessent plus profondément qu'un couteau » chante-t-il. « J'ai besoin de soigner mes plaies ». Le clip vidéo montre Shawn Mendes attaqué par une force invisible qui le jette au sol, frappe sa tête contre la vitre d'une voiture et le pousse au travers d'un mur, occasionnant plaies et contusions sur son visage. Après s'être lavé la figure, il se redresse pour contempler son reflet dans le miroir, et toutes ses blessures ont disparu. Bien qu'en surface, la chanson traite d'une rupture, on peut aussi y voir une métaphore de la génération iGen et du pouvoir blessant qu'elle attribue aux mots. La douleur est mentale plutôt que physique mais, selon leur conception, elle blesse tout autant, en dépit de l'absence de cicatrices visibles. Alors que ces jeunes sont déjà vulnérables mentalement à cause d'un taux de dépression plus important, les mots sont perçus comme dangereux. À l'inverse des lunettes roses portées par les milléniaux, les iGens voient le monde à travers un filtre bleuté.

Afin d'obtenir un petit aperçu de cet état d'esprit, j'ai demandé à dix jeunes s'ils estimaient que la sécurité incluait également la notion de « sécurité émotionnelle ». Tous considéraient que celle-ci était importante et ils pouvaient tous m'expliquer pourquoi. « La sécurité, c'est éviter les dangers. Or il existe des dangers physiques et des dangers émotionnels. Des expériences traumatisantes peuvent affecter le cerveau et provoquer des souffrances émotionnelles qui sont tout aussi néfastes que les souffrances physiques », écrit Owen, 20 ans. Ivy, 20 ans, considère que la sécurité émotionnelle est encore plus importante que la sécurité physique. « Être en sécurité, ça signifie prendre soin de ses besoins physiques et émotionnels », écrit-elle. « Il est possible de s'infliger des blessures émotionnelles qui peuvent faire plus de mal que des blessures physiques. »

La difficulté, selon les iGens, vient du fait qu'il est plus difficile de protéger son esprit que son corps. « Je crois que personne ne peut garantir la sécurité émotionnelle. On peut toujours prendre des précautions pour éviter que quelqu'un ne nous blesse physiquement mais on peut difficile- ment s'empêcher d'écouter quand quelqu'un nous parle », déclare Aiden, 19 ans. C'est une conception fascinante, peut-être propre à la génération iGen : le monde est dangereux par nature parce que toute interaction sociale comporte le risque d'être blessé. On ne sait jamais ce que quelqu'un va dire et il n'y a aucun moyen de s'en protéger.

Certains étudiants ont encore davantage étendu cette notion, au-delà des discours offensants ou extrêmes jusqu'à englober toute remarque qui les mettrait mal à l'aise ou les inciterait à remettre leur comportement en question. Everett Piper (Svrluga, 2015), président de la Oklahoma Wesleyan University, a raconté qu'un étudiant s'était plaint de s'être senti agressé par un sermon portant sur un extrait des Corinthiens, à propos de l'importance d'exprimer son amour. Et pourquoi ? Parce que « ce sermon l'a fait se sentir coupable de ne pas l'exprimer ! Dans sa tête, l'orateur a eu tort de les mettre mal à l'aise, lui et ses camarades. » Si on suit cette logique, personne ne devrait jamais dire quoi que ce soit qui pourrait mettre un étudiant mal à l'aise, même si cela peut le/la rendre meilleur(e). Selon Piper, son université n'est pas un « espace positif » mais plutôt « un lieu d'apprentissage », où l'on apprend à apprécier les autres, à canaliser ses sentiments néfastes pour s'améliorer. « C'est un endroit où l'on apprend vite qu'il est temps de grandir ! » conclut-il. « Ce n'est pas une garderie. C'est une université ! »

Mais il ne faut pas généraliser pour autant et penser que tous les étudiants qui se plaignent sont des enfants. De nombreuses manifestations et plaintes exprimées sur les campus concernent des problématiques légitimes. De plus, les protestations font partie d'une tradition de longue date pour exprimer des désaccords. Lorsque les étudiants veulent supprimer tout ce qui les dérange, ils remettent cependant en question le principe fondateur des études supérieures et demandent à vivre dans un monde surprotégé, enfantin. L'anecdote racontée par Piper montre jusqu'où le mouvement en faveur des espaces positifs est allé, suggérant qu'il faut à tout prix éviter le moindre sentiment de gêne, quelle qu'en soit l'origine, y compris ses propres échecs. Mais c'est utopique : cette insécurité, c'est précisément ce que l'on appelle l'apprentissage.

La sécurité d'un chez soi, n'importe où

En octobre 2015, l'administration de l'université de Yale a demandé à ses étudiants de ne pas porter de déguisements d'Halloween qui pourraient être perçus comme offensants (The Fire, 2015). Erika Christakis, à la tête d'une résidence universitaire, a alors écrit aux étudiants de sa résidence pour leur suggérer de choisir eux-mêmes les costumes qu'ils voulaient porter plutôt que de laisser l'administration leur dicter quoi faire : « Auparavant, les universités américaines étaient des endroits sécurisés, où non seulement on devenait adulte mais où on se livrait également à des expériences régressives, voire transgressives. Or, il semble qu'elles deviennent de plus en plus des lieux de censure et de prohibition. Et cette censure et cette prohibition viennent d'en haut, pas de vous ! Sommes-nous tous d'accord avec ce transfert de pouvoir ? Avons-nous perdu notre confiance en la capacité des jeunes, en votre capacité à vous autocensurer au travers des normes sociales, mais aussi en votre capacité à ignorer ou à rejeter ce qui peut vous déranger ? »

Les étudiants ont réclamé sa démission, affirmant qu'elle ne contribuait pas à créer un environnement sécurisant pour les personnes issues de minorités. Un groupe de manifestants s'en est alors pris au mari d'Erika, Nicholas Christakis (Friedersdorf, 2016). Ils l'ont encerclé dans une allée du campus et une étudiante lui a affirmé qu'il devait créer « un espace positif pour tous les étudiants ». Lorsqu'il a voulu répondre, elle a crié « Taisez-vous ! ». Elle a ensuite continué : « C'est votre travail de créer un endroit réconfortant, un foyer pour les étudiants qui vivent à Silliman… En envoyant ce mail, vous avez été à l'encontre de votre rôle de directeur de résidence. » « Je ne suis pas d'accord », a répondu Nicholas Christakis. La jeune fille a alors commencé à hurler. « Mais alors pourquoi tu as accepté ce poste putain ? Qui est le con qui t'a engagé ?!… Il ne s'agit pas de créer un espace intellectuel ! Non ! Le but, c'est de recréer un chez-soi à l'université ! »

Comme l'ont souligné certains observateurs, cette tendance à considérer l'université comme un chez soi est peut-être due au développement plus lent de cette génération. Douglas Stone et May Schwab-Stone (2016), de l'université de Yale le mentionnent dans le *New York Times* : « au lieu de promouvoir l'idée que l'université permet la transition du cocon familial vers l'autonomie et les responsabilités d'une vie d'adulte, certaines universités telles que Yale, ont cédé à la requête implicite de fournir aux étudiants l'équivalent d'un environnement familial. » En d'autres termes, toute cette attention consacrée à la protection, la sécurité, le confort et le foyer vient du fait que les adolescents grandissent plus lentement : ils ne sont pas prêts à être indépendants et veulent donc que la fac soit leur deuxième foyer. Ils aiment le fait de se voir offrir la liberté des adultes (pas de couvre-feu) mais veulent toujours se sentir « en sécurité » à chaque instant.

C'est votre travail de nous protéger et de garantir notre sécurité

Lorsque des incidents surviennent sur les campus, il arrive fréquemment que les étudiants se réfèrent à une autorité supérieure pour régler la situation, au lieu de s'en charger eux-mêmes. C'était notamment le cas à Yale, où les étudiants se sont montrés offensés à la simple idée de régler la situation eux-mêmes. La question se pose alors : pourquoi de telles problématiques font-elles maintenant partie des prérogatives de l'administration et plus des étudiants ? La réponse la plus évidente est la lenteur du développement des iGens : ils veulent que les administrateurs des universités se comportent comme leurs parents, considérés comme tout puissants par les enfants. Mais il pourrait y avoir d'autres changements culturels à l'œuvre. Dans leur article « Microaggressions and Changing Moral Cultures »[52],

---

52. « Microaggressions et cultures morales en évolution » (N.d.T).

les sociologues Bradley Campbell et Jason Manning (2014) soutiennent que les États-Unis sont passés d'une culture de l'honneur, dans laquelle les gens répondent au moindre affront personnellement, à une culture de « victimisation », dans laquelle on évite toute confrontation directe en faisant appel à une tierce partie ou à l'humiliation publique pour résoudre un conflit.

Ainsi, lorsqu'un étudiant du Dartmouth College a insulté deux autres étudiants en leur reprochant de baragouiner, ces deux derniers ne lui ont pas répondu directement : ils ont préféré faire part de l'incident au *Dartmouth's Office of Pluralism and Leadership*[53]. Les membres du département de la sécurité et de la réaction face aux cas de discrimination ont alors ouvert une enquête. « Dans une autre configuration sociale, le même affront aurait été réglé par une réaction agressive, que ce soit une réclamation directe à l'offenseur, un retour d'insulte ou de la violence physique », soulignent Campbell et Manning. « Mais dans une configuration où une organisation puissante est chargée de rendre justice, les personnes agressées choisissent la plainte plutôt que l'action. En résumé, l'existence d'une organisation sociale supérieure, et plus particulièrement d'un supérieur hiérarchique comme un administrateur judiciaire ou privé, pousse à davantage se reposer sur des tiers. Et même si aucune action n'est entreprise par l'autorité, les ragots et l'humiliation publique peuvent constituer de puissantes sanctions ». Les auteurs expliquent que ce genre de culture a plus de chances de se développer entre des individus issus d'un milieu social relativement élevé et peu liés les uns aux autres, bien qu'ils se perçoivent comme égaux. Cette description correspond pratiquement à la définition d'un campus de la génération iGen.

L'intérêt que développe celle-ci pour la sécurité joue également un rôle dans ce processus. J'ai demandé à Darnell, un étudiant du Georgia college, ce qu'il ferait si un autre étudiant lui lançait une insulte raciste. Va-t-il affronter la personne en question ou bien en référer à un membre du personnel ? Il a déclaré qu'il choisirait la deuxième option. « Affronter quelqu'un n'est jamais une bonne idée parce qu'on ne sait jamais ce qui peut arriver ni où la conversation peut mener » explique-t-il. « Je pense que c'est dangereux aussi pour les autres étudiants et les personnes autour. Une bagarre pourrait éclater et d'autres personnes pourraient s'en mêler,

---

53. Bureau du pluralisme et du leadership (N.d.T.).

elles pourraient avoir des couteaux sur elles… On ne sait jamais ce qui peut se passer et je déteste ne pas avoir le contrôle de la situation. Alors je ferais juste un pas de côté et j'en référerais à une tierce partie. »

Darnell affirme qu'il voudrait avoir une discussion avec son agresseur et un membre du personnel. « Je voudrais qu'il comprenne que je n'ai pas apprécié ce qu'il a fait, que ça m'a blessé et que je préférerais qu'il ne recommence plus. Mais comme je ne peux pas le lui interdire, il peut faire ce qu'il veut, je voudrais juste qu'il ne le fasse pas en ma présence. Ou en présence d'autres personnes comme moi. S'il a dit quelque chose de raciste et que ça m'a blessé, il y a de fortes chances pour que d'autres personnes qui me ressemblent trouvent aussi cela offensant. »

L'explication proposée par Darnell sur la méchanceté contenue dans les discours racistes est un bon argument et sa crainte des bagarres est partagée par de nombreux iGens. Néanmoins, cette attitude consistant à se référer à une autorité possède également des inconvénients manifestes. En effet, elle risque de provoquer l'escalade du conflit plutôt que sa résolution et pousse souvent l'agresseur à réagir par une défense hostile. Elle peut aussi faire craindre à des individus de s'exprimer, et empêcher le débat sur des questions importantes. Dans le journal *The Atlantic*, Conor Friedersdorf (2015) soutient que rapporter à une autorité des microagressions (c'est-à-dire des commentaires involontairement blessants envers les femmes et les minorités) infantilise les étudiants, car ils n'apprennent pas à gérer ce genre de situation par eux-mêmes « dans un environnement où les enjeux sont moins importants qu'un premier emploi, une colocation ou un mariage. »

En mars 2016, les étudiants de l'université Emory se sont réveillés un matin et ont constaté que quelqu'un avait écrit « Trump 2016 » à la craie sur les trottoirs du campus. Certains ont affirmé que le message créait une atmosphère d'insécurité et les manifestants ont interpellé les administrateurs du campus (Budnyk, 2016) : « Vous ne nous écoutez pas ! Venez nous parler, nous souffrons ! » L'incident a été largement tourné en ridicule, y compris dans le talk-show de Larry Wilmore qui n'a pas hésité à parodier l'un des étudiants en disant : « Je ne savais pas que j'allais dans une école avec des personnes qui ont des opinions différentes des miennes. Quelle horreur ! » (Taibbi, 2016).

La tendance des iGens à faire appel à une autorité supérieure est à l'origine de manifestations dans plusieurs campus contre les administrations universitaires. Pourtant, les provocations venaient d'autres personnes qui n'étaient pas directement liées aux campus. Une situation similaire s'est produite à l'université du Missouri à l'automne 2015. Le président de l'institution avait fini par démissionner alors qu'il n'avait rien à voir avec l'incident qui a mis le feu aux poudres (des hommes passant en camion avaient crié des insultes racistes à un étudiant). Celui-ci avait alors déclaré que le président n'avait pas créé un environnement sécurisant.

Un autre incident s'est produit sur mon propre campus à l'université d'État de San Diego (SDSU) (Ballard, Fritz & Sisneros, 2016). En avril 2016, les étudiants ont été bouleversés parce qu'une organisation pro-israélienne indépendante du campus avait placardé des affiches mentionnant les noms d'étudiants et de membres du personnel qu'elle accusait de « s'être alliés aux terroristes palestiniens pour répandre… la haine des juifs sur le campus ». La première réaction du président de l'université a été de déclarer par e-mail qu'il soutenait la liberté d'expression tout en ajoutant que les flyers n'auraient pas dû citer de noms.

Les étudiants manifestants estimaient que l'e-mail ne se montrait pas suffisamment sévère envers le groupe qui avait placardé les affiches et ils ont déployé une grande banderole proclamant « L'université de San Diego nous prend pour des terroristes » (Solorzano & Steffen, 2016). Par la suite, un groupe a encerclé la voiture de police dans laquelle se trouvait le président et l'a empêché de quitter les lieux pendant plus de deux heures. Il exigeait des excuses. « J'attendais de vous que vous me défendiez » a déclaré un des étudiants. « Ils nous traitent de terroristes et vous ne nous défendez pas. » Après l'incident, de nombreuses personnes se sont demandé pourquoi les protestations s'étaient concentrées sur l'administration et non sur les auteurs des affiches.

Notre enquête sur les étudiants de l'université d'État de San Diego, réalisée seulement deux semaines avant cet incident, laissait présager une telle réaction. Deux étudiants sur trois estimaient ainsi que « si un incident raciste se produisait sur un campus, le/la président(e) de l'université devait présenter ses excuses, même s'il/elle n'y avait pas pris part ». Par conséquent, la majorité des étudiants partageaient l'avis des manifestants pour qui les excuses devaient avant tout venir de l'administration. Les jeunes de la SDSU étaient également convaincus qu'il incombe à l'administration de créer un climat positif exempt de racisme. Quatre étudiants sur cinq estimaient que « si les étudiants issus de minorités ne se sentent pas les bienvenus sur les campus, il revient à l'administration universitaire d'y remédier ».

Dans leur article publié par *The Atlantic,* Jonathan Haidt et Greg Lukianoff (2015) soutiennent que l'intérêt porté aux espaces positifs, aux avertissements aux lecteurs[54] et aux microagressions ne fait qu'empirer les choses : la surprotection des émotions des étudiants pourrait en réalité nuire à leur santé mentale. La thérapie cognitive comportementale pour le traitement de la dépression est la thérapie par la parole la plus répandue et la plus étayée d'un point de vue scientifique : elle apprend aux individus à aborder les situations plus objectivement. Les termes « espaces positifs », « avertissements aux lecteurs » et « microagressions » encouragent quant à eux le phénomène inverse : laisser nos ressentis guider notre interprétation de la réalité.

D'autres observateurs affirment que ce climat prépare mal les étudiants au monde du travail, où ils rencontreront des personnes aux convictions différentes des leurs sans qu'il soit aussi facile de se plaindre auprès de leur patron en cas de préjudice émotionnel. Dans une tribune libre du *New York Times* critiquant les espaces positifs, Judith Shulevitz (2015) a écrit : « Bien qu'il puisse sembler bénéfique pour les personnes hypersensibles de garantir la "sécurité" des discussions universitaires, cette décision est néfaste pour eux comme pour les autres… En les protégeant des idées qui ne leur sont pas familières, vous les empêchez de se préparer aux courants sociaux et intellectuels qui les attendent à la sortie des campus et de leur univers si parfaitement contrôlé ». Certains iGens sont d'accord avec ce point de vue. James, étudiant du supérieur, pense par exemple que les personnes sensibles à certaines problématiques devraient faire attention à leurs choix. « Si vous êtes constamment choqués par certains cours de votre cursus, c'est que vous n'êtes peut-être pas au bon endroit. » « Mon frère fait des études en droit criminel et les avertissements pullulent en classe depuis qu'ils ont abordé les affaires de meurtres. Eh bien, je suis désolé mais dans la vraie vie, la police ne se laisse pas submerger par ce genre de considération. On risque de se retrouver avec des officiers de police qui ne sont pas préparés à toutes les situations parce qu'ils étaient trop choqués pendant les cours. Là, les choses vont trop loin. »

---

54. Ils sont placés au début des chapitres de cours susceptibles de choquer les étudiants (N.d.T.).

Ben, l'étudiant de première année dont nous avons parlé plus haut, voit dans ce mouvement en faveur des espaces positifs et des avertissements une simple question de santé mentale. « On semble considérer que notre génération est maternée, pleurnicharde et que nous n'avons pas les épaules pour affronter la réalité. Mais je pense qu'on déforme les choses » dit-il. « La tendance est à une meilleure compréhension des sentiments et de la santé des gens. On prend ça pour du maternage parce que quand mes parents étaient jeunes, de nombreuses personnes étaient opprimées. C'était vraiment dangereux d'être gay. Le stress post-traumatique n'était pas considéré comme une vraie maladie et l'anxiété était mal comprise. Le fait que nous essayions d'être plus compréhensifs vis-à-vis de ce genre de problèmes n'est pas une mauvaise chose. » Il est plutôt question de sécurité et d'assistance aux plus vulnérables, explique-t-il. « Nous croyons que le stress post-traumatique est une réelle maladie qu'il faut soigner, et nous croyons que les personnes souffrant d'anxiété doivent être comprises et pas simplement traitées d'hypersensibles. » Pour Ben et sans doute pour bien d'autres iGens, il s'agit simplement de se montrer attentif aux besoins des autres en soutenant les avertissements et les espaces positifs. Et ne pas s'en préoccuper leur semble cruel.

Comment en sommes-nous arrivés là ?

L'intérêt des iGens pour la sécurité peut en partie venir de leur enfance plus longue. Quand des parents traitent leurs enfants comme s'ils étaient plus jeunes, ils les protègent davantage. En général, plus un enfant est jeune, moins on le laisse hors de notre champ de vision, plus son siège auto est grand et plus on se sent responsable de sa sécurité. Comme les jeunes sont traités à 10 ans comme s'ils en avaient 6, à 14 ans comme s'ils en avaient 10 et à 18 ans comme s'ils en avaient 14, les enfants et les adolescents conservent plus longtemps ce sentiment de sécurité et de protection du cocon de l'enfance. Et lorsqu'ils entament des études supérieures, ce sentiment disparaît brusquement et ils se sentent vulnérables. Ils essayent donc de recréer la sensation d'être chez soi et en sécurité comme ils l'étaient quelques mois auparavant. Les baby-boomers et la génération X, qui avaient davantage l'occasion de découvrir la liberté avant d'entrer à l'université, n'avaient pas à s'adapter aussi brusquement. Ce sont eux aujourd'hui, ces administrateurs et professeurs d'université qui se grattent la tête lorsque les jeunes adultes iGens demandent à être traités comme des enfants et se braquent à l'idée de subir une contrariété émotionnelle.

Dans l'ensemble, les petits sont bien plus protégés aujourd'hui qu'ils ne l'étaient auparavant. Comme l'observe Hanna Rosin (2014) dans *The Atlantic*, « des comportements qui auraient été considérés comme para-noïaques dans les années 70 (conduire un enfant de 8-9 ans à l'école, lui interdire de jouer au ballon dans la rue, glisser le long du toboggan avec son bébé sur les genoux) sont aujourd'hui routiniers. En réalité, ils sont même des preuves que l'on est un bon parent, responsable. » Il ne s'agit pas là de simples impressions. En 1969, 48 % des élèves de primaire et des collèges allaient à l'école à pied ou en vélo (National Center for Safe Routes to School, 2011). En 2009, ils n'étaient que 13 %. Même parmi ceux qui vivaient à moins de 1,5 km de l'école, seulement 35 % y allaient à pied ou en vélo en 2009 alors qu'ils étaient 89 % en 1969. Les règlements des écoles codifient souvent ces choix. À l'école de mes enfants, seuls ceux âgés de 9 ans minimum ont le droit de rentrer en vélo. De plus, les parents doivent signer un formulaire d'autorisation stipulant qu'ils assument l'entière responsabilité de leur sécurité. De telles règles et les formulaires qui en découlent n'existaient absolument pas durant l'enfance des baby-boomers et des X.

Dans le Michigan, une école primaire a interdit aux enfants de jouer à chat, leur jeu préféré, estimant qu'il était trop dangereux (Cushing, 2013). Une autre école a autorisé les roulades à la seule condition qu'elles soient supervisées par un professeur (Ibid.). De nombreuses villes ont interdit le hockey de rue (un jeu qui se joue dans la rue avec des crosses et une balle en caoutchouc ; comme l'illustre le film *Wayne's World,* le jeu s'interrompt pour laisser passer le trafic lorsqu'un joueur crie « voiture ! ») (Horgan, 2016). Un des rares fonctionnaires de la ville de Toronto désireux de re-lancer le hockey de rue s'est vu obliger d'ajouter une longue liste de règles pour protéger les joueurs : le jeu n'avait plus rien à voir avec sa version originale des années 80, quand les cages et les crosses étaient faites maison, que personne ne portait de casque ni de protection et que les règles étaient dictées par les enfants et non par les adultes.

Un récent sondage montre que 70 % des adultes pensent que le monde est plus dangereux pour les enfants aujourd'hui qu'à leur époque (Moore, 2015). Pourtant, tout semble indiquer le contraire. Nous protégeons les jeunes contre des dangers réels et imaginaires et puis nous nous étonnons qu'une fois à l'université, ils créent des espaces positifs destinés à s'isoler du monde réel.

Les avantages et les inconvénients de la protection

Au final, cet intérêt pour la sécurité est-il plutôt positif ou négatif ? Comme la plupart des tendances culturelles et générationnelles, un peu des deux à la fois. L'intérêt pour la sécurité est né avec le désir louable de protéger les enfants et les adolescents des blessures, voire de la mort. Les mesures les plus emblématiques à ce sujet concernent la sécurité routière. Une série de lois a rendu obligatoire l'utilisation des sièges pour enfants et le port de la ceinture, a imposé graduellement de nouvelles règles sur les permis de conduire en réduisant les privilèges des adolescents au volant, et a fait passer l'âge minimum pour boire de l'alcool à 21 ans au niveau fédéral. Les voitures sont également devenues plus sûres pour tout le monde grâce aux airbags, à la mise en place de l'ABS et de composants moins durs à l'intérieur de l'habitacle. Ces mesures ont été particulièrement efficaces : le taux d'accidents mortels en voiture a chuté. Cette diminution est encore plus manifeste chez les plus jeunes, avec plus de trois fois moins d'enfants et d'adolescents tués en 2014 par rapport à 1980 (voir Annexe G).

Il s'agit indéniablement d'une bonne chose : moins d'enfants et d'adolescents meurent dans des accidents de voiture. Le siège enfant, aussi pénible soit-il pour les parents, sauve des vies. Tout comme le port de la ceinture et les comportements moins dangereux des jeunes au volant. C'est l'un des avantages évidents de cet intérêt pour la sécurité, qui ne comporte d'ailleurs pas de véritable aspect négatif. Cela m'ennuie toujours quand des baby-boomers ou des X font remarquer, à propos des sièges enfants et de la ceinture de sécurité, « nous n'avions pas tout cela et pourtant nous avons survécu ». *Vous* certainement, mais tous les autres qui n'ont pas survécu ne sont malheureusement plus avec nous pour évoquer avec nostalgie cette époque où ils étaient ballotés sur la banquette arrière d'un break.

D'autres mesures de sécurité présentent un bilan plus mitigé. C'est le cas notamment des plaines de jeux actuelles : entièrement construites en plastique, leurs surfaces molles seraient, selon certains, moins attrayantes pour les enfants. Hanna Rosin (2014) explique dans *The Atlantic* que l'intérêt pour la sécurité a étouffé le besoin naturel des petits d'explorer et d'apprendre en prenant leurs propres décisions. Elle décrit une aire de jeux alternative au Royaume-Uni, conçue selon le modèle des jardins et des décharges abandonnés, assez courant dans le passé, où les enfants pouvaient se promener librement. Ils peuvent y faire rouler des pneus au bas d'une pente, se balancer au bout d'une corde qui les envoie parfois dans un ruisseau, ou encore allumer des feux dans de gros bidons. « Si un gamin de 10 ans allume un feu sur une plaine de jeux aux États-Unis, un voisin s'empressera d'appeler la police et l'enfant sera conduit chez un psy », fait-elle remarquer. Il y a un documentaire sur les aires de jeux qui montre un enfant d'environ 8 ans en train de scier une planche sinueuse. Je suppose que je ne suis pas la seule parmi les parents modernes à immédiatement penser « attention, il va se couper les doigts ». À tort.

Hanna Rosin n'est pas la première à faire remarquer que nous avons peut-être trop protégé nos enfants, au point d'en faire des mauviettes. Dans son livre *A Nation of Wimps*[55], Hara Estroff Marano (2008), rédactrice en chef du magazine *Psychology Today*, affirme que la surprotection de la part des parents et leur présence intrusive ont rendu les jeunes plus vulnérables, car ils n'apprennent pas à régler leurs problèmes par eux-mêmes. « Contemplez-la cette enfance sacrée, aseptisée, sans genou écorché, sans mauvaise note accidentelle en histoire ! » écrit-elle. « Les plus jeunes doivent apprendre qu'il est normal de se sentir mal de temps en temps. Nous apprenons grâce à nos expériences, surtout les mauvaises. » Lenore Skenazy (2010) défend l'approche opposée qu'elle a appelée les *enfants élevés en plein air*, du même nom que son livre, *Free-Range Kids*. Comme elle l'explique sur son site, elle « combat l'idée selon laquelle nos petits sont en permanence en danger à cause des sales types, des enlèvements, des germes, des notes, des exhibitionnistes, de la frustration, de l'échec, des kidnappeurs, des insectes, des brutes, des hommes, des soirées pyjama et/ou des raisins non bios. » Selon elle, l'obsession de la sécurité a étouffé la créativité et l'indépendance des enfants. « La société nous oblige à toujours imaginer le pire scénario et à agir comme s'il avait de fortes chances de se produire », a-t-elle déclaré au *Guardian* en 2016 (Horgan, 2016). « Tous les aspects de notre société vont dans ce sens et les parents sont morts de peur. Par conséquent, leurs enfants ne se retrouvent jamais dans des situations où ils ne sont pas surveillés… et ce n'est pas très amusant. » À cause de la peur,

---

55. *Une nation de mauviettes*, non traduit (N.d.T.).

de la prudence et de l'amour des iGens pour les espaces protégés, un ami m'avait suggéré d'appeler cette génération « GenP » (P pour *Pussy*[56]). Je lui ai répondu que ce n'était pas suffisamment accrocheur selon moi.

Mais alors, pourquoi cette sécurité accrue n'a-t-elle pas produit une génération téméraire, des enfants qui se sentent en sécurité et peuvent donc prendre des risques ? Simplement parce que ce n'est pas le mode de fonctionnement du cerveau humain. En général, on surpasse ses peurs en les affrontant, pas en les refoulant. Ainsi, la meilleure façon de traiter les phobies consiste à préparer le malade à se confronter à sa pire angoisse. Lorsque rien de négatif ne se produit, la peur diminue et finit par disparaître. Sans ce genre d'expérience, la peur reste : on pourrait résumer ainsi l'histoire des iGens.

À l'instar de nombreuses tendances générationnelles, l'intérêt pour la sécurité présente de bons et de mauvais côtés. Les iGens sont, à tout point de vue, la génération la plus en sécurité de l'histoire des États-Unis. C'est en partie dû à leurs propres choix : ils boivent moins, se battent moins, portent leur ceinture de sécurité et conduisent moins dangereusement. Ils sont nettement plus prudents et sont par conséquent moins susceptibles de mourir dans un accident de voiture ou par homicide. Cependant, ils sont plus enclins à se suicider, et c'est peut-être un signe de leur fragilité sous-jacente. Comme nous l'avons vu dans le chapitre 4, les taux d'anxiété et de dépression ont explosé ces dernières années. Les iGens semblent terrifiés, pas seulement par les dangers physiques mais aussi par les dangers émotionnels inhérents aux interactions sociales de la vie d'adulte. Leur prudence leur a donné plus de sécurité mais elle les a aussi rendus plus vulnérables, car les souffrances sont inévitables à long terme. Tous les risques ne peuvent pas être supprimés à chaque instant, en particulier pour une génération qui considère qu'un point de vue opposé au sien peut l'affecter psychiquement.

Une perte de motivation intrinsèque

Je jette un œil à l'horloge dans ma classe de psychologie de la personnalité et constate qu'il me reste assez de temps pour une petite discussion. Je venais juste d'expliquer à mes 200 étudiants, pour la plupart âgés d'une vingtaine d'années, qu'il existait deux types de motivations de la vie :

---

56. Chaton, fillette (N.d.T.).

celles que les psychologues appellent intrinsèques (trouver du sens, aider les autres, apprendre) et les extrinsèques (l'argent, la gloire et l'image). « Laquelle compte le plus pour votre génération ? » ai-je demandé. « Et pourquoi ? » Un jeune homme dans le fond lève la main. « L'argent » dit-il. « À cause des inégalités de revenus. » Plusieurs étudiants acquiescent et une jeune fille lève la main à son tour. « C'est plus difficile aujourd'hui d'avoir le même niveau de vie que nos parents. On doit contracter des prêts étudiants et tout est si cher », explique-t-elle. En d'autres mots, il est plus important de gagner de l'argent que de trouver un sens à sa vie.

Si vous avez lu les portraits de cette génération dressés dans les médias, ces déclarations vous surprendront sans doute : les jeunes d'aujourd'hui ne cherchent-ils pas justement de plus en plus à donner du sens à leur vie ? Une étude, citée dans une tribune ouverte du *New York Times* de 2013, montre par exemple que la quête de sens est la première condition d'une carrière réussie selon les jeunes adultes (Esfahani & Aaker, 2013). Cette étude n'a toutefois interrogé que les plus jeunes adultes et n'effectue aucune comparaison avec les générations précédentes au même âge, ni même avec des personnes plus âgées (Career Advisory Board & Harris Interactive, 2011). Les données qui prennent soin de comparer ces groupes de population nous racontent une histoire bien différente.

Pour faire court, l'argent est devenu tendance et la quête de sens est devenue has-been. Les étudiants entrant à l'université auront tendance à considérer l'aisance financière comme plus importante (motivation extrinsèque) que le développement d'une philosophie de vie cohérente (qui correspond à une motivation intrinsèque. À ce sujet, voir le graphique 6.8 : les chiffres ont été corrigés, étant donné la tendance des générations récentes à tout considérer comme plus important, et correspondent à la légende « corrigés pour centralité relative ». Pour plus de détails, se reporter à l'Annexe A). Même sans tenir compte de ces corrections, les différences sont évidentes : en 2016, 82 % des étudiants déclarent « qu'être financièrement à l'aise » est important contre 47 % qui déclarent que « développer une philosophie de vie cohérente » est essentiel.

Ce changement a eu lieu en grande partie au moment de la transition entre les baby-boomers (étudiants dans les années 60 et 70) et les X (étudiants dans les années 80 et 90). Les valeurs des milléniaux se sont globalement stabilisées au même niveau que les tendances observées pour la génération X dans les années 2000. Mais au cours des années suivantes, cet intérêt accru pour la richesse matérielle et cet intérêt moindre pour la quête de sens se sont poursuivis avec les iGens. Encore plus que les milléniaux avant eux, ils pensent qu'il est important de gagner beaucoup d'argent et de remporter la course économique. On est bien loin de la théorie qui voyait dans la crise économique l'occasion d'insuffler du sens à la société et de la rendre moins matérialiste. C'est en fait l'exact contraire qui s'est produit.

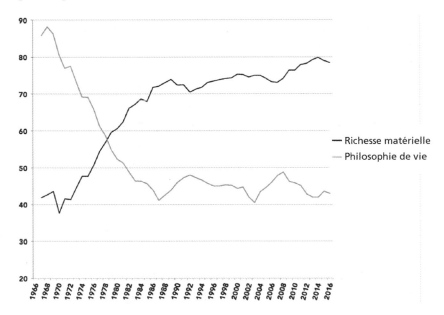

Graphique 6.8. Pourcentage des étudiants entrant à l'université qui trouvent que ces objectifs de vie sont « essentiels » ou « très importants », corrigé pour obtenir une centralité relative. *American Freshman Survey*, 1967-2016.

Dans l'économie en pleine croissance des années 60, les baby-boomers s'attendaient à trouver un emploi dès la fin de leurs études, ce qui leur laissait le temps d'élaborer une philosophie de vie. Mais les iGens se montrent moins confiants face à la situation économique. Ils s'imaginent devoir se concentrer sur le paiement des factures, parmi lesquelles il faut compter une dette d'études astronomique. Ces préoccupations financières ne leur laissent pas forcément le temps de trouver un sens à leur vie.

Le temps passé devant les écrans est sans doute un autre facteur qui influence ce désir de richesse. La télévision et Internet exposent les jeunes à toujours plus de publicités et de signes de richesse tape-à-l'œil tandis que les stimulations intellectuelles se font plus rares. En règle générale, la télévision moderne et Internet diffusent des discours brefs et marquants, dépourvus de nuance, à l'opposé du contenu d'un livre. « Nous nous distrayons sur le web avec des petites choses sans importance, nous sommes constamment divertis », écrit Vivian 22 ans. « Nous ne prêtons plus attention à la vie et à sa signification profonde. Nous préférons nous immerger dans un monde où la seule chose qui compte, c'est le nombre de likes obtenus pour un post Instagram. »

L'attention portée à l'argent, la gloire et l'image est un trait commun aux personnes fortement narcissiques. Cependant, à l'inverse de milléniaux, ce trait est moins marqué chez les iGens. On retrouve en effet les scores les plus élevés aux alentours de 2008 et ils n'ont cessé de chuter depuis (voir Annexe E). Les jeunes d'aujourd'hui ne sont pas aussi sûrs d'eux, ils ne se sentent pas aussi géniaux et libres que les milléniaux au même âge, ce qui constitue à bien des égards une évolution positive. Néanmoins, une part de ce narcissisme a été remplacée par un manque d'engagement et du cynisme, ce qui se remarque avant tout dans les salles de classe.

Je suis ici uniquement parce qu'on m'y oblige : l'attitude envers l'école et l'université

Un étudiant est affalé sur sa chaise, à moitié assoupi, comme tous les autres jours de la semaine. Un autre est assis bien droit, l'air concerné et intéressé. Tous les professeurs préféreraient avoir le deuxième étudiant dans leur classe. Mais lequel appartient à la génération iGen ?

Malheureusement, beaucoup ressemblent aujourd'hui au premier élève : peu concernés, ils ne sont pas certains d'avoir envie d'être là. L'intérêt des adolescents pour l'école a chuté soudainement à partir de 2012. De moins en moins d'étudiants affirment trouver l'école intéressante, plaisante ou porteuse de sens (voir Graphique 6.9). L'entrée en puissance de la technologie dans les classes semble avoir dissipé l'ennui des étudiants durant les années 2000, mais une décennie plus tard, les activités menées en classe sont de moins en moins à même de rivaliser avec l'attrait toujours plus grand du smartphone.

Les iGens ne sont même pas convaincus que l'enseignement les aide à décrocher un bon poste ni qu'il leur inculque des connaissances dont ils auront besoin plus tard. De moins en moins de jeunes de 17-18 ans pensent aujourd'hui que l'école les aidera dans leur vie future et que les bons résultats sont importants pour décrocher un travail digne de ce nom (voir Graphique 6.10). Les jeunes lycéens ne voient plus tellement l'intérêt d'aller à l'école. Les professeurs de lycée, dont le travail était déjà difficile, se retrouvent face à des étudiants qui estiment que leur apprentissage n'est pas pertinent pour leur vie et leur future carrière. En l'espace de quelques années, les motivations aussi bien intrinsèques qu'extrinsèques ont disparu.

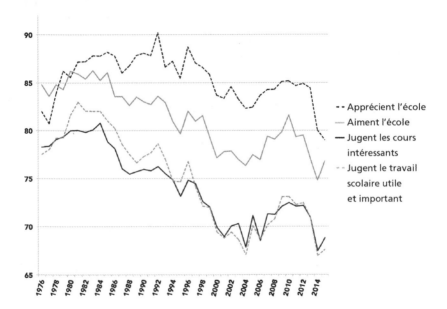

Graphique 6.9. Motivations intrinsèques des 17-18 ans pour aller à l'école.
Monitoring the Future, 1976-2015.

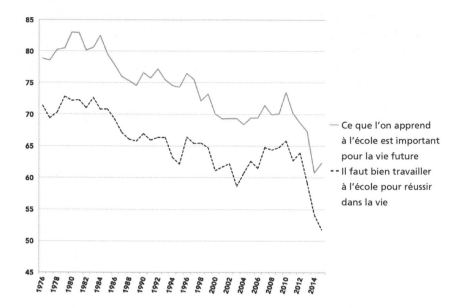

Graphique 6.10. Motivations extrinsèques pour l'école, 17-18 ans. *Monitoring the Future*, 1976-2015.

Les écoles s'efforcent d'acquérir les dernières technologies mais tout évolue si vite qu'elles peinent à tenir la distance, et les étudiants le savent parfaitement. Athena, 13 ans, raconte comment cela se passe dans son collège à Houston dans l'État du Texas : « ils veulent qu'on apprenne tout dans des livres, exactement comme ils donnaient cours il y a cinquante ans. Mais c'est plus comme ça que ça marche. Les livres ne nous aident plus à apprendre quoi que ce soit, parce qu'ils ne disent pas forcément la vérité. » Elle donne divers exemples où manuels et sites Internet divergeaient sur certains aspects de l'histoire du Texas, un cours obligatoire pour les élèves de cinquième. « Qui a le plus souvent raison selon toi ? Le livre ou ce qui est sur Internet ? » ai-je demandé. « Internet » répond-elle. « Pourquoi tu penses ça ? » « Parce que les manuels ont cinquante ans et qu'on a démontré les choses d'une autre façon depuis ». Dans son cours de sciences, elle explique que « tout est en ligne. On a des tablettes, ils nous donnent des sites qu'on peut consulter et ensuite on va regarder sur Internet. Tout ce qui apparaît sur les sites où on est autorisé à aller, on le prend ». Leurs livres de mathématiques sont mis à jour chaque année mais elle déclare : « on

ne les utilise pas, on prend nos tablettes. On a juste nos livres au cas où
nos tablettes seraient déchargées ». Comme Athena, de nombreux iGens
semblent considérer que leur école est à la traîne, mal intégrée dans un
monde qui avance à 100 à l'heure et où les technologies sont en évolution
constante. Même à l'université, un schéma similaire se profile alors que les
étudiants ont choisi d'y entrer : comparés aux générations précédentes, les
iGens se concentrent davantage sur la recherche d'un emploi idéal que sur
l'éducation en général (voir Graphique 6.11). Actuellement, les étudiants
suivent surtout les cours pour trouver un meilleur poste après leurs études.
L'apprentissage en tant que tel revêt moins d'importance à leurs yeux.

Dans l'ensemble, la génération iGen est plus pragmatique que les précédentes. Certes, l'avancement professionnel a toujours été une motivation
importante pour entrer à l'université. Néanmoins, son importance s'est
encore accrue ces dernières années. De nombreux jeunes n'éprouvent
plus de plaisir à aller à l'école et ils se montrent plus sceptiques face à
son utilité. L'école et l'université sont aujourd'hui devenues un moyen au
service d'une fin, sans que les étudiants soient convaincus qu'il s'agisse du
meilleur moyen mis à leur disposition.

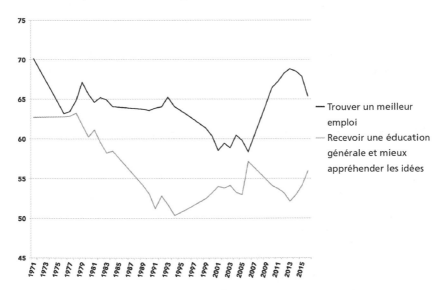

Graphique 6.11. Motifs de l'entrée à l'université (chiffres corrigés en fonction de la
centralité relative) pour les étudiants entrant à l'université. *American Freshman Survey*,
1971-2016.

Cette attitude a alimenté les polémiques de ces dernières années sur les campus universitaires. Pour les administrateurs et les professeurs des générations précédentes (les baby-boomers, les X et les milléniaux), l'université est un endroit où l'on apprend et fait des expériences, ce qui comprend l'exposition à des idées différentes des nôtres. Selon eux, c'est d'ailleurs la principale raison de s'y inscrire. Les iGens ne sont cependant pas d'accord sur ce point : pour eux, l'université est avant tout un endroit où l'on se prépare à sa future carrière dans un environnement sécurisé. D'abord, les opinions différentes peuvent choquer et sont donc dangereuses. Mais il est aussi complètement inutile de les étudier puisqu'il est bien plus important de trouver un bon travail. Cette mentalité de consommateurs a fait son apparition il y a un certain temps, avec la génération X et les années 90. Elle a cependant atteint un autre niveau lorsque les iGens l'ont associée à leur attrait pour la sécurité. La génération X et les milléniaux ne rejetaient pas le principe que leurs professeurs baby-boomers cherchent à explorer des idées neuves. L'intérêt de la nouvelle génération pour la sécurité l'a toutefois rendue réticente à la conception d'une université prête à explorer des théories nouvelles et différentes. Que va-t-il se passer si les étudiants se retrouvent « émotionnellement en danger » ? Et quel est le rapport avec le fait d'obtenir un bon emploi et de gagner de l'argent ? Ce gouffre générationnel au niveau des valeurs (les baby-boomers privilégiant les idées tandis que les iGens valorisent la sécurité et le côté pratique) permet d'expliquer pourquoi ces deux groupes peinent à se comprendre lorsque des opinions controversées font leur entrée sur les campus.

Attentionnés et communautaristes

Au pire de la crise économique mondiale en 2009, le *Time Magazine* émettait une théorie selon laquelle l'effondrement de l'économie sonnerait « le glas des excès ». Il provoquerait une remise à zéro de notre culture, qui bannirait les plaisirs excessifs du milieu des années 2000 pour nous faire entrer dans une nouvelle ère plus attentionnée et communautariste.

À l'époque, les iGens étaient enfants ou adolescents et de nombreux observateurs ont supposé qu'ils avaient intégré l'aspect positif de la crise. Ils ont donc grandi en se montrant plus soucieux des autres et plus impliqués dans leur communauté. Ils sont également la première génération née après l'apparition d'Internet. Or, de nombreuses personnes comptent sur le pouvoir des communautés en ligne pour rassembler la population et amorcer un changement. Aujourd'hui en effet, il est facile de promouvoir les bonnes causes et il suffit d'envoyer un SMS pour faire un don à une association. Pour certains analystes, ce phénomène est le signe que la génération iGen se montrera plus prompte à aider son prochain.

Cette prédiction se vérifie : comparés à la génération précédente, les nouveaux étudiants iGens sont plus nombreux à affirmer qu'il est nécessaire « d'aider les personnes en difficulté » et les élèves de lycée sont de plus en plus nombreux à considérer qu'« apporter sa contribution à la société » est important. De plus en plus d'élèves de terminale souhaitent trouver un emploi qui permet d'aider les autres et d'être utile à la communauté. Ces valeurs rappellent celles des baby-boomers dans les années 70. À partir de ces données, on pourrait tirer la conclusion que la nouvelle génération veut changer le monde. Elle voit grand et ses rêves comportent une part d'altruisme.

Néanmoins, les iGens ne parviennent pas à transformer ces rêves en réalité. Peu d'entre eux font preuve d'empathie vis-à-vis des personnes qui ne leur ressemblent pas. Ainsi, ils sont nombreux à être d'accord ou à rester neutres face à des propositions tranchées comme « Ça ne me regarde pas vraiment si d'autres ont des ennuis et ont besoin d'aide » et « Certaines minorités sont peut-être traitées de manière injuste mais ce n'est pas mon problème ». Ils affirment qu'aider les autres est important, mais dans certaines circonstances ils n'estiment pas devoir fournir eux-mêmes l'assistance nécessaire (voir Graphique 6.12).

Cet écart entre leurs déclarations et leurs actions est encore plus manifeste quand on étudie leurs intentions de dons (voir Graphique 6.12). Le soutien aux associations caritatives a bénéficié d'une brève recrudescence durant la crise mais ne cesse de chuter depuis lors, atteignant son point le plus bas en 2015. (L'étude interroge sur les dons réels et sur l'intention de donner à neuf types d'associations telles que les associations humanitaires internationales, les associations militant en faveur des minorités, les groupes écologistes et les associations de lutte contre les maladies.)

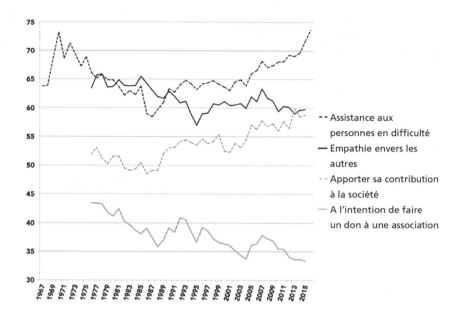

Graphique 6.12. Pourcentage de ceux qui approuvent l'importance d' « aider les autres en difficulté » et d'« apporter sa contribution à la société », accord moyen avec huit propositions concernant l' « empathie envers les autres » et l' « intention de donner » à 9 associations caritatives différentes, 17-18 ans (*Monitoring the Future*) et étudiants nouvellement inscrits à l'université (*American Freshman Survey*), 1968-2016.

Dans l'ensemble, les iGens veulent apporter leur contribution même s'ils sont peu enclins à intervenir. Apparemment, ils considèrent que l'altruisme est important mais ils ont du mal à agir en conséquence. Il existe peut-être un lien avec leur vie presque exclusivement virtuelle, davantage animée par la discussion que par l'action. « Les gens publient des messages sur les réseaux sociaux pour demander "plus d'aide" mais une simple publication n'a pas vraiment d'influence concrète » souligne Chris, 21 ans. Sur Internet, ce phénomène est parfois désigné sous le nom de « slacktivisme »[57]. Parallèlement, les iGens sont passés maîtres dans l'art de rejoindre un mouvement pour une cause devenue virale sur les réseaux sociaux. Ce comportement a au moins le mérite d'attirer l'attention sur certains problèmes. Si ces jeunes deviendront sans doute des adultes rodés au partage de contenus en faveur des bonnes causes, ils seront peut-être moins

---

57. Néologisme anglais ; contraction de « slacker » (fainéant) et « activism » (N.d.T.).

compétents lorsqu'il s'agira de s'impliquer concrètement. Cependant, les iGens qui incitent à passer à l'action pour défendre l'égalité des droits contribuent peut-être déjà à changer la donne. En 2017, les manifestations et les marches des femmes contre la politique de Donald Trump ont inauguré un nouveau mouvement qui pourrait inciter les iGens à joindre l'action à la prise de position.

Qu'apprennent-ils sur Internet ?

Internet constitue un terreau incroyable pour la collecte d'informations et l'activisme. En 2011, pendant le Printemps arabe, la jeunesse du Moyen-Orient a eu recours aux réseaux sociaux pour organiser des manifestations et provoquer des changements au sein des pays. Beaucoup ont également espéré qu'Internet relancerait l'engagement civique chez les jeunes Américains. Il permet en effet d'accéder facilement à l'actualité et aux informations et de développer son empathie en échangeant avec des gens du monde entier.

Est-ce vraiment le cas ? Pour répondre à cette question, observons les relations entre le temps passé en ligne et les valeurs et comportements importants. On peut comparer les engagements communautaires qui se concentrent sur l'assistance aux autres (réfléchir aux problèmes sociaux, souhaiter résoudre les problèmes environnementaux et entreprendre des actions pour aider les autres) aux attitudes individualistes qui tournent autour des droits et des plaisirs personnels (soutenir l'égalité des sexes, avoir envie de se faire des amis ayant d'autres origines ethniques, estimer avoir droit à la richesse sans faire d'effort, valoriser le matérialisme ; il s'agit d'un mélange de ce que la plupart considère soit comme « bien » soit comme « mal » mais tous ces traits caractérisent les sociétés individualistes).

Les résultats sont sans appel : les jeunes qui passent plus de temps sur les réseaux sociaux ont plus de chances de développer des attitudes individualistes et sont moins enclins à valoriser l'engagement communautaire. Les utilisateurs les plus intensifs sont 45 % plus susceptibles d'estimer qu'il est important de posséder des biens coûteux comme de nouvelles voitures et des maisons de vacances et 14 % moins enclins à réfléchir aux problématiques sociales au niveau national et planétaire (voir Graphique 6.13). Dans l'ensemble, les adolescents qui utilisent davantage les médias sociaux sont *moins* impliqués socialement. La bonne nouvelle, c'est qu'ils soutiennent l'égalité des sexes et l'égalité raciale, une des conséquences directes de l'individualisme. Cependant, ils sont aussi moins engagés civiquement et estiment plus souvent avoir droit à certains avantages sans avoir travaillé pour les obtenir.

Le temps passé en ligne est moins directement lié aux valeurs. L'engagement communautaire de ceux qui passent beaucoup de temps sur Internet reste dans la moyenne : ils sont un peu plus susceptibles de réfléchir à des problématiques sociales que les faibles utilisateurs mais aussi un peu moins enclins à agir pour préserver l'environnement et aider les personnes sous-alimentées. De même, ils savent plus rarement à quelle tendance politique ils appartiennent. Une utilisation intensive d'Internet n'est pas aussi clairement liée à un faible engagement civique qu'une utilisation intensive des réseaux sociaux. Néanmoins, Internet ne favorise pas l'intérêt pour l'implication communautaire. Finalement, ces deux utilisations sont liées à des attitudes individualistes (voir Graphique 6.14).

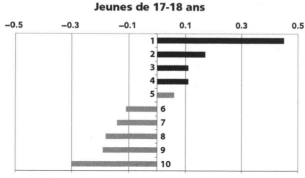

Jeunes de 17-18 ans

Risque relatif de passer plus de 10 h par semaine
sur les réseaux sociaux, 2013-2015

1. Matérialisme
2. Sentiment d'avoir droit à tout
3. Soutient l'égalité des sexes
4. Désireux d'avoir des amis d'autres origines ethniques
5. Se nourrirait différemment pour aider les personnes sous-alimentées
6. Le gouvernement devrait résoudre les problèmes écologiques
7. Intéressé par les problématiques sociales
8. Connaît les différentes idées politiques
9. Connaît les noms des partis politiques
10. Désireux d'utiliser le vélo ou les transports en commun

Graphique 6.13. Risques relatifs de développer des attitudes et comportements individualistes (en noir) et civiques/à l'écoute (en gris) en passant 20 heures et plus par semaine sur Internet durant son temps libre, 17-18 ans. *Monitoring the Future*, 2013-2015.

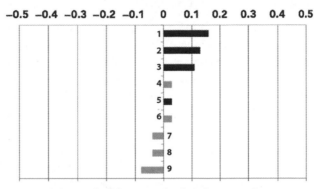

**Risque relatif de passer plus de 20 h par semaine
sur internet, 2013-2015**

1. Matérialisme
2. Soutient l'égalité des sexes
3. Désireux d'avoir des amis d'autres origines ethniques
4. Intéressé par les problématiques sociales
5. Sentiment d'avoir droit à tout
6. Se nourrirait différemment pour aider les personnes sous-alimentées
7. Connaît les partis politiques
8. Le gouvernement devrait résoudre les problèmes écologiques
9. Connaît les idées politiques

Graphique 6.14. Risques relatifs de développer des attitudes et comportements individualistes (en noir) et civiques/à l'écoute (en gris) en passant 20 heures et plus par semaine sur internet durant son temps libre, 17-18 ans. *Monitoring the Future*, 2013-2015.

Dans l'ensemble, l'utilisation d'Internet n'est pas synonyme d'une forte implication dans la communauté. Ce phénomène se vérifie aussi lorsqu'on observe la durée de connexion : comme nous le verrons dans le chapitre 10, la génération iGen hyperconnectée est en réalité moins intéressée par les nouvelles et l'actualité que ne l'étaient les autres générations. Certes, les jeunes d'aujourd'hui peuvent utiliser Internet pour s'impliquer dans la communauté, et ils sont nombreux à le faire. Mais ceux qui passent le plus de temps en ligne s'occupent différemment : ils jouent à des jeux vidéo avec leurs amis, s'échangent des photos amusantes sur Snapchat et regardent sur YouTube des vidéos de chats qui tombent dans les toilettes. Quant aux réseaux sociaux, le tableau est encore plus sombre : non seulement ils n'incitent pas à s'impliquer dans la communauté, mais ils sont avant tout utilisés par des adolescents peu intéressés par la politique, les problématiques sociales et l'environnement.

Le meilleur avantage de cette implication sur les réseaux sociaux est peut-être l'accroissement de la sécurité physique. Les iGens passent plus de temps sur leur téléphone et leur ordinateur qu'à conduire et rendre visite à leurs amis. Par conséquent, leur sécurité physique a atteint un niveau sans précédent. Ils sont moins désireux de prendre des risques et leur définition du danger s'est étendue pour inclure leurs émotions en plus de leur corps. En communiquant avant tout verbalement, ils exposent moins leur corps mais ils mettent leurs émotions à nu. Rien d'étonnant, donc, à ce qu'ils aspirent plus que jamais à un espace positif censé les protéger. Dans ces espaces, les jeunes sont davantage enclins à soutenir l'idée qu'il faut aider les autres mais ne sont pas prêts pour autant à s'aventurer en dehors pour fournir de facto cette assistance.

Chapitre 7
Insécurité salariale : travailler pour gagner – mais pas pour dépenser

Darnell, 20 ans, n'a pu s'empêcher de glousser légèrement quand je lui ai demandé s'il allait devoir trouver un travail pour rembourser son prêt étudiant. « Évidemment » dit-il avec un rire qui me rappelle celui d'Eddie Murphy, à la fois amical et teinté d'ironie. Darnell est étudiant en première année, spécialisé en commerce dans une université d'État près d'Atlanta. Il a grandi dans une ville de taille moyenne près de la frontière entre la Géorgie et la Floride et a étudié dans un lycée privé, ce qui lui a offert la possibilité de faire un stage dans une banque. Quand je lui ai demandé pourquoi il avait décidé de s'orienter vers une carrière commerciale, il a répondu : « Je me suis dit que ce serait plus facile de trouver du boulot. Je ne voulais pas me spécialiser dans un domaine où je n'aurais pas de travail par la suite ». Je lui ai demandé s'il avait toujours voulu s'orienter vers le monde des affaires. « À un moment, je voulais être acteur, mais c'est un milieu très compétitif et il n'y a aucune garantie de trouver du travail. Donc j'ai dû abandonner cette idée » explique-t-il.

Lorsque j'ai rencontré Haley, 18 ans, pour manger à San Diego, une des premières choses qu'elle m'ait dites est qu'elle était artiste et actrice avant d'énumérer les titres des pièces et comédies musicales qu'elle avait interprétées dans des théâtres locaux et au lycée. Avec une de ses amies, elles travaillent depuis deux ans à l'écriture d'un jeu vidéo. Elle est réellement passionnée par la création. « As-tu l'intention de faire carrière dans l'art ou le théâtre ? » ai-je demandé. « Non », répond-elle. « Je voulais entrer dans une école d'art pour étudier l'animation mais mes parents étaient du genre "Mmh, tu devrais sans doute choisir quelque chose de plus pragmatique." Et je comprends, c'est un milieu vraiment très compétitif : si on n'est pas super talentueux et qu'on n'a pas un minimum de réseau, alors on ne réussira jamais. Et donc j'ai décidé, en deuxième choix, que je voulais devenir psychologue judiciaire. » Elle continue à travailler sur son jeu vidéo et à dessiner mais cette activité en restera au stade de hobby.

Ahmed, 19 ans, est étudiant en deuxième année à l'université et vient de Cincinnati dans l'Ohio. Il a décidé de faire des études de comptabilité et sait exactement pourquoi. « Il y a une vraie sécurité d'emploi dans ce domaine. On n'est presque jamais sur la sellette en cas de réduction des effectifs ou de restructuration [parce que] on maîtrise des données opérationnelles essentielles qui ne peuvent pas être facilement remplacées. »

Les iGens sont pragmatiques, tournés vers l'avenir et prudents, loin des maximes emblématiques adoptées par les milléniaux, telles que « Tu peux être ce que tu veux être » ou « Suis tes rêves ». Alors que les managers se sont largement concentrés sur la personnalité de leurs employés milléniaux ces dernières dizaines d'années, on n'a passé que peu de temps à comprendre quelles motivations professionnelles animaient les iGens. La donne est sur le point de changer : ils représentent en effet la majorité des diplômés d'université d'âge traditionnel et ils vont bientôt dominer les réserves de nouveaux talents. Compte tenu des différences fondamentales entre ces deux générations, les stratégies mises en place par les meilleures entreprises pour attirer et conserver les jeunes employés pourraient ne plus fonctionner. Ce constat est valable pour les services marketing : vu le profil psychologique complètement différent des iGens, les procédés de vente utilisés pour leur génération n'ont plus rien à voir avec ceux utilisés pour les milléniaux. Les entreprises et les directeurs doivent en prendre bonne note : une nouvelle génération se profile et ses membres pourraient bien nous surprendre.

Le meilleur aspect du travail

Le jour suivant le Nouvel An, j'arrive chez une amie qui habite dans la proche banlieue de Los Angeles. Ses parents sont venus lui rendre visite pour les vacances et ils font s'entrechoquer poêles et casseroles dans la cuisine tandis que mon amie et moi-même sommes assises dans le séjour avec son fils Leo, 14 ans, et sa fille Julia, 16 ans. Julia et Leo sont inscrits dans un lycée privé assez éloigné de leur domicile et Julia profite de son permis de conduire récemment obtenu pour aller et revenir de l'école en voiture, avec son frère. Ils sont tous les deux calmes et introvertis mais je réussis finalement à les faire parler en leur demandant ce qu'ils souhaitent faire plus tard. « Un job où je peux me faire de l'argent, suffisamment mais pas trop » répond Julia. « Je voudrais aimer mon travail » dit Leo. « J'aimerais juste ne pas le détester » réplique Julia. « Je voudrais un travail qui ne prendrait pas le dessus sur ma vie privée et qui rapporte suffisamment d'argent. Je ne voudrais pas d'un job où il faut travailler de longues heures, comme les avocats » poursuit-elle. Tous deux classent l'argent en première position de ce qu'ils recherchent dans un travail.

C'est un point de vue qui diffère de la vision que l'on se fait habituellement des jeunes travailleurs. Selon le stéréotype actuel, les milléniaux seraient à la recherche d'un emploi intéressant et gratifiant en soi. On considère aujourd'hui que les jeunes employés n'hésiteront pas à quitter leur travail si celui-ci ne leur procure pas assez de plaisir.

Lorsqu'on observe les données évolutives, on constate cependant que les deux dernières générations se montrent bien plus pragmatiques. Comparés à d'autres générations au même âge, les iGens et les milléniaux tardifs sont un peu moins intéressés par les satisfactions intrinsèques, telles qu'un travail intéressant où l'on acquière de nouvelles compétences et où les résultats sont visibles (voir Graphique 7.1) (Twenge, Campbell, Hoffman & Lance, 2010). Comme Julia, de nombreux iGens veulent simplement ne pas détester leur travail.

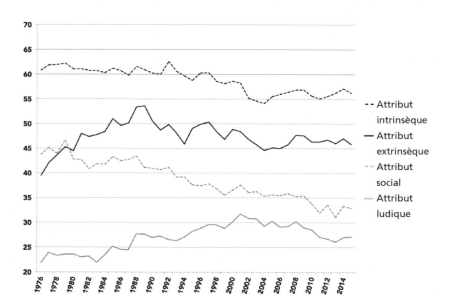

Graphique 7.1. Les caractéristiques d'un travail jugées très importantes par les 17-18 ans. *Monitoring the Future*, 1976-2015.

Il y a un deuxième bouleversement majeur : c'est l'importance de moins en moins grande accordée aux attributs sociaux d'un travail, qui comprennent les relations amicales dans un cadre professionnel et la possibilité d'interagir avec de nombreuses personnes. Les iGens y sont de moins en moins sensibles : tout comme ils interfèrent moins avec leurs amis en personne durant leur temps libre, ils sont aussi moins intéressés par des interactions sociales en direct à leur travail. C'est certainement une surprise pour de nombreux consultants générationnels qui se sont appuyés sur une étude ponctuelle affirmant que les milléniaux et les iGens sont plus intéressés par les aspects sociaux du travail. Néanmoins, l'intérêt des jeunes employés pour les activités sociales pourrait davantage être lié à leur âge qu'à leur génération : célibataires et sans enfants, les jeunes ont plus de temps pour les activités sociales et en ont davantage besoin. Comparés à d'autres générations au même âge, il apparaît toutefois clairement que les iGens font preuve d'un moindre intérêt pour la sociabilisation au travail.

Dans l'ensemble, ce que les baby-boomers et les membres de la génération X apprécient le plus dans leur emploi (le fait de faire un travail intéressant, de s'y faire des amis), ne revêt tout simplement plus la même importance aux yeux des iGens. Tout ce qu'ils veulent, c'est un emploi. « On ne devrait pas être aussi attirés par les boulots intéressants ou créatifs parce qu'ils ne rapportent rien. Voilà pourquoi vous voyez tant de jeunes de mon âge qui croulent sous des dettes de 100 000 dollars et doivent travailler au Starbucks », écrit Jordan, 23 ans.

Le côté pragmatique des iGens s'exprime aussi dans l'équilibre qu'ils instaurent entre vie privée et vie professionnelle, avec l'idée que le travail ne doit pas empiéter sur le reste. Lorsque mes collègues et moi-même avions analysé ces données en 2006, l'importance du temps libre constituait la différence générationnelle la plus marquée : les milléniaux étaient bien plus enclins que les baby-boomers à affirmer vouloir un travail qui offrait plus de jours de congé, un rythme calme, et peu de supervision, ce qui leur laissait beaucoup de temps pour développer les autres aspects de leur vie. Les iGens sont un peu moins exigeants en la matière, exprimant des désirs en termes d'équilibre entre vie privée et vie professionnelle semblables à ceux du début années 90. S'ils se montrent plus réalistes en ce qui concerne le travail et ses exigences, c'est peut-être parce qu'ils ont grandi pendant la crise de 2008.

Les iGens pourraient aussi inverser une des tendances les plus marquantes dans l'attitude des jeunes adultes face au travail : le déclin de la place centrale accordée au travail. Les milléniaux se montraient moins concernés par leur vie professionnelle que les baby-boomers. Ils voulaient se concentrer sur d'autres aspects de leur vie. Les iGens ont inversé cette tendance, replaçant l'importance du travail au niveau où il se trouvait durant les années 90 avec la génération X. Cependant, ce niveau est toujours bien inférieur à celui qu'on a pu observer dans les années 70 avec les baby-boomers (voir Graphique 7.2). Le désaccord avec la proposition « Pour moi, le travail n'est qu'un moyen de subsistance » suit une tendance similaire : sans avoir augmenté, le nombre d'individus qui ne considèrent pas l'emploi d'un point de vue seulement matériel a cessé de diminuer inexorablement. Comme Julia, de nombreux jeunes ne veulent pas que leur « travail prenne le dessus sur leur vie privée ».

Qu'en est-il de l'éthique au travail ? Les managers appartenant à la génération des baby-boomers se plaignent souvent que leurs employés milléniaux n'accordent pas la même importance qu'eux au travail. Mais qui sait, peut-être les employeurs ont-ils toujours pensé la même chose de leurs jeunes recrues ? Après tout, tous les managers souhaitent voir leurs employés se concentrer sur leur travail, et les anciennes générations ont souvent tendance à exagérer les qualités dont elles faisaient preuve dans leur propre jeunesse. En 2016, un article audacieux paru dans *Forbes* estimait qu'il n'y a aucune preuve étayant l'hypothèse de l'existence des différences générationnelles en termes d'éthique de travail (Beaton, 2016). Néanmoins, il ne citait que quelques études mineures, dont trois présentaient un biais : la première ne faisait pas la différence entre l'âge et la génération, la deuxième n'établissait aucune comparaison généra-tionnelle et la troisième s'intéressait au nombre d'heures de travail auquel s'attendaient des étudiants en commerce, et non au nombre d'heures qu'ils souhaiteraient travailler. Ces données sont loin d'être idéales pour dé-terminer l'existence d'une différence générationnelle en ce qui concerne l'éthique de travail.

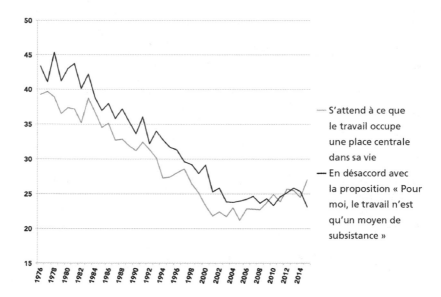

Graphique 7.2. Importance du travail pour les jeunes de 17-18 ans. *Monitoring the Future*, 1976-2015.

En réalité, il existe bien une preuve évidente d'un changement générationnel en matière d'éthique du travail et elle conforte la perception des employeurs. L'éthique des milléniaux est moins affirmée que celle des baby-boomers ou de la génération X au même âge : ils sont moins nombreux à vouloir faire des heures supplémentaires, moins nombreux à vouloir travailler s'ils ont assez d'argent, et plus nombreux à dire que le fait de « ne pas vouloir travailler dur » pourrait les empêcher de décrocher le travail qu'ils veulent (voir Graphique 7.3). Il faut garder à l'esprit que ces propositions correspondent à ce que les jeunes participants disent d'eux-mêmes, il ne s'agit donc pas du jugement de tiers. Dans les années 2000, les milléniaux âgés de 17-18 ans étaient près de 40 % à affirmer qu'ils refusaient de travailler dur (une opinion partagée par 25 % des baby-boomers), et moins de la moitié se montraient réellement prêts à faire des heures supplémentaires pour bien faire leur travail.

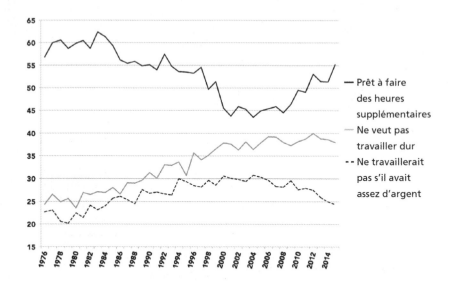

Graphique 7.3. Éthique de travail chez les jeunes de 17-18 ans. *Monitoring the Future*, 1976-2015.

Mais il y a de l'espoir pour les employeurs : la nouvelle génération en âge d'entrer dans le monde du travail affiche un sens bien plus aigu de l'éthique professionnelle. En 2015, 55 % des jeunes de 17-18 ans affirmaient être prêts à faire des heures supplémentaires, contre 44 % en 2004. Les iGens sont également moins nombreux à dire qu'ils arrêteraient de travailler s'ils avaient assez d'argent. Cependant, ils poursuivent la tendance amorcée par les milléniaux quant au refus de travailler dur. Cette génération semble consciente qu'elle devra prester des heures supplémentaires mais elle considère que les emplois intéressants demanderaient trop d'efforts. Les iGens semblent dire qu'il est trop difficile de réussir de nos jours.

Cette attitude peut s'expliquer par la pression qu'ils subissent pour obtenir leur diplôme universitaire. Quand j'ai demandé à mes étudiants de San Diego en quoi leur vie différait de celle de leurs parents, la plupart ont mentionné la nécessité d'obtenir un diplôme universitaire. Beaucoup de leurs parents, des immigrés contraints d'occuper des emplois peu qualifiés, ont malgré tout eu les moyens d'acheter une maison et de faire vivre leur famille. Aujourd'hui, mes étudiants affirment qu'ils doivent obtenir un diplôme d'enseignement supérieur pour bénéficier des mêmes avantages que ceux dont jouissaient leurs parents avec un diplôme de l'enseignement secondaire, et parfois moins. « Ma génération est soumise à une incroyable pression à cause de l'université ! Quand on a fini le lycée, on est obligé d'entrer à l'université, de réussir sa spécialisation et d'avoir un super boulot juste après », écrit Jasmine, 21 ans. « Du temps de mon père, c'était différent. Il est né dans les années 70 et bien qu'il ne soit jamais allé à l'université, il a un travail qui paye bien. Ce n'est pas le cas de ma génération. On ne vous garantit même pas un boulot en sortant de l'université ! Et une fois que vous avez votre diplôme, vous êtes endettés jusqu'au cou ! »

Il est vrai que le discours de Jasmine est teinté de ce sentiment d'avoir droit à tout (« Qu'est-ce que tu veux dire par on ne vous garantit même pas un boulot ? »), mais il révèle aussi une certaine lassitude. Elle a l'impression de devoir courir deux fois plus vite pour obtenir deux fois moins. Mes étudiants semblent envier leurs parents peu instruits qui pouvaient trouver un emploi rémunérateur sans peiner à la tâche pendant au moins quatre années onéreuses d'université.

Ils n'ont pas tort : le salaire des Américains seulement titulaires d'un diplôme du secondaire a chuté de 13 % entre 1990 et 2013. L'obtention d'un diplôme universitaire est donc de plus en plus décisive pour s'assurer de rester dans la classe moyenne (Pew Research Center, 2014). Parallèlement, les études supérieures sont devenues plus onéreuses : notamment en raison des coupes dans le budget fédéral alloué à l'éducation, les frais d'inscription à l'université ont explosé, obligeant de nombreux étudiants à contracter des emprunts. En moyenne, un étudiant diplômé en 2016 supportait 37 173 dollars de dette, contre 22 575 dollars en 2005 et 9727 dollars en 1993 (Picchi, 2016). Les iGens se retrouvent dans une impasse : pour gagner davantage d'argent, ils doivent obtenir un diplôme universitaire, mais il leur faut d'abord lourdement s'endetter pour payer ces études. Il n'est donc pas étonnant qu'ils soient impatients de décrocher un travail, quel qu'il soit, pourvu qu'il rembourse leurs prêts.

Un endroit pour travailler

Certains observateurs ont laissé entendre qu'il serait difficile pour les entreprises d'engager des iGens et des jeunes milléniaux, car ils souhaitaient tous être leur propre patron et lancer leur propre société. Un rapport de l'agence de communication Sparks & Honey a conclu que « l'esprit d'entreprise était inscrit dans l'ADN [des iGens] » après avoir découvert que les élèves de lycée (à l'inverse des étudiants à l'université) étaient de plus en plus nombreux à vouloir un jour lancer leur entreprise (Williams, 2015). Cette tendance pourrait toutefois dépendre de l'âge ; peut-être les élèves de lycée ont-ils toujours été plus enthousiastes à l'idée de posséder leur société que ne le sont les étudiants du supérieur (sans compter le fait que les étudiants devenus entrepreneurs pourraient avoir quitté l'université). Néanmoins, de nombreux experts estiment que ce même esprit d'entreprise gagne du terrain chez les milléniaux. « Ils se sont rendu compte que lancer sa société, même si elle s'écroulait, permettait d'apprendre davantage en deux ans qu'en restant assis 20 ans dans un box » a déclaré Fred Tuffile, professeur de management, au magazine *Forbes* (Asghar, 2014). « Même s'ils savent que les chances de créer un nouveau Facebook sont faibles, ils pensent qu'il est assez facile de créer une startup sympa. » Les remarques de Fred Tuffile reposent sur une étude de l'université Bentley montrant que 67 % des jeunes veulent lancer leur propre entreprise. Il faut cependant souligner que ce sondage n'étudie qu'une génération à la fois, il n'y a donc pas de comparaison entre les groupes. Les baby-boomers et la génération X étaient peut-être tout aussi enclins, voire plus enclins, à vouloir devenir entrepreneurs quand ils étaient jeunes.

Il semble en réalité que les jeunes d'aujourd'hui soient moins désireux de posséder leur propre entreprise que les baby-boomers et la génération X au même âge (Campbell, Campbell & Twenge, 2017). Ils poursuivent ainsi une tendance initiée par les milléniaux (voir Graphique 7.4). Tout comme ils se montrent prudents sur la conduite, l'alcool et les relations amoureuses, les iGens sont vigilants quand il s'agit de se lancer dans l'entrepreneuriat.

Les étudiants entrant à l'université suivent le même mouvement : en 2016, seuls 37 % d'entre eux trouvaient important « de réussir dans sa propre entreprise », alors qu'ils étaient 50 % en 1984 (corrigé pour centralité relative). Ainsi, comparés aux étudiants de la génération X, les iGens sont moins attirés par l'entrepreneuriat.

Ces états d'esprit affectent les comportements réels. Une analyse du *Wall Street Journal* basée sur des données de la *Federal Reserve*[58] a montré qu'en 2013, seuls 3,6 % des ménages gérés par des adultes de moins de 30 ans détenaient au moins une part dans une entreprise privée, contre

---

58. Réserve Fédérale (banque centrale américaine) (N.d.T.).

10,6 % en 1989 (Simon & Barr, 2015). Tout ce débat autour de la supposée attirance de la jeune génération pour l'entrepreneuriat n'a donc jamais dépassé le stade de débat, justement.

Pourquoi ce déclin de l'entrepreneuriat ? Lancer sa propre entreprise est par définition risqué et, comme nous l'avons vu au chapitre 6, les iGens se refusent à prendre le moindre risque. « Un travail stable est synonyme d'une source sûre de revenus, qu'on peut s'acheter ce que l'on veut et se sentir en sécurité » déclare Kayla, 22 ans, qui recevra son diplôme d'infirmière dans une semaine. Selon elle, l'auto-entrepreneuriat n'est pas une activité assez sûre. « Nous avons assisté à la faillite de nombreuses entreprises ces dix dernières années », explique-t-elle. « Comme tout le monde, je ne veux pas me retrouver à la rue. »

Les iGens sont moins attirés par les grandes entreprises mais plus intéressés que les milléniaux par les secteurs qu'ils semblent percevoir comme plus stables. Il s'agit plus particulièrement de l'industrie militaire (la fin des guerres en Irak et en Afghanistan a peut-être joué un rôle). Ils semblent également plus motivés à l'idée de rejoindre les forces de police. Bien qu'il s'agisse d'emplois potentiellement dangereux, ils garantissent un salaire régulier et le risque de licenciement est faible. En général, la nouvelle génération se positionne de manière plus neutre que les précédentes visà-vis des différents secteurs professionnels. En effet, les secteurs appréciés des baby-boomers sont moins bien classés par les iGens, qui accordent au contraire plus de crédit aux secteurs moins valorisés par leurs aînés. À l'inverse de leurs prédécesseurs, les iGens font apparemment moins la différence entre ces lieux de travail pourtant très distincts : ils sont moins enclins à les valoriser comme à les dévaloriser. Ils ne semblent pas tellement se soucier de l'endroit où ils travailleront ; tout ce qu'ils veulent, ou du moins certains d'entre eux, c'est… un emploi.

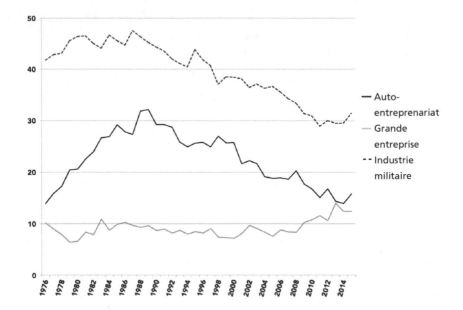

Graphique 7.4. Pourcentage des 17-18 ans qui trouvent attractifs certains cadres de travail. *Monitoring the Future*, 1976-2015.

Travailler, c'est pour les personnes plus âgées

« Je suis stupéfié à chaque fois que je vois ce chiffre » déclarait en 2016 Erik Hurst, économiste à l'université de Chicago (Hurst, 2016) (Thompson, 2016). Le chiffre qu'il évoque, c'est le pourcentage de jeunes hommes dans la vingtaine sans diplôme universitaire qui n'ont pas travaillé du tout dans l'année qui précède : ils sont environ un sur quatre selon ses calculs, obtenus à partir des données du *Bureau of Labour Statistics*[59]. Durant presque tout le XXᵉ siècle, les hommes dans la vingtaine ont constitué le groupe démographique le plus fiable en matière d'emploi, avec près de 85 % de travailleurs actifs. Ce n'est plus le cas.

Je me suis demandé si cette tendance était valable pour tous les hommes sans prendre en compte leur éducation. C'est bien le cas : le taux d'emploi pour les hommes au début de la vingtaine a atteint son niveau le plus bas

---

59. Bureau de statistiques sur l'emploi aux États-Unis (N.d.T.).

dans les années 2010. En 2016, un homme sur quatre de cette tranche d'âge ne travaillait pas. Ce déclin récent ne peut pas s'expliquer par le fait qu'ils sont plus nombreux à entrer à l'université ; le nombre de jeunes hommes inscrits à l'université est resté globalement stable, et pourtant ils sont de moins en moins à travailler. (Erik Hurst a également conclu que l'inscription à l'université n'était pas responsable de cette diminution.) La crise de 2008 n'est pas non plus en cause ; la diminution du taux d'emploi des jeunes hommes a commencé avant la crise (environ en 2000) et s'est poursuivie par la suite, avec un taux d'emploi en 2016 (73 %) toujours inférieur de quelques points à celui de 2007 (79 %). Ces deux années ont connu un taux de chômage similaire, bien que celui-ci ne prenne pas en compte les personnes qui ne sont pas à la recherche d'un emploi.

Il est généralement difficile de comparer l'évolution de l'emploi au cours du temps pour les hommes et les femmes à la fois, car par le passé, beaucoup de jeunes femmes restaient à la maison avec les enfants en bas âge, ce qui est moins courant aujourd'hui. C'est sans doute la raison pour laquelle le pourcentage d'hommes et de femmes actifs pris ensemble n'a cessé d'augmenter entre les années 60 et 2000. Mais aux alentours de 2000, la tendance commence à s'inverser (voir Graphique 7.5). En 15 ans, entre 2000 et 2016, de moins en moins de jeunes avaient un emploi. Cette diminution suit une progression presque parfaite en fonction de l'âge : le déclin le plus marqué est visible chez les jeunes adolescents, suivis par les adolescents plus âgés puis les jeunes adultes en début de vingtaine. À l'inverse, les Américains de plus de 25 ans connaissaient en 2016 le même taux d'emploi qu'avant la crise, à quelques points près. Ce graphique ressemble étonnamment à celui du chapitre 1 concernant la consommation d'alcool : la diminution est plus marquée pour les plus jeunes avant de se tasser peu à peu, suggérant un report de l'activité à un âge ultérieur. Travailler, tout comme boire, est maintenant réservé aux personnes de plus de 21 ans, et même de plus de 25 ans.

Tout comme la tendance observée chez les hommes, celle-ci ne semble pas s'expliquer par l'augmentation du nombre d'inscriptions à l'université : après une nette hausse dans les années 80 et 90, ce chiffre s'est stabilisé vers le milieu des années 2000. Le fait de poursuivre des études supérieures ne permet pas non plus d'expliquer la baisse du taux d'emploi des 16-17 ans, qui est la plus importante.

Graphique 7.5. Pourcentage des Américains ayant un travail, par groupe d'âge.
Current Population Survey, Bureau of Labor Statistics, 1948-2016.

Mais alors, que font ces jeunes sans-emploi au lieu de travailler ou d'aller à l'école ? Erik Hurst apporte une réponse plutôt simple, en tout cas en ce qui concerne les garçons (Hurst, 2016). Les jeunes hommes ont quatre heures de temps libre supplémentaires par semaine par rapport au début des années 2000 et ils utilisent trois de ces heures (soit les trois quarts) pour jouer à des jeux vidéo. En moyenne, 25 % jouent trois heures ou plus par jour et 10 % au moins six heures par jour. « La vie de ces jeunes hommes sans emploi et peu qualifiés ressemble à la vie que mon fils souhaiterait mener maintenant : pas d'école, pas de travail et beaucoup de jeux vidéo » déclare Erik Hurst. Comme nous l'avons vu dans le chapitre 2, les jeux vidéo occupent une place de plus en plus grande dans le temps libre de ces individus : environ 11 heures par semaine en moyenne en 2015.

Les jeunes hommes jouent-ils aux jeux vidéo parce qu'ils ne travaillent pas ou bien ne travaillent-ils pas parce qu'ils jouent aux jeux vidéo ? Erik Hurst estime que la deuxième option pourrait être la bonne : pourquoi travailler quand on peut rester chez soi et jouer à des jeux vidéo ? « Ces innovations technologiques ont rendu le temps libre plus plaisant... Les employés peu qualifiés, avec un salaire peu élevé, sont davantage tentés de prendre du bon temps » dit-il.

Darnell, 20 ans, étudiant au Georgia college, m'a dit qu'il avait passé beaucoup de temps à jouer à des jeux vidéo durant les dernières vacances d'été, « ce que [s]on père n'appréciait pas. Mais moi, ce sont les seules vacances que j'ai, je voulais en profiter ». « Est-ce que ton père voulait que tu trouves un travail à la place ? » ai-je demandé ? « Oh, mon dieu, oui, chaque fois qu'il rentrait du boulot, il disait "Tu as trouvé du travail ?" et moi je répondais "Tu peux me laisser s'il te plaît ?" » Le père de Darnell a insisté pour qu'il réponde à au moins une offre d'emploi par jour. Une chaîne de magasins a finalement engagé Darnell mais il était déjà temps de retourner à l'université et il n'est jamais allé travailler. Il explique qu'il doit garder ses distances avec les jeux vidéo sur le campus, sinon il n'irait jamais en cours.

Puis-je y arriver ?

Certains iGens pourraient rester à l'écart du monde du travail parce qu'ils sont convaincus qu'ils n'ont qu'une marge de manœuvre limitée dans un système faussé d'avance. Prenez par exemple Amber, 20 ans. Elle écrit à propos de sa génération et sa tirade ressemble à un long soupir exaspéré : « Si on veut réussir dans la vie, il faut aller à l'université, mais ça coûte très cher et soit il faut faire un emprunt, soit il faut travailler à plein temps pour pouvoir payer. Si on emprunte de l'argent, ça ne fera que compliquer notre avenir et le rendre plus stressant, alors on essaye de trouver un job mais la plupart des boulots qui payent bien demandent soit de l'expérience, soit d'avoir fait des études. Du coup on se retrouve souvent coincé dans un boulot mal payé à temps partiel parce que notre patron ne veut pas nous donner d'avantages. Et donc on doit quand même emprunter ». En d'autres mots, le jeu est truqué et perdu d'avance.

Comme Amber, de nombreux iGens sont fortement démoralisés quant à leurs chances de réussite. Ces perceptions, les psychologues les appellent le *lieu de contrôle externe*. Les personnes dotées d'un lieu de contrôle interne pensent avoir personnellement le contrôle de leur vie. À l'inverse, celles qui ont un lieu de contrôle externe considèrent que leur vie est dirigée par des forces extérieures. Les iGens possèdent un lieu de contrôle clairement externe (voir Graphique 7.6) : ils sont plus nombreux à estimer que les individus devraient simplement accepter leurs conditions de vie et à penser que des éléments perturbateurs les empêchent sans cesse d'avancer.

Par conséquent, de plus en plus d'adolescents considèrent que le succès n'est pas à leur portée. Ce sentiment pourrait s'expliquer par les inégalités salariales et les répercussions de la crise : les iGens ont vu leurs parents, leurs frères et leurs sœurs aînés batailler pour obtenir un emploi stable durant la période de déclin économique et ils s'attendent à rencontrer les mêmes problèmes. Cette tendance pourrait également être liée à l'état d'esprit plus négatif de cette génération : comme nous l'avons vu dans le chapitre 4, ils disent se sentir plus anxieux et dépressifs, deux problèmes de santé mentale liés à des attitudes défaitistes, telles que le lieu de contrôle externe.

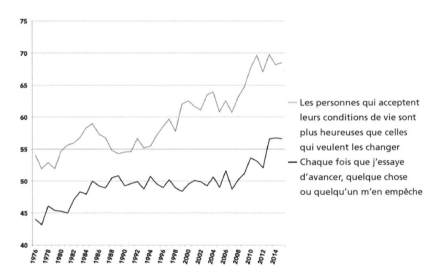

Graphique 7.6. Opinions des 17-18 ans avec un lieu de contrôle externe. *Monitoring the Future*, 1977-2015.

Comparés à d'autres générations, les iGens sont aussi confrontés à plus d'obstacles sur leur chemin vers la réussite. Ils sont plus nombreux à penser que leur manque de compétences les empêchera de décrocher l'emploi souhaité, que leur faible réseau pourrait jouer en leur défaveur, et que leur environnement familial pourrait leur mettre des bâtons dans les roues. Et comme nous l'avons vu plus tôt, beaucoup pensent qu'obtenir le travail qu'ils veulent demandera trop d'efforts.

Les iGens prennent aussi en considération un autre obstacle à leur réussite : le sexisme. Bien plus que les milléniaux, ils estiment que les femmes sont discriminées en matière d'emploi. En outre, la tendance est encore plus marquée quand il s'agit d'une discrimination concernant l'accès à l'enseignement supérieur : comparés à la génération X dans les années 80, les iGens sont deux fois plus nombreux à y croire (voir Graphique 7.7).

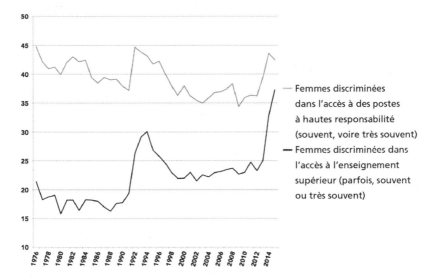

Graphique 7.7. Opinions des 17-18 ans concernant la discrimination sexuelle. *Monitoring the Future*, 1976-2015.

Le précédent pic concernant l'intérêt pour les discriminations sexuelles a eu lieu au milieu des années 90, lorsque les questions de genre étaient au premier plan de certaines affaires très médiatisées. On peut notamment citer les attaques sexistes à l'encontre de Maria Clark durant le procès d'O. J. Simpson. La récente mise en avant des discriminations sexuelles semble indiquer qu'il existe une véritable sensibilisation à un sexisme toujours existant ; celle-ci s'explique sans doute en partie par l'attention accordée dernièrement aux inégalités et aux agressions sexuelles sur les campus, mises en lumière par Sheryl Sandberg dans son livre *En avant toutes*, paru en 2013. Néanmoins, lorsqu'on sait que les femmes représentent 57 % des diplômés d'université aux États-Unis, il semble quelque peu surprenant que les adolescents ressentent une discrimination sexuelle dans l'accès à l'enseignement supérieur (U.S. National Center for Education Statistics, s.d.). Les progrès concernant l'accès aux « postes à haute responsabilité » ont cependant été plus lents, et l'égalité est loin d'être acquise dans le monde des affaires, tout comme en médecine et en politique. Ainsi, une étude récente a découvert que les médecins femmes gagnaient 20 000 dollars de moins par an que leurs collègues masculins, même si l'on prend en compte les spécialisations (certains appellent cela l'effet « Dr. Paid Less »[60]) (Saint Louis, 2016). Les iGens sont visiblement plus conscients de ces différences et plus enclins à les attribuer à la discrimination sexuelle.

Attentes : la bulle a-t-elle finalement éclaté ?

Les milléniaux étaient une génération pleine d'espoir, biberonnée au mantra « vous pouvez être ce que vous voulez être ». Ils arrivaient à leurs entretiens d'embauche persuadés de déjà tout savoir. Quand on leur demandait où ils se voyaient dans cinq ans, ils répondaient « PDG de l'entreprise ». (Ils étaient du moins suffisamment à le faire pour que l'anecdote finisse par circuler.) Des données fiables confortent cette impression : les milléniaux étaient bien plus enclins à croire qu'ils obtiendraient des diplômes universitaires (de cycle court ou de cycle long), bien que le pourcentage de diplômés (surtout de cycle long) ait augmenté beaucoup plus lentement. Néanmoins, les attentes des iGens se sont un peu modérées pour devenir plus réalistes : ils sont plus ou moins aussi nombreux que les milléniaux d'il y a dix ans à s'attendre à obtenir un diplôme universitaire en quatre ans ou un diplôme de Master, alors que le nombre de jeunes qui les obtiennent effectivement a augmenté (voir Annexe E). Les iGens ont toujours de grandes attentes mais ils sont un peu plus réalistes que ne l'étaient les milléniaux.

Cette tendance est encore plus nette lorsqu'on observe les attentes des iGens quant aux emplois qu'ils espèrent occuper plus tard. Penchons-nous d'abord sur le cas des milléniaux. Le pourcentage des élèves de dernière année de lycée qui comptaient occuper un poste de spécialiste ou de directeur à l'âge de 30 ans a atteint des sommets à deux reprises : dans les années 70 avec les baby-boomers, et dans les années 2000 avec les milléniaux. Pourtant, le pourcentage de ceux qui accédaient réellement à de tels postes est resté relativement similaire. On a également demandé aux étudiants quelles étaient selon eux les chances qu'ils obtiennent le genre de

60. « Docteur et moins bien payé » (N.d.T.)

travail qu'ils avaient choisi. Étant donné qu'il est plus difficile d'obtenir un poste de spécialiste ou de directeur qu'un emploi moins qualifié, les jeunes milléniaux de 17-18 ans auraient dû se montrer moins confiants quant à leurs capacités à obtenir le travail de leurs rêves. Pourtant, ils étaient un peu plus confiants que les baby-boomers eux-mêmes. Après tout, la confiance est leur carte de visite.

Puis les iGens sont arrivés. Après leur prise en compte dans les études sur les 17-18 ans en 2011, le pourcentage de jeunes qui s'attendaient à obtenir un emploi spécialisé a commencé à diminuer, avant de chuter brusquement en 2014 (voir Graphique 7.8). Ils ont ainsi inversé la tendance ancienne à manifester des attentes élevées, pour la ramener vers plus de réalisme.

Les étudiants ont également grandi dans l'incertitude croissante d'obtenir le type de travail qu'ils souhaitent, leur niveau de confiance atteignant en 2014 le même point que dans les années 70 avant de replonger en 2015. Dans l'ensemble, les attentes professionnelles des iGens sont plus modérées que celles des milléniaux au même âge, et ils sont moins convaincus qu'ils obtiendront ce qu'ils souhaitent.

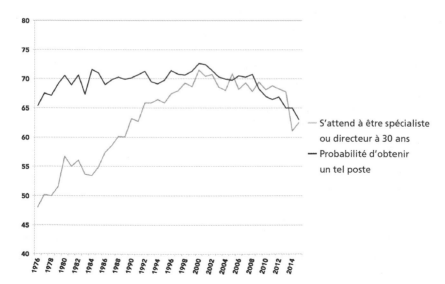

Graphique 7.8. Attentes professionnelles des 17-18 ans. *Monitoring the Future*, 1976-2015.

Ce changement d'attitudes pourrait se révéler l'opportunité parfaite pour des entreprises désireuses d'engager des jeunes talents. À l'inverse des milléniaux avant eux, les iGens sont à l'affût : ils savent qu'ils doivent réussir s'ils veulent s'en sortir dans ce monde hautement compétitif. Il leur manque pourtant l'audace démesurée de leurs prédécesseurs. Ils ne sont pas sûrs de réussir et pourraient donc être moins déçus d'obtenir un poste intermédiaire que les milléniaux. En outre, leur éthique professionnelle est également un peu plus marquée. Lorsqu'ils entreront sur le marché du travail au cours des prochaines années, les iGens auront certainement besoin de recevoir plus d'encouragement que la génération précédente, étant donné leurs doutes grandissants vis-à-vis de leurs capacités et de leurs perspectives professionnelles. Ces jeunes sont paniqués : ils recherchent la sécurité dans un monde incertain. Les patrons capables de leur donner un sentiment de sécurité tout en leur apportant un certain soutien pourraient bien bénéficier de l'arrivée de ce groupe de jeunes travailleurs, le plus impliqué depuis une, voire deux décennies.

Ce qu'ils veulent : le marketing pour iGens

Les iGens de la fin des années 2010 sont les milléniaux des années 2000 : ces jeunes que chacun veut toucher et que l'on s'efforce toujours de comprendre. Ils représentent 25 % de la population et posséderont donc un pouvoir d'achat de 3,2 billions de dollars d'ici 2020 (Autotrader, 2016). Ils sont sur le marché, dans l'attente des produits qui les inspireront.

Malgré leurs doutes sur eux-mêmes et sur leurs opportunités, les iGens sont toujours relativement confiants quant à leur futur niveau de vie (voir Graphique 7.9).

En 2015, 60 % des élèves de terminale s'attendaient à gagner plus que leurs parents, soit un peu moins que les milléniaux au début des années 2000 (64 %), mais toujours 28 % de plus que les baby-boomers, la génération la moins optimiste. Les iGens estiment qu'ils réussiront, d'une manière ou d'une autre. Ils n'ont pas le choix : cette génération est parfaitement consciente qu'elle doit arriver à ses fins dans une économie marquée par les inégalités de revenus. La réussite matérielle s'avère donc primordiale pour elle (rappelez-vous que 82 % des étudiants entrant à l'université en 2016 ont déclaré que « la richesse matérielle » était importante à leurs yeux, un record absolu dans cette étude qui remonte jusqu'en 1967). Un jeune sur quatre a affirmé qu'il ne serait satisfait que lorsqu'il posséderait plus que ses parents, soit une proportion quasiment égale à celle observée chez les milléniaux et la génération X, et supérieure de 50 % à la génération baby-boom en 1976.

Voici donc une bonne nouvelle pour les publicitaires et les professionnels du marketing : contrairement à ce que prétendent certaines rumeurs, les iGens veulent posséder des biens. La question qui s'impose, c'est comment les leur vendre ? Il est communément admis que les milléniaux et les iGens sont insensibles à la publicité : post-matérialistes, les jeunes d'aujourd'hui se montreraient davantage intéressés par la quête de sens que par le confort matériel. Or, comme nous l'avons vu dans le chapitre précédent, ce n'est pas entièrement vrai. La nouvelle génération est très intéressée par la richesse et moins attirée par le sens que les précédentes. Elle est également plus tolérante à l'égard de la publicité, se montrant davantage d'accord avec la proposition « il n'y a rien de mal à faire de la pub qui pousse les gens à acheter des choses dont ils n'ont pas besoin ». Elle adhère également au système capitaliste, les iGens étant plus enclins que les baby-boomers à dire qu'il « faudrait encourager la population à acheter pour soutenir l'économie » (voir Graphique 7.10).

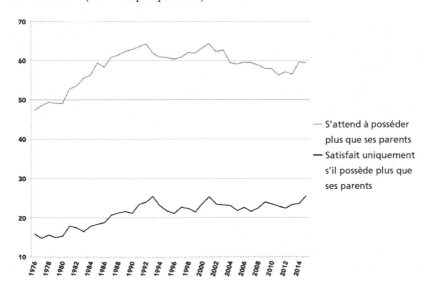

Graphique 7.9. Attentes matérielles des 17-18 ans. *Monitoring the Future*, 1976-2015.

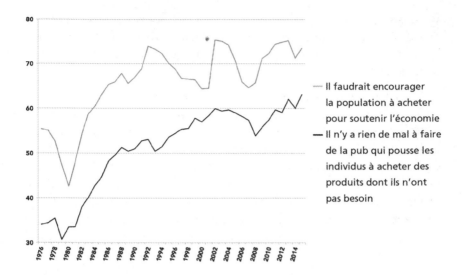

Graphique 7.10. Attitudes matérialistes des 17-18 ans, *Monitoring the Future*, 1976-2015.

Mais que veulent acheter les iGens ? Depuis maintenant plusieurs années, les agences de marketing se désolent face à la réticence des milléniaux à acheter des biens coûteux comme des voitures. Cette génération s'est également installée dans la maison de ses parents, ralentissant le marché de l'immobilier.

Il semblerait que cette attitude ne corresponde pas à un choix : lorsqu'ils étaient en terminale, les milléniaux se montraient très intéressés à l'idée de posséder leur propre maison. Les iGens prolongent cette tendance : de toutes les générations, celle-ci est en réalité la plus prompte à trouver important de posséder une maison unifamiliale (voir Graphique 7.11). L'immobilier devrait donc continuer à représenter un investissement sûr une fois les jeunes devenus adultes et en âge d'acheter leur maison. À supposer qu'ils le fassent, les achats d'électroménager, de meubles et d'articles domestiques devraient rapidement suivre. Si les jeunes Américains s'insèrent avec succès dans le paysage économique, ils se montreront largement enclins à acheter une maison et l'équipement qui l'accompagne.

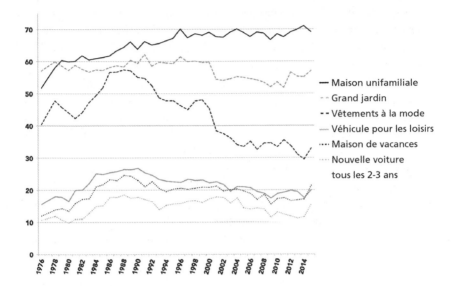

Graphique 7.11. Pourcentage des 17-18 ans qui estiment qu'il est relativement, voire extrêmement important de posséder six biens spécifiques. *Monitoring the Future*, 1977-2015.

On pense aussi souvent que les iGens et les milléniaux ne veulent pas acheter de voiture. L'étude a ici posé la question de l'importance d'avoir un nouveau véhicule tous les 2-3 ans, ce qui n'est pas forcément la mesure idéale vu l'augmentation de leur fiabilité. Néanmoins, les iGens se montrent plus intéressés par les voitures que ne l'étaient les baby-boomers vers la fin des années 70. Une étude de 2016 vient renforcer l'idée selon laquelle la nouvelle génération ne renonce pas aux voitures : 92 % de 12-17 ans déclarent avoir l'intention de posséder leur propre véhicule (Autotrader, 2016). Même s'il ne s'agit que d'une étude ponctuelle sans comparaison des générations, elle permet de montrer que la plupart des iGens ne sont pas prêts à renoncer à ce bien. Les principales raisons pour lesquelles ils préfèrent acheter plutôt que d'utiliser des voitures partagées reflètent bien leur profil psychologique : conduire son propre véhicule est « plus sûr » et « plus adapté à mon comportement », affirment-ils. Les constructeurs automobiles ne doivent pas perdre espoir : malgré les rumeurs, la nouvelle génération ne compte pas se reposer uniquement sur les services d'Uber si elle peut faire autrement. Elle est trop attirée par la sécurité et trop individualiste pour renoncer à posséder son propre véhicule.

Le changement le plus marquant transparaît dans les vêtements. Les iGens sont nettement moins intéressés par les « vêtements dernier cri ». Il peut s'agir d'une conséquence de l'individualisme : la mode est aujourd'hui davantage une affaire personnelle et moins un comportement de groupe comme autrefois. Lorsque j'étais adolescente dans les années 80, le style de jeans changeait chaque saison : une année la taille très haute, puis la taille basse, puis de couleur foncée et ensuite claire (ou bien décoloré à l'eau de javel, déchiré ou délavé…). Si on vous prenait à porter le mauvais modèle, vous deveniez un vrai paria. Aujourd'hui les choses sont différentes : il y a toujours certains styles de jeans qui sont à la mode et d'autres pas, mais on accepte une certaine flexibilité. En 2016, le magazine *Harper's Bazaar* a publié un article sur « les 12 styles de denim les plus tendance aujourd'hui » (Pieri, 2016). Dans les années 80, il n'y aurait eu qu'un seul style, pas douze. Les iGens sont l'illustration de ce phénomène : il n'est plus aussi important de posséder le dernier modèle.

L'écrivain britannique Rachael Dove (2014), 24 ans, surnomme les iGens la « génération de l'ennui ». Elle remarque que même leurs choix vestimentaires sont prudents. « Les jeunes hipsters adoptent aujourd'hui le "normcore", une tendance unisexe caractérisée par des vêtements confortables et fonctionnels » écrit-elle. « … Les tendances qui ont dominé les défilés de la mode automne/hiver : des tennis chez Chanel, des tricots ordinaires et confortables chez Stella McCartney et des cols roulés à la Steve Jobs chez Lanvin. » Rien de trop extravagant, de trop étrange ou de trop risqué pour la nouvelle génération.

Bien qu'ils aiment les biens matériels, les iGens ne voient pas vraiment l'intérêt de les utiliser comme des messages envoyés aux autres ou comme un terrain de compétition. Peu d'entre eux disent se soucier d'avoir ce que leurs amis et voisins possèdent (un phénomène souvent décrit par l'expression « Keeping up with the Joneses »[61]). De même, ils sont moins nombreux à trouver important de posséder le dernier gadget à la mode (voir Graphique 7.12). Même si l'argent s'avère essentiel dans l'ensemble, les iGens ne voient tout simplement pas l'intérêt de faire comme tout le monde.

---

61. Expression idiomatique du monde anglophone issue de la bande dessinée américaine *Keeping up with the Joneses*. Elle décrit la tendance à se comparer à autrui sur la base des biens matériels possédés (N.d.T.).

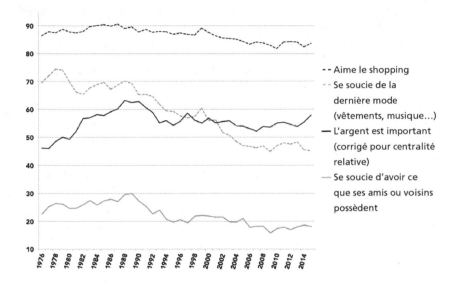

Graphique 7.12. Attitudes des 17-18 ans envers le shopping, la mode, l'argent et le fait de se comparer à ses voisins. *Monitoring the Future*, 1976-2015.

Une étude de 2016 sur les voitures a également relevé ce comportement. Comparés aux milléniaux qui se rappellent encore ce qu'ils aimaient à l'adolescence, les iGens sont moins nombreux à affirmer que le « style », la « marque » ou la « popularité » d'une voiture revêtaient de l'importance à leurs yeux (Beltz Snyder, 2016). Ils ne sont tout simplement pas aussi intéressés par l'idée de s'intégrer ; ils sont au contraire plus pragmatiques. Tout comme ils veulent seulement avoir du travail, ils veulent simplement une voiture.

Les iGens sont des matérialistes non conventionnels, qui souhaitent utiliser leur argent pour se démarquer, et non pour s'intégrer. Tout comme l'écrit Rebecca, 23 ans, « nous aimons conserver une forme d'individualité et sommes donc plus tentés par l'achat de produits que les autres n'utilisent pas déjà ». Ashley, 16 ans, dit aimer le shopping mais elle explique : « Je n'aime pas acheter des choses juste parce que tous les autres les ont ». Il existe de multiples stratégies marketing susceptibles de toucher cette génération, mais l'argument de l'intégration n'en fait pas partie. Les iGens veulent des produits utiles, qui les feront se sentir uniques et leur apporteront la praticité ou le confort qu'ils recherchent. « Je pense qu'on cherche juste des objets qui nous aident dans notre vie quotidienne » écrit Sophia, 21 ans. « Il ne s'agit pas de se comparer aux autres ou de s'intégrer, nous voulons juste quelque chose de fonctionnel et d'efficace. »

Cependant, les commerciaux se retrouvent face à un nouveau défi : les iGens ne sont pas aussi adeptes du shopping que les autres générations dans leur adolescence. La plupart des jeunes aiment toujours faire les magasins. Mais ils préfèrent une forme de shopping qui satisfait leur impatience. Cette génération n'a pas connu le monde d'avant Amazon ; ils sont habitués à avoir des résultats immédiats sur le net. Ils préfèrent conclure leurs achats au plus vite pour en profiter tout de suite. Les commerçants qui sauront personnaliser et faciliter ce processus rapide auront plus de chances d'attirer l'argent qu'accumulent les iGens. Certains jeunes disent qu'ils veulent des expériences et des produits indispensables plutôt que collectionner une série d'objets : « [Nous] avons besoin d'argent pour les dépenses importantes comme le logement, la nourriture, l'éducation, les soins de santé, et c'est chouette de se payer des activités comme des voyages, des sorties avec des amis ou des restaurants sympas » écrit Daniel, 23 ans. « L'argent supplémentaire ne sert pas vraiment à s'acheter plus de "choses" pour remplir son intérieur, il sert avant tout à améliorer la qualité de vie. »

Une étude de 2016 menée par Waggle Dance Marketing Research propose une comparaison plus approfondie des comportements des consommateurs iGens et de ceux des consommateurs milléniaux. De toutes les générations, les milléniaux (25-34 ans) étaient les plus enclins à affirmer « Je vais parfois faire les magasins juste pour m'amuser ». Ils étaient beaucoup plus nombreux que les iGens (18-24 ans) (Waggle Dance Marketing Research, s.d.). Comme il s'agit d'une étude ponctuelle, les différences peuvent s'expliquer par l'âge plutôt que par la génération. Néanmoins, on s'attend davantage à ce que les adolescents soient intéressés par le shopping, ce qui laisse supposer qu'il s'agit en réalité d'une différence génération-nelle. Les milléniaux étaient également plus susceptibles d'affirmer « Je fais davantage confiance à mon cœur qu'à ma raison », de nouveau une attitude davantage associée aux adolescents qu'aux jeunes adultes de 25 ans. De même, ils étaient plus prompts que les jeunes d'aujourd'hui à être d'accord avec les propositions « Si je pense que la possession de cet objet pourra impressionner les autres, alors il y a de fortes chances que je l'achète » et « J'en pince pour quelqu'un de célèbre à l'heure actuelle ». Ces deux attitudes — vouloir impressionner les autres et craquer pour une célébrité — sont généralement caractéristiques de la jeunesse. Pourtant, les iGens plus jeunes y sont moins sensibles que les milléniaux plus âgés. En général, la nouvelle génération se concentre plus sur des aspects pratiques, est moins attirée par la célébrité et plus prompte à faire primer la logique sur les émotions. Par conséquent, les mêmes messages marketing ne fonctionneront pas sur eux.

Comme les publicitaires commencent à viser les iGens, nous pourrions assister à un retour vers des publicités plus factuelles, similaires à celles du passé. Même si leur attrait continue à se fonder sur le visuel et l'émotionnel, les annonces se tourneront peut-être davantage vers des thèmes chers à cette génération, tels que la sécurité. Les publicitaires renonceront sans doute aussi aux annonces basées sur la conformité à un groupe et insisteront plutôt sur ce qu'un produit peut apporter à la personne : son côté pratique, ses dispositifs de sécurité, et l'expérience qu'il offre. De plus, les iGens devraient se montrer moins épris des célébrités que les milléniaux.

Ce virage pragmatique devrait aider les iGens à mieux s'orienter sur un marché de l'emploi très compétitif et un marché de la consommation parfois déroutant. Leurs attentes professionnelles plus réalistes et leur éthique de travail accrue devraient leur être bénéfiques face aux employeurs habitués aux milléniaux plus exigeants. Cependant, les attentes matérielles de cette génération sont toujours élevées. Elles ne se concentrent pas sur les produits modestes associés au shopping mais sur des dépenses plus conséquentes, qu'il s'agisse de biens immobiliers, de départs en vacances ou de l'acquisition des dernières technologies. Mieux que les milléniaux, les iGens comprennent qu'ils doivent travailler dur et confronter leurs attentes à la réalité de l'économie moderne. Plus que n'importe qui, ils savent que leur avenir en dépend.

Chapitre 8
Indécis : un nouveau rapport au sexe, au mariage et à la famille

« La vingtaine est censée être la meilleure époque de notre vie. Ces années sont celles où l'on peut être complètement égoïste, se lâcher, ne pas s'inquiéter des conséquences de nos mauvaises décisions... Pour être honnête, s'engager dans une relation à long terme est parfois le meilleur moyen de passer à côté de tous ces plaisirs », écrit Leigh Taveroff (2015) dans le *Today's Lifestyle*. Son article s'intitulait « 8 raisons pour lesquelles les relations amoureuses échouent toujours dans la vingtaine ».

Il y a peu, l'idée qu'il faudrait éviter les relations amoureuses jusqu'à l'âge de 30 ans aurait choqué de nombreuses personnes et leur aurait même semblé absurde. Aussi récemment que dans les années 90, la plupart des femmes se mariaient peu après 20 ans et elles rencontraient souvent leur futur mari alors qu'elles étaient encore adolescentes. Puis les iGens sont arrivés et ils ont ouvert une nouvelle voie qui pourrait redéfinir de manière permanente les relations entre adultes et la notion de famille.

Hayley, 18 ans, que nous avons déjà rencontrée dans le chapitre 5, a eu un petit ami pendant 6 mois, mais cette amourette mise à part, elle a toujours évité les relations amoureuses. « Je suis très heureuse de ne jamais avoir eu de relations [avant cela] parce que j'ai l'impression que ça m'a permis de développer ma propre personnalité et [d'être] indépendante », m'a-t-elle raconté à l'occasion d'un déjeuner. « J'ai essayé d'éviter de dépendre émotionnellement d'autres personnes. Je connais beaucoup de gens qui ont commencé à avoir des rendez-vous amoureux alors qu'ils étaient vraiment très jeunes et ils sont devenus émotionnellement dépendants de leur copain ou de leur copine. Maintenant, ces personnes cherchent toujours à être avec quelqu'un, elles n'arrivent pas à rester célibataires. Elles n'ont jamais appris à être seules et heureuses parce qu'elles cherchent toujours à être en couple. Je crois que ce n'est pas très sain. Et donc je pense qu'il est plus sûr, et plus sain, de ne pas avoir de relations quand on est trop jeune. »

Les revendications des iGens, à savoir le droit de grandir lentement, l'individualisme et la sécurité, s'expriment toutes dans leur attitude exagérément prudente vis-à-vis des relations amoureuses. Comme nous l'avons vu dans le chapitre 1, ces jeunes lycéens sont moins enclins que leurs prédécesseurs à se donner des rendez-vous amoureux et à avoir des relations sexuelles, préférant repousser ces activités à plus tard. Selon certains, même à l'université il serait encore trop tôt. « Je pense qu'il n'est pas bon du tout d'avoir des relations amoureuses à l'université parce qu'il faut rester concentré, faire des expériences, gagner de l'argent, étudier [et] passer du temps avec ses amis », écrit Harrison, 21 ans. « Une relation à cet âge peut donner l'impression d'étouffer, ça entraîne des drames et empêche ton vrai potentiel de s'exprimer. J'ai vu beaucoup de personnes de mon âge abandonner leurs objectifs à cause d'une relation amoureuse. On accomplit plus de choses en n'étant pas impliqué dans une histoire sérieuse. Pas de relation, ça veut dire pas de problème. »

Avec l'avènement de la culture des coups d'un soir, l'équivalent moderne de l'aventure sans lendemain, l'« absence de relation » n'équivaut pas nécessairement à une « abstinence sexuelle ». Mais dans quelle mesure cette culture des coups d'un soir est-elle répandue et à quoi la vie sexuelle des iGens ressemble-t-elle vraiment ?

La place du sexe chez la génération Tinder

Selon un article du *Vanity Fair* paru en 2015, l'avènement de Tinder et des autres applications de rencontre a porté un coup fatal aux rendez-vous galants à l'ancienne (Sales, 2015). Il est aujourd'hui parfaitement naturel pour les jeunes, explique-t-on dans cet article, de pouvoir facilement localiser une multitude de partenaires sexuels et d'ainsi éviter toute relation sérieuse. « On ne peut pas rester coincé toute sa vie avec une seule personne… Il y aura toujours mieux ailleurs », explique un jeune homme. « Tu peux rencontrer quelqu'un et conclure en 20 minutes » raconte Brian, 25 ans, au journaliste. « C'est très difficile de se contrôler. »

Comme la plupart des documentaires sur le sujet, l'article du *Vanity Fair* se contente néanmoins de recueillir quelques anecdotes qui concernent surtout des personnes habituées à fréquenter les bars. Il illustre parfaitement les occupations d'une partie de la génération iGen, celle qui se montre la plus débridée. Cependant, il est difficile de déterminer précisément le comportement d'un jeune moyen en se fondant uniquement sur de tels témoignages, car les adolescents moins frivoles ne se rendent pas dans ce genre d'endroit. De même, les journalistes n'ont pas pensé à comparer cette situation aux sorties dans les bars et les boîtes de nuit des années 70 et 80, où les histoires sans lendemain étaient légion. Pour comprendre le comportement de la jeunesse moyenne et son évolution, il est bien plus utile de se référer à des enquêtes représentatives à un niveau national qui procèdent à une comparaison entre les générations. C'est justement le cas de la *General Social Survey*[62].

Il est vrai que l'attitude des iGens et des milléniaux en ce qui concerne le sexe diffère relativement de l'attitude des jeunes de la décennie précédente (Twenge, Sherman & Wells, 2015). Aussi tard qu'en 2006, seuls 50 % des 18-29 ans environ considéraient « qu'il n'y a rien de mal » à ce que deux adultes non mariés aient des relations sexuelles, soit plus ou moins le même taux que dans les années 70. Ce taux a ensuite connu une brusque montée en flèche, avec 65 % des jeunes de cet avis en 2016 (voir Graphique 8.1).

Même les relations sexuelles entre jeunes adolescents (16 ans ou moins) sont mieux acceptées, avec cinq fois plus de participants en 2016 qu'en 1986 « qui n'y voient aucun mal ». Les iGens ont en fait moins tendance à considérer quoi que ce soit comme répréhensible ; ils estiment que c'est à chacun de décider. Étant donné que l'âge moyen du mariage se situe aujourd'hui à la fin de la vingtaine, les jeunes trouvent sans doute absurde de patienter jusque-là.

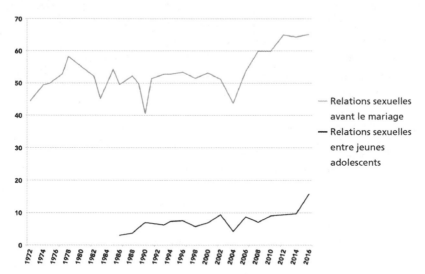

Graphique 8.1. Pourcentage des 18-29 ans qui affirment que les relations sexuelles entre adultes avant le mariage ou entre adolescents de 16 ans ou moins « n'ont rien de mal ». *General Social Survey*, 1972-2016.

---

62. Étude sociologique menée à intervalles réguliers par l'université de Chicago depuis 1972 (N.d.T.).

Puisque les iGens considèrent que les relations sexuelles entre personnes non mariées ou entre jeunes adolescents sont tout à fait normales, on pourrait s'attendre à ce qu'ils profitent de cette liberté avec davantage de partenaires. C'est en tout cas la préoccupation de leurs parents et l'hypothèse émise par les médias : confrontés à une pornographie en ligne omniprésente et à une culture de plus en plus sexualisée, les adolescents franchissent plus vite le pas et les jeunes adultes ont davantage de partenaires que par le passé, grâce à Tinder et aux applications de rencontre.

Cependant, les adolescents et les jeunes adultes de la génération iGen ne sont pas pour autant plus enclins à avoir des relations sexuelles ; c'est en réalité l'inverse. Commençons par analyser le cas des adolescents. Comme nous l'avons vu dans le chapitre 1, les lycéens d'aujourd'hui sont en réalité moins susceptibles d'avoir déjà eu des rapports sexuels que ceux de la génération X ou que leurs prédécesseurs milléniaux. Cette tendance n'est pas liée à une évolution de la répartition ethnique : les iGens, qu'ils soient Blancs, Noirs ou Hispaniques, sont tous moins susceptibles d'avoir eu des relations, et l'on constate une diminution plus forte chez les adolescents noirs (voir Annexe H). Aussi récemment qu'en 2007, les garçons moyens perdaient leur virginité à l'époque du lycée, mais ils n'étaient qu'une minorité dans ce cas (43 %) après 2009 (39 % pour les filles). Il s'agit d'une inversion de l'ancienne tendance, qui a vu les relations sexuelles devenir de plus en plus précoces : si les femmes baby-boomeuses, nées dans les années 40, perdaient leur virginité vers l'âge de 19 ans en moyenne, les femmes de la génération X, nées dans les années 70, connaissaient leur première relation sexuelle à 17 ans en moyenne (Wells & Twenge, 2005). Cet âge est ensuite remonté à 18 ans environ pour les femmes nées dans les années 90.

Selon certains, la diminution du nombre de rapports sexuels découlerait d'une augmentation des pratiques sexuelles orales. Lorsque Peggy Orenstein (2016) a interviewé des adolescentes dans le cadre de son récent ouvrage *Girls & Sex*[63], plusieurs ont déclaré que le sexe oral n'était « rien… ce n'est pas du sexe » et qu'il s'agissait de « l'étape logique après le baiser ». Le thème de la sécurité a également resurgi. Une jeune fille de 18 ans venant de la banlieue de Chicago a déclaré à Peggy Orenstein que le sexe oral « ne présentait pas les mêmes risques que les rapports sexuels

---

63. *Les filles et le sexe*, non traduit (N.d.T.).

classiques. On ne perd pas sa virginité, on ne peut pas tomber enceinte, on ne peut pas attraper d'IST. Donc c'est moins dangereux ». Évidemment, ce n'est pas entièrement vrai ; les infections sexuellement transmissibles (IST) peuvent également se transmettre en pratiquant du sexe oral, le risque est simplement moindre que lors de rapports classiques. Néanmoins, le taux d'infection par IST a diminué depuis 2012 pour les adolescents. C'est le seul groupe de population où un tel déclin a été observé (voir Annexe H). Puisque les jeunes sont de moins en moins nombreux à avoir des relations sexuelles, ils contractent logiquement moins d'IST.

Si l'on suppose que la tendance pour les relations sexuelles suit celle de la consommation d'alcool, on peut s'imaginer que les jeunes adultes, une fois à l'université, compenseront leur abstinence du lycée, s'alignant ainsi sur les précédentes générations. Les applications de rencontre, qui rendent a priori les rapports sexuels accessibles en un seul clic, pourraient encore faciliter ce phénomène.

Cette hypothèse semble la plus probable, mais elle est en fait loin de se vérifier. En réalité, de plus en plus de jeunes adultes n'ont plus du tout de relations sexuelles (Twenge, Sherman & Wells, 2017). Les iGens et les milléniaux tardifs (nés dans les années 90) sont, au début de la vingtaine, deux fois plus nombreux (16 %) que les membres de la génération X (6 %) à ne plus avoir eu de relations sexuelles depuis leurs 18 ans (voir Graphique 8.2). Une analyse statistique plus poussée, reprenant l'ensemble des adultes et adaptée à l'âge sur des périodes données, confirme cette tendance : il y a deux fois plus d'adultes vierges parmi ceux nés dans les années 1990 que parmi les adultes nés dans les années 60.

« Je ne suis pas active sexuellement, et je ne cherche pas à le devenir », a écrit une jeune femme de 19 ans dans un commentaire posté en réponse à un article du *Los Angeles Times* qui évoquait ces chiffres (Batchelor Warnke, 2016). « Des relations aussi intimes sont une perte de temps ». Une autre personne, probablement plus âgée, a réagi : « Pourquoi une perte de temps ? Les relations amoureuses font partie de la vie. » Pour les iGens, il est plus important de se concentrer sur soi-même et sa réussite matérielle ; les relations sexuelles et amoureuses ne sont donc qu'« une perte de temps ».

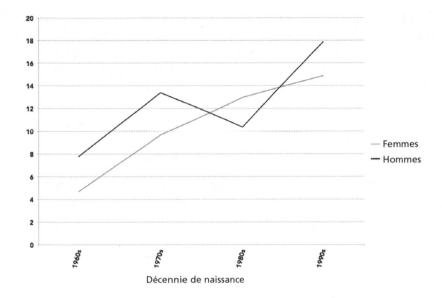

Graphique 8.2. Pourcentage des 20-24 ans qui n'ont pas eu de partenaires sexuels depuis leurs 18 ans, par décennie de naissance et par sexe. *General Social Survey*, 1989-2016.

Certains iGens mentionnent la sécurité pour justifier leur abstinence sexuelle. « Je n'ai jamais vraiment cherché à avoir des rapports sexuels et je crois que je ne me sentirais pas vraiment à l'aise avec ça à moins que ma partenaire ne parvienne à me rassurer et à me faire me sentir en sécurité », déclare Sam, 20 ans, dans un article du *Huffington Post* (Driscoll, 2016). Comme les iGens se sentent davantage isolés, dépressifs et peu sûrs d'eux, ils sont peut-être plus craintifs face à la vulnérabilité physique et émotionnelle que supposent les relations sexuelles.

Bien évidemment, si 16 % des jeunes adultes n'ont jamais eu de relations sexuelles, c'est que 84 % en ont déjà eu. Une partie grandissante de cette génération, quoiqu'encore relativement restreinte, n'a donc pas voulu franchir le pas, mais la plupart des iGens et des milléniaux moyens ont des rapports sexuels avec un partenaire, voire davantage étant donné leur réputation. Si cette hypothèse est fondée, ils devraient donc déclarer plus de partenaires sexuels que les générations précédentes.

Mais à nouveau, ce n'est pas le cas. Même en supprimant le biais induit par l'âge, les membres de la génération X nés dans les années 70 déclarent avoir eu en moyenne 10,05 partenaires sexuels dans leur vie, alors que les milléniaux et les iGens nés dans les années 90 n'en déclarent que 5,29. Ainsi, ces deux dernières générations, connues pour privilégier les relations sexuelles éphémères et banalisées, ont en réalité eu 5 partenaires de moins en moyenne. Comme le montre le graphique 8.3, les hommes nés dans les années 90 ont eu neuf partenaires de moins que ceux nés dans les années 70, et les femmes en moyenne deux de moins.

Ce phénomène s'explique-t-il uniquement par le nombre croissant de jeunes n'ayant aucun rapport sexuel ? En réalité, non. Si l'on considère uniquement ceux qui ont eu au moins un partenaire sexuel depuis leurs 18 ans, les membres de la génération X, nés dans les années 70, avaient en moyenne 10,67 partenaires alors que les milléniaux et les iGens nés dans les années 90 en avaient 6,48 (après avoir supprimé le biais de l'âge). Par conséquent, même parmi les jeunes sexuellement actifs, les iGens et les milléniaux ont quatre partenaires sexuels de moins que les membres de la génération X.

Quand j'ai déclaré à un groupe d'iGens que leur génération était en réalité moins active sexuellement que les précédentes, la plupart ne m'ont pas cru. Rien de surprenant à cela puisque les jeunes ont souvent tendance à surestimer le nombre de leurs camarades qui ont déjà eu des relations sexuelles et le nombre de leurs partenaires. Ce groupe a malgré tout fourni des causes plausibles qui reflètent les caractéristiques de leur génération, en particulier l'intérêt pour la sécurité et le pragmatisme. « On effraye les adolescents pour les empêcher d'avoir des relations sexuelles. Quand j'étais au lycée, la propagande anti-sexe était très présente. On regardait des vidéos montrant à quoi ressemblent les infections génitales et on écoutait les histoires des mères adolescentes », écrit Kristen, 22 ans. « Puis cette émission télé, *Teen Mom*[64], est sortie et personne ne voulait être à la place de ces filles. Leurs vies étaient tristes et pitoyables. » Kristen a raison de dire que ces portraits télévisés ont pu avoir un impact : une étude montre que le nombre de mères adolescentes a diminué de manière significative aux États-Unis 18 mois après la première diffusion de l'émission de MTV *16 and Pregnant*[65] (Kearney & Levine, 2014 ; Wilson, 2014).

---

64. *Mère adolescente* (N.d.T.).
65. *16 ans et enceinte* (N.d.T.).

D'autres iGens expriment leur peur des rapports sexuels et particuliè-rement des infections sexuellement transmissibles. Tyrone, 20 ans, estime que la diminution du nombre de relations sexuelles s'explique par « la peur de tomber enceinte ou de contracter une maladie. Il y a une flopée de publicités et d'émissions télévisées qui essayent de nous faire la leçon ». Veronica, 20 ans, écrit : « On ne prend pas les relations sexuelles à la légère. On parle davantage des infections sexuellement transmissibles et on a davantage conscience de ce qui peut nous arriver si on multiplie les partenaires sexuels ».

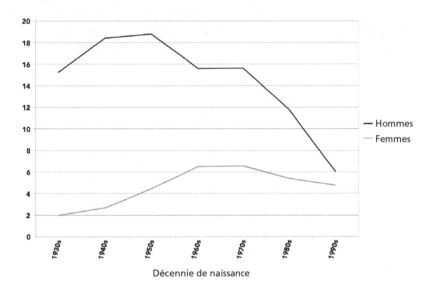

Graphique 8.3. Nombre de partenaires sexuels après 18 ans pour tous les adultes, par décennie de naissance, adapté en fonction de l'âge. *General Social Survey*, 1989-2016.

La peur des agressions sexuelles, voire pire, pourrait aussi jouer un rôle, en particulier chez les femmes. Amelia, 23 ans, n'a jamais eu de relations sexuelles. « Il y a juste trop de risques… Les femmes sont particulièrement conscientes des dangers qu'elles encourent en ramenant un étranger chez elles, et s'inquiètent à juste titre de savoir si elles en ressortiront vivantes » a-t-elle déclaré au *Huffington Post* (Driscoll, 2016). Les générations précé-dentes ont peut-être expérimenté les mêmes craintes mais la couverture médiatique actuelle concernant ces affaires, ajoutée à l'intérêt des iGens pour la sécurité, n'ont fait que les exacerber.

Ces jeunes ont également moins d'occasions d'avoir des relations sexuelles puisqu'ils passent beaucoup moins de temps à se voir en personne. Comme nous l'avons vu dans le chapitre 3, les adolescents passent moins de temps et sortent moins souvent avec leurs amis, probablement parce qu'ils préfèrent s'envoyer des photos sur Snapchat ou des SMS. Peut-être envoient-ils des photos osées ou des sextos, mais ils sont en tout cas moins enclins à passer à la vitesse supérieure, en se rencontrant physiquement pour avoir de véritables rapports sexuels. En effet, il est impossible de tomber enceinte à cause d'un sexto et de nombreux iGens trouvent ces pratiques moins dangereuses. « Au collège et au lycée, j'envoyais des sextos très crus et je faisais des stripteases sur Skype » raconte une étudiante du East Coast college à Peggy Orenstein (2016) dans le livre *Girls & Sex*. « Je n'étais pas prête à perdre ma virginité mais j'aimais jouer le rôle de l'allumeuse. »

L'accès illimité à Internet pourrait constituer l'une des raisons principales de la diminution du nombre de grossesses à l'adolescence au cours de ces dernières décennies. Une étude a montré que le taux de grossesse chez les adolescentes a diminué significativement après l'introduction de l'Internet à haut débit dans une région donnée (Guldi & Herbst, 2015). On a ainsi observé une diminution de 13 % entre 1999 et 2007. Ce phénomène peut s'expliquer soit par le fait que les jeunes ont un meilleur accès aux informations sur la contraception, soit parce qu'ils communiquent davantage sur les réseaux sociaux qu'en personne. Les données semblent confirmer la deuxième hypothèse : l'utilisation de moyens contraceptifs a apparemment peu évolué chez les lycéens (selon le YRBSS), ce qui prouve donc que la diminution du nombre de grossesses chez les adolescentes s'explique avant tout par le déclin des relations sexuelles. Comme le fait remarquer un article du *Washington Post* à ce sujet, « peut-être sont-ils trop occupés à tapoter sur leurs iPhone » (Paquette & Cai, 2015).

Les jeunes adultes milléniaux et iGen ont peut-être aussi moins l'opportunité de rencontrer des partenaires sexuels. Un(e) ado qui n'est pas suffisamment canon verra sa photo glisser aussitôt vers la gauche sur Tinder, alors qu'il ou elle aurait très certainement séduit un(e) partenaire potentiel (le) rencontré(e) dans un bar. Comme les ados sont, en outre, de moins en moins nombreux à fréquenter les bars, et qu'ils préfèrent consulter leur profil Tinder plutôt que de s'intéresser à la personne assise à côté d'eux, beaucoup de jeunes n'ont pas l'occasion d'avoir des relations sexuelles. Dans le passé, ceux qui n'étaient pas intéressés par les coups d'un soir ou qui n'étaient pas suffisamment attirants finissaient ensemble et se mariaient jeunes. Étant donné que l'âge du mariage est de plus en plus tardif de nos jours, certains n'ont jamais de rapports sexuels.

Certains jeunes choisissent peut-être de ne pas avoir de relations sexuelles parce qu'ils ne veulent pas prendre part à cette mode des coups d'un soir, souvent dénuée de romantisme et de toute forme d'intimité émotionnelle. Claudia, 19 ans, étudiante à l'université Tulane, a déclaré au *Washington Post* qu'elle recherchait une relation « à l'ancienne » mais que la plupart des étudiants de Tulane cherchaient plutôt des « relations occasionnelles pour une aventure sans lendemain. Ils vont dans des bars pour rentrer avec quelqu'un », ce qui ne correspond pas à ce qu'elle veut (Bahrampour, 2016). De nos jours, certains jeunes hommes sont très directs lorsqu'ils parlent de leurs désirs. Il s'agit souvent de sexe sans contrepartie, voire même sans préliminaires. « On reçoit des messages qui disent "Tu veux baiser ?" » raconte dans *Vanity Fair* Jennifer, 22 ans, étudiante à l'Indiana University Southeast (Sales, 2015). « Ils vous disent "suce-moi" », ajoute Ashley, 19 ans, une de ses amies. Comme les relations sérieuses sont moins courantes parmi les jeunes adultes et que les coups d'un soir sont le moyen le plus sûr d'avoir des rapports sexuels, de nombreuses jeunes femmes pourraient choisir l'abstinence. « Netflix a peut-être remplacé le sexe ? » demande Lucy, 26 ans, dans le *Huffington Post* (Driscoll, 2016). « Tout ce que je sais, c'est qu'attraper un Pokémon rare m'apporte bien plus de satisfaction que de discuter avec des garçons sans intérêt sur des applis de rencontre. »

Certains jeunes garçons ont la même impression. Mark, 20 ans, a pu observer cette pratique des coups d'un soir lorsqu'il était au lycée près de Fort Worth, dans le Texas, et il a décidé que ce n'était pas fait pour lui. « Je suis resté vierge pendant tout le lycée » m'explique-t-il. « J'ai vu tous ces jeunes qui se droguaient et couchaient sans se mettre aucune limite et j'ai décidé que je ne serai jamais comme ça ». Au lieu de quoi, il a attendu de rencontrer une jeune femme avec qui il pourrait construire une relation sur le long terme. Après un premier rendez-vous réussi, il a décidé de « passer à un niveau supérieur pour leur deuxième sortie et de l'emmener à l'Olive Garden, un restaurant plus classe où l'on est bien installé, histoire de réellement faire connaissance. » Après ce dîner, il a rapidement été présenté au père de la demoiselle et une semaine après, les parents des deux jeunes gens se sont rencontrés (« Et ils se sont tous bien entendus, ce qui est important pour moi »). Mark et sa petite amie ont eu leur premier rapport sexuel alors qu'ils se voyaient depuis 6 mois et ils envisagent de se marier plus tard. Mark n'est pas le seul dans cette situation : la sociologue Lisa Wade (2017) a interrogé plus d'une centaine d'étudiants d'université pour son livre *American Hookup*[66] et elle a découvert que la plupart d'entre eux cherchaient une relation sérieuse. Toutefois, beaucoup s'étaient aperçus que le seul moyen d'avoir des rapports sexuels sur leur campus était de recourir au coup d'un soir. Ils ont donc décidé de s'abstenir.

Génération porno

Il pourrait y avoir une autre cause à ce déclin, bien qu'elle semble paradoxale : la facilité d'accès à la pornographie en ligne. Comme la comédie musicale *Avenue Q* l'a déclaré avec légèreté : « The Internet Is for Porn »[67].

La pornographie compte de plus en plus d'adeptes. Selon une étude, le fait, pour les jeunes hommes adultes, d'avoir regardé une vidéo pornographique au cours de l'année qui précède est passé du statut d'expérience minoritaire dans les années 70 au statut d'expérience majoritaire dans les années 2010 (Price, Patterson, Regenerus & Walley, 2016). Même les adolescents et les enfants regardent de la pornographie, souvent en tombant dessus par hasard sur Internet. Pas plus tard qu'en 2005, 42 % des 10-17 ans déclaraient avoir regardé de la pornographie sur Internet durant l'année qui précède, de manière non intentionnelle pour deux tiers d'entre eux (Wolak, Mitchell & Finkelhor, 2007).

On pourrait croire que l'accessibilité des contenus pornographiques a contribué à éveiller l'intérêt des adolescents pour les véritables rapports sexuels. Pourtant, les jeunes affirment souvent le contraire. Hiro, 17 ans, habite au Texas avec ses parents et ses frères et sœurs plus âgés. Il raconte la première fois qu'il a vu un film pornographique, à l'âge de 9 ans. Il avait à l'époque découvert comment désactiver le contrôle parental sur l'ordinateur de ses parents. Le porno l'a poussé à essayer d'imaginer à quoi

---

66. *La culture américaine du coup d'un soir*, non traduit (N.d.T.).
67. « Internet est là pour le porno » (N.d.T.).

ressembleraient les filles qu'il connaissait si elles étaient nues. Il raconte : « J'avais deux solutions : soit traîner avec des filles en ayant en permanence des pensées sexuelles à leur égard, soit les éviter complètement ». Et il a décidé de les éviter. « Je n'ai jamais eu de relation amoureuse en 17 ans et la principale raison, c'est le porno et le fait que je l'associe toujours aux filles. Aujourd'hui, ça me rend triste » écrit-il. Il tire la conclusion que « la pornographie, surtout sur Internet, a désensibilisé les adolescents au point qu'ils n'apprécient plus ou ne veulent plus de sexe et d'intimité ».

Certains jeunes hommes estiment quant à eux que la pornographie suffit à assouvir leurs besoins sexuels. Noah Patterson, 18 ans, a déclaré au *Washington Post* qu'il préférait regarder des vidéos sur YouTube, jouer à des jeux vidéo ou travailler plutôt que d'avoir des rapports sexuels (Bahrampour, 2016). Il est vierge, bien qu'il ait regardé beaucoup de porno. Quand on lui a demandé s'il était curieux de savoir à quoi ressemblent les relations sexuelles en vrai, il a répondu : « Pas vraiment. J'en ai vu tellement… Il n'y a rien de réellement magique là-dedans, n'est-ce pas ? »

Un article qui a fait la une du *Time Magazine* en 2016 évoque le fait que l'utilisation abusive de pornographie inhiberait de plus en plus l'excitation des jeunes hommes lors de véritables rapports sexuels (Luscombe, 2016). Noah Church, aujourd'hui 26 ans, déclare qu'il avait 9 ans la première fois qu'il a vu des photos de femmes nues sur Internet. Lorsqu'il avait 15 ans, il se masturbait plusieurs fois par jour devant des vidéos pornos. À sa dernière année de lycée, il s'est retrouvé nu dans sa chambre avec sa petite amie de l'époque, mais il n'a pas pu avoir d'érection. « Il y avait un décalage entre ce que je voulais dans ma tête et la façon dont mon corps réagissait », explique-t-il.

À l'occasion d'une conférence TED très connue, Cindy Gallop, alors âgée d'une quarantaine d'années, décrivait ses relations sexuelles avec des hommes d'une vingtaine d'années. « Lorsque j'ai des rapports avec ces hommes plus jeunes, je me retrouve confrontée, d'une manière très personnelle et directe, à l'omniprésence insidieuse de la pornographie hardcore dans notre culture » dit-elle. « Les enfants ont accès [aux films pornos] de plus en plus tôt. Une génération entière grandit en pensant que ce qu'elle voit dans ces vidéos hardcore correspond à la manière dont elle devrait faire l'amour. » Pour lutter contre ce phénomène, elle a créé le site web *Make Love Not Porn*[68], qui reprend un ensemble de conseils pratiques à l'intention des hommes, du genre « Beaucoup de femmes n'apprécient pas le sexe anal », ou encore « Certaines femmes se rasent [en dessous], d'autres pas ».

Il est difficile de prouver en quoi l'augmentation du recours à la pornographie a pu mener à un déclin des rapports sexuels. Par définition, les hommes et les femmes qui regardent du porno le font parce qu'ils s'intéressent au sexe. Ils ont donc généralement plus de rapports. Pour la majorité des individus, visionner de la pornographie ne va pas entraîner de diminution de leur activité sexuelle. Pour toute une tranche de la population, le porno suffit et les vrais rapports sexuels sont superflus. Pourquoi prendre le risque d'être rejeté, de contracter des IST, de se disputer ou se forcer à rencontrer ses semblables quand on peut regarder du porno à loisir et en toute intimité ?

La pornographie peut mener à l'inactivité sexuelle d'une autre façon, en modifiant le type de rapports sexuels chez les jeunes. Des étudiants ont déclaré à Lisa Wade que les coups d'un soir étaient devenus la norme et qu'ils constituaient le seul moyen d'entamer une relation. Les coups d'un soir, affirment-ils, sont dans l'idéal des « rapports sexuels sans émotion ou signification », un concept qui leur a sans doute été inspiré par la pornographie. Tout comme Lisa Wade le déclarait à la *Minnesota Public Radio*, « la pornographie, c'est du sexe torride sans aucune émotion. Les jeunes vous diront la même chose si vous leur demandez ce que signifie cette mode des coups d'un soir. Il s'agit d'avoir des relations sexuelles torrides tout en restant impassible sur le plan émotionnel. » (Minnesota Public Radio, 2016) Elle a découvert qu'un tiers des étudiants n'étaient pas sexuellement actifs durant leur première année d'université. « Ils ont presque tous décidé de s'abstenir précisément parce qu'ils ne voulaient pas de ce genre de parties de jambes en l'air », explique-t-elle. « Ils n'étaient pas contre les relations sexuelles occasionnelles mais ils n'aimaient pas l'idée d'avoir des rapports froids, dénués d'émotions et potentiellement destructeurs. Ils auraient été ravis d'avoir des rapports sexuels torrides, accompagnés de véritables émotions. À défaut de s'aimer, ils voudraient au moins s'apprécier et ce n'est vraiment pas l'idée quand vous pratiquez le coup d'un soir. » D'autres chercheurs s'intéressant aux relations sexuelles ont observé des

---

68. *Faites l'amour, pas de la pornographie* (N.d.T.).

attitudes similaires chez les étudiants d'aujourd'hui. Debby Herbenick, de l'université de l'Indiana, raconte : « J'ai des étudiants qui affirment que les gens devraient être capables de ne pas introduire d'émotions dans les relations sexuelles. Et ceux qui n'y arrivent pas ont un problème ». (Orenstein, 2016).

Attraper des sentiments

Dans son article sur les huit raisons pour lesquelles « les relations amoureuses échouent toujours dans la vingtaine », Leigh Taveroff cite l'explication suivante comme principal motif : « Ces années sont d'une extrême importance : on est supposé découvrir qui l'on est et jeter les bases de notre vie future. On n'a pas envie d'être trop absorbé par les problèmes, les réussites et les échecs de quelqu'un d'autre et d'ainsi oublier de vivre les nôtres. Au bout du compte, cette décennie est celle où l'on se construit. Soyons égoïstes, amusons-nous et explorons le monde. »

Pour Leigh Taveroff, c'est un fait : la vingtaine doit être consacrée à l'exploration de sa propre personne, une idée que de nombreuses personnes de 25 ans auraient trouvée absurde il y a peu, dans les années 90. À cet âge-là, la plupart des baby-boomers et des membres de la génération X étaient mariés et beaucoup avaient des enfants. Sans jugement de valeur aucun, il existe des conceptions très différentes concernant la meilleure manière de vivre les années les plus dynamiques de notre vie. « C'est beaucoup trop tôt » a dit Ivan, 20 ans, quand je lui ai demandé s'il estimait que la plupart des individus étaient prêts au début de la vingtaine à s'engager dans une relation sérieuse, en emménageant ou en se mariant avec son partenaire. « Nous sommes encore trop jeunes et nous continuons de découvrir la vie, de nous amuser et de profiter de notre liberté. L'engagement empêche trop vite de faire tout ça. C'est souvent parce que nous pensons être trop jeunes pour nous engager que nous quittons nos partenaires ».

En général, les relations amoureuses s'opposent à la notion individualiste qui consiste à croire que « tu n'as besoin de personne pour être heureux, tu dois te rendre heureux toi-même ». C'est le message avec lequel les iGens ont grandi, cette idée reçue que la culture populaire a chuchoté à leurs oreilles. En à peine 18 ans, entre 1990 et 2008, l'utilisation de l'expression « se faire plaisir » a plus que triplé dans les livres américains repris dans la base de données de Google Books. L'expression « n'avoir besoin de personne » n'existait quasiment pas dans les livres d'avant les années 70. Entre 1970 et 2008, ses occurrences ont pourtant quadruplé. L'utilisation de l'expression anti-relationnelle « ne jamais faire de compromis » a quant à elle doublé entre 1990 et 2008. Une autre expression devenue monnaie courante ? « Je m'aime ».

« Je doute de l'hypothèse selon laquelle l'amour vaut toujours la peine de prendre des risques. Il y a d'autres moyens de donner du sens à sa vie, surtout à l'université où les relations amoureuses peuvent nous éloigner de cet objectif au lieu de nous en rapprocher », écrit Flannery James (2016), étudiant de deuxième année à l'université Columbia, dans le journal du campus. Les iGens estiment avoir de nombreux objectifs personnels à atteindre et une relation amoureuse pourrait les en empêcher. De nombreux jeunes ont également peur de perdre leur identité ou d'être trop influencés par l'autre à un moment crucial. « Aujourd'hui, on a cette idée que notre identité se construit indépendamment des relations, pas au sein de celles-ci », explique la psychologue Leslie Bell (Orenstein, 2016). « Ainsi, ce n'est qu'une fois que l'on s'est entièrement développé en tant qu'adulte que l'on peut avoir des relations. » James, 22 ans, partage cet avis. « Une autre personne pourrait facilement exercer une grande influence sur moi en ce moment, et je ne sais pas si j'en ai vraiment envie », dit-il. « J'ai l'impression que ces cinq années d'université, entre 20 et 25 ans, sont en elles-mêmes une telle expérience d'apprentissage. C'est difficile d'apprendre à se connaître quand on est avec quelqu'un d'autre. »

Même quand tout va bien, les relations sont stressantes selon les iGens. « Quand on est en couple, les problèmes de l'autre sont aussi les nôtres », déclare Mark. « Donc non seulement on a nos propres problèmes mais en plus, si l'autre a passé une mauvaise journée, il pourrait se défouler sur nous. Tout ce stress est absurde. » Les iGens semblent affirmer qu'il est épuisant de s'occuper de quelqu'un. Selon James, les coups d'un soir à l'université sont un moyen « d'obtenir une satisfaction immédiate » sans avoir à se soucier de porter le fardeau de quelqu'un d'autre. « Comme ça, on ne doit pas s'occuper d'une autre personne à plein temps. On s'amuse juste avec elle le temps du rapport », dit-il.

Les réseaux sociaux jouent peut-être un rôle dans cette conception idéalisée des relations sexuelles superficielles et dénuées d'émotions. Assez tôt, les adolescents (surtout les filles) apprennent que les photos sexy récoltent des likes. On vous remarque pour l'allure qu'ont vos fesses sur un « selfie lavabo » (la jeune fille s'assied sur le rebord d'un lavabo et prend un selfie par-dessus son épaule, comme Kim Kardashian) et non pas pour votre personnalité pétillante ou votre gentillesse. De plus, les réseaux sociaux et les applications de rencontre permettent de tromper très facilement son partenaire. « Ton petit copain pourrait avoir parlé à quelqu'un d'autre dans ton dos pendant des mois et tu ne le sauras jamais », déclare Madeline, 15 ans, originaire du Bronx, dans *American Girl* (Sales, 2016). « L'amour c'est juste un mot, ça ne veut rien dire », ajoute-t-elle. « Il est très rare de finalement trouver une personne qui t'aime pour ce que tu es, pour toi-même, ton originalité... C'est très rare de trouver quelqu'un qui tient réellement à toi, et ça n'arrive parfois jamais. »

Une autre raison qui pousse les iGens à redouter les relations amou-reuses, c'est qu'ils peuvent être blessés ou se retrouver dans une relation de dépendance vis-à-vis de l'autre personne, ce qui s'oppose à leurs principes d'individualisme et de prudence. « Je pense qu'il est bon de rester seul pendant un certain temps. Les personnes qui comptent uniquement sur les relations pour assurer leur sécurité émotionnelle ne savent plus quoi faire quand elles se retrouvent seules », explique Haley, la jeune fille de 18 ans dont nous avons déjà parlé. « Une relation ne peut être éternelle, rien ne l'est dans la vie. Alors si ça disparaît et que vous ne pouvez pas trouver un nouveau copain ou une nouvelle copine, qu'est-ce que vous allez faire ? Vous n'avez pas appris à vous débrouiller tout seul, à être heureux tout seul. Alors qu'est-ce que vous allez faire ? Est-ce que vous allez juste souffrir jusqu'à ce que vous trouviez quelqu'un qui veuille bien de vous ? » Le point de vue de Haley rappelle cette célèbre citation « C'est que mieux vaut l'amour suivi d'un deuil austère/Que la paix de celui qui ne sut pas aimer »[69] que l'on aurait inversée : selon elle, mieux vaut ne jamais avoir aimé. En effet, comment se consoler si on perd cet amour ?

Cette peur de l'intimité, ce refus de se révéler, peuvent expliquer pourquoi les coups d'un soir sont presque toujours conclus quand les deux parties sont ivres. Deux livres récents sur la culture des coups d'un soir à l'université sont arrivés à la conclusion que la consommation d'alcool est presque obligatoire avant d'avoir une première relation sexuelle avec une personne. Les étudiantes interrogées par Peggy Orenstein pour son livre *Girls & Sex* ont reconnu qu'il serait « embarrassant » de se livrer à

---

69. Tennyson Alfred, *In memoriam*, traduit par Léon Morel (Paris : Hachette, 1898) (N.d.T.).

cette pratique sans en avoir consommé. « En restant sobre, tu peux donner l'impression que tu veux te mettre en couple », a déclaré une étudiante de première année (Sales, 2016). « C'est vraiment très gênant ». Une étude a découvert qu'en moyenne, les filles qui pratiquent les coups d'un soir boivent 4 verres d'alcool et les garçons 6 avant de se lancer (Online College Social Life Survey, s.d.). Dans le livre *American Hookup*[70], une étudiante raconte à Lisa Wade que la première étape consiste à être « bourré ». « Quand [on est] soûl, on peut le faire parce que c'est drôle et puis on est capable d'en rire sans que ce ne soit gênant ni que ça signifie quoi que ce soit », explique une autre fille (Wade, 2017). Lisa Wade conclut donc que l'alcool permet aux étudiants d'enlever toute signification profonde à l'acte sexuel — après tout, ils étaient tous les deux soûls.

La peur des relations amoureuses a donné naissance à des expressions argotiques fascinantes utilisées par les iGens et les milléniaux. Citons par exemple l'expression « catching feelings » (littéralement « attraper des sentiments »), qui signifie donc développer des sentiments amoureux, s'attacher à quelqu'un. Cette expression évocatrice implique que l'amour est une maladie dont il vaudrait mieux se prémunir. Un site web propose de détecter les « 32 signes qui prouvent que vous développez des sentiments pour votre sex friend » tels que « Vous commencez à vous faire des câlins après l'acte » ou bien « Vous vous rendez compte que vous vous intéressez à sa vie et que vous voulez en savoir plus » (Pryor, s.d.). Un autre site Internet destiné aux étudiants propose des conseils pour savoir « Comment éviter d'attraper des sentiments pour quelqu'un » parce que « l'université est le moment idéal pour faire des expériences, être jeune, libre et fougueux et tout le reste. La dernière chose qu'on veut, c'est se retrouver coincé après seulement un semestre. » (College Times, s.d.) Parmi ces conseils, on retrouve notamment : « Abordez la relation en montrant que vous n'allez pas développer de sentiments pour la personne » et « Ne lui racontez pas votre vie ». Le dernier : « Ne faites pas de câlins. Pour l'amour de Dieu, c'est impératif. Que ce soit en regardant un film ou après une partie de jambes en l'air torride, ne commencez pas à vous faire des câlins et à vous blottir l'un contre l'autre. Un rapprochement physique est synonyme d'un rapprochement émotionnel, et c'est exactement ce que vous voulez éviter. Ne cédez pas à cette envie irrépressible de câlins et, si nécessaire, construisez un mur d'oreillers entre vous. À situation désespérée, mesures désespérées. »

---

70. *La culture américaine du coup d'un soir*, non traduit (N.d.T.).

Peut-être est-ce parce que je fais partie de la génération X mais tout cela me donne l'impression que la personne à l'origine de cet article lutte désespérément pour fuir toute forme de vraies relations humaines, parce qu'elle a développé une vision idéalisée de « la liberté et de la fougue ». La volonté de développer des liens affectifs est inscrite dans nos gènes. Cependant, l'expression *attraper des sentiments* donne à penser que c'est un phénomène honteux, comparable à une maladie. Comme l'a découvert Lisa Wade dans ses interviews de jeunes étudiants, « aujourd'hui, la pire insulte sur les campus universitaires n'est plus "salope" comme à l'époque, ce n'est pas non plus "frigide" comme le suggère la culture des coups d'un soir. La pire insulte c'est d'être "désespéré" (Minnesota Public Radio, 2016). Être collant, agir comme si on avait besoin de quelqu'un, est aujourd'hui considéré comme une attitude pathétique ».

Parlons maintenant du « ghosting », la situation dans laquelle on se retrouve quand une personne avec qui on a discuté, flirté ou couché arrête subitement de répondre à nos messages. Cette méthode de rupture est la plus passive jamais inventée, pire encore que le post-it tant redouté de la génération X. Madison Ailts, étudiante de première année à l'université Columbia, écrit que le ghosting « ne consiste pas en un simple rejet. C'est un rejet qui vous laisse complètement paumé » (Ailts, 2016). Selon elle, le ghosting résulte de l'offre trop vaste induite par les réseaux sociaux. « Nous sommes conditionnés à toujours aller voir ailleurs si l'herbe est plus verte, même si c'est aux dépens des autres. Ce phénomène a créé une nouvelle norme sociale : faire soudain semblant que la personne n'existe plus. » On peut aussi se demander si cette génération a les compétences sociales requises pour savoir comment rompre une relation.

De nombreux milléniaux et iGens se situent à mi-chemin entre ces deux situations : ils ne cherchent pas vraiment un coup d'un soir mais ils ne veulent pas non plus s'engager dans une relation sérieuse. Comme l'écrit Kate Hakala (2015) sur Mic.com, un nouveau statut a vu le jour : appelé « partenaire », il se situe entre le petit ami et le coup d'un soir. Les partenaires font preuve d'un certain investissement émotionnel mais ils n'emménagent pas ensemble et ne rencontrent pas les parents. Pour Kate Hakala, ce type de relation représente « le statut relationnel emblématique de la jeune génération ». Elle explique que « tout peut se rapporter à la soupe. Si vous tombez malade, un sex friend ne vous apportera pas de soupe alors qu'un petit ami vous préparera de la soupe maison. Un partenaire, lui, vous apportera de la soupe en boîte, mais seulement s'il n'a pas déjà d'autres projets ».

Nous voilà donc face à un paradoxe : la plupart des iGens affirment vouloir une vraie relation amoureuse et pas seulement des coups d'un soir. En effet, deux études récentes ont montré que deux étudiants sur trois souhaitent s'engager dans une relation amoureuse sérieuse au cours de l'année à venir (Wade, 2017). Or, la même proportion environ est persuadée que ses camarades ne recherchent que des coups d'un soir. Par conséquent, l'étudiant iGen moyen croit être le seul à désirer une vraie relation alors qu'en réalité, ils sont une majorité à le vouloir. Comme le remarque Lisa Wade, « il y a un décalage entre leurs beaux discours et ce qu'ils souhaitent réellement » (Minnesota Public Radio, 2016). Une jeune fille de 19 ans l'a fort bien résumé dans *American Girls* : « Tout le monde veut recevoir de l'amour mais personne ne veut l'admettre » (Sales, 2016).

Je me marierai... un jour

Les iGens vont-ils un jour compenser leur retard dans ce domaine ? Peut-être. Ils sont en tout cas tout aussi enclins que les autres à vouloir se marier, soit 77 % des 17-18 ans en 2015, exactement la même proportion qu'en 1976. De même, il n'y a que peu de changements en ce qui concerne le souhait d'avoir un partenaire à vie et de faire des enfants.

L'attitude des iGens envers le mariage est légèrement moins positive que celle des générations précédentes, mais pas pour les raisons que l'on pourrait suspecter. Par rapport aux milléniaux, les jeunes d'aujourd'hui ont certes davantage tendance à remettre cette tradition en question à cause de la montée en flèche du nombre de divorces. De même, ils sont moins nombreux à penser qu'ils vivront plus heureux s'ils se marient. Ce n'est pourtant pas parce qu'ils estiment que la vie avec un seul partenaire est trop contraignante ; les iGens sont en réalité moins nombreux dans ce cas que les baby-boomers ou même les milléniaux. L'évolution la plus marquante réside ailleurs : aujourd'hui, les jeunes sont bien plus nombreux à considérer qu'il faut d'abord vivre ensemble avant de se marier (voir Graphique 8.4). Par conséquent, les iGens voient moins le mariage comme une étape obligatoire et ils remettent davantage cette institution en question mais ce n'est pas dans le but de mener une vie débridée en permanence.

La question la plus importante est la suivante : quelles sont les priorités des iGens ? Voient-ils le mariage et la vie de famille comme des éléments importants ? Vu leur tendance à moins interagir en face à face, il semble intéressant de se pencher sur leur vision du mariage et de la famille, les principales interactions sociales d'une vie d'adulte. En 1976, les baby-boomers en dernière année de lycée classaient le « mariage réussi et la vie de famille » avant tout autre objectif de vie. En 2011 néanmoins, le mariage et la famille étaient retombés à la quatrième place (après l'emploi stable, la réussite professionnelle, et le fait de pouvoir « offrir à ses enfants de meilleures chances que les nôtres », cette dernière proposition faisant sans doute référence à la situation économique). En 2015, le mariage et la famille se situaient toujours à la quatrième position. Dans l'ensemble, les iGens de 17-18 ans sont bien moins nombreux que les milléniaux à considérer le « mariage et la vie de famille » comme importants. De même, ils sont moins d'étudiants à considérer qu'il est essentiel de « fonder une famille » (voir Graphique 8.5).

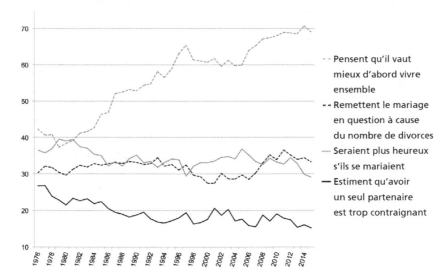

Graphique 8.4. Attitude des 17-18 ans face au mariage. *Monitoring the Future*, 1976-2015.

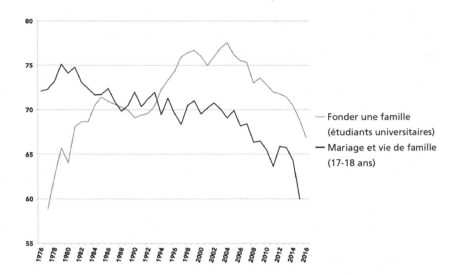

Graphique 8.5. Importance du mariage et de la famille pour les 17-18 ans et les étudiants entrant à l'université (corrigé en fonction de la centralité relative). *Monitoring the Future* et *American Freshman Survey*, 1976-2016.

Lorsque les baby-boomers, les membres de la génération X et les milléniaux étaient à l'université, le fait de fonder une famille arrivait en première ou deuxième position de leurs objectifs de vie, et entre 2002 et 2007, les milléniaux l'ont systématiquement classé en première place. Cependant, en 2008, l'objectif « acquérir une aisance matérielle » s'est frayé un chemin jusqu'à la première place. En 2015, « fonder une famille » n'était plus qu'en troisième position de ce classement (derrière « acquérir une aisance matérielle » et « aider les personnes en difficulté »). C'était la première fois que cette proposition tombait si bas depuis qu'elle avait été ajoutée à la liste des objectifs de vie en 1969. Et en 2016, rien n'avait changé ; le mariage et les enfants ne revêtaient donc plus la même importance pour la nouvelle génération.

L'incertitude des iGens quant à leurs perspectives économiques peut se refléter dans ce réaménagement des priorités. « Je crois que le plus grand obstacle pour avoir des enfants, c'est de [ne pas savoir si] je serai capable de leur garantir une vie confortable, à l'abri de tout danger », écrit Miles, 22 ans. « Je ne veux pas avoir d'enfant si je ne suis pas sûr d'avoir du boulot le lendemain. »

Cette défiance que manifestent les iGens vis-à-vis du mariage est peut-être à mettre sur le compte de leur enfance. Parmi cette génération, 36 % sont nés de mère non mariée, contre 25 % des milléniaux, de sorte que les iGens sont sans doute plus nombreux à avoir grandi sans père, voire sans beau-père (voir Annexe H). Ces chiffres entrent en contradiction avec l'image d'une génération iGen davantage choyée par son père que les précédentes (« La norme, c'était d'avoir son papa à la maison ou aux alentours », affirme-t-on dans le livre *GenZ @ Work*[71]). En réalité, c'est plutôt l'inverse : les pères étaient moins nombreux à partager le foyer de leurs enfants.

Vient ensuite la question du timing : quand les élèves de terminale d'aujourd'hui prévoient-ils de se marier ? Dans les années 70, la plupart comptaient se marier dans les 5 prochaines années alors qu'en 2015, ils n'étaient plus que 39 % dans ce cas. Depuis 2007, on observe déjà un déclin de 22 %, ce qui indique sans doute que les iGens vont creuser cette tendance initiée par la génération X et les milléniaux et repousser encore plus l'âge du mariage. « De nombreuses personnes reportent le moment de se marier afin de pouvoir réaliser leurs rêves et leurs envies sans avoir à se justifier auprès de qui que ce soit », écrit Andrew, 22 ans.

L'âge moyen du premier mariage a connu une forte évolution depuis les années 60, augmentant de sept années en 55 ans. En 1960, il était de 20 ans pour une femme, ce qui signifie que la moitié des femmes qui se mariaient pour la première fois à cette époque étaient des adolescentes. Il a fallu attendre 1970 pour que cet âge passe à 21 ans, lorsque les premiers baby-boomers sont arrivés en âge de se marier. Ensuite, il n'a cessé d'augmenter jusqu'à aujourd'hui. En 2015, il était de 27,1 ans pour les femmes. Pour les hommes, il est passé de 23 ans en 1960 à 29 ans en 2015 (voir Annexe H). On commence à voir le mariage comme un engagement réservé aux personnes plus âgées. Comme l'a écrit Caitlyn, 22 ans, « le mariage est ennuyeux parce qu'on est coincé avec la même personne pour toute la vie. C'est comme de manger du poulet tous les soirs au dîner. En conséquence, les gens attendent jusqu'à ce qu'ils n'aient plus d'autre choix ».

Pensez-y : quand avez-vous été invité pour la dernière fois à un mariage entre deux jeunes de 23 ans ? Le pourcentage des 18-29 ans mariés a dimi-

---

71. *La génération Z au travail*, non traduit (N.d.T.).

nué de moitié en seulement 8 ans, passant de 32 % en 2006 à 16 % en 2014. C'est devenu si rare de se marier jeune que lorsque Melyssa Luxenberg, une étudiante du Barnard College, s'est fiancée en 2015, le journal de son campus a écrit un article à ce sujet intitulé « Fiancée à 20 ans » (Martin, 2015).

Alors que les générations précédentes se mariaient jeunes et envisageaient leur avenir économique ensemble, de plus en plus d'iGens imposent une liste de conditions avant de se marier. « C'est mieux d'avoir un travail stable qui paye bien ou d'être suffisamment proche de son idéal de vie avant de se marier », écrit Harrison, 21 ans. « S'installer si jeune sans avoir reçu une solide éducation et sans savoir gérer son argent, c'est la catastrophe assurée. Il faut se préparer à tout ça bien avant de s'engager dans une relation sérieuse. » Le prérequis du travail stable pose un véritable problème à cette génération où un quart des hommes au début de la vingtaine ne travaillent pas (voir Annexe H).

Non seulement les Américains attendent plus longtemps avant de se marier, mais ils sont aussi moins nombreux à sauter le pas. Le taux de mariage au niveau national a en effet connu une baisse record dans les années 2010 (Collins, 2015). Et les iGens ne risquent pas d'inverser la tendance : ils sont les plus nombreux à avoir été élevés par des parents non mariés ou par des mères célibataires. Ils ne ressentent donc pas le mariage comme une obligation. « Le mariage n'est plus du tout une nécessité », écrit David, 22 ans. « Notre société n'est plus aveuglée par ces conventions sociales et les gens ont le droit de faire ce qu'ils veulent. »

Cela signifie peut-être qu'il y a davantage de concubinage. Après tout, les lycéens sont bien plus nombreux à l'approuver. Les jeunes couples qui vivent ensemble sans être mariés sont sans doute plus nombreux que par le passé. Ces dix dernières années, un phénomène intéressant s'est cependant produit : le pourcentage des jeunes adultes non mariés qui vivent avec un conjoint n'a quasiment pas évolué alors que le taux de mariage a chuté. Ce paradoxe indique qu'il y a davantage de jeunes effectivement célibataires, c'est-à-dire non mariés et vivant seuls (voir Graphique 8.6).

Les milléniaux et les iGens ne reportent donc pas uniquement le mariage mais aussi la vie à deux. En effet, ils sont aujourd'hui moins nombreux à vivre avec un compagnon. En 2014, il y avait plus de jeunes de 18-34 ans vivant avec leurs parents qu'avec un conjoint ou un petit ami.

Par conséquent, non seulement les lycéens sont moins enclins à avoir des relations amoureuses et les jeunes adultes à être actifs sexuellement, mais ils sont aussi moins nombreux à s'engager dans des relations sérieuses et à faire du mariage et de la vie de famille une priorité. De même, les iGens sont moins enclins à voir leurs amis en personne. En conclusion, ils sont de plus en plus déconnectés de toutes relations humaines, sauf peut-être avec leurs parents.

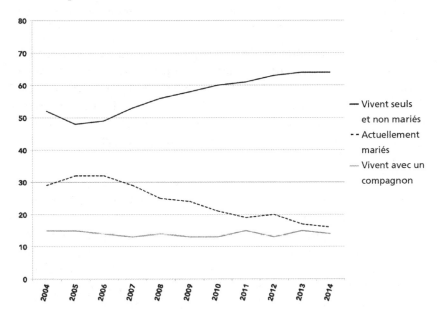

Graphique 8.6. Pourcentage des 18-29 ans qui sont mariés, vivent avec un compagnon ou aucune de ces propositions. *Gallup* 2004-2014 (Saad, 2015).

Pas certains de vouloir des enfants

Il est plus difficile pour les milléniaux et les iGens d'envisager d'avoir des enfants étant donné la pression économique qu'ils subissent. Les dettes liées au financement des études atteignent des records, les prix des logements sont montés en flèche et la crèche est parfois plus chère que le loyer. Les enfants aussi coûtent cher et les parents peuvent difficilement se permettre d'en avoir plus d'un. « J'aimerais bien avoir des enfants un jour, mais je crois que ce sera vraiment compliqué d'un point de vue financier », écrit Tyler, 23 ans. « Élever des enfants semble tellement coûteux et il faudra certainement plus d'un salaire pour se permettre d'en avoir. » Ava, 22 ans, explique : « J'ai déjà un enfant et la plus grosse difficulté est sans aucun doute la gestion financière. Ça coûte beaucoup d'argent d'élever un enfant ». Alors que les iGens mettent davantage l'accent sur la réussite matérielle que sur la construction d'une famille et qu'ils doivent faire face à certains défis économiques, ils seront de moins en moins nombreux à avoir des enfants, et le taux de natalité risque de chuter à un niveau jamais atteint.

La précarité économique pourrait expliquer pourquoi les milléniaux, juste avant les iGens, ont attendu plus longtemps que les autres générations avant de faire des enfants. Dans les années 50, les femmes âgées de 20 à 24 ans connaissaient le taux de natalité le plus élevé de tous les groupes de population. Depuis les années 90, ce taux a chuté de 36 % pour les femmes au début de la vingtaine alors qu'il a augmenté de 63 % chez les 35–39 ans (voir Annexe H).

Les iGens vont probablement perpétuer cette tendance à une maternité de plus en plus tardive ; les femmes seront de plus en plus nombreuses à accoucher dans leur trentaine, le plus souvent à la fin de leur trentaine ou au début de leur quarantaine (ce qui constitue aujourd'hui la limite d'âge pour la fertilité naturelle et les techniques de fécondation artificielle dont la FIV). On ne sait pas encore si de nouvelles méthodes de fécondation permettront de repousser encore la limite d'âge de la fertilité mais si tel est le cas, de nombreux milléniaux et iGens se montreront sans doute intéressés.

Ces profonds changements d'attitude face aux relations sexuelles, au mariage et aux enfants ont fondamentalement modifié le cycle de repro-duction. En moyenne, les femmes de la génération des baby-boomers accouchaient de leur premier enfant à peine deux ans et demi après leur premier rapport sexuel. Comme les membres de la génération X ont com-mencé à avoir des relations sexuelles plus tôt et des enfants plus tard, ils ont allongé ce délai à sept ans et demi. Les milléniaux et les iGens, quant à eux, attendent plus longtemps avant d'avoir des relations sexuelles *et* de faire des enfants, provoquant ainsi un intervalle de 8,3 ans entre leur premier rapport et la première naissance. Pour la première fois, le schéma reproductif dans son ensemble est retardé (voir Graphique 8.7).

Cet attentisme pourrait se révéler problématique pour les iGens. En effet, l'évolution a programmé l'être humain pour se reproduire assez tôt et le délai entre la maturité sexuelle et la reproduction ne cesse de s'allonger. « J'ai sept frères et sœurs et depuis mes huit ans, tout ce que je veux c'est fonder ma propre famille. J'ai vraiment fait peur à ma mère en lui répétant sans arrêt durant mes années de lycée que tout ce que je voulais, c'était avoir un bébé », écrit Janelle, 18 ans, étudiante en infirmerie à la SDSU. Cependant, ses craintes et son manque d'expérience en matière de relations amoureuses, typiques de sa génération, la rendent méfiante vis-à-vis du mariage. « Le mariage m'effraye », admet-elle. « Je n'ai jamais été engagée dans une relation sur le long terme. C'est pour ça que l'idée de passer le reste de mes jours avec une seule personne me fait peur. » Dans l'ensemble, les iGens veulent des enfants mais craignent de ne pas pouvoir subvenir à leurs besoins et sont effrayés par les relations à long terme, qui vont souvent de pair avec l'idée de fonder une famille.

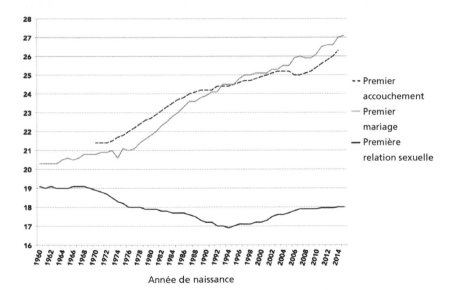

Graphique 8.7. Âges des femmes à différentes étapes-clés de la reproduction, 1960-2014. (Finer & Philbin, 2014), *U.S. Current Population Survey*, et *Centers for Disease Control and Prevention*.

Que nous réserve l'avenir ? Différents scénarios sont possibles. Dans le premier, les iGens auront des enfants mais ils recourront à des arrangements peu conventionnels pour accomplir leur désir de famille. Vu leur prudence vis-à-vis des relations de couple, ils seront plus nombreux à décider d'avoir des bébés seuls et les femmes seront moins nombreuses à ressentir le besoin de vivre avec leur compagnon si elles tombent accidentellement enceintes. Prenons l'exemple de Louis Tomlinson du groupe One Direction (*People*, 2015). Sa précédente conquête, Briana Jungwirth, avait annoncé en 2015 qu'elle était enceinte alors qu'ils étaient tous deux âgés de 23 ans. « [La grossesse] les a d'abord surpris mais lui et Briana sont des amis très proches et cette nouvelle les a encore plus rapprochés » a déclaré un de leurs amis à *People*. « Bien qu'ils ne soient pas ensemble, leur amitié est très forte et ils sont tous les deux très excités par l'arrivée du futur bébé. » Peut-être ce cas de figure va-t-il devenir le nouveau modèle parental pour les iGens : on ne se marie plus, on ne vit pas ensemble et on n'est pas en couple, mais on reste bons amis et on élève le bébé ensemble. (Pas forcément d'ailleurs, puisqu'en 2016, Tomlinson et Jungwirth se sont disputé la garde de l'enfant après que Tomlinson a commencé à voir une autre fille [Harper, 2016].)

Dans de telles situations, il est difficile d'avoir plus d'un enfant, et de nombreux jeunes préfèrent élever leur progéniture avec un conjoint. Si les relations sérieuses deviennent plus rares, le taux de natalité pourrait diminuer également. Plusieurs indices pointent dans cette direction. Les Américains sont moins susceptibles d'avoir des enfants en dehors des liens du mariage : après plusieurs années d'augmentation, le pourcentage de bébés nés hors mariage est passé de 52 % en 2008 à 40 % en 2015 (National Vital Statistics Reports, 2015). Avec les mariages de plus en plus tardifs et la diminution des naissances hors mariages, les grossesses sont de plus en plus souvent reportées à la trentaine, quand elles ne sont pas tout simplement écartées.

Les tendances pointent toutes dans la même direction : il y a moins de jeunes adultes sexuellement actifs, ils sont moins engagés dans des relations sérieuses et ils placent moins le mariage et la famille au centre de leurs priorités. Le coût élevé du logement et des garderies empêche de subvenir convenablement au besoin de sa progéniture, surtout si elle compte plus d'un enfant. Si l'on se fie à ces tendances, il semble que les iGens seront moins nombreux à avoir des enfants et qu'il y aura davantage d'enfants uniques. Les États-Unis vont de plus en plus ressembler à l'Europe, où le taux de natalité est inférieur au seuil de renouvellement et le mariage n'est plus la norme. Cette mise à distance de la vie de couple et de famille pourrait se muer en tendance durable, au lieu que le mariage et les grossesses soient seulement retardés. Si tel est le cas, les iGens sont sur le point de devenir la génération où l'on compte le plus grand nombre de célibataires de toute l'histoire des États-Unis, avec un taux de natalité record.

Chapitre 9
Inclusifs : une plus grande ouverture d'esprit

Lorsque la Cour suprême des États-Unis a autorisé en juin 2015 le mariage homosexuel sur tout le territoire américain, Snickers a posté sur Twitter une photo d'une de ses barres chocolatées enveloppée dans un papier aux couleurs de l'arc-en-ciel, avec l'inscription « Stay who you are »[72] (Lee, 2015). La marque AT&T a elle aussi revisité son logo circulaire avec les couleurs de l'arc-en-ciel et American Airlines a tweeté : « Nous sommes avec vous. La diversité nous renforce tous et nous célébrons aujourd'hui le #mariagepourtous ».

Les entreprises s'expriment rarement sur des problématiques sociales, de peur de s'attirer le courroux de leurs clients. Pour une société comme American Airlines, située au Texas, ce mécontentement pourrait concerner de très nombreux clients. À l'image d'autres entreprises, la compagnie aérienne choisit de se tourner vers sa future clientèle : la génération iGen. Elles cherchent à séduire les jeunes consommateurs qui seront à l'origine de leurs bénéfices dans les années à venir. Elles savent également que le respect de l'égalité n'est pas seulement une attente de la part des iGens, c'est aussi une condition nécessaire.

Qu'il s'agisse de l'orientation sexuelle, de l'origine ethnique ou du genre, les iGens veulent un traitement égalitaire et ils sont souvent surpris, parfois choqués, d'encore se heurter à des préjugés. Parallèlement, les questions d'égalité sont encore loin d'être résolues, provoquant des divisions au sein même de la génération iGen tout comme avec les autres générations, et ces divisions semblent autant de gouffres infranchissables. Quoiqu'impressionnante, la révolution égalitaire n'est pas encore terminée. Les iGens devenus majeurs en 2018 devront ainsi évoluer dans un monde où les questions des droits de la communauté LGBT, de l'origine ethnique et du genre seront à nouveau propulsées au centre des débats.

LGBT : le triomphe de l'amour

Cameron a toujours été en contact avec l'homosexualité, son oncle étant homosexuel. Il ne peut donc pas se rappeler une époque où les relations entre personnes du même sexe étaient considérées comme inhabituelles. Peut-être est-ce la raison pour laquelle il lui semble évident que le mariage pour tous devrait être légal. « Il n'y a aucune raison valable pour interdire

---

72. « Restez qui vous êtes » (N.d.T.).

le mariage homosexuel » dit-il. « En leur interdisant d'épouser qui ils veulent, on ne laisse pas les homosexuels et les lesbiennes vivre comme tout le monde. »

Les premiers iGens entraient en maternelle quand *Will & Grace* (la première série télévisée avec un homosexuel dans le rôle principal) faisait son apparition sur les écrans, en 1998. Ils étaient en primaire lorsque les émissions comme *Queer Eye for the Straight Guy*[73] ont non seulement banalisé l'homosexualité, mais l'ont aussi rendue tendance. Les jeunes de cette génération ont grandi avec *Glee,* qui mettait en scène plusieurs adolescents homosexuels, des lesbiennes et des transgenres, et ils ont assisté au coming out de nombreuses célébrités. Ils n'ont rien à voir avec les baby-boomers, encore témoins dans leurs jeunes années des arrestations d'homosexuels au Stonewall Inn, ni avec la génération X, qui a vécu son adolescence dans un climat d'extrême homophobie suite à la propagation du sida, ni même avec les milléniaux, eux aussi adolescents lorsque Bill Clinton a signé la loi interdisant le mariage des homosexuels et que la sitcom d'Ellen DeGeneres a subitement été supprimée suite au coming out de son actrice principale. En comparaison, les iGens se rappellent à peine l'époque où le mariage homosexuel n'était pas encore légal et ils voient Ellen DeGeneres comme une animatrice de talk-show populaire mariée à l'actrice d'*Arrested Development*, une série qu'ils suivent sur Netflix.

Lorsque Kacey Musgraves, une chanteuse country de 28 ans, chante « Make lots of noise and kiss lots of boys/Or kiss lots of girls if that's something you're into »[74], on est loin des chansons de country que nos parents écoutaient (Lansky, 2015). Le style iGen a pris le pas. « Je pense que les gens doivent pouvoir faire ce qu'ils veulent de leur propre corps », déclare Kacey Musgraves. « La majorité des jeunes qui écoutent ma musique ne se posent pas tant de questions sur mes paroles. »

Les années 2000 et 2010 ont amené de nombreux changements dans l'attitude que nous adoptons à l'égard des lesbiennes, gays, bisexuels et transgenres (LGBT) (Twenge, Sherman & Wells, 2015). Ces changements, au niveau générationnel comme temporel, sont les plus profonds et les plus rapides jamais observés (voir Graphique 9.1). De nombreux

---

73. Émission de télé-réalité où cinq homosexuels relookent un hétérosexuel censé manquer cruellement de goût (N.d.T.).

74. « Faites du bruit et embrassez beaucoup de garçons/Ou beaucoup de filles si c'est votre truc » (N.d.T.).

iGens républicains et conservateurs soutiennent eux aussi le mariage entre personnes du même sexe. Anthony Liveris, vice-président des University of Pennsylvania College Republicans[75], a déclaré en 2013 : « Un vrai conservateur doit promouvoir le droit pour chaque Américain d'épouser la personne qu'il aime, et non pas imposer des limites » (Permenter, 2013). La plupart des iGens ne voient pas de raison d'empêcher l'union entre deux personnes du même sexe.

Dans ce graphique, les différences ne sont pas induites par l'âge puisque tous les répondants avaient entre 18 et 29 ans. Cependant, on ignore quelle proportion de ce changement peut être imputée à une tendance générationnelle (ne concernant que les jeunes, pas les personnes plus âgées) et quelle proportion est à mettre sur le compte de l'époque (les personnes de tout âge changeant d'avis). Puisque l'étude de la *General Social Survey* concerne des adultes de tout âge, nous pouvons comparer les opinions de toutes les tranches d'âge et de toutes les générations au fil de ces dernières années afin de mesurer le fossé générationnel actuel.

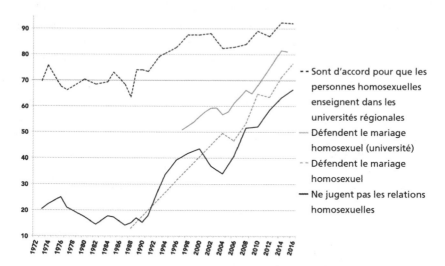

Graphique 9.1. Attitudes des 18-29 ans (*General Social Survey*) et des étudiants entrant à l'université envers les personnes homosexuelles (*American Freshman Survey*), 1973-2016.

---

75. Les Républicains de l'université de Pennsylvanie (N.d.T.).

Vers 2014-2016, les baby-boomers, les membres de la génération X, les milléniaux et les iGens s'accordaient presque tous à dire qu'il fallait laisser les homosexuels enseigner dans des universités locales. Seuls les membres de la génération silencieuse, de plus de 70 ans, émettaient un point de vue plus nuancé. En revanche, les différences d'opinion entre toutes ces générations sont plus marquées en ce qui concerne la vie privée des homosexuels. En 2014-2016, une faible majorité de la génération X trouvait toujours discutables les relations homosexuelles entre deux adultes. À l'inverse, deux tiers des iGens et des jeunes milléniaux n'y voyaient aucun mal. Le soutien au mariage entre personnes du même sexe suit une évolution similaire. Même au cours de ces dernières années, les questions liées à la communauté LGBT ont creusé un écart générationnel important (voir Graphique 9.2).

Chez de nombreux iGens, la problématique LGBT est fortement liée à un individualisme inné. Pour eux, l'acceptation des autres est un fait acquis, au point que l'on pourrait presque les entendre bâiller. « Mon avis sur la communauté LGBTQ est le même que sur les rapports sexuels avant le mariage : je m'en fiche plus ou moins », écrit Riley, 17 ans. « Je ne le ferais pas mais ça ne me concerne pas et ça ne m'affecte pas le moins du monde. Et je n'ai pas le droit de dire aux autres ce qu'ils doivent faire ou penser… Je n'irai pas manifester pour leurs droits, mais ils peuvent faire ce qu'ils veulent. » Harper, 12 ans, exprime le point de vue d'une génération qui ne se souvient probablement pas de l'époque d'avant le mariage homosexuel. « Je n'ai jamais vraiment réfléchi à tout cela » a-t-elle répondu quand je lui ai demandé ce qu'elle pensait du mariage entre personnes du même sexe. « Quand on voit deux personnes [du même sexe] ensemble, ça nous paraît juste normal, on n'a jamais pensé qu'elles étaient différentes ou bizarres. On se dit qu'elles sont comme nous, avec juste une orientation sexuelle différente. »

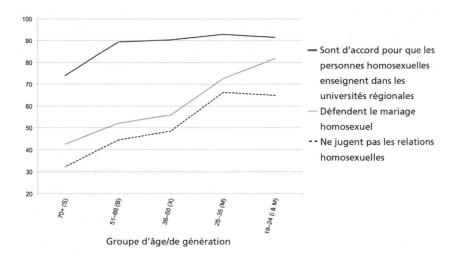

Graphique 9.2. Attitudes de tous les adultes par groupe d'âge/de génération envers les personnes homosexuelles. *General Social Survey*, 2014-2016.

Même les adolescents croyants sont nombreux à soutenir le mariage homosexuel. Emily, 14 ans, que nous avons rencontrée au chapitre 2, se rend régulièrement à l'église avec sa famille dans la banlieue de Minneapolis. Lorsque j'ai interrogé son frère plus âgé, il m'a répondu que le mariage correspondait à l'union entre un homme et une femme, selon leur religion. Mais lorsque j'ai posé des questions à Emily sur le mariage homosexuel, elle a déclaré « Je suis fière de ces personnes : elles ont dû se battre pour en arriver là. Quand on laisse chacun être soi-même, tout le monde est plus heureux ». Je lui ai ensuite demandé en quoi sa génération était différente et elle m'a répondu : « Nous n'avons pas peur d'être qui nous sommes. » Même dans le sud des États-Unis, la question ne soulève plus autant de débats qu'auparavant. Darnell, 20 ans, explique que dans son église historiquement afro-américaine de Géorgie, son pasteur « n'aborde jamais ce sujet. Je crois que c'est parce qu'aujourd'hui, la communauté LGBT compte beaucoup de membres et on préfère ne pas s'y frotter. »

Malgré une évolution significative des mentalités, les relations homosexuelles posent encore problème à un tiers des iGens et un quart d'entre eux remet en question le mariage entre personnes du même sexe. Ces jeunes peinent encore à concilier leur éducation d'iGen avec leur apprentissage religieux, qui sanctionne l'homosexualité. J'ai rencontré Sofia,

18 ans, pour un déjeuner au restaurant du campus de l'université de San Diego. Elle est née en Amérique du Sud et est arrivée aux États-Unis très jeune. Elle a grandi dans une petite ville du désert de Californie. Sofia est une jeune fille remarquablement jolie, dotée de beaux yeux bruns et d'un gentil sourire. Elle se rend chaque dimanche à l'église et estime que les relations sexuelles ne devraient pas avoir lieu avant le mariage. Elle et son petit ami, avec qui elle a échangé son premier baiser à l'âge de 13-14 ans, ont déjà envisagé de se marier plus tard.

Quand j'ai demandé à Sofia ce qu'elle pensait de la décision de la Cour suprême sur le mariage homosexuel, elle a répondu : « C'est difficile pour moi. Je ne crois pas que certaines personnes méritent moins d'être heureuses. Dieu a créé tout le monde à son image parfaite, il n'y a pas d'erreur. "Oh, quel dommage, elle aime les filles". Ça me rend vraiment triste quand les chrétiens condamnent d'autres personnes pour ce qu'elles sont. Normalement ça devrait être l'inverse, il faut accepter les gens comme ils sont et les aimer dans tous les cas, parce que c'est ce que Jésus a fait. Mais c'est quelque chose qu'ils oublient souvent. » Néanmoins, c'est pour elle problématique lorsque les homosexuels et les lesbiennes « cèdent » à leurs pulsions. « Dieu ne dit pas qu'ils pèchent en étant gays. Leurs choix concernent plus la façon dont ils gèrent cette situation et réagissent à leurs désirs. C'est là que les choses deviennent compliquées puisque le mariage est supposé unir un homme et une femme. Mais je ne crois pas qu'ils méritent moins d'être heureux. Cependant, comme ils ne peuvent pas céder à leurs désirs, il leur manque une partie de ce bonheur. » Sofia a ainsi réconcilié sa religion et sa vision selon laquelle « tout le monde devrait pouvoir être soi-même » mais elle n'a pas encore accepté les réalités de l'homosexualité et du mariage entre personnes du même sexe. Cependant, Sofia reste une exception parmi les iGens et grâce à la légalisation du mariage homosexuel, la tolérance devrait continuer à se répandre.

Si les générations récentes sont moins enclines à considérer comme malsaines les relations homosexuelles, seraient-elles également plus nombreuses à les pratiquer ? En effet : le nombre de jeunes femmes qui ont eu des rapports sexuels avec au moins une autre femme a presque triplé depuis le début des années 1990 (Twenge, Sherman & Wells, 2016). Les hommes sont également plus nombreux à reconnaître avoir eu des rapports avec un partenaire sexuel masculin (voir Graphique 9.3). Peut-être les gens admettent-ils simplement plus facilement avoir entretenu de tels rapports, ce qui signifierait que le nombre réel d'expériences homosexuelles n'a pas augmenté. Quoi qu'il en soit, le nombre de personnes déclarant avoir eu une expérience homosexuelle est en hausse.

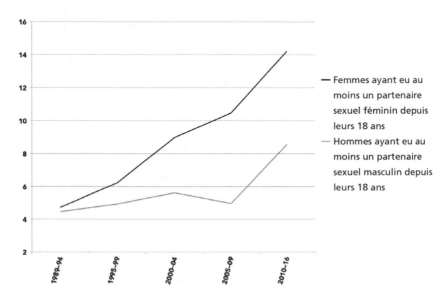

Graphique 9.3. Pourcentage des 18-29 ans qui ont eu au moins un partenaire du même sexe à partir de leurs 18 ans. *General Social Survey*, 1989-2016.

La différence générationnelle est particulièrement marquée pour les expériences lesbiennes. Environ 6 % des femmes nées dans les années 40 et 50 ont eu une partenaire sexuelle lesbienne au cours de leur vie (jusqu'en 2014-2016). Ce taux passe à un septième des femmes nées dans les années 80 et 90, et ce, alors qu'elles avaient quelques décennies de moins que celles du groupe précédent. Quant aux deux dernières générations, elles sont bien plus susceptibles encore d'avoir eu une relation homosexuelle avec une autre femme.

La bisexualité, qui consiste à avoir des relations sexuelles avec des personnes des deux sexes, est également en augmentation. Le pourcentage d'Américains adultes qui ont connu des expériences bisexuelles au cours de leur vie a triplé entre 1990 et 2016, passant de 3 à 11 %. Il pourrait s'agir des conséquences d'une tendance récente sur les campus universitaires connue sous le nom LUG (« lesbian until graduation »[76]) ou BUG (« bisexual until graduation »[77]). Ces mouvements regroupent des femmes qui ont des relations lesbiennes durant leur jeunesse avant de rencontrer et d'épouser des hommes (un mouvement aussi appelé « hasbienne »). Dans l'ensemble, la forte augmentation du nombre d'expériences bisexuelles indique que de nombreuses personnes ont des relations indifféremment avec des hommes et des femmes, sans s'identifier comme homosexuelles ou bisexuelles. En effet, seuls environ 4 % de la population se dit membre de la communauté LGBT, alors que bien plus d'individus ont des relations de type homosexuel.

Cette flexibilité concernant le genre des partenaires sexuels a amené les iGens à affirmer qu'il ne faudrait plus définir les individus en fonction de leur orientation sexuelle. James, 20 ans, étudiant au Georgia college, déclare : « Je ne suis pas le genre de personne à rentrer dans une catégorie. Je sors avec quelqu'un parce qu'il me rend heureux, pas parce qu'il appartient à tel ou tel genre. » Il a néanmoins dit à ses parents être homosexuel et non bisexuel, car comme il l'explique, « je sais qu'ils ne comprennent pas cette ambiguïté propre à ma génération. » De nombreuses célébrités milléniales ont également refusé de définir leur orientation sexuelle. Raven-Symoné a déclaré : « Je ne veux pas être catégorisée en tant que "gay". Je veux qu'on me place dans la catégorie "être humain qui aime les êtres humains" » (McRady, 2014). Miley Cyrus raconte qu'elle a eu des relations « non hétérosexuelles » et explique : « Je ne cache pas ma sexualité. Simplement, je ne veux pas me catégoriser de quelque façon que ce soit… Je suis disposée à aimer toutes les personnes qui m'aiment pour qui je suis ! Je suis ouverte à tous. » (Marquina, 2015)

Jeune et transgenre

La génération iGen est sans doute la première à comprendre dès le plus jeune âge ce que signifie le terme *transgenre*. Cette compréhension a sans doute été facilitée en partie par la transformation de Caitlyn Jenner[78], devenue femme en 2015. Les individus transgenres se manifestent à un

---

76. Lesbienne jusqu'à mon diplôme (N.d.T.)
77. Bisexuel jusqu'à mon diplôme (N.d.T.)
78. Née William Bruce Jenner en 1949, Caitlyn Jenner, médaillée olympique de décathlon, a été l'un des premiers personnages publics transgenres aux États-Unis (N.d.T.).

âge toujours plus jeune. En janvier 2017, le *National Geographic* affichait sur sa couverture une photo d'Avery, une petite fille transgenre de 9 ans (Goldberg, 2017). Jazz Jennings, 14 ans, est née garçon mais a su dès l'âge de 2 ans qu'elle était en réalité une fille. À l'âge de 5 ans, on lui a diagnostiqué une dysphorie de genre. Cette jeune iGen est aujourd'hui la vedette de sa propre télé-réalité, *I am Jazz*. Elle remet maintenant en question la nécessité d'avoir été « diagnostiquée ». Au cours d'une interview pour le *Cosmopolitan*, elle a vérifié sur son téléphone la définition de ce mot : « Diagnostiquer : identifier une maladie ou un autre problème en examinant les symptômes. Ai-je l'air malade ? Ai-je l'air d'avoir un problème ? Être transgenre n'est ni un problème ni une maladie. C'est juste ce que je suis. » (Ruiz, 2015)

Il va falloir du temps avant d'accepter totalement les individus transgenres. James a un frère transgenre. Au début, ses parents ont cru que leur fille était lesbienne. « Ensuite, lorsqu'il a révélé qu'il était transgenre, mon père a dit "Qu'est-ce que c'est que ça ?" », nous raconte James. « Pendant longtemps, la relation entre mon père et mon frère a été très compliquée et très mouvementée ». Il semble que son père ne comprenait pas ce que signifiait être transgenre. « Il disait "J'ai une fille, point barre". Il en parlait aussi comme si c'était un jeu [disant] "Il marche comme un garçon, veut s'habiller comme un garçon, porter des vêtements de garçon, et tous ses amis jouent le jeu. Il peut bien prétendre être un garçon mais sous ses vêtements, c'est toujours une fille". [Mon père] ne comprenait pas. Il ne pouvait pas comprendre. »

La plupart des adolescents que j'ai interrogés ne savaient pas tellement quoi penser de la question transgenre. Ils avaient du mal à concilier leur philosophie individualiste, « sois qui tu es », avec la réalité, à savoir des personnes qui se sentent appartenir au genre opposé à leur sexe biologique. Emily, adepte du mariage homosexuel, n'est pas sûre de l'attitude à adopter face aux individus transgenres. « Je suis contre le fait de changer de sexe parce que je crois qu'on naît comme on devrait être », explique-t-elle. Quand j'ai interrogé Kevin, élève de terminale, sur la question des transgenres, il a répondu : « Comme Bruce Jenner ? C'est un peu bizarre pour moi parce qu'ils changent leur vrai sexe. Ils ne sont pas nés comme ça. J'ai l'impression qu'ils renient leur vie passée. Ils ne sont pas honnêtes avec eux-mêmes et je n'aime pas trop ça. » Athena, 13 ans, confirme : « Je ne suis pas d'accord avec les transgenres parce que je crois qu'on doit rester tels que Dieu nous a créés. Dieu a conçu tous les individus de cette planète à son image. Je ne comprends pas pourquoi ils veulent changer la façon dont Dieu les a faits. Ils sont juste paumés. »

D'autres adolescents, en particulier ceux qui ont abordé cette question en cours de psychologie ou ceux qui connaissent personnellement un individu transgenre, se montraient plus compréhensifs. Ben, 18 ans, originaire de l'Illinois, connaissait un garçon transgenre dans son lycée. Ben et ses amis l'ont accepté, mais ce fut loin d'être simple pour ce garçon. Entre autres choses, il a fallu un temps inimaginable pour que son nom soit modifié dans tous les registres de l'école. En outre, certains adolescents ne savaient pas comment se comporter. « On voulait tous le soutenir mais personne ne savait vraiment comment faire », explique Ben.

Leo, un élève de troisième dans un lycée de Los Angeles, n'est pas d'accord avec ceux qui disent que « Dieu ne fait pas d'erreur ». « Ce ne sont pas leurs affaires, ils n'ont pas à dire aux gens ce qu'ils doivent faire et ne pas faire », s'exclame-t-il. La transition est « un processus que les personnes transgenres entreprennent pour elles-mêmes, pas pour choquer les autres. Si elles veulent être transgenres, alors laissez-les faire ». Le point de vue de Leo ne tardera pas à se répandre. Une fois que les iGens auront mieux compris qui sont les transgenres, et que leur transformation physique vise avant tout à être honnêtes envers eux-mêmes, la tolérance fera rapidement son chemin. Néanmoins, beaucoup n'ont pas encore atteint ce stade.

La question du genre : qui doit faire quoi ?

La question du genre ne se pose plus de la même façon qu'auparavant. Un professeur de psychologie de l'université de Stanford a demandé à ses étudiants de se répartir en catégories de genre, quelles qu'elles soient, sans forcément se circonscrire au masculin et au féminin. La plupart des élèves se sont divisés entre hommes et femmes mais une minorité non négligeable a choisi de former un groupe qu'ils ont appelé « À bas les genres ». Ils refusaient d'être classés dans une seule catégorie. Ils préféraient encore n'avoir aucune étiquette de genre.

Un nouveau mouvement, en partie initié par les individus transgenres, revendique la fluidité de la notion de genre : pour eux, elle est interchangeable et ne se limite plus à deux catégories. Jaden, 16 ans, le fils de Will Smith, a fait sensation lorsqu'il est arrivé en jupe à son bal de promo (Zimmerman, 2015). L'étudiant de dernière année Justice Gaines, interviewé pour le journal des étudiants à Brown en 2016, a demandé à être désigné en anglais par les pronoms neutres xe, xem et xyr[79] (Novak, 2016). L'article contenait donc des phrases du genre « xe felt pressure to help xyr peers cope with what was going on, xe said »[80]. D'autres préfèrent utiliser le pluriel « they »[81] pour désigner une seule personne, comme Tyler Ford, qui était le petit ami de Miley Cyrus en 2015 (Zimmerman, 2015). Elle le décrit sur Instagram comme « un individu homosexuel, métis, dépourvu de genre et utilisant les pronoms pluriels they/them/their[82] ». Tyler a déclaré : « Pendant toute ma vie, on m'a fait croire qu'il n'y avait que deux genres. Je croyais devoir me limiter pour rentrer dans une catégorie qui ne pourrait jamais me contenir. »

Ce mouvement pour la fluidité du genre a peut-être le vent en poupe mais il est loin de constituer une norme. Aux yeux du public, vous êtes soit un homme, soit une femme, et il n'existe aucun état intermédiaire acceptable. Lorsque Caitlyn Jenner a opéré sa transformation physique, elle a d'abord accordé une interview à Diane Sawyer en tant qu'homme, dans laquelle elle portait des cheveux mi-longs et des vêtements d'homme. Elle s'est ensuite terrée pendant 4 mois, le temps de modifier son apparence pour devenir une femme. Elle s'est conformée à la vision traditionnellement binaire du genre : d'abord une interview en tant qu'homme, puis la photo sur la couverture du *Vanity Fair* en femme sexy, à peine habillée. On ne l'a pas autorisée à apparaître en public (ou bien elle ne l'a pas souhaité) entre ces deux étapes.

---

79. Correspondant en anglais aux pronoms he/she, him/her et his/her, et en français il/elle, lui/elle et son/sa (N.d.T.).

80. « Il/elle éprouvait des difficultés à faire comprendre à ses amis à ce qu'il se passait, dit-il/elle » (N.d.T.).

81. Ils/elles en français, pas de distinction de genre en anglais (N.d.T.).

82. Ils/elles, leur, les (N.d.T.).

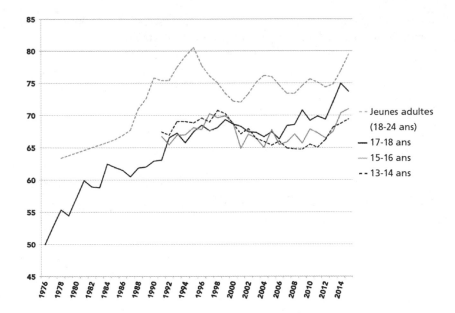

Graphique 9.4. Pourcentage des personnes qui considèrent que les mères au travail peuvent avoir une relation aussi chaleureuse que les autres avec leurs enfants, 13-14 ans, 15-16 ans, 17-18 ans (*Monitoring the future*) et jeunes adultes entre 18 et 24 ans (*General Social Survey*), 1976-2016.

Non seulement la notion de genre n'est pas encore fluide, mais la société américaine a toujours des difficultés à accepter l'égalité des sexes. De nombreux débats se focalisent sur les responsabilités familiales : qui prend soin du bébé ? Qui nettoie la maison ? Qui part travailler ? J'ai montré à mes étudiants de psychologie une vidéo dans laquelle de jeunes enfants ont répondu sans hésitation à ces questions : ils ont désigné la poupée Barbie comme la personne qui s'occupe du bébé et de la maison, et la poupée Ken comme la personne qui va travailler.

L'évolution vers une meilleure tolérance envers les mères actives sur le marché du travail est en bonne voie mais encore inachevée. Entre 1977 et le milieu des années 90, de plus en plus d'Américains ont accepté l'idée que les mères actives professionnellement pouvaient avoir une relation tout aussi chaleureuse avec leurs enfants que les autres mères (voir Graphique 9.4) (Donnelly *et al.*, 2016). Après 2010, le soutien aux mères qui travaillent a continué à augmenter de façon stable jusqu'à ce que trois quarts des étudiants de terminale estiment qu'elles pouvaient entretenir la même relation avec leurs enfants qu'une mère au foyer.

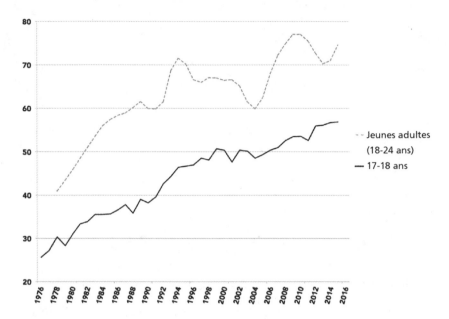

Graphique 9.5. Pourcentage de ceux qui ne sont pas d'accord avec la proposition « Un enfant de maternelle risque de souffrir si sa mère travaille », 17-18 ans (*Monitoring the Future*) et jeunes adultes de 18 à 24 ans (*General Social Survey*), 1976-2016. (Remarque : cette question n'apparaît pas dans les questionnaires destinés aux 13-14 ans et aux 15-16 ans.)

De plus, la majorité des iGens réfutent l'idée « qu'un enfant de maternelle a plus de risques de souffrir si sa mère travaille » (voir Graphique 9.5). Priscilla, 18 ans, considère qu'il y a des avantages à la fois pour l'enfant et pour la mère quand celle-ci travaille. « Les enfants évoluent énormément en allant en maternelle et en fréquentant des camarades de leur âge » écrit-elle. « Bien que je sois extrêmement impatiente d'avoir un enfant, je sais que je vais également continuer à travailler. Je pense que l'enfant voit l'implication professionnelle dont fait preuve sa maman, et il développe à son tour une éthique forte. » Les attentes des iGens en matière d'égalité des sexes sont sans précédent. Cette attitude pourrait venir de leur propre enfance : deux tiers des élèves de terminale en 2015 ont déclaré que leur mère travaillait durant la majorité, voire l'intégralité de leur enfance et de leur adolescence. Ce chiffre a presque doublé par rapport à la promotion 76 des baby-boomers.

Néanmoins, les partisans de l'égalité des sexes ne devraient pas se réjouir trop vite. L'étude cherchait aussi à savoir s'il était mieux pour un homme de réussir en dehors du foyer et pour une femme de prendre soin de la famille. Le rejet de ces rôles familiaux figés a connu un pic au début des années 90, avant de perdre du terrain. Le nombre de jeunes de 17-18 ans qui sont contre le fait que « le mari doit prendre toutes les décisions importantes pour sa famille » a également culminé dans les années 90 (70 %) avant de chuter à 61 % en 2015. Même en tenant compte des augmentations précédentes, il est consternant de constater que la vision des rôles familiaux est devenue *plus* traditionnelle, malgré l'accès croissant des femmes au marché du travail durant les deux dernières décennies. Néanmoins, des signes précurseurs montrent que depuis 2014, les adolescents et les jeunes adultes de la génération iGen s'apprêtent à inverser cette tendance qui s'accordera à leurs points de vue en matière d'égalité des sexes, annulant ainsi le recul entamé par les milléniaux (voir Graphique 9.6).

Ce retour à une vision plus traditionnelle pourrait s'expliquer par la tendance examinée dans le chapitre précédent : comme les jeunes sont moins enclins à se mettre en couple, les adolescents pourraient considérer la relation homme-femme de manière beaucoup plus traditionnelle. Pour éviter cette répartition des rôles en fonction du genre, ils estiment qu'il est préférable de ne pas se marier et de ne pas vivre ensemble. Ou bien il est possible que les iGens estiment qu'une mère active professionnellement ne cause aucun préjudice à l'enfant, mais qu'il soit quand même « mieux » (comme indiqué dans la question) qu'elle reste à la maison. Les sociologues David Cotter et Joanna Pepin relèvent quant à eux le fait que ces deux questions, à l'inverse de celles sur les mères au travail, mentionnent explicitement les hommes, suggérant ainsi que ce retour à une conception conservatrice pourrait venir du désir des hommes de retrouver leur rôle traditionnel de soutien à la famille (Cotter & Pepin, 2017). Certes, les femmes doivent sans doute travailler, semblent-ils dire, mais ne serait-il pas mieux que les hommes redeviennent des hommes ?

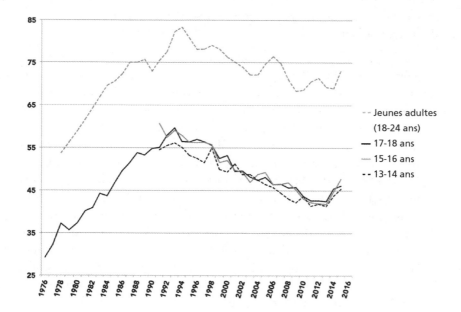

Graphique 9.6. Pourcentage de ceux qui désapprouvent le fait « qu'il est mieux pour les hommes de réussir à l'extérieur du foyer et pour les femmes de prendre soin de la maison et de la famille », 13-14 ans, 15-16 ans et 17-18 ans (*Monitoring the Future*) et jeunes adultes de 18 à 24 ans (*General Social Survey*), 1976-2016.

Certains iGens considèrent qu'une répartition traditionnelle des tâches serait plus bénéfique, mais ils admettent que ce ne soit pas toujours possible pour des raisons économiques. « Personnellement, si j'avais des enfants, j'aimerais rester à la maison au moins jusqu'à ce qu'ils aillent à l'école. Mais c'est seulement mon avis personnel. D'autres personnes ont d'autres besoins et d'autres désirs », écrit Carly, 19 ans. « Je suis persuadée que les femmes resteraient bien plus longtemps à la maison si elles le pouvaient. Mais ce n'est pas le cas, parce que de nos jours, les deux parents doivent travailler et même ensemble, ils parviennent à peine à joindre les deux bouts. » Vanessa, 19 ans, n'est pas certaine qu'elle pourrait à la fois travailler et avoir des enfants. « Même si l'on a, disons, 6 heures de temps libre après le boulot, on sera complètement vanné et on ne pourra pas accorder toute l'attention nécessaire aux enfants. Je pense qu'il est peut-être mieux qu'au moins un des parents ne travaille pas mais ce n'est pas forcément réaliste », écrit-elle. Harper, 12 ans, raconte : « Je pense que ça serait plutôt stressant d'essayer de travailler et d'avoir de jeunes enfants en même temps parce qu'on n'a jamais vraiment de répit. On est au boulot puis on revient à la maison et il faut s'occuper d'eux. Je préférerais prendre un congé et rester à la maison plutôt que d'être fatiguée toute la journée et devoir encore m'occuper de trois enfants. » Des études ont montré que les enfants se portaient aussi bien, que ce soit d'un point de vue scolaire ou émotionnel, lorsque les deux parents travaillent. Cette génération semble pourtant davantage se soucier des conséquences pour eux-mêmes et leur compagnon. Ils semblent fatigués avant même d'avoir commencé.

Tout comme pour les opinions sur la communauté LGBT, il est possible d'examiner les données récentes pour constater l'état actuel du fossé générationnel. De manière surprenante, les écarts entre iGens, milléniaux et génération X sont assez restreints. Ce n'est qu'avec la génération silencieuse, aujourd'hui âgée de plus de 70 ans, que la vision des rôles devient soudain plus traditionaliste. En ce qui concerne les questions de genre, les opinions des iGens et des jeunes milléniaux semblent un peu plus progressistes que celles des membres de la génération X, aujourd'hui dans la quarantaine, alors qu'on ne distingue aucune différence avec celles des milléniaux plus âgés (dont l'âge se situe entre la fin de la vingtaine et le début de la trentaine) (voir Graphique 9.7).

En d'autres mots, l'évolution générationnelle vis-à-vis de la conception des rôles féminins et masculins fait du sur place, à l'inverse des questions relatives aux LGBT, sur lesquelles le point de vue des iGens et des milléniaux se distingue de l'attitude des précédentes générations.

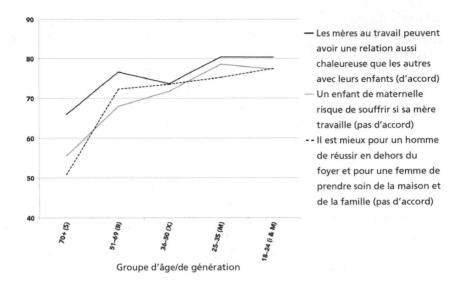

Graphique 9.7. Opinions sur la répartition des rôles homme/femme, tous les adultes, en fonction de l'âge et de la génération. *General Social Survey*, 2014-2016.

Origine ethnique : le vivre-ensemble sans enthousiasme

Selon le *New York Times*, un jeune homme a récemment déclaré pendant un cours à l'université : « Toutes ces histoires sur l'origine ethnique et la sexualité… personne dans notre génération ne s'en soucie. » (Monkovic, 2016). L'enseignante de cette classe affirme que cette déclaration correspond à la nouvelle norme. Elle est chaque jour un peu plus impressionnée par « la grande simplicité avec laquelle les étudiants de toutes origines ethniques, qu'ils soient afro-américains, hispaniques, asiatiques ou caucasiens, interagissent entre eux. En plusieurs années, je n'ai jamais vu un seul cas de manque de respect ».

Néanmoins, la même année, des manifestations concernant les questions d'appartenance ethnique ont secoué les campus de l'ensemble du pays. Des hommes au volant d'un camion ont lancé l'insulte « nigger »[83] au président

---

83. Nègre (N.d.t.).

du corps étudiant de l'université du Missouri (Svrluga, 2015). Une étudiante latino-américaine du Claremont McKenna College en Californie a écrit sur Facebook : « Je ne me sens jamais complètement à l'aise sur ce campus à cause de mes origines » (Zellinger, 2015). Des étudiants de l'université du Wisconsin ont lancé sur Twitter l'hashtag #TheRealUW[84] pour dénoncer les faits de racisme ordinaire sur le campus : « Des membres d'une fraternité (ces sortes de confréries étudiantes typiques des universités nord-américaines et rarement mixtes) te disent que t'es mignonne pour une fille noire », « Quand on s'entend dire "retourne au Mexique" par un camarade de classe », « J'entends des remarques racistes envers les Asiatiques tous les jours sur le campus mais personne n'y fait attention. Je ne me suis jamais vraiment senti respecté ici ».

Selon les points de vue, les iGens représentent la génération la plus tolérante de l'histoire à l'égard des origines, ou au contraire celle qui renoue avec un racisme ringard. Qui a raison ?

On se rapproche plus de la première proposition, bien qu'il y ait encore du chemin à parcourir. Concernant le soutien à l'égalité raciale, les iGens et les milléniaux sont bien plus enclins que les générations précédentes à défendre le mouvement Black Lives Matter[85] : dans un sondage du *Pew Research Center* datant de 2016, 60 % des adultes blancs âgés de 18 à 30 ans déclaraient soutenir Black Lives Matter contre 37 % des 50-64 ans (la génération X et les baby-boomers) et 26 % des 65 ans et plus (la génération silencieuse) (Horowitz, & Livingston, 2016). « Je suis blanc et je soutiens le mouvement Black Lives Matter. Je pense qu'il est important d'exprimer son mécontentement quant à la façon dont la police traite les minorités dans ce pays », écrit Jason, 20 ans. « Je trouve ça bien qu'ils aient pu attirer l'attention sur la corruption et sur le manque de maintien de l'ordre. C'est quelque chose qu'on aurait dû faire bien plus tôt. »

Le 9 août 2014, Michael Brown, 18 ans, était abattu par un officier de police à Ferguson, dans l'État du Missouri. D'autres cas très médiatisés ont suivi, impliquant des Afro-Américains blessés par balles par la police. L'attitude des adolescents vis-à-vis des forces de l'ordre et des tensions raciales a brutalement changé. En à peine un an, entre le prin-

---

84. La vraie université du Wisconsin (N.d.T.).
85. « La vie des Noirs comptent. » Mouvement de lutte contre la violence et le racisme envers les Afro-Américains (N.d.T.).

temps 2014 et le printemps 2015, les jeunes de 17-18 ans étaient 29 % plus nombreux à penser que la police faisait mal son travail et 2,5 fois plus de jeunes estimaient que les relations entre Noirs et Blancs s'étaient détériorées. De telles opinions avaient été exprimées pour la dernière fois durant les années 90, une décennie marquée par les tensions raciales (voir Graphique 9.8). Cette recrudescence des tensions en 2015 laissait également présager la polarisation ethnique de la campagne présidentielle de 2016 et la montée du nationalisme blanc « alt-right »[86]. Depuis une dizaine d'années, les Américains semblaient avoir résolu ces problèmes : ils ont élu un président noir, consacré Beyoncé dans tous les médias et se sont bousculés pour regarder les émissions de Shonda Rhimes, une productrice noire, sur la chaîne ABC[87]. Cette trêve était toutefois fragile, et selon toute vraisemblance, elle est déjà terminée. Dans un sondage de Gallup[88] effectué en mars 2016, 54 % des étudiants ont rapporté la tenue sur leur campus de manifestations concernant la diversité et l'intégration au cours de l'année scolaire précédente.

Les questions ethniques sont particulièrement importantes aux yeux des iGens qui ont vécu toute leur vie dans un climat de diversité. En 2015, la plupart des 17-18 ans affirmaient qu'au moins la moitié des élèves de leur lycée étaient d'une autre origine ethnique que la leur, soit deux fois plus qu'en 1980. Ils sont également trois fois plus nombreux à avoir des amis proches d'une autre origine.

---

86. Mouvement américain d'extrême droite (N.d.T.).
87. Chaîne de télévision américaine (N.d.T.).
88. Institut de sondage et de recherches (N.d.T.).

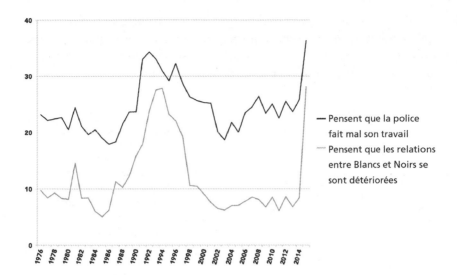

Graphique 9.8. Opinions des 17-18 ans concernant la police et les relations ethniques. *Monitoring the Future*, 1976-2015.

Non seulement les iGens se rendent dans des écoles mixtes, mais ils interagissent également avec des personnes de différentes origines ethniques dans diverses situations. Ils affirment que cette mixité leur a permis de faire la connaissance de personnes différentes d'eux (voir Graphique 9.9). Darnell, un étudiant afro-américain, déclare : « Je suis heureux d'avoir été entouré par des Latinos, des Blancs, des Noirs, des Asiatiques, des personnes de plein d'origines différentes. Je pense que ça a élargi mes horizons. » Carly, 19 ans, considère aussi qu'avoir vécu dans un quartier mixte est une expérience positive. « Je vis dans l'État du Michigan à Ypsilanti, une ville où environ 40 % de la population est noire et dans mon quartier, presque tous mes voisins sont noirs ou hispaniques », écrit-elle. « Je suis blanche, ce qui fait de moi une minorité ici. J'ai grandi dans une ville qui était à 99 % blanche, et bêtement, j'appréhendais un peu en emménageant ici. Mais je me suis rendu compte que c'était comme partout, il y a juste plus de personnes noires. »

Les adolescents de la nouvelle génération ont connu un niveau de mixité exceptionnel dans leurs écoles, leurs quartiers et dans leurs activités. Mais qu'auraient-ils *préféré* vivre ? La situation est plus complexe à ce niveau-là. Lorsque l'on se penche sur les progrès en matière d'égalité raciale, on constate que le nombre d'adolescents blancs qui considèrent qu'un environnement exclusivement blanc est plus bénéfique pour eux a diminué de moitié. De plus, ils sont deux fois plus nombreux à désirer des environnements dominés par d'autres origines ethniques.

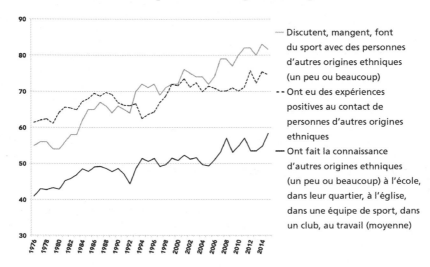

Graphique 9.9. Interactions avec des personnes d'autres origines ethniques chez les 17-18 ans. *Monitoring the Future*, 1976-2015.

Mais ce n'est qu'une partie du tableau. Étonnamment, le nombre d'adolescents blancs qui estiment que les environnements mixtes (où certains individus sont d'une autre origine ethnique) sont souhaitables est seulement d'un sur quatre, soit un niveau quasi inchangé depuis les années 70 (voir Graphique 9.10). Ce nombre est à peine plus élevé parmi les Afro-Américains et les Latino-Américains : un sur trois. Bien que les iGens aient davantage de relations avec des personnes d'autres origines ethniques et que leurs expériences soient majoritairement positives, la plupart d'entre eux décrivent les environnements mixtes comme tout juste « acceptables », et non comme « désirables ». Si un environnement mixte d'un point de vue ethnique est considéré comme tout juste acceptable, on comprend plus facilement pourquoi les campus sont encore le cadre d'incidents racistes et pourquoi les élections de 2016 ont permis au nationalisme blanc de s'exprimer à nouveau alors que certains le croyaient définitivement enterré. Il semble que l'adolescent iGen moyen tolère la diversité tout en remettant en doute ce système.

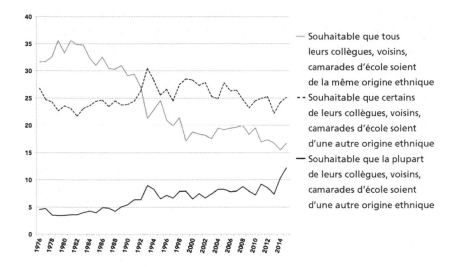

Graphique 9.10. Pourcentage des jeunes Blancs de 17-18 ans qui estiment que certaines compositions ethniques sont « souhaitables ». *Monitoring the Future*, 1976-2015.

Cette tendance se remarque aussi au niveau des relations interpersonnelles. Rares sont les adolescents blancs qui estiment souhaitable qu'un ami proche, un patron ou un voisin direct soit d'une autre origine ethnique. Leur nombre est similaire à celui des années 90, bien que ces dernières années les iGens aient commencé à modifier cette tendance (voir Graphique 9.11.). Les adolescents afro-américains et latino-américains sont légèrement plus enclins à favoriser les relations interethniques, avec environ un sur deux en 2015 qui estime désirable d'avoir un ami proche d'une autre origine ethnique. Dans l'ensemble, ces préférences permettent d'expliquer pourquoi les jeunes Blancs s'assoient toujours ensemble à la cantine de leur lycée.

Lorsque j'ai interrogé des iGens à ce sujet, la plupart ont affirmé que la diversité était « acceptable » plutôt que « souhaitable », et ce, pour un motif caractéristique de leur génération : l'origine ethnique ne compte pas. La fréquentation de personnes d'une autre origine ethnique est « acceptable parce qu'honnêtement, je ne comprends pas tout ce bazar autour du racisme. La couleur de la peau ne définit pas les individus. Elle ne dit rien de leurs sentiments, de leurs motivations ou de leurs buts », écrit Lori,

21 ans. « Je me fiche que mes voisins et mes collègues soient différents, je me fiche d'être le seul Blanc. Tant que tout le monde fait preuve du même respect envers tous, je ne vois aucun problème. » William, 20 ans, trouve qu'il est très important d'avoir des centres d'intérêt communs. « Je suis noir et j'adore tout ce qui est metal et autres styles de musique rock », écrit-il. « Je suis également un grand fan de la Première Guerre mondiale. Mais peu de gens dans mon quartier (essentiellement noir) apprécient ce genre de choses. Un jour, j'ai rencontré un gars sympa qui avait les mêmes centres d'intérêt et il s'est avéré qu'il était blanc. Je n'ai pas fait des pieds et des mains pour me trouver un ami blanc, ça s'est fait naturellement. Les gens sont tellement bloqués sur l'origine ethnique, s'ils réfléchissaient au-delà de ça, ils verraient que nous ne sommes pas si différents après tout. »

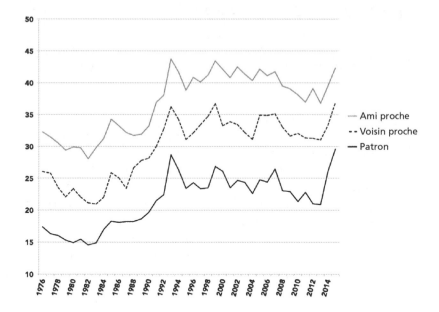

Graphique 9.11. Pourcentage des jeunes Blancs de 17-18 ans qui considèrent « souhaitable » d'avoir un ami proche, un patron ou un voisin proche issu d'une autre origine ethnique. *Monitoring the Future*, 1976-2015.

J'ai eu l'impression que ces iGens ne voulaient pas choisir entre une diversité « acceptable » et « souhaitable » parce que cette question leur semblait totalement ridicule. Comme Heather, 20 ans, l'a écrit : « L'origine ethnique n'a rien à voir avec les capacités requises pour être directeur. On est où là, dans les années 50 ? » Francie, 20 ans, écrit : « À l'époque actuelle, c'est complètement stupide de continuer à prendre en compte la couleur de peau dans nos relations humaines. Je suis blanche mais je me fiche de la couleur de peau de mes amis. Il faut être idiot et borné pour rester coincé dans ce système de pensée archaïque. » En affirmant que les environnements mixtes sont « désirables », les iGens auraient prêté trop d'attention à l'origine ethnique. Or, quand on appartient à cette génération, on n'est pas censé se soucier de cette caractéristique.

Cette position des iGens se manifeste à nouveau lorsque l'on observe la façon dont les questions ethniques sont abordées sur les campus. Bien qu'il y ait des avantages à ignorer les origines d'une personne, cette attitude ne prend pas en compte les différentes situations vécues par les étudiants de couleur et le fait qu'en réalité, les gens « voient » effectivement l'origine ethnique. Lorsqu'un conservateur invité à *The Daily Show* a déclaré « je ne vois pas les couleurs », le présentateur Trevor Noah a répondu « alors comment faites-vous devant un feu de signalisation ? » Ce refus de tenir compte des origines ethniques pourrait également être à l'origine de la recrudescence du nationalisme blanc, certains Blancs estimant que leurs origines ne sont pas reconnues. Les évènements qui se sont produits entre 2014 et 2016 prouvent bien que la négation de cette réalité ne constitue pas forcément la bonne solution.

Néanmoins, on peut affirmer qu'à d'autres égards, les États-Unis se montrent de plus en plus égalitaires en ce qui concerne les interactions raciales. Le pourcentage d'individus blancs qui ne voudraient pas voir un de leur proche épouser un Afro-Américain a chuté, passant de 54 % au début des années 90 à 10 % dans les années 2010 (voir Graphique 9.12). De nombreux iGens ne parviennent d'ailleurs pas à comprendre les raisons qui inciteraient une personne à s'opposer à un mariage mixte. « Honnêtement, je ne vois pas vraiment pourquoi le mariage interethnique a un jour posé problème. Mais à mon avis, c'est mieux accepté aujourd'hui grâce à la plus grande tolérance dont fait preuve notre société », écrit Anthony, 19 ans. « La plupart des Américains ont accès à des informations qui réfutent la théorie de la pureté raciale, une conception raciste originellement inventée par les Blancs. Le fait que les métissages aient pu être considérés comme "impurs" ou "immoraux" me dépasse complètement. »

Le pourcentage d'individus blancs qui refusent de vivre dans un quartier majoritairement noir ou qui soutiennent la discrimination au logement a été divisé par deux. Cependant, les adultes blancs sont presque toujours aussi nombreux à penser que les Afro-Américains sont fainéants. Jaden, 21 ans, estime que ces préjugés subsistent à cause de l'influence des médias. « Bien que les médias couvrent aussi des affaires de crimes commis par des personnes d'autres origines ethniques, ils semblent se concentrer beaucoup trop sur les Afro-Américains qui pratiquent des activités illégales » écrit-il. « Cette description perpétuellement négative des Afro-Américains dans les médias influence fortement l'idée que la population se fait d'eux. »

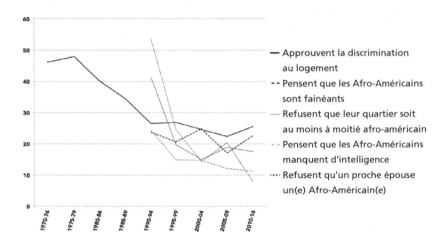

Graphique 9.12. Attitudes négatives des jeunes individus blancs de 18 à 24 ans envers les Afro-Américains. *General Social Survey*, 1972-2016

Les divisions générationnelles de ces dernières années (2014-2016) me semblent également intéressantes à explorer. Les différences les plus marquées s'observent entre la génération silencieuse (70 ans et plus) et les autres (voir Graphique 9.13). De manière assez surprenante, les iGens et les jeunes milléniaux blancs sont les deux groupes de population les plus enclins à penser que les Afro-Américains sont fainéants. De même, ils sont légèrement plus réticents que les milléniaux plus âgés à vivre dans un quartier majoritairement noir. Cette attitude peut s'expliquer soit par l'ignorance de la jeunesse, soit par un retour vers une forme de nationalisme blanc.

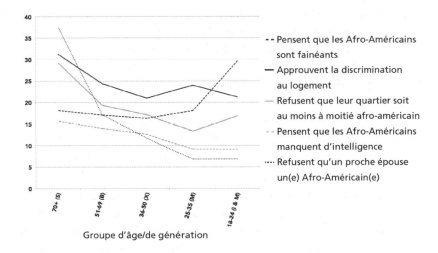

Graphique 9.13. Attitudes négatives des individus blancs envers les Noirs par groupe d'âge/génération. *General Social Survey*, 2014-2016.

À l'université, les discussions sur l'origine ethnique se concentrent souvent sur des questions liées à la discrimination positive en matière de frais d'inscription et de bourses. Dans un contexte marqué par les inégalités salariales et les dettes d'études exorbitantes, certains étudiants blancs n'apprécient pas ce qu'ils considèrent comme une sorte de traitement de faveur à l'égard des étudiants de couleur. Un étudiant de l'université du Wisconsin a publié sur Yik Yak : « Il y a une fille noire à mon étage qui se plaint constamment d'être opprimée... espèce de garce, j'ai eu 12 points de plus que toi à mon examen d'entrée et pourtant tu as une bourse complète et moi rien du tout. » (Kershner, 2016). Lorsque Yvanna Saint-Fort (2016), étudiante à l'université Rutgers, a appris qu'elle était admise dans 7 universités, ses amis de lycée lui ont dit que c'était uniquement parce qu'elle était noire.

En revanche, les faits de racisme inversé parlent plus aux iGens. Selon une étude menée par MTV sur les jeunes de 14 à 24 ans, 48 % des répondants blancs ont affirmé que « la discrimination envers les personnes blanches est devenue aussi importante que la discrimination envers les minorités ethniques » (Bouie, 2014). De même, 27 % des individus de couleur se sont montrés d'accord avec cette proposition. Une écrasante majorité (88 %) estime qu'il est injuste de favoriser les personnes d'une certaine origine ethnique et 70 % considèrent qu'il n'est pas correct d'accorder un traitement préférentiel aux membres d'une origine ethnique, quelles que soient les discriminations dont ils ont été victimes par le passé (ce chiffre inclut 74 % d'individus blancs et 65 % d'individus de couleur). Les iGens s'accrochent tellement à leur conception de l'égalité que nombre d'entre eux ont des difficultés à soutenir la discrimination positive. Lorsque le favoritisme ethnique entre en conflit avec les difficultés économiques, les étudiants réagissent parfois par des actes racistes.

Les iGens pourraient inaugurer une nouvelle ère de la discrimination positive, qui reposerait cette fois sur la classe sociale et non plus sur l'origine ethnique. En 2015, 52 % des étudiants entrant à l'université (selon l'*American Freshman Survey*) étaient d'accord avec la proposition « les étudiants issus d'un milieu social défavorisé devraient bénéficier d'un taux préférentiel pour leurs frais d'inscription à l'université », alors qu'ils n'étaient que 37 % en 2009. Les iGens sont de fervents défenseurs de l'égalité mais ils estiment que cette notion s'étend au-delà de la question de l'origine ethnique.

Dans l'ensemble, les iGens ont bien plus souvent vécu dans des environnements mixtes que n'importe quelle autre génération avant eux, et une vaste majorité affirme croire en l'égalité. Les jeunes Blancs sont bien plus désireux d'avoir des voisins afro-américains ou de la belle-famille afro-américaine. Néanmoins, ces avancées étaient déjà présentes chez les générations précédentes. Le nombre d'adolescents blancs qui trouvent souhaitable d'avoir un environnement exclusivement blanc a diminué de moitié, mais le nombre de jeunes qui souhaitent un environnement mixte a à peine évolué. Des études de psychologie sociale ont découvert qu'il ne suffisait pas d'avoir de simples contacts avec des personnes d'autres origines ethniques : ces contacts doivent être positifs et menés d'égal à égal. Bien que cette génération soit nettement plus progressiste sur les questions ethniques que les autres au même âge, elle est loin d'avoir inauguré une nouvelle ère débarrassée de tout racisme, ou même des problèmes de genre. Aussi bien pour les questions de genre que d'appartenance ethnique, les iGens ont un comportement similaire à celui des milléniaux et des membres de la génération X ces dernières années. Néanmoins, la position des jeunes d'aujourd'hui sur la communauté LGBT est unique. C'est d'ailleurs là que se situe l'écart générationnel le plus visible, les iGens ouvrant la voie à un accroissement de l'égalité et de la tolérance.

Espaces positifs, conférences annulées et avertissements aux lecteurs

Au cours des dernières années, les manifestations ont proliféré sur les campus universitaires. La plupart abordaient la question de l'égalité mais d'autres thèmes étaient également évoqués. De nombreuses manifestations avaient pour but d'éliminer non seulement les discriminations mais aussi les discours offensants, ce qui a valu aux iGens d'être critiqués pour leur sensibilité exacerbée. C'est à ce niveau-là que le mouvement pour l'égalité entre en conflit avec le premier amendement. Au grand dam des défenseurs de la liberté d'expression, les campus sont dotés de « procédures de signalement des sujets sensibles » qui permettent aux étudiants de rapporter les incidents offensants. Des professeurs ont ainsi été suspendus pour avoir ouvert un débat sur l'appartenance ethnique. Les invitations des orateurs controversés sont de plus en plus souvent annulées ou bien leurs discours sont interrompus.

Assiste-t-on à un réel changement culturel ou bien les étudiants ont-ils toujours agi de la sorte ? Les données évolutives nous prouvent que la situation est bel et bien en train de changer : les iGens sont plus enclins à soutenir les restrictions à la liberté d'expression (voir Graphique 9.14).

De même, les jeunes adultes en général sont plus susceptibles d'accepter de telles restrictions. Le *Pew Research Center* a découvert que 40 % des milléniaux et des iGens estiment que le gouvernement devrait empêcher les citoyens de formuler des remarques offensantes envers les minorités, contre seulement 12 % des membres de la génération silencieuse, 24 % des baby-boomers et 27 % des membres de la génération X (Poushter, 2015).

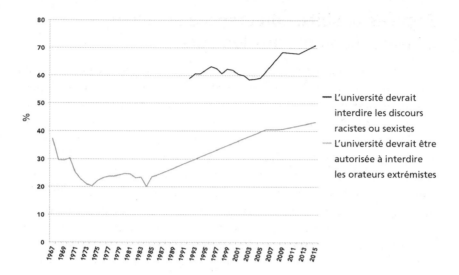

Graphique 9.14. Opinions des étudiants entrant à l'université concernant les discours sur les campus. *American Freshman Survey.*

En répondant à ces questions, les sondés avaient probablement en tête des faits de racisme ou de sexisme flagrants : un individu qui aurait utilisé une appellation en fonction de la race, par méchanceté ou par mépris, ou qui aurait déclaré « Tous les [groupe visé] sont des [caractéristique négative] ». Lorsque deux étudiants blancs appartenant à la même fraternité ont été enregistrés, sur le campus de l'université d'Oklahoma, en train de chanter qu'aucun « nègre » ne serait jamais admis dans leur fraternité, incluant une strophe sur la nécessité de « les pendre à un arbre », ils ont été immédiatement renvoyés et leur fraternité a été fermée (Bidwell, 2015). Cette anecdote a ouvert un débat enflammé sur les limites du premier amendement, qui protège même les discours les plus abjects et les plus haineux, selon les juristes. John Roberts, juge à la Cour suprême, a expliqué en ces termes la décision de la majorité des juges sur un autre cas impliquant le premier amendement : « Les mots sont puissants. Ils peuvent pousser les hommes à agir, faire couler des larmes de joie aussi bien que de peine et… infliger de profondes souffrances. Concernant les faits qui nous ont été exposés, nous ne pouvons toutefois pas réagir à cette souffrance en punissant l'orateur. Notre pays a choisi une trajectoire différente qui consiste à protéger tous les discours, même les plus offensants, afin de garantir la liberté complète des débats publics sur de telles questions ». (Ross, 2011).

Des incidents aussi ouvertement racistes que ceux qui se sont produits en Oklahoma dépassent clairement les limites de la liberté d'expression. La différence aujourd'hui, c'est que ces discours sont de plus en plus souvent jugés racistes ou sexistes et leurs auteurs sont de plus en plus fréquemment considérés comme « extrémistes ». Un étudiant latino-américain s'est dit offensé qu'un de ses camarades blancs utilise le mot espagnol *fútbol* pour parler du football (Campbell & Manning, 2014). Des étudiants d'Oberlin College se sont plaints que la mauvaise cuisson du riz servi dans les sushis de leur cantine offensait les étudiants issus de la minorité asiatique (Moyer, 2015). Un étudiant du Colorado College a été suspendu pendant deux ans (une peine ensuite réduite à 6 mois) pour avoir répondu anonymement dans une conversation Yik Yak portant sur les femmes afro-américaines que « oui, ces femmes comptent, mais elles ne sont pas sexy » (Barrows, 2015). Un professeur de l'université du Kansas a été renvoyé suite à une discussion trop transparente avec sa classe au sujet de l'appartenance eth-nique à l'université (Huebner, 2016). Comme l'a écrit Rachel Huebner, étudiante de deuxième année, dans le *Harvard Crimson* en 2016, « cette attention exagérée accordée aux sentiments des étudiants a transformé les campus en espaces où chacun doit peser le moindre de ses mots pour s'assurer que personne ne soit offensé, même légèrement » (Ibid.).

C'est la face cachée de la tolérance : elle correspond d'abord à une intention louable, celle d'inclure tout le monde et de n'offenser personne, mais dans le meilleur des cas, elle finit par éluder l'évocation des questions trop profondes et dans le pire des cas, par détruire des carrières à cause d'un commentaire jugé offensant, et par éliminer toute opinion non poli-tiquement correcte.

Cette situation pourrait en partie avoir été provoquée par les nouvelles recommandations du gouvernement. En 2013, les départements de la Justice et de l'Éducation ont élargi la définition d'agression sexuelle : elle concernait auparavant les discours jugés offensants par une « personne raisonnable », et inclut aujourd'hui les discours tout simplement décrits comme « importuns » (Lukianoff & Haidt, 2015). Aujourd'hui, les uni-versités appliquent ce critère aux cas de discrimination raciale, religieuse et sexiste, préférant s'affranchir du premier amendement vu la faible pro-babilité de poursuites au niveau fédéral. Tout comme Greg Lukianoff et

Jonathan Haidt l'ont écrit en 2015 (Ibid.) dans un article largement débattu : « Les étudiants sont aujourd'hui censés se fonder sur leurs sentiments subjectifs pour apprécier le caractère bien ou mal venu de la remarque d'un professeur ou d'un autre étudiant, et ainsi évaluer si celui-ci ne devrait pas faire l'objet d'une plainte pour agression. Le raisonnement émotionnel est donc devenu une forme de preuve. »

Aujourd'hui, les étudiants préfèrent purement et simplement annuler la venue des orateurs dont les discours dérangent. Selon l'*American Freshman Survey*, le nombre de jeunes qui soutiennent l'interdiction d'inviter des orateurs aux points de vue trop tranchés a atteint un niveau record en 2015 (voir Graphique 9.14). Des étudiants du Smith College ont exigé l'annulation de la conférence de Christine Lagarde, la directrice générale du Fonds monétaire international (Phillip, 2014) ; à l'université Rutgers, des manifestants ont forcé Condoleezza Rice à annuler sa visite (Fitzsimmons, 2014) ; des étudiants de l'université Brandeis ont empêché la venue d'Ayaan Hirsi Ali, une grande protectrice des droits de la femme qui s'oppose aussi fermement à l'islam (Associated Press, 2014). Une association non lucrative luttant pour la liberté d'expression a montré que le nombre d'annulations avait été multiplié par cinq depuis 2000. Rares par le passé, ces situations sont devenues presque habituelles. En 2016, la *Foundation for Individual Rights in Education*[89] a recensé 43 annulations d'invitations, un record historique (voir Graphique 9.15).

Le président Obama s'est exprimé sur la question : « Je trouve qu'il est sain pour les jeunes de s'engager pour une cause, de remettre l'autorité en question, de demander pourquoi les choses sont ainsi et pas autrement, de poser des questions complexes sur la justice sociale… Vous avez tout à fait le droit de ne pas être d'accord avec quelqu'un, mais n'essayez pas simplement de le faire taire… Je ne tolère pas qu'on refuse d'écouter des points de vue exposés respectueusement et rationnellement. » (Sanders, 2015). En d'autres mots, protestez librement mais laissez également la partie adverse s'exprimer.

La politologue April Kelly-Woessner (2015) a découvert que ce phénomène (le rejet de la liberté d'expression par les défenseurs de la justice sociale) était plutôt nouveau : chez les personnes de plus de 40 ans, ces deux concepts ne semblent pas liés alors que chez les plus jeunes, les fervents

---

89. Association sans but lucratif qui défend les libertés civiques dans les universités (N.d.T.).

partisans de la justice sociale tendent à renier la liberté d'expression. Selon une étude de 2015, 35 % des étudiants d'université pensent que le premier amendement ne protège pas les discours haineux (alors que c'est le cas) et 30 % des étudiants progressistes estiment que le premier amendement est « obsolète » (McGough, 2015). Cette situation reflète l'intérêt des iGens pour la sécurité décrit dans le chapitre 6 : pour eux, la notion de sécurité englobe aussi les émotions et ils perçoivent les mots comme de potentiels actes de violence.

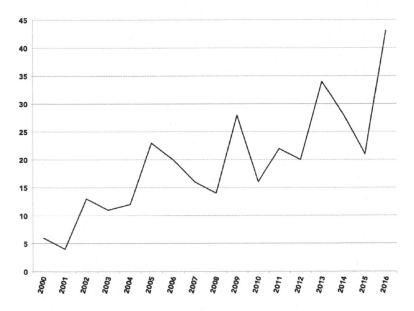

Graphique 9.15. Nombre d'invitations d'orateurs annulées par les universités américaines entre 2000 et 2016. *Foundation for Individual Rights in Education* (FIRE).

Les manifestations de l'automne 2015 à l'université du Missouri ont été alimentées par d'autres manifestations du mouvement Black Lives Matter organisées à proximité, dans la ville de Ferguson, et par plusieurs cas de racisme sur le campus. La situation a rapidement dégénéré lorsque les étudiants activistes ont affirmé avoir le droit de créer un « espace positif » sur le campus d'une université publique et d'en exclure les médias (Moyer, Miller & Holley, 2015). Certains manifestants ont commencé à bousculer un étudiant photographe et un membre du corps universitaire s'est ex-clamé qu'il faudrait le mettre dehors par la force. Le photographe a fait remarquer (à raison) qu'il avait le droit, en vertu du premier amendement, d'être présent.

Lorsque Howard Gillman et Erwin Chemerinsky (2016), professeurs de droit à l'université de Californie à Irvine, ont donné leur cours sur la liberté d'expression à des étudiants de première année, ils se sont dits choqués du nombre de situations où les étudiants voulaient limiter la liberté d'expression, pourtant garantie par le premier amendement. Ils se sont rendu compte que ce changement générationnel pouvait s'expliquer par le fait que les étudiants d'aujourd'hui, témoins des dégâts occasionnés par les discours haineux, le sont beaucoup moins de ceux engendrés par la censure ou par les sanctions infligées en cas d'opinion divergente. Les professeurs ont alors fait remarquer que l'interdiction des discours qui ne nous plaisent pas pouvait rapidement évoluer vers l'interdiction des discours que nous apprécions. Dans un article paru dans le *Los Angeles Times*, ils ont rappelé les dérives possibles lorsque les autorités ont le pouvoir de réguler les discours : « Elles en abusent systématiquement… Dans l'histoire des États-Unis, les fonctionnaires ont toujours censuré ou sanctionné les personnes dont les discours dérangeaient : les abolitionnistes, les activistes socialistes, les minorités religieuses, les communistes, les critiques socio-culturels et les homosexuels ». « Nos étudiants commencent à se rendre compte qu'il est impossible de créer un "espace positif" sur les campus, exempt de toute une série de discours offensants, sans se lancer dans une campagne de censure massive, pouvant alors léser d'autres personnes ».

Cette nouvelle tendance à limiter la liberté d'expression a fait une autre victime : l'humour. Des comédiens comme Chris Rock déclarent ne plus vouloir se produire sur les campus universitaires parce que les étudiants sont trop vite choqués (Flanagan, 2015). Dans un article paru dans *The Atlantic* et traitant des émissions humoristiques sur les campus, Caitlin Flanagan a tiré la conclusion que les étudiants préfèrent « des émissions dénuées de tout risque, qui ne pourraient ni choquer ni déranger, ni même légèrement troubler un seul d'entre eux… des émissions complètement débarrassées de la moindre agression ou provocation. » Lors d'une audition à laquelle prenaient part plusieurs humoristes pour animer un évènement à l'université, les représentants ont hésité à engager un artiste homosexuel dont le numéro avait provoqué de nombreux éclats de rire au moment où il évoquait son « fougueux ami afro-américain ». Car selon eux, il « contribuait ainsi à perpétuer les stéréotypes ». « Nous ne voulons pas parrainer un évènement qui risquerait d'être offensant », a déclaré Courtney Bennett, en charge des activités étudiantes à l'université de Western Michigan. Cette situation illustre bien les deux facettes de la tolérance à l'université : d'un côté une tolérance bon enfant, de l'autre, une condamnation immédiate et brutale à l'égard des commentaires perçus comme offensants, même s'il ne s'agit que d'une mauvaise interprétation ou d'un trait d'humour mal compris.

Une nouvelle norme ?

Je me suis demandé si ce point de vue était seulement partagé par une minorité aux idées bien arrêtées. Pour répondre à cette question, mon étudiante diplômée et moi-même avons interrogé les 200 étudiants du cours d'introduction à la psychologie de l'université de San Diego en avril 2016. Nous avions préparé un large éventail de questions à ce sujet. Bien que les répondants appartinssent tous à la même université, le corps étudiant y est assez diversifié et plus représentatif de l'étudiant moyen que celui des universités de la Ivy League, souvent mentionnées dans les sujets sur les espaces positifs.

Les résultats étaient stupéfiants : trois quarts des participants se disaient favorables à la création d'espaces positifs pour les étudiants qui n'étaient pas d'accord avec un orateur controversé. De même, trois quarts d'entre eux considéraient que les professeurs devraient prévoir des avertissements si une lecture obligatoire mentionnait une agression sexuelle.

L'avis de ces étudiants donne un aperçu des raisons pour lesquelles les discours soulèvent actuellement tant de débats sur les campus. Près de la moitié des répondants à mon enquête (48 %) étaient d'accord avec la proposition « un individu blanc qui utilise le mot "nègre" est toujours offensant, même s'il voulait simplement illustrer des discriminations his-toriques et non insulter une personne en particulier ». De même, 52 % estimaient que « les personnes qui ne sont pas d'origine afro-américaine ne devraient jamais utiliser le mot "nègre", quelle que soit la raison ».

Un mot dit de travers peut avoir des conséquences terribles. Plus d'un étudiant sur quatre (28 %) pense « qu'un professeur qui fait une seule remarque maladroite sur les races pendant la classe doit être licencié ». Nous avions volontairement opté pour une formulation vague, ce qui rend les résultats encore plus effrayants (l'expression « remarque maladroite » peut revêtir différents sens selon chacun). Au vu de cette proportion, les étudiants étaient suffisamment nombreux pour rapporter le cas d'un professeur auprès de l'administration, un phénomène de plus en plus fréquent. Les étudiants semblent cependant légèrement moins sévères avec leurs camarades. En effet, seuls 16 % d'entre eux estiment « qu'un étudiant qui fait une seule remarque maladroite sur les races pendant la classe doit être renvoyé ».

Pour moi cependant, le chiffre le plus surprenant est le suivant : 38 % des étudiants pensent que « les professeurs ne doivent pas aborder la question des différences raciales moyennes en classe (telles que les comportements, les caractéristiques, le QI) ». Cette opinion pose particulièrement problème dans les classes de psychologie, sociologie, économie, politique publique, science politique, assistance sociale et bien d'autres encore, où l'on présente fréquemment des recherches menées sur les différences entre groupes ethniques. Selon cette minorité non négligeable d'étudiants, de telles études scientifiques ne devraient pas être abordées en classe. Le point le plus marquant reste que tous les répondants suivaient un cours d'introduction à la psychologie, qui traite aussi bien des méthodes scientifiques que des différences entre plusieurs groupes de population. Quand autant d'étudiants remettent en question l'étude de données sur les différences ethniques, il ne faut pas s'étonner que de nombreuses facultés redoutent maintenant tout enseignement lié de près ou de loin à l'appartenance ethnique, et qu'elles évitent soigneusement toute discussion sur les différences ethniques et culturelles. Pourtant, ces discussions sont censées leur apporter une meilleure compréhension du sujet.

Quand j'ai interrogé Darnell, un étudiant de Georgia college âgé de 20 ans, sur les cours qui traitaient des différences raciales, il m'a répondu : « Je comprends pourquoi les étudiants n'apprécient pas, mieux vaut donc éviter d'en parler. Ne nous mêlons pas de ces histoires ». Mais d'autres étudiants avaient un point de vue différent. « Ce n'est pas forcément mal de vouloir évaluer les différences entre groupes ethniques, de vouloir vérifier des hypothèses », déclare James, étudiant de la même université. « Si on est trop sensible face à ce genre de problématique, il sera plus difficile d'apprendre, de faire preuve d'ouverture d'esprit, d'accéder à la vérité et d'acquérir de nouvelles connaissances. »

Microagressions, microblessures

Parlons maintenant des microagressions habituellement décrites comme des remarques involontairement blessantes formulées à l'encontre d'une personne de couleur. Par définition, une agression est toutefois intentionnelle, ce qui rend cette appellation inappropriée. Quoi qu'il en soit, de nombreuses paroles entrant dans la catégorie des microagressions sont douloureuses à entendre. Buzzfeed a publié le projet photographique d'étudiants de l'université Fordham à New York (Nigatu, 2013). Ils brandissaient des pancartes sur lesquelles étaient reprises des microagressions qui les avaient visés. On retrouvait notamment les phrases suivantes : « Tu es jolie pour une fille de couleur », « Alors vous parlez quelle langue au Japon ? Asiatique ? », « Mais alors tu es quoi ? », « Non mais tu viens d'où en réalité ? ». Je suis frappée par le manque de tact social qu'incarnent ces remarques. Peut-être est-ce le produit d'une génération qui passe de moins en moins de temps à parler à ses camarades en face à face. Il est évident que personne n'aimerait s'entendre sans cesse poser ce genre de questions, sources d'irritation pour les personnes de couleur. D'ailleurs, les membres de la communauté LGBT sont également confrontés à ce genre de remarques. Prenons par exemple cet échange publié sur Twitter : « Le caissier : Alors, vous avez un petit ami ? Moi : Je suis homosexuelle. Caissier : Oh ! Je n'aurais pas cru, jolie comme vous êtes ! »

Selon une étude menée par MTV sur les jeunes de 14 à 24 ans, 45 % des individus de couleur déclarent avoir personnellement souffert de microagressions, comparés à 25 % d'individus blancs. « Ce qui me tourmente le plus, ce sont tous ces petits commentaires qui me rappellent que je ne suis pas à ma place, qu'en me regardant les gens voient une fille noire avant de voir une fille normale » écrit Princess Ojiaku (2015), étudiante en master à l'université du Wisconsin. « Ces remarques s'accumulent pour former un fardeau invisible que je dois porter au quotidien… Elles confirment chaque jour un peu plus ma pire crainte : être perçue comme une caricature plutôt que comme une personne à part entière. » Des études prouvent que les personnes plus souvent victimes de ces microagressions souffrent davantage d'anxiété et de dépression (Sue, 2010). Néanmoins, les personnes plus sensibles à l'anxiété et à la dépression peuvent aussi être plus susceptibles de se rappeler ou de percevoir les microagressions, à moins que cette corrélation ne soit causée par des facteurs extérieurs.

Certaines phrases rangées dans la catégorie des microagressions peuvent sembler plus ambigües, ouvrant ainsi la porte aux débats. La remarque figurant en tête de la liste des microagressions du guide de l'université de Californie à Los Angeles est « d'où viens-tu ? ». C'est probablement la question la plus souvent posée sur le campus durant la première semaine de cours et elle n'est évidemment pas habituellement perçue comme une microagression. Parmi les autres phrases placées dans la catégorie des microagressions, on retrouve « Je pense que cet emploi devrait revenir à la personne la plus qualifiée », « Dans notre société tout le monde peut réussir s'il travaille suffisamment » et « Où es-tu né ? ».

Ces remarques sont-elles offensantes ? Tout dépend de la personne visée. Aujourd'hui, le problème est surtout qu'il suffit d'affirmer avoir été offensé pour considérer qu'il s'agit d'une preuve suffisante, même si l'autre personne n'avait pas l'intention d'être blessante. C'est une des raisons qui a valu aux iGens leur réputation d'hypersensibles, eux qui accordent tant d'importance à la violence des mots. Or, peu de règles définissent clairement les propos offensants : certains asiatiques n'apprécient pas la question « d'où viens-tu ? », d'autres n'y voient aucun problème. Un jeune homme originaire du sud de l'Asie m'a écrit ceci : « Chaque semaine, on me demande "Tu viens d'où ?"… La culture de la victimisation me dit que c'est une "microagression" avec un relent raciste et que je devrais en être offusqué. Mais je ne le suis pas du tout. Nous vivons dans une société multiculturelle et on ne peut pas toujours deviner d'où d'une personne vient. Je ne les considère pas comme racistes simplement parce qu'ils sont curieux de connaître mes origines. Pourtant, la culture de la victimisation me dit que je devrais ».

Dans mon étude sur les étudiants de San Diego, seuls 18 % estimaient que la question « d'où viens-tu ? » est une forme de microagression. De même, une vaste majorité ne voyait pas en quoi « l'Amérique est la terre de toutes les opportunités » et « le genre n'influence pas notre choix à l'embauche » constituaient des microagressions. Néanmoins, plus de 85 % des étudiants considéraient que certaines actions relevaient de la microagression. On peut notamment citer le fait de traverser la rue pour éviter une personne de couleur, dire à un Asiatique « tu dois être doué en math, tu peux m'aider avec ce problème ? » ou affirmer « nous ne sommes que des femmes ». Seuls 13 % considèrent qu'une « soirée mexicaine » organisée par une cantine universitaire est offensante alors que 33 % trouvent vexant un déguisement d'Halloween constitué d'un poncho et d'un sombrero. Les avis sont si diversifiés qu'il est impossible de savoir si une remarque est susceptible offenser la majorité des étudiants, ou bien une seule personne, ce qui suffit déjà à s'attirer des ennuis.

Discussion à cœur ouvert

À l'époque actuelle, alors que les iGens deviennent adultes, la question de l'identité de groupe est plus confuse que jamais. Selon le sondage de MTV, 84 % des jeunes ont grandi dans une famille où ils ont appris à traiter tous les individus de la même façon, peu importe leur origine ethnique (Bouie, 2014). Cependant, seuls 37 % des familles abordaient le sujet de l'appartenance ethnique, et seulement 30 % des familles blanches. Or, il faut à la fois pouvoir tenir compte de l'origine ethnique d'une personne et ne pas y faire attention, à la fois en parler et ne pas en parler. La nouvelle génération ne voit pas les couleurs de peau. Étant donné que les préjugés ethniques existent encore, cette position est cependant impossible à tenir.

Ensuite, les iGens sont entrés à l'université. Ils se sont sincèrement démenés pour garantir l'égalité mais par crainte d'offenser quiconque, ils évitent toujours la question de l'origine ethnique. Selon l'étude de MTV, seuls 20 % des jeunes déclarent ne pas avoir de problème pour parler des préjugés alors que 48 % estiment qu'il est inopportun d'attirer l'attention sur l'appartenance ethnique d'une personne, même si c'est de manière positive. Cependant, 73 % des répondants considèrent qu'il faudrait aborder plus ouvertement la question des préjugés et 69 % adoreraient pouvoir discuter librement de ce sujet dans une atmosphère respectueuse et dénuée de jugement. Le désir profond d'égalité propre aux iGens pourrait apporter beaucoup aux États-Unis en matière de relations interethniques : une vaste majorité d'entre eux arrivent en effet à l'âge adulte délivrés des préjugés criants du passé. Néanmoins, tous ne sont pas égaux à cet égard, certains groupes ethniques ayant connu davantage de préjugés et vécu des expériences différentes. Par conséquent, de nombreux jeunes de couleur ne se sentent pas à l'aise sur des campus à prédominance blanche. La nouvelle génération veut aborder ces questions, ou c'est du moins ce qu'elle prétend, mais elle a aussi le sentiment de ne pas y être autorisée. Rien d'étonnant à cela puisque ces sujets sont systématiquement passés sous silence, quand ils ne sont pas condamnés. C'est avant tout pour cette raison qu'il faut faire évoluer notre culture de l'offense et trouver la voie de l'apaisement, pour cette génération comme pour les autres.

Leurs taux record d'anxiété et de dépression, leur prise d'indépendance tardive et leur souci d'intégration ont poussé les iGens à placer la sécurité en priorité absolue. Cette recherche d'équilibre entre protection et liberté d'expression va continuer encore longtemps à agiter les iGens et les générations plus âgées.

Chapitre 10
Indépendants : des ados affranchis de la politique

« Je vais voter pour Donald Trump », m'a affirmé Mark, 20 ans, au cours de la conversation que nous avions eue un lundi après-midi, quelques mois avant les élections de 2016. Mark partage son emploi du temps entre ses cours à l'université, son travail dans un magasin d'électronique et sa petite amie, tout en vivant encore chez ses parents pour épargner de l'argent. Une fois son diplôme de lycée en poche, il a essayé de vivre seul pendant un an dans sa ville natale près de Fort Worth, dans le Texas. Cependant, son loyer engloutissait la plus grosse partie de son salaire et ses parents, un mécanicien et une femme au foyer, lui ont dit qu'il pouvait vivre chez eux le temps de ses études à l'université.

Mark ne prête pas attention à toutes les déclarations de Trump, mais après avoir lu son programme électoral et celui d'Hillary Clinton, il a décidé que « de deux maux, il faut choisir le moindre ». Tout comme le candidat républicain, Mark estime que la situation des Américains est déjà assez critique sans qu'ils doivent apporter leur aide aux étrangers. « L'arrivée de tous ces migrants va non seulement provoquer une pénurie d'emplois, mais aussi une pénurie de logements. Le taux de pauvreté va atteindre des records parce que les ressources seront insuffisantes pour satisfaire tout le monde. Je préfère de loin la construction d'un mur qui permettra à notre économie de continuer à fonctionner que d'essayer d'aider des gens que nous ne pouvons de toute façon pas secourir », déclare-t-il, faisant référence à la promesse électorale de Trump de construire un mur le long de la frontière avec le Mexique.

Neuf mois plus tôt, à l'autre bout du pays, j'arrivais sur la côte californienne pour rendre visite à Cameron, 18 ans, rentré chez lui pour ses premières vacances d'hiver depuis qu'il a intégré une université privée. Exceptionnellement, la circulation était relativement fluide sur la I-5 nord. J'ai donc pu manœuvrer mon minivan sans me presser dans les rues étroites et sinueuses du quartier côtier où se dresse la maison familiale de Cameron. Il habite à quelques rues à peine de l'océan, dans un quartier typique du bord de mer : de jolies maisons trapues bâties sur de petites parcelles. Cameron a des yeux bleus pétillants et un corps mince et musclé, sculpté par la course à pied et son régime végan. Il a choisi d'étudier les mathématiques et m'a semblé incroyablement concentré pour un élève de première année. Il me parlait des analyses des données qu'il réalisait pour son stage dans une entreprise de technologie, et malgré mon affinité pour les statistiques, je parvenais à peine à suivre ses explications.

Comme beaucoup d'iGens en ce début d'année 2016, Cameron soutenait Bernie Sanders, le candidat socialiste indépendant qui a mis des bâtons dans les roues d'Hillary Clinton au cours des primaires démocrates. Cameron ne le soutient pas pour la politique de son parti mais pour l'authenticité de ses messages et les valeurs morales qu'ils véhiculent, surtout en ce qui concerne les moyens alloués par le gouvernement à l'éducation. Cameron sait qu'il est privilégié par rapport à bien d'autres jeunes, et il trouve cette situation injuste. « Personne ne devrait être désavantagé par le milieu d'où il vient », déclare-t-il. Il croit également fermement à l'égalité et à la légalisation de certains choix de vie : « Tout le monde devrait avoir les mêmes chances de vivre selon ses propres idées. Tant que celles-ci n'affectent personne d'autre, comme la question des drogues par exemple, personne ne devrait imposer de restrictions sur la vie privée d'un individu. »

Sanders jouissait d'un grand succès auprès des jeunes en âge de voter. Selon un sondage effectué à l'entrée des primaires démocrates de l'État d'Iowa en février 2016, les jeunes adultes étaient six fois plus nombreux à voter pour Bernie Sanders que pour Hillary Clinton (84 % contre 14 %) (Brownstein, 2016). Jusqu'à la mi-juillet 2016, près de la moitié des jeunes supporters de Sanders déclaraient qu'ils ne voteraient ni pour Clinton ni pour Trump (Savransky, 2016).

Au départ, Trump était loin d'être le favori des jeunes, mais il est parvenu à rattraper son retard pendant le mois de novembre. Il a ainsi remporté les voix de 48 % des électeurs blancs de 18 à 29 ans (contre 43 % pour Hillary Clinton) (Center for Information & Research on Civic Learning and Engagement, 2016). Ce résultat est stupéfiant pour une jeunesse généralement qualifiée de progressiste. Bien que dans l'ensemble, Clinton ait remporté la victoire auprès de tous les jeunes électeurs confondus, une part considérable (37 %) a malgré tout voté pour Trump. Ces données signifient que quatre iGens et jeunes milléniaux sur dix ont voté non seulement pour un candidat républicain, mais surtout pour un candidat représentant le nationalisme blanc, que de nombreuses personnes avaient cru disparu bien avant la naissance de cette génération. Les votes des jeunes ont aidé à faire basculer le résultat des élections en faveur de Trump. En effet, les électeurs de 18-29 ans sont beaucoup plus nombreux que ceux de plus de 65 ans.

Comment un tel retournement de situation a-t-il pu se produire ? Quel impact pourrait avoir sur les prochaines élections cet engouement massif de la jeune génération pour un candidat républicain synonyme d'un tel retour en arrière ?

Un problème de partis politiques

Deux mois avant les élections, mes collègues et moi avions publié un article dans lequel nous émettions quelques hypothèses sur les évènements à venir (Twenge, Honeycutt, Prislin & Sherman, 2016). Depuis des années, les observateurs étaient persuadés que les iGens et les milléniaux étaient majoritairement démocrates et que cette tendance ne s'infléchirait jamais. En août 2016, un article du *USA Today* prévoyait la défaite cinglante et historique de Trump parmi les jeunes électeurs (Page & Crescente, 2016). En 2014, le *Washington Post* affirmait que les Républicains avaient un problème avec les groupes de population plus jeunes (Cillizza, 2014). On supposait à l'époque que le parti ne parviendrait pas à attirer les votes des milléniaux. Deux ans plus tard, Trump leur a prouvé qu'ils avaient tort. Pour mieux comprendre ce qui s'est passé, essayons de répondre à cette question : Quel est le point commun entre Bernie Sanders et Donald Trump ?

Tous deux sont indépendants politiquement. Bernie Sanders est le membre du Congrès qui est resté le plus longtemps indépendant ; sa page web au Sénat ne mentionne nulle part qu'il est démocrate. Avant de devenir président, Donald Trump n'avait jamais occupé aucun poste politique et durant toute la période des primaires et de sa campagne électorale, il a tenu tête à l'establishment républicain. En novembre 2016, le *Washington Post* a surnommé Trump le « premier président indépendant des États-Unis ». Sanders et Trump ont toujours été perçus comme des électrons libres qui expriment à voix haute ce qu'ils pensent réellement et ne se soumettent jamais aux ténors de leur parti.

C'est pour cette raison que les jeunes les apprécient, malgré le socialisme de Sanders, le nationalisme de Trump et leurs idées souvent éloignées des principaux courants politiques. Selon la dernière étude de la *General Social Survey*, 54 % des 18-29 ans se disent indépendants, une hausse fulgurante depuis 1989 où seul un tiers des jeunes partageaient cet avis (voir Graphique 10.1). Cette tendance explique notamment pourquoi ils se sont rassemblés d'abord derrière Sanders, puis derrière Trump. Tout comme ils fuient les institutions que sont la religion et le mariage, les milléniaux et les iGens sont de plus en plus nombreux à refuser de s'identifier aux principaux partis politiques.

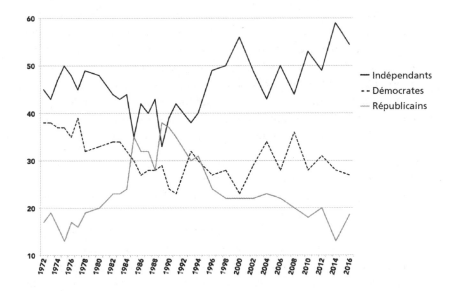

Graphique 10.1. Identification à un parti politique, 18-29 ans (à l'exception des « je ne sais pas » et des « autre parti »). *General Social Survey*, 1972-2106.

Les générations plus âgées tendent aujourd'hui davantage à être politiquement indépendantes. Cependant, cette tendance est bien plus marquée pour les iGens et les milléniaux que pour les baby-boomers et la génération silencieuse. Cette différence indique par conséquent l'apparition d'un changement est à la fois périodique et générationnel : les adultes de tous les âges s'éloignent des partis traditionnels, et les iGens et les milléniaux sont encore plus susceptibles en 2016 de se dire indépendants que les autres générations.

Cette tendance pourrait en partie expliquer pourquoi Hillary Clinton, si étroitement associée à l'establishment politique, n'a pas récolté autant de voix parmi la jeunesse que ce qu'elle avait escompté. En juin 2016, lorsqu'elle avait remporté les primaires du Parti démocrate, devenant ainsi la première femme candidate désignée par un des principaux partis pour les élections présidentielles, les baby-boomers se sont dits choqués par l'indifférence des jeunes (Roberts, 2016). La plupart d'entre eux ne s'identifiaient tout simplement pas à une candidate si proche de l'establishment politique, et ce, même si elle était la première femme à prétendre à un tel niveau de responsabilité. Josephine Sicking, 18 ans, habitant à Cleveland Heigths dans l'Ohio, a déclaré au *Times* en juillet 2016 : « Si Hillary gagne, ce sera un moindre mal. Je sais qu'on pourrait faire mieux que le système actuel. » (Alter, 2016) En revanche, la grand-mère de Josephine (78 ans) avait voté pour Clinton lors des primaires et elle était très excitée à l'idée de peut-être élire une femme à la présidence. La mère de la jeune fille (49 ans) avait quant à elle voté pour Bernie Sanders et était en train de revoir son jugement. Elle a alors déclaré à sa fille : « Nous allons te convaincre d'aller voter. » La jeune fille s'est contentée de hausser les épaules.

Cette attirance pour l'indépendance politique pourrait découler de l'individualisme des iGens et de leur réticence à rejoindre des groupes et à vivre selon leurs règles. Comme l'a déclaré Mike, 22 ans, « en adhérant à un parti politique, on adopte certaines de ses idées et on perd notre originalité ». Les iGens semblent vouloir trouver le parti qui correspond le mieux aux idées qu'ils ont déjà en tête plutôt que de rejoindre un parti sous l'influence de leur famille ou de leur religion et d'ensuite adopter ses principes. Rob, 19 ans, nous explique comment il a choisi son orientation politique : « En avril, j'ai entendu deux hommes discuter des projets du parti démocrate sur un terrain de football et je me suis rendu compte que je n'avais aucune idée d'où je me situais politiquement. Alors cette nuit-là, quand je suis rentré chez moi, j'ai fait un tas de recherches et rempli plein de questionnaires politiques et il en est globalement ressorti que j'étais un libertarien conservateur. »

L'ascension des indépendants politiques n'est pas une problématique propre aux seuls démocrates. Comme l'a si bien illustré la victoire de Trump auprès de la jeune génération blanche, le parti perd du terrain depuis quelques années dans cette tranche de population. Vers la fin des années 2000, durant l'ère Obama, le nombre de jeunes démocrates était supérieur de 16 % à celui des républicains chez les 18-29 ans. Mais depuis lors, ce chiffre a diminué de 9 %.

Le tableau est encore plus sombre pour le parti démocrate lorsque l'on se penche sur l'avis des élèves de terminale. L'étude de ce groupe constitue en effet un bon indicateur pour les prochaines élections : le nombre de jeunes de 17-18 ans qui se considèrent comme démocrates a chuté au plus bas. En effet, les démocrates sont en passe de se faire expulser de l'échiquier politique chez les adolescents, ce bouleversement pouvant s'expliquer à la fois par l'augmentation du nombre de jeunes républicains et par la croissance des indépendants (voir Graphique 10.2).

Cette nouvelle pourrait être nuancée si une majorité d'indépendants étaient de gauche. Mais ce n'est pas le cas : en 2015, près de la moitié des indépendants de 17-18 ans se disaient modérés. Néanmoins, les indépendants progressistes (38 %) restent plus nombreux que les indépendants conservateurs (14 %).

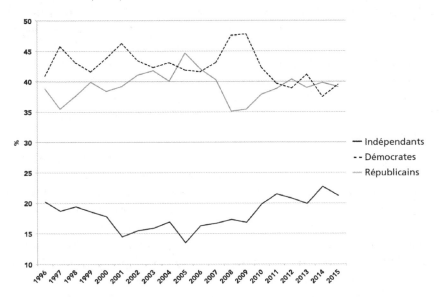

Graphique 10.2. Identification des 17-18 ans à un parti politique (à l'exception des « je ne sais pas » et des « autre parti »). *Monitoring the Future*, 1996-2015

Quel que soit le parti auquel ils s'identifient, les iGens citent souvent des motifs individualistes pour justifier leur choix. « Je suis républicain et conservateur parce que j'estime que chacun doit s'occuper de sa propre personne. Je trouve que c'est le fonctionnement le plus juste : chacun retire du système une portion égale à celle qu'il y a investi », écrit Abby, 18 ans. Alors qu'il se situe à l'opposé du spectre politique, Charlie, 21 ans, recourt aux mêmes principes individualistes pour justifier son point de vue : « Je suis fier d'être un démocrate progressiste. Je pense que l'on ne devrait forcer personne à faire quoi que ce soit. Nous sommes libres d'être qui nous voulons être à condition de ne blesser personne. »

À l'heure où le nombre d'affiliations aux partis ne cesse de décroitre, il semble plus judicieux d'observer la façon dont les jeunes se décrivent (progressistes, modérés ou conservateurs). Cette analyse nous réserve une autre surprise : le nombre d'adolescents de 17-18 ans qui s'identifient comme conservateurs a augmenté depuis le début des années 2000, les iGens étant plus nombreux que les milléniaux à se dire conservateurs durant le lycée (voir Graphique 10.2). Les jeunes conservateurs sont d'ailleurs tout aussi nombreux aujourd'hui qu'à l'apogée de la présidence Reagan[90], quand les membres de la génération X choquaient leurs aînés par leurs opinions conservatrices (pensez notamment au personnage d'Alex P. Keaton dans la série *Sacrée Famille,* qui laissait toujours ses parents baby-boomers sans voix lorsqu'il affichait son soutien aux idées reaganiennes). En revanche, le nombre d'élèves de terminale qui se disent progressistes a à peine évolué depuis le début des années 90 et a même légèrement diminué avec l'arrivée des iGens après 2010 (voir Graphique 10.3).

Les préoccupations des conservateurs ont également évolué : ils s'intéressent davantage aux questions économiques et moins aux problématiques sociales. Mark, l'étudiant originaire du Texas, affirme être un républicain conservateur. Quand je lui ai demandé ce que cette orientation politique signifiait pour lui, il a expliqué : « quand tu es conservateur, tu cherches réellement à aider la population, pour qu'elle puisse subvenir à ses besoins. La sécurité sociale rend les individus fainéants et dépendants du gouvernement. Je pense qu'il faudrait un système où ces personnes finiraient par rendre ce qu'elles ont reçu. » Il se montre sceptique face à la proposition des démocrates de rendre « l'université gratuite » parce que « quelqu'un devra payer pour ça. Les impôts seront alors tellement élevés que [les plus riches] finiront par quitter le pays ».

---

90. Ronald Reagan, président des États-Unis de 1981 à 1989, a mené de front avec le Royaume-Uni une révolution conservatrice dans les domaines économiques et sociétaux (N.d.T.).

Graphique 10.3. Orientation politique des 17-18 ans. *Monitoring the Future*, 1976-2015.

Jusqu'ici, Mark ressemble à n'importe quel conservateur, doublé d'un fervent chrétien évangélique (souvenez-vous du chapitre 5). Mais quand je l'ai interrogé sur le mariage entre personnes du même sexe, il a répondu : « Je fais de mon mieux pour ne pas laisser ma religion interférer avec ce sujet et me concentrer uniquement sur le point de vue conservateur ». Pour lui, le mariage homosexuel ne pose aucun problème tant que les gens « ne manifestent pas dans la rue ». Il est également pour la légalisation du cannabis : « Je pense que c'est à chacun de décider pour soi-même, et non au gouvernement ou à l'État de l'autoriser ou de l'interdire ». Lorsque l'on aborde la question des armes à feu, il affirme : « Je peux défendre les deux points de vue. Si vous voulez posséder une arme à feu, alors allez-vous en procurer une. Si vous n'en voulez pas, n'en achetez pas. Mais n'essayez pas de forcer les autres à penser comme vous. » Bien que sa vision économique soit clairement conservatrice, son regard sur les questions sociales aurait été indigne d'un conservateur d'il y a dix ans. Il adopte en effet la conception individualiste et libertarienne selon laquelle le gouvernement ne doit pas intervenir dans des affaires d'ordre privé.

Comme de nombreux iGens, Mark s'inquiète également de ses chances de trouver un emploi stable dans un contexte économique de plus en plus défavorable. C'est d'ailleurs une des raisons pour lesquelles le discours de Trump sur l'immigration lui a plu : il estime que le gouvernement devrait davantage se concentrer sur ses propres citoyens. « Lorsque notre taux de pauvreté, notre dette et notre criminalité seront tombés à zéro, alors seulement nous pourrons selon moi venir en aide aux autres pays » déclare-t-il. Ce nationalisme et cet isolationnisme dérivent tous deux de ses craintes économiques. Selon un sondage mené en octobre 2016 sur les 18-29 ans, ceux qui estimaient que les Blancs accusaient un retard économique étaient généralement plus susceptibles de voter pour Donald Trump (Cohen, Luttig & Rogowski, 2016). Malgré toute l'attention accordée aux électeurs de la classe ouvrière blanche plus âgée (comme nous l'avons vu dans le chapitre 7), ce sont aujourd'hui les plus jeunes qui n'ont pas d'emploi et qui se sentent encore plus laissés pour compte dans cette nouvelle économie. L'intérêt des iGens pour la sécurité et leurs inquiétudes croissantes concernant leurs perspectives économiques les ont massivement attirés dans le clan du conservatisme politique en dépit des prévisions de nombreux observateurs. Ils sont également plus attentifs aux messages nationalistes.

Un autre changement est en train de se profiler : le déclin des tendances modérées. De moins en moins d'étudiants de lycée et d'université se disent modérés dans leur orientation politique, leur nombre ayant d'ailleurs chuté de façon historique selon une étude universitaire publiée en 2016 (voir Graphique 10.3 et Annexe I). En effet, les jeunes accordent de moins en moins de crédit aux positions centristes : selon eux, à force de nager entre deux eaux, on finit toujours par se noyer. Cette méfiance est le premier signe du déclin d'une volonté de compromis, quelle que soit sa nature.

Polarisation politique

Que ressentiriez-vous en apprenant que votre fils ou votre fille s'apprête à épouser un militant du parti adverse (Iyengar, Sood & Lelkes, 2012) ? En 1960, seuls 5 % des républicains et 4 % des démocrates affirmaient être dérangés par cette idée. En 2010, ils étaient 49 % des républicains et 33 % des démocrates à déclarer que cette situation leur déplaisait. Aujourd'hui, bien plus que les mariages interethniques, ce sont les unions entre démocrates et républicains qui dérangent.

Durant toute leur vie, les iGens ont assisté aux blocages entre les deux grands partis sur des questions telles que la procédure d'impeachment contre Bill Clinton, le financement de l'armée et les soins de santé. Chacun s'est retranché dans son camp, et la jeunesse également. Le nombre d'élèves de terminale qui se disent soit « très » progressistes soit « très » conservateurs est passé de 13 % en 1976 à 20 % en 2015, un record absolu. Le nombre de jeunes « très conservateurs » n'a jamais été aussi élevé en 40 ans de sondage, dépassant même les chiffres des années 80, sous les mandats de Ronald Reagan, et ceux de l'après-11-Septembre, lorsque George W. Bush était au pouvoir (voir Graphique 10.4). On observe une tendance similaire chez les étudiants entrant à l'université et chez les jeunes adultes ; le nombre d'étudiants affirmant se situer à « l'extrême gauche » a en effet atteint un nouveau record en 2016. Dans l'absolu, les chiffres pour ces différentes catégories restent assez bas. Il faut toutefois tenir compte du fait qu'il ne s'agit ici que des étudiants s'impliquant dans la vie politique de leur campus, ceux qui manifestent, réclament des changements, débattent de diverses questions avec leurs camarades. Puisque davantage d'étudiants semblent se situer aux extrémités du spectre politique, on peut s'attendre à une augmentation des dissensions et des manifestations.

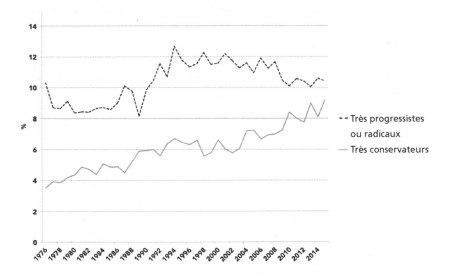

Graphique 10.4. Opinions politiques extrêmes parmi les 17-18 ans. *Monitoring the Future*, 1976-2015.

Quelques jours avant les élections de 2016, l'émission CBS News a rassemblé 25 jeunes électeurs pour une interview groupée. Un échange a particulièrement bien illustré la profonde division entre les différentes opinions politiques et sociales du pays. Une jeune femme blanche a réagi au commentaire d'un autre participant sur les relations raciales, parvenant difficilement à contrôler sa colère. « Trump n'est pas encore à la Maison Blanche, alors comment pouvez-vous affirmer qu'il a déchiré notre pays et créé cette division ethnique », a-t-elle déclaré. « Le président Obama, lui, est resté 8 ans à la Maison Blanche et durant son mandat, les relations raciales n'ont jamais été aussi mauvaises. Regardons la réalité en face : c'est notre président afro-américain qui a déchiré le pays. » Un jeune homme noir, appelé Richard Lucas III, s'est ensuite exprimé. « Dire que les relations raciales n'ont jamais été aussi mauvaises que sous la présidence d'Obama démontre que vous avez de sérieuses lacunes en histoire. L'Amérique s'est bâtie sur la division raciale. Et la rhétorique de Donald Trump, qui consiste à traiter tous les non-Blancs d'étrangers, repose sur cette fable qui a été contée pendant des décennies à l'Amérique toute entière », a-t-il affirmé, le regard fuyant et la mâchoire crispée.

Ces divisions se sont amplifiées après les élections, lorsque de nombreux iGens, surtout issus des minorités ethniques, se sont sentis trahis par les jeunes électeurs blancs qui ont voté pour Trump. Son élection a en effet ouvert les yeux à ceux qui pensaient que la génération iGen se montrait tolérante et accueillante envers les personnes différentes. Tiffany Onyejiaka, fille d'immigrants africains, suit des études de premier cycle à l'université Johns-Hopkins. Elle a écrit une lettre ouverte au *Huffington Post* (Onyejiaka, 2016) qui commençait ainsi : « Chers milléniaux blancs qui avez voté pour Trump, je voudrais vous remercier d'avoir voté pour ce monstre. Non pas parce que je l'apprécie, mais parce que vous m'avez ainsi aidée à réaliser l'énorme erreur que je commettais en pensant que la majorité des jeunes Blancs étaient progressistes ». Elle continue : « Mon petit esprit naïf n'aurait jamais pu imaginer que 48 % des Blancs de 18 à 29 ans voteraient pour un homme qui a construit sa campagne sur le racisme, le sexisme, la xénophobie, l'homophobie et bien pire. » Elle a signé sa lettre : « Une jeune Noire millénale qui doit maintenant prendre conscience que 50 % des individus blancs de son âge estiment qu'elle ne mérite pas de bénéficier des droits humains les plus fondamentaux. »

Cette polarisation s'étend au-delà des extrêmes : les partis politiques sont davantage divisés sur le plan idéologique. Alors que chaque parti comptait auparavant des conservateurs et des progressistes, il n'y a plus aujourd'hui que des républicains conservateurs et des démocrates progressistes. Certains ont supposé que cette situation ne s'appliquait qu'aux « élites politiques », ces élus qui doivent respecter la ligne de leur parti. Mais aujourd'hui, elle est aussi valable pour une bonne partie des Américains adultes (selon la *General Social Survey*) ainsi que pour les élèves de terminale dont les opinions pourraient être moins arrêtées. La corrélation entre le choix d'un parti et son idéologie ne cesse de se renforcer quasiment chaque année, surtout parmi les lycéens (voir Annexe I). En effet, le lien entre parti et idéologie politique, relativement lâche par le passé, est aujourd'hui très étroit. Je me rappelle avoir entendu une blague dans les années 80 : « Un républicain progressiste, c'est comme une licorne ; ça n'existe pas ! » Si cette anecdote n'était pas entièrement vraie à l'époque, elle l'est devenue aujourd'hui.

Selon un sondage mené en 2016 par le *Pew Research Center*, l'animosité entre les partis politiques a atteint un niveau inédit (Pew Research Center, 2016). Alors qu'en 1994, seuls 21 % des républicains et 17 % des démocrates se montraient « très critiques » envers le parti adverse, ils étaient respectivement 58 % et 55 % à éprouver un sentiment de haine envers l'autre parti en 2016. Actuellement, 70 % des démocrates décrivent les républicains comme « bornés » et 52 % des républicains affirment la même chose des démocrates. Près de la moitié des républicains estiment que les démocrates sont « immoraux ». Plus de 40 % des membres de chaque parti estiment que la politique de l'autre est « tellement désastreuse qu'elle menace le bien-être de toute la nation ». Notre pays est aujourd'hui divisé et la nouvelle génération récolte ce que nous avons semé.

Cannabis, avortement, peine de mort et armes à feu : chacun fait ce qu'il veut

Il y a quelques années, personne n'aurait pu s'imaginer que la drogue deviendrait un jour légale. Lorsque j'étais adolescente dans les années 80, on diffusait à la télévision des annonces montrant des œufs au plat accompagnés du slogan « Voici le cerveau d'un drogué », et on écoutait Nancy Reagan nous conseiller de « dire non ». Les choses ont bien changé : la consommation récréative de cannabis est aujourd'hui légale dans plusieurs États, dont le Massachusetts, le Colorado et la Californie, et son utilisation à des fins médicales est autorisée dans bien d'autres États.

Les iGens sont le produit de notre époque moderne plus tolérante envers les fumeurs de cannabis. Par rapport aux membres de la génération X et aux baby-boomers, si friands des paradis artificiels dans les années 70, ils sont bien plus nombreux à estimer que le cannabis devrait être légalisé. En 2015, les jeunes de 17-18 ans étaient environ deux fois plus nombreux que dans les années 80 à défendre la légalisation du cannabis et les étudiants et jeunes adultes environ trois fois plus nombreux. Dans un sondage réalisé par Gallup en octobre 2016, 77 % des 18-34 ans estimaient que le cannabis devrait être légalisé.

À première vue, ce soutien à la légalisation de la marijuana semble contradictoire avec leur intérêt pour la sécurité. Mais comme nous l'avons vu dans le chapitre 6, les iGens sont moins enclins à considérer cette substance comme dangereuse, et l'absence de ce sentiment de danger est étroitement liée à leur opinion sur la légalisation du cannabis (voir Graphique 10.5) (Campbell, Twenge & Carter, 2017).

Si les iGens défendent cette légalisation, c'est aussi parce qu'ils estiment que le gouvernement ne devrait pas intervenir dans le champ des décisions personnelles. En 2015, un jeune de 18 ans a déclaré au *Pew Research Center* que le cannabis devrait être légalisé « parce que nous devrions avoir le droit de décider ce que l'on veut faire avec notre corps sans que le gouvernement n'intervienne » (Pew Research Center, 2015a). Cette évolution n'est pas uniquement le fait des consommateurs de cannabis. Rappelez-vous les chiffres évoqués dans le chapitre 6 : les iGens sont moins nombreux à en consommer que les baby-boomers au même âge. La nouvelle génération souhaite que tout le monde puisse profiter de ces libertés, même s'ils ne veulent pas eux-mêmes en faire l'expérience. Tout comme Kacey Musgrave, une jeune chanteuse millénale, l'affirme dans une de ses chansons : « Roll up a joint/Or don't. »[91]

---

91. « Roule un joint – ou pas. » (N.d.T.)

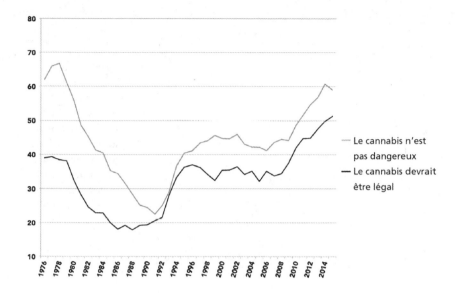

Graphique 10.5. Opinions des 17-18 ans sur la dangerosité et la légalisation du cannabis. *Monitoring the Future*, 1976-2015

Cette conception du libre arbitre pourrait également être à l'origine de la recrudescence parmi les jeunes du soutien au droit à l'avortement. En 2014 et 2016, la moitié des 18-29 ans estiment qu'une femme « a le droit de se faire avorter, quelles que soient ses raisons » (cette vision se traduit parfois par le terme « avortement sur demande »), ce qui constitue un record. Le soutien au droit à l'avortement a peu à peu augmenté parmi les étudiants d'université au cours des 10 dernières années. Les iGens sont en effet bien plus susceptibles d'être pro-choix que les milléniaux avant eux (voir Graphiques 10.6 et 10.7).

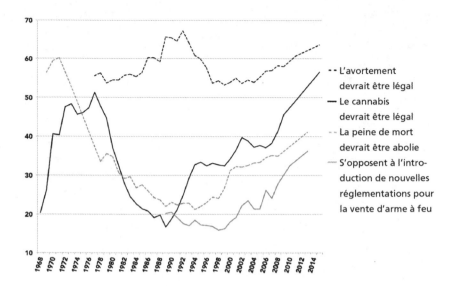

Graphique 10.6. Opinions des étudiants entrant à l'université concernant l'avortement, la légalisation du cannabis, la peine de mort et les armes à feu. *American Freshman Survey*, 1968-2015.

Graphique 10.7. Opinions des 18-29 ans sur l'avortement, la légalisation du cannabis, la peine de mort et les armes à feu. *General Social Survey*, 1972-2016.

Quand j'ai demandé à quelques iGens si l'avortement devrait être autorisé et dans quelles circonstances, ils ont tous répondu « quelles que soient les circonstances » et ils se sont tous référés aux droits de l'individu. « Je pense que l'avortement devrait être légal. Au final, je crois que le choix revient toujours à la femme », écrit Julianna, 21 ans. « C'est sa vie et sa décision, et je crois que personne n'a le droit de lui dicter ses choix puisque ça ne touche qu'elle-même. » D'autres mentionnent également la sécurité. « Toutes les grossesses occasionnent des risques que personne ne devrait être forcé d'assumer » écrit Keely, 19 ans. « C'est une charge financière, sociale et émotionnelle potentiellement très importante, mais une grossesse constitue aussi un risque physique. Personne n'a le droit d'obliger qui que ce soit à endurer cette situation. »

De nombreux iGens doutent également de l'utilité de la peine de mort. À l'heure actuelle, les jeunes adultes et les étudiants d'université sont deux fois plus nombreux qu'au milieu des années 90 à réclamer l'abolition de la peine de mort (voir Graphique 10.6 et 10.7). « Il a été prouvé que les condamnations à mort touchaient de manière disproportionnelle les minorités pauvres du pays », écrit Lilly, 20 ans. « Certaines histoires sont tellement injustes, c'est choquant. De plus, il a été prouvé que la peine de mort ne dissuadait pas de commettre des crimes. »

Jusqu'ici, les opinions des iGens s'apparentent à un éventail de propositions progressistes : légalisation du cannabis, légalisation de l'avortement et abolition de la peine de mort. Leur progressisme s'arrête là : les iGens sont plus enclins à s'opposer aux législations sur les armes à feu, une position généralement conservatrice. Selon une étude de la *General Social Survey*, les jeunes de 18 à 29 ans étaient deux fois plus nombreux en 2016 qu'en 1998 à s'opposer à l'introduction de permis de port d'armes (voir Graphique 10.7). En 2013, les étudiants d'université étaient également deux fois plus nombreux qu'en 1998 à refuser que « le gouvernement impose plus de réglementations sur la vente d'armes de poing » (voir Graphique 10.6). Le *Pew Research Center* a mis à jour une évolution encore plus profonde sur le long terme en ce qui concerne l'opposition à la législation sur les armes, ce taux passant de 27 % des milléniaux en 2004 à 47 % des milléniaux et des iGens en 2015.

La nouvelle génération défend également un point de vue inattendu concernant les soins de santé : elle est en réalité *moins* susceptible que les milléniaux de soutenir le programme national d'aide aux soins de santé.

En 2013, 39 % des étudiants entrant à l'université n'étaient pas d'accord avec la proposition « Un système national de remboursement des soins de santé est nécessaire pour couvrir les frais médicaux de chacun », alors qu'ils n'étaient que 26 % en 2007.

Qu'en est-il de leur intérêt pour l'écologie ? Malgré le lieu commun selon lequel la nouvelle génération apporte une attention particulière à la protection de l'environnement, elle est en réalité *moins* susceptible d'accepter que le gouvernement introduise davantage de législations environnementales. Les baby-boomers et les membres de la génération X étaient plus enclins à penser que c'était au gouvernement de résoudre les problèmes écologiques (ils étaient plus souvent d'accord avec la proposition « le gouvernement doit adopter des mesures pour résoudre nos problèmes environnementaux, même s'il faut à cette fin modifier ou interdire certains produits que nous utilisons actuellement »). À l'inverse, les iGens sont plus enclins à penser que c'est à chaque individu d'agir (« la population va devoir changer ses habitudes de consommation et son mode de vie pour résoudre nos problèmes environnementaux », voir Graphique 10.8).

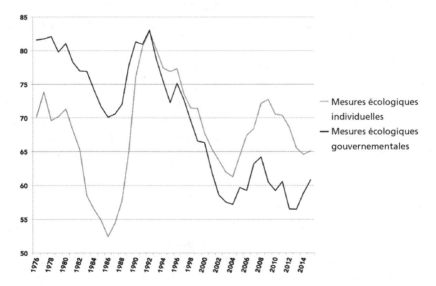

Graphique 10.8. Pourcentage des 17-18 ans qui estiment que c'est au gouvernement ou aux individus d'entreprendre des actions pour protéger l'environnement. *Monitoring the Future*, 1976-2015.

Pourquoi les iGens, si progressistes sur les autres questions, sont-ils plus enclins à s'opposer à la législation sur les armes à feu, au système de soins de santé national et aux réglementations environnementales imposées par le gouvernement ? Vu l'étiquette progressiste collée aux iGens, ces anomalies dans leurs opinions politiques réclament une explication. Comment peuvent-ils faire coexister tous ces points de vue ?

Pour répondre à cette question, il faut regarder du côté du Parti libertarien. Les adeptes de ce mouvement politique font primer l'individu et s'opposent aux réglementations gouvernementales. Tout comme les iGens, les libertariens soutiennent l'égalité des droits. Ils défendent la légalisation de l'avortement et du cannabis grâce à un principe selon lequel le gouvernement ne doit pas limiter les libertés individuelles. Ils s'opposent également aux législations sur les armes à feu et sur l'environnement pour la même raison. L'idée centrale peut se résumer de la manière suivante : ne touchez pas à mon corps, à mes biens et à mes armes avec vos lois et laissez-moi faire ce qu'il me plaît. Les libertariens font également primer le libre marché sur les programmes gouvernementaux, ce qui explique pourquoi ils s'opposent au système national de soins de santé (ils vont même plus loin dans leur programme de campagne de 2016, réclamant l'abolition de l'impôt sur le revenu et de la sécurité sociale). Bien que les libertariens n'aient pas développé d'avis tranché sur la peine de mort par le passé, ils sont aujourd'hui contre ce châtiment, car ils y voient une preuve que le gouvernement outrepasse ses prérogatives.

Ainsi, concernant six questions politiques (légalisation du cannabis, avortement, peine de mort, législations sur les armes à feu, système national de soins de santé et réglementations environnementales) les iGens sont plus enclins que les autres générations à adopter une approche progressiste sur trois de ces thèmes et une approche conservatrice sur les trois autres. De plus, ils sont dans l'ensemble plus enclins que leurs prédécesseurs à adopter une approche libertarienne sur ces six questions.

Ce comportement est parfaitement logique : les iGens estiment que l'individualisme va de soi et le libertarisme politique incarne le courant politique qui se rapproche le plus de cette culture individualiste. Les progressistes sont individualistes en ce qui concerne l'égalité des droits (comme c'est le cas pour le mariage homosexuel), mais collectivistes sur les questions sociales (ils sont contre un système de soins de santé qui serait subventionné par le gouvernement). Les conservateurs sont individualistes sur les questions sociales (chacun doit subvenir à ses propres besoins) et collectivistes sur l'égalité des droits (une répartition des rôles plus traditionnelle fonctionne généralement mieux). Les libertariens, quant à eux, sont entièrement individualistes. Voici un extrait du préambule du programme électoral de 2016 du Parti libertarien : « En tant que libertariens, nous voulons promouvoir un monde de liberté, un monde dans lequel chaque individu décide seul de son existence et n'est jamais forcé de sacrifier ses propres valeurs pour le bien d'autrui… Le monde que nous voulons construire est un monde où chaque individu est libre de poursuivre ses rêves comme il l'entend, sans intervention du gouvernement ou de tout autre pouvoir autoritaire ». C'est un bon résumé de l'individualisme culturel. En 2017, Tomi Lahren, une agitatrice conservatrice de 24 ans, est entrée en conflit avec *The Blaze*[92], son employeur, car la chaîne était contre l'avortement. Elle avait déclaré : « Je ne peux pas rester là et jouer les hypocrites en affirmant que je suis pour un État minimaliste. Mais je trouve que le gouvernement devrait décider ce que les femmes peuvent faire avec leur corps. Ne touche ni à mon arme ni à mon corps. » Elle a répondu aux nombreuses critiques sur ses opinions en apparence contradictoires par un tweet : « Je dis ce que je pense… Je serai toujours franche et je dirai toujours ce que je pense… J'ai des opinions modérées, conservatrices et libertariennes. Je suis un être humain. Je ne m'excuserai jamais auprès de quiconque d'avoir un esprit indépendant. » La position de la jeune femme n'est ni complètement progressiste ni complètement conservatrice : elle est libertarienne, ce qui n'a rien de surprenant pour une personne née en 1992.

Deux exceptions existent à ce libertarisme des iGens : la conception de l'État minimal et, la plus importante, le financement des études supérieures et de la crèche par le gouvernement. Les iGens et les milléniaux sont en effet bien plus enclins que les générations précédentes à favoriser ce deuxième point. Peu de données à long terme sont disponibles à ce sujet, nous devons donc nous reposer sur des sondages ponctuels qui ne différencient pas l'âge et la génération. Les chiffres sont néanmoins impressionnants : les iGens et les milléniaux sont 43 % plus nombreux que les baby-boomers à défendre des programmes de crèche et de prématernelles universels et gratuits. De même, ils sont 70 % plus nombreux à soutenir la gratuité des études supérieures (voir Graphique 10.9).

---

92. Chaîne de télévision et de radio conservatrice (N.d.T.).

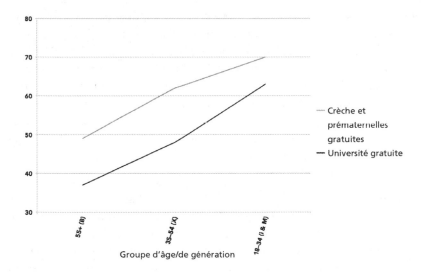

Graphique 10.9. Pourcentage des individus qui estiment que le gouvernement devrait financer des programmes d'éducation, par groupe d'âge. *Gallup Poll*, avril 2016.

Lorsque CNN a interviewé en 2016 les représentants étudiants, tous ont affirmé que les frais de scolarité constituaient la première préoccupation politique des étudiants. « Le plus gros problème qui se pose aujourd'hui aux étudiants concerne les frais de scolarité et les prêts étudiants. L'université devient inabordable pour eux » a déclaré Seth Ward, président du gouvernement des étudiants de l'université du Maryland Eastern Shore. « Ces coûts nous empêchent de terminer nos études. » Pour Ward, l'université ne devrait pas être entièrement gratuite : « Les étudiants doivent investir une certaine somme d'argent dans leurs études parce que cela les incite à travailler plus sérieusement pour réussir. » Abraham Axler, président du conseil étudiant de l'université de Virginie, a déclaré : « Je pense que l'éducation devrait être gratuite. Est-ce que ça veut dire que tout le monde suivra alors 4 années d'études supérieures en lettres et sciences sociales et humaines ? Il y a peu de chances. [Mais] tous les élèves qui ont terminé le lycée devraient avoir l'opportunité d'approfondir leurs compétences après leurs 18 ans. »

La gratuité des universités publiques était l'une des principales propositions de Bernie Sanders au cours des primaires démocrates de 2016. Elle explique vraisemblablement le soutien massif apporté par les jeunes à un candidat aussi âgé. On distingue également une pointe d'ironie générationnelle dans cette situation : lorsque les baby-boomers étaient étudiants, les universités publiques (par exemple en Californie) étaient gratuites pour les habitants de l'État. La Californie a progressivement introduit des frais de scolarité à partir des années 70, sous l'impulsion opiniâtre du gouverneur de l'époque : Ronald Reagan. Dans presque tous les États, les frais de scolarité des universités publiques ont augmenté bien plus rapidement que l'inflation. Les milléniaux et les iGens contractent donc des prêts étudiants astronomiques à rembourser.

Néanmoins, même parmi les progressistes, certains se montrent sceptiques face à cette revendication des jeunes générations de recevoir du gouvernement des avantages gratuits. Dans son émission *Real Time*, le comédien baby-boomer progressiste Bill Maher soulignait que les jeunes d'aujourd'hui n'ont plus aucun souvenir de l'ancienne Union soviétique et qu'ils associent le socialisme à « l'image de Danois nus profitant sans vergogne de leur mois complet de congés payés ». Pour lui, l'attirance des iGens vis-à-vis des droits sociaux s'explique par le fait qu'ils ont pris l'habitude de recevoir des « allocations » versées par leurs parents (« Il est aujourd'hui considéré comme normal que des jeunes de 20, voire 30 ans, bénéficient toujours de l'abonnement téléphonique de leurs parents, de leur mutuelle et de leur assurance automobile ») mais aussi par la gratuité d'Internet (« Si vous additionnez toutes ces petites choses gratuites dont les moins de 40 ans ont l'habitude de tirer parti, du petit quickie au bureau à la possibilité de rester assis toute la journée dans un Starbucks pour le prix d'un morceau de gâteau, de la musique au Wi-Fi en passant par la contraception, il n'est pas étonnant qu'ils en arrivent à demander plus de socialisme et à considérer la gratuité comme un droit »). Il termine en prodiguant sa propre version du conseil classique adressé à la jeunesse par les vieux grincheux : « Je suis un baby-boomer. Il me semble naturel de payer pour écouter la musique que j'aime. Ne pas payer ne fait pas de vous un révolutionnaire, ça fait de vous la personne qui se réfugie dans les toilettes en voyant le serveur apporter l'addition. » « C'est sans doute pour ça qu'on voit proliférer tous ces sites du genre Kickstarter et GoFundMe[93]. Financez-moi ? Financez-vous vous-même ! »

---

93. « Financez-moi ». Il s'agit de sites de financement participatif, aussi appelés crowdfunding (N.d.T.).

Selon un sondage qui a fait la une des journaux en 2015, les 18-24 ans auraient une opinion plus favorable du socialisme que du capitalisme (58 % défendaient le socialisme et 56 % le capitalisme) (Ekins, 2015). Le soutien des iGens à Bernie Sanders, qui se disait lui-même socialiste, semble confirmer cette tendance. De nombreux observateurs ont affirmé qu'elle s'expliquait par l'ignorance de la véritable signification du mot « socialisme ». En effet, lorsqu'on leur a demandé s'ils étaient favorables à une « économie régulée par le gouvernement » (une des définitions du socialisme), seuls 32 % ont répondu oui.

L'attirance des iGens et des milléniaux pour ce système politique peut s'expliquer par leur jeunesse (à leur âge, on gagne rarement beaucoup d'argent), ou par la perception qu'ils ont du système, selon eux faussé à leur désavantage (comme nous l'avons vu dans le chapitre 7). Il serait intéressant de voir quelle influence (libertarienne ou socialiste) persistera lorsque les iGens avanceront en âge et commenceront à gagner plus d'argent. Bien que ces deux philosophies politiques soient totalement opposées (l'une réclame un État minimal et l'autre une large intervention gouvernementale), elles s'appuient sur deux des caractéristiques majeures des iGens : leur individualisme et leurs craintes économiques. Le destin financier de cette génération pourrait bien déterminer en fin de compte son orientation politique.

Je ne vous fais pas confiance et je ne veux pas m'impliquer

En juin 2016, Breeon Buchanan, étudiant à l'université, répondait aux questions d'un journaliste de CBS News dans un petit café-restaurant de Philadelphie. Il est Afro-Américain et porte un polo à lignes rouges et bleues ainsi qu'une barbe. Comme de nombreux iGens, il se pose beaucoup de questions à propos des élections. « Qu'allons-nous faire pour réellement remédier à la situation ? », demande-t-il en parlant de l'état du pays. « Comment [les candidats] vont-ils réussir à inciter [les jeunes] à voter d'ici novembre, à faire en sorte qu'ils soient prêts et motivés ? Qu'est-ce qui va nous pousser à voter ? Parce qu'à l'heure actuelle, nous sommes plutôt indifférents. »

Breeon a raison, à ceci près que le mot « indifférence » n'est pas assez fort. Les iGens sont déconnectés, déçus et méfiants envers le gouvernement et la politique, et ce, sans doute plus que n'importe quelle autre des dernières générations.

Les iGens sont cruellement déçus par l'état du pays. Le pourcentage de 17-18 ans qui estiment que des institutions telles que l'éducation, le gouvernement, les médias d'information, les grandes entreprises et les organisations religieuses remplissent correctement leur rôle a atteint en 2014 son niveau le plus bas. Ce taux n'avait jamais autant chuté : il est inférieur à celui observé pour des périodes particulièrement troublées comme l'après-Watergate, les années 90 et leur pic de criminalité, ou encore la crise économique de 2007-2009 (voir Graphique 10.10).

« Je ne trouve pas que le gouvernement américain fasse bien son boulot. En fait, je trouve qu'il n'a jamais aussi mal travaillé », écrit Antonio, 20 ans. « Je regarde les débats politiques et les séances du Congrès et tout ce que je vois, ce sont des gens qui se fichent de notre pays et se comportent comme des adolescents stupides qui piquent des crises pour s'assurer que l'autre n'aura pas ce qu'il veut. On dirait un champ de bataille où l'unique but est de faire tomber l'autre camp à tout prix. »

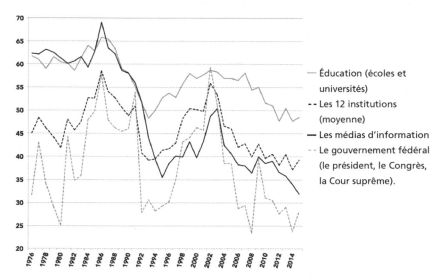

Graphique 10.10. Pourcentage des 17–18 ans qui estiment que les institutions font du bon ou du très bon travail. *Monitoring the Future*, 1976-2015.

D'après les données recueillies pour la *General Social Survey,* ce sentiment n'est pas propre aux iGens et se remarque également chez les adultes de tous âges. Dans ce groupe de population, le pourcentage des individus qui affirment « avoir entièrement confiance » en treize institutions (dont la presse, l'éducation, la médecine et le gouvernement) avoisinait les 21 % en 2014, soit le taux le plus faible depuis les débuts de l'étude en 1972. Ce taux est resté assez bas en 2016, ce qui pourrait expliquer les incroyables résultats de cette année électorale.

Les iGens ne pensent pas uniquement que le gouvernement ne travaille pas ; ils sont nombreux à avoir perdu toute confiance en cette institution. Les élèves de terminale sont moins susceptibles de faire confiance au gouvernement, de croire que le gouvernement agit pour servir les intérêts du peuple (et non les intérêts de certaines personnes ou organisations puissantes) et moins enclins à croire que les membres du gouvernement sont honnêtes. Ces trois taux atteignent tous leur niveau le plus bas (voir Graphique 10.11). Il apparaît nettement que le gouvernement perd la confiance de ses citoyens depuis quelques années, ce qui devrait mettre fin aux rumeurs persistantes selon lesquelles les milléniaux accordent davantage leur confiance au gouvernement que les générations précédentes.

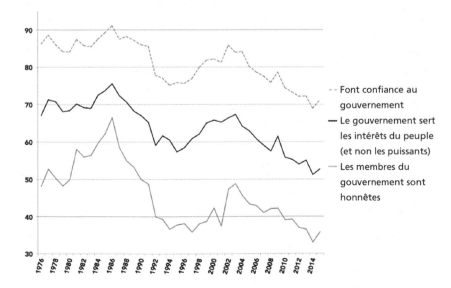

Graphique 10.11. Pourcentage des 17-18 ans qui font confiance au gouvernement. *Monitoring the Future,* 1976-2015.

Selon un sondage datant d'octobre 2016, les jeunes qui soutenaient ce genre de proposition étaient moins enclins à voter pour Hillary Clinton, ce qui pourrait également expliquer le faible soutien qu'elle a reçu des jeunes. « Je ne fais confiance à personne dans ce gouvernement parce qu'on voit bien, rien qu'avec cette élection, qu'ils sont tous déjà corrompus, quel que soit leur niveau de pouvoir ou de responsabilité », écrit Logan, 20 ans. « Je n'arriverai jamais à croire qu'un membre du gouvernement puisse prendre une décision politique qui ne soit pas directement dans son intérêt. » Brianna, 19 ans, partage le même avis. « La plupart des politiciens valent à peine mieux que des criminels. Ils rampent aux pieds des lobbys pour organiser des campagnes de dons et ne se soucient pas le moins du monde de leur électorat », écrit-elle. « Il suffit de regarder combien de politiciens deviennent ensuite des lobbyistes en utilisant leurs relations pour gagner encore plus d'argent ! Les candidatures de Donald Trump et d'Hillary Clinton cette année montrent bien à quel point ce système est pourri. »

Les iGens s'intéressent également moins aux actions du gouvernement que les générations précédentes. Cette particularité est plutôt intrigante, car la situation inverse s'était produite dans les années 90 : la confiance accordée au gouvernement, également très basse, s'était pourtant accompagnée d'un intérêt accru pour l'action gouvernementale. À l'époque, les membres de la génération X se montraient méfiants envers le gouvernement et estimaient que les élus faisaient mal leur travail. Néanmoins, ils continuaient à s'intéresser au déroulement des évènements. La combinaison d'une faible confiance et d'un faible intérêt est propre à la nouvelle génération (voir Graphiques 10.11 et 10.12). Peut-être les iGens sont-ils aussi méfiants parce qu'ils ne voient pas pourquoi ils devraient s'y intéresser. Chandler, 21 ans, partage le même avis. « Je ne suis généralement pas intéressé par les questions gouvernementales à moins que j'aie une raison de penser que cela aura un impact direct sur moi. Pour moi, la corruption des hommes politiques anéantit toute trace d'intérêt que je pourrais porter à une problématique. »

Malgré le désintérêt de la nouvelle génération pour les actions du gouvernement, elle se montre légèrement plus concernée par les problématiques sociales que les premiers milléniaux. Ainsi, les iGens sont plus intéressés par ce qui se passe dans le monde mais moins par le travail du gouvernement. Ces deux comportements évoluent en général en parallèle mais avec cette génération, on observe une déconnexion (voir Graphique 10.12). Ce phénomène prouve à nouveau qu'ils ne souhaitent pas s'impliquer dans les questions gouvernementales. Selon eux, le changement viendra des individus et non du gouvernement. On retrouve néanmoins une certaine forme d'intérêt dans une étude menée sur des étudiants. Ceux-ci avaient en effet classé en 2016 le critère « rester au courant des questions politiques » à son plus haut niveau depuis 1992 (voir Annexe I).

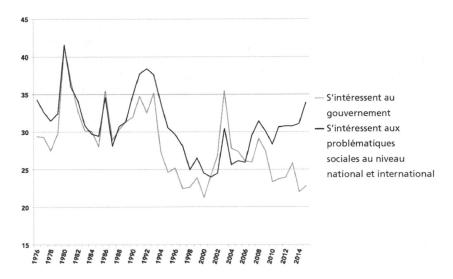

Graphique 10.12. Pourcentage des 17-18 ans qui s'intéressent au gouvernement et aux questions sociales. *Monitoring the Future*, 1976-2015.

On pourrait penser que l'intérêt accru des iGens pour les questions sociales et politiques s'exprimera par des actions (la rédaction d'une lettre à l'attention d'un député, ou encore la participation à une manifestation). Pourtant, ils sont en réalité *moins* enclins à agir de la sorte : le taux de participation politique a atteint son niveau le plus bas en 2014 et 2015. De moins en moins de citoyens affirment avoir écrit ou vouloir écrire une lettre à un de leurs représentants, avoir travaillé ou donné de l'argent au profit d'une campagne politique, tout comme ils prennent de moins en moins part aux manifestations (voir Graphique 10.13). Brianna affirme être attentive à la situation politique mais refuse de s'engager. « Je suis simplement fascinée par la politique comme je le serais par un sport » écrit-elle. « Tous ces revirements et ces négociations m'amusent. Néanmoins, je ne mets pas cet intérêt en pratique, je me contente de lire des articles à ce sujet et de publier sur Reddit[94]. Je ne manifeste pas et n'écris pas de lettre à mes représentants au Congrès. Je ne m'implique pas non plus activement dans des campagnes électorales. Je ne fais qu'observer et me plaindre. »

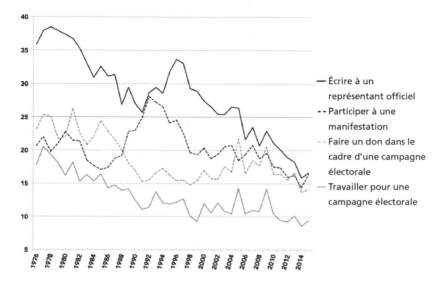

Graphique 10.13. Pourcentage des 17-18 ans qui ont participé ou vont probablement participer à des actions politiques. *Monitoring the Future*, 1976-2015.

Nous avons déjà entendu le discours de Charlie, qui nous expliquait pourquoi il était « fier d'être un démocrate progressiste ». Cependant, il déclare : « Je n'ai jamais écrit à un homme politique et je ne me suis jamais engagé en politique parce que je trouve que ce ne sont que des magouilles. Même ceux qui se disent progressistes et démocrates ont des arrière-pensées et recourent à la propagande. Je pense que la politique n'est qu'une question d'argent… La vie est trop courte pour se préoccuper de la politique et des hommes politiques. » Rob, le jeune conservateur libertarien, qui a découvert son orientation idéologique grâce à des quizz en ligne, cite une autre raison propre aux iGens pour justifier son refus de s'impliquer : la sécurité. « Avec toutes les bagarres de rue entre les supporters de Bernie Sanders et de Donald Trump, je n'ai vraiment aucune intention de me rendre à un quelconque évènement ou meeting » écrit-il.

---

94. Site web permettant de partager des liens (N.d.T.).

Beaucoup de iGens ne croient pas avoir le moindre impact sur la vie politique et le gouvernement (la composante politique du lieu de contrôle externe le plus personnel, comme nous l'avons abordé dans le chapitre 7). Le nombre de jeunes de 17-18 ans qui pensent que voter ou participer à des groupes d'action citoyens peut avoir un impact sur les actes du gouvernement avoisine son niveau le plus bas. Les iGens sont plus enclins à penser qu'ils sont impuissants à faire changer les choses et qu'ils n'ont donc aucune raison de s'impliquer. « Je ne participe pas [à la vie politique] parce ça ne change rien » écrit Justin, 21 ans. « Il suffit de voir toutes les personnes qui croyaient en Bernie Sanders, tous ces gens qui sont sortis dans la rue pour le soutenir, et c'est quand même Hillary Clinton qui a remporté le ticket démocrate. »

Mais ont-ils voté ? Le vote n'est qu'un faible engagement comparé à l'activisme politique. La tendance pourrait donc être différente. Pendant longtemps, le bruit a couru que les milléniaux, juste avant les iGens, allaient faire passer le taux de participation à un niveau record et transformer le paysage politique. Or, ce bouleversement n'a pas eu lieu. Nous avons malgré tout assisté à une légère hausse : par rapport à l'époque de la génération X, le taux de participation pour les 18-24 ans était de 2 % plus élevé aux élections présidentielles lorsque les milléniaux dominaient ce groupe d'âge. Néanmoins, ce taux de participation des milléniaux était inférieur de 3 % par rapport à celui des baby-boomers au même âge (voir Graphique 10.14).

En outre, une autre tendance se révèle plus déconcertante : le taux de participation aux élections de mi-mandat n'a cessé de diminuer. C'est en 2014 que les iGens ont pu voter pour la première fois aux élections de mi-mandat et le taux de participation des jeunes, comme nombre d'autres taux concernant la relation entre cette génération et le gouvernement, a atteint son niveau le plus bas : ils étaient 33 % moins nombreux que les baby-boomers au même âge à avoir voté (et respectivement 22 % et 18 % moins nombreux que les membres de la génération X et que les milléniaux). Le taux de vote n'a pas accusé un déclin aussi net que les autres types de participation politique mais le premier passage des iGens dans l'isoloir ne s'est pas bien déroulé. Les premiers résultats pour l'année 2016 n'indiquent pas de réels changements, le taux de participation des jeunes se situant à peu près au même niveau que celui des élections présidentielles de 2012.

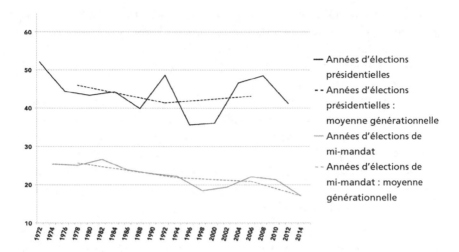

Graphique 10.14. Taux de vote parmi les 18-24 ans durant les années d'élections présidentielles et d'élections de mi-mandat. *Current Population Survey*, 1972-2014.

Pas vraiment accros aux infos

Ainsi, les iGens ne veulent rien avoir à faire avec le gouvernement et la politique et ils ne pensent pas que leur participation pourrait faire la différence. Néanmoins, comme nous l'avons vu dans le chapitre 6, ils ont parfois la langue bien pendue, même s'ils ne joignent pas toujours le geste à la parole. Ils s'informent même s'ils n'agissent pas. Après tout, comparés aux générations précédentes, les iGens disposent de sources d'informations bien plus nombreuses, depuis Internet en passant par les chaînes d'actualité, jusqu'aux émissions radio. Un « accro à l'info » classique va puiser des nouvelles auprès de plusieurs sources : il regarde le journal télévisé, lit des articles en ligne et écoute la radio pour appréhender la même réalité sous tous les angles. De même, les individus particulièrement intéressés par l'actualité la consulteront plus régulièrement. En nous basant sur ces mesures (la fréquence et la diversité des sources d'informations), nous pouvons affirmer que les iGens sont beaucoup moins informés que leurs prédécesseurs. Avec le passage de la génération X aux milléniaux puis aux iGens, le nombre de jeunes de 13-14 et 15-16 ans qui consultent régulièrement les nouvelles à partir de plusieurs sources a chuté, passant de trois sur quatre à seulement un sur deux (voir Annexe I).

Bien évidemment, ce phénomène pourrait s'expliquer par le fait que les iGens consultent essentiellement des sources sur Internet. Néanmoins, ce moindre appétit des jeunes pour l'information n'a pas été initié par cette génération ; avant même l'avènement d'Internet, les adolescents prêtaient chaque année un peu moins d'attention à l'actualité. Ce fait indique que la consultation de sources en ligne n'est pas la seule tendance sociale en cause. De plus, la diminution du nombre de jeunes qui regardent le journal télévisé est environ deux fois plus importante que la baisse du nombre de ceux qui regardent la télévision en général. Aux yeux des iGens, la seule façon de s'informer est de lire les nouvelles en ligne. Cette occupation peut s'avérer bénéfique à la condition de savoir quels sites consulter. Or, d'après les informations que j'ai récoltées au fil de mes entrevues et de mes sondages sur les adolescents, le problème est qu'ils ne connaissent généralement pas ces sites fiables.

Sofia, 18 ans, l'étudiante de première année à l'université de Californie que nous avons rencontrée dans le chapitre 9, a eu l'air perdu quand je lui ai demandé si elle lisait les nouvelles sur Internet. Je voulais savoir si elle s'intéressait à certains évènements nationaux ou mondiaux et elle m'a répondu : « Comme, heu, comme quoi ? ». Je l'ai ensuite interrogée sur les types d'articles qu'elle était susceptible de consulter lorsqu'elle navi-guait sur des sites d'actualité. « Je ne sais pas », m'a-t-elle dit. Puis elle a commencé à me parler d'un article qu'elle avait dû écrire pour un cours de psychologie. Emily, l'élève de lycée que nous avons déjà rencontrée dans les chapitres 1, 2 et 9, regarde le journal télévisé le matin en famille. Quand je l'ai interrogée sur les sites d'informations, elle m'a toutefois répondu : « Je ne savais même pas que ça existait ».

Dans une étude sur les étudiants en première année à l'université de San Diego, la plupart ont déclaré « ne pas être intéressés » par l'actualité. « Je ne suis pas vraiment fan », écrit Marisol, 19 ans. « Beaucoup de nouvelles sont déprimantes. » Un autre étudiant a affirmé : « Je n'ai pas assez de patience pour ça ». Quand j'ai demandé aux élèves de terminale avec qui je me suis entretenue s'ils se tenaient au courant de l'actualité, la réponse la plus fréquente était « seulement quand je dois le faire pour les cours ». Ashley, l'élève de première que nous avons rencontrée dans le chapitre 7, était également perdue quand je lui ai demandé quels évènements nationaux ou mondiaux l'intéressaient (elle a répondu : « Heu, je ne sais pas. Qu'est-ce que vous voulez dire exactement ? »). Elle affirmé que Yahoo ! News était sa page d'accueil, mais quand je lui ai demandé quels articles elle aurait envie de consulter, elle a répondu : « En général ma mère regarde des trucs et quand il se passe quelque chose d'important, genre un accident ou quoi, elle me le raconte. »

L'apathie et la polarisation politique pourraient découler d'une seule et même cause : Internet. De nombreux observateurs ont espéré qu'Internet permettrait de nous faire entrer dans une ère nouvelle marquée par l'engagement civique, facilitant la collecte d'informations et l'organisation de manifestations et de mouvements de protestation. Il est certainement beaucoup plus facile aujourd'hui d'écrire à une personnalité politique : la plupart fournissent des formulaires à cet effet sur leur site web. Cependant, les jeunes d'aujourd'hui s'adressent beaucoup moins à leurs représentants qu'à l'époque où il fallait d'abord vérifier l'adresse de la personne à qui l'on voulait écrire, rédiger sa lettre puis seulement l'envoyer. Les iGens ont découvert de nouveaux moyens d'exprimer leurs revendications sociales : soit ils remplacent leur photo de profil Facebook par une image en faveur de l'égalité, soit ils postent un tweet pour défendre une cause. Ce n'est certes pas comparable à une descente dans les rues mais, comme l'a prouvé la décision de la Cour suprême sur le mariage homosexuel, ces marques omniprésentes de prise de conscience peuvent aider à faire changer l'opinion des Américains moyens, et à long terme modifier la législation. La plupart des actions de Black Lives Matter se déroulent en ligne. C'est là que les iGens sont le plus épanouis : non pas en menant des actions politiques classiques, mais en faisant circuler des messages ciblant certaines problématiques. Cette technique suffit parfois à faire changer les choses (comme pour le mariage homosexuel) mais pas toujours (comme c'est le cas de la vidéo « Kony 2012 »[95] visionnée des millions de fois sans avoir eu d'effet réel).

Quel genre de candidat pourrait attirer les iGens ? Hyperconnectés et individualistes, ils recherchent avant tout de l'authenticité, cette valeur centrale de l'adage « sois qui tu es ». Ils veulent donc un candidat en adéquation avec son discours, qui n'adapte pas ses opinions. C'est cette caractéristique qui a permis à Bernie Sanders d'attirer dans son giron

---

95. Joseph Kony, chef des rebelles de l'Armée de résistance du Seigneur (LRA pour Lord's Resistance Army) qui opèrent entre l'Ouganda et le Soudan du Sud, est accusé d'avoir enlevé des enfants pour en faire des soldats et des esclaves. Cette vidéo avait pour but de le faire connaître mondialement et d'ainsi faciliter son arrestation (N.d.T.).

les iGens et les milléniaux, et il en a probablement été de même pour Donald Trump. « Même si vous n'êtes pas d'accord avec Bernie Sanders, respectez-le au moins pour sa compassion et son authenticité », a écrit Emilia Beuger (2016), étudiante à l'université du Massachusetts, dans le *Massachusetts Daily Collegian*. « Il est honnête, fidèle à ses opinions et n'a pas peur de les exprimer. Il ne laissera personne lui dire quoi penser... Il ne laissera personne lui dicter ses paroles et ses pensées. » On pourrait émettre le même avis sur Donald Trump ; beaucoup ont apprécié sa très grande liberté de ton. Il n'est pas étonnant que, parmi les candidats républicains, Trump, considéré comme authentique, ait remporté la victoire en 2016 alors que Mitt Romney perdait à la même position en 2012, accusé de se cacher derrière son programme.

Je vois bien émerger dans les années à venir un homme politique semblable à Will Conway, candidat aux élections présidentielles dans la série Netflix *House of Cards*, capable d'attirer la nouvelle génération : il serait jeune, franc et décontracté. Dans un épisode de la série, Conway diffuse en direct une vidéo de sa maison et de sa famille, où il s'exprime sans l'aide d'aucune note et semble totalement détendu. S'il se révèle moins authentique dans les épisodes suivants, c'est en tout cas l'image qu'il renvoie à ce moment précis. Les iGens, encore davantage que les milléniaux avant eux, se montrent très peu tolérants envers les candidats traditionnels. Ils les considèrent comme malhonnêtes, indignes de confiance et soumis aux grandes institutions qu'ils méprisent.

Cependant, les iGens affichent encore des opinions très marquées, à l'image de la polarisation politique du pays dans son ensemble. L'inconvénient de notre culture connectée, c'est qu'elle limite les interactions des individus aux membres de leur réseau personnel (amis et famille), ce qui leur permet de s'isoler des opinions divergentes et d'ainsi renforcer la polarisation de leurs opinions, qui se construisent en vase clos. Par conséquent, les jeunes Américains sont aujourd'hui plus nombreux à émettre des opinions politiques marquées, bien qu'ils soient moins nombreux à se tenir au courant de la vie politique ou à s'y impliquer. Peut-être verrons-nous de plus en plus de candidats recourir à des stratégies axées sur la célébrité pour attirer l'attention des iGens. La célébrité et les annonces sensationnalistes pourraient devenir incontournables pour mener la danse dans les sondages. Les futurs hommes politiques qui veulent plaire à la nouvelle génération ne devront pas seulement se conformer aux opinions polarisées des iGens et à leur libertarisme, ils devront aussi raviver leur intérêt pour le monde politique dans son ensemble, afin que celui-ci soit lui aussi capable de faire le buzz.

Conclusion
Comprendre – et sauver –
la génération iGen

Volubile, la jeune Athena, 13 ans, me raconte comment la technologie a affecté sa génération selon elle. Quand elle passe du temps avec ses amis, ils ont plus souvent le regard rivé sur leur téléphone que tourné vers elle. « J'essaye de leur parler de quelque chose et ils ne me regardent *même pas* ! », explique-t-elle, en martelant chaque mot. « Ils regardent leur téléphone, ou leur Apple Watch. »

« Que ressens-tu quand tu essayes d'avoir une discussion en face à face avec une personne et que celle-ci ne te regarde pas ? », lui demandé-je.

« C'est blessant », répond-elle. « Ça fait mal. Je sais que la génération de mes parents n'était pas comme ça. Je pourrais parler de quelque chose de très important pour moi et ils n'écouteraient même pas. »

Une fois, raconte-t-elle, une de ses amies écrivait des SMS à son copain alors qu'elles passaient du temps ensemble chez elle. « J'essayais de lui parler de ma famille, des dernières nouvelles, et elle me disait "Ouais, ouais, OK", alors je lui ai pris son téléphone des mains et je l'ai jeté contre le mur. »

Je n'ai pas pu m'empêcher d'éclater de rire. « Tu fais du volley-ball », j'ai dit. « Tu dois avoir un bon lancer. »

« Ouais », a-t-elle répondu.

L'histoire d'Athena m'a intriguée, pas seulement parce qu'elle a réalisé un rêve que nous faisons tous (mais que nous peinons à mettre en œuvre, sans doute par manque de courage ou de muscles). À 13 ans, la jeune fille n'a jamais connu la vie sans Internet et se rappelle à peine l'époque avant les smartphones. C'est le seul monde qu'elle a connu – et pourtant, elle n'est pas sûre d'avoir envie d'y vivre.

Dans ce chapitre, je vais exposer quelques moyens d'améliorer la situation de cette génération iGen. Pour ce faire, il faut d'abord instaurer un équilibre entre solutions et acceptation. Les changements culturels sont toujours affaire de compromis : le positif s'accompagne de négatif. Les tendances qui ont façonné les iGens n'échappent pas à la règle. Elles sont composées d'éléments positifs et négatifs mais en comprennent bien évidemment d'autres qui peuvent se classer dans les deux catégories selon les cas. Parfois, j'aimerais que nous ne soyons pas toujours obligés de définir comme « bonne » ou « mauvaise » chacune de ces tendances génération-nelles – elles existent, tout simplement. Toutefois, en tant que parent et enseignante, je comprends également le besoin d'examiner « ce qu'on peut y faire ». Pour certaines tendances, cet examen n'a de toute évidence pas lieu d'être : si de moins en moins d'adolescents boivent de l'alcool et ont des relations sexuelles ou des accidents de voiture, nous ne pouvons que nous en féliciter (et les ados avec nous) puis clore le débat. Les adolescents sont physiquement plus en sécurité que jamais et font des choix moins dangereux que les générations précédentes. Certes, ce phénomène découle sans doute davantage d'une tendance globale à grandir plus lentement que d'une évolution des ados vers plus de responsabilités. Quoi qu'il en soit, cette sécurité accrue est indéniablement une bonne chose.

D'autres tendances se révèlent plus inquiétantes. Comment pouvons-nous protéger nos enfants de l'anxiété, de la dépression et de la solitude à l'ère numérique ? Que peuvent faire les parents et les universités pour faciliter la transition du lycée aux études supérieures alors que de moins en moins d'étudiants ont fait l'expérience de l'autonomie ? Comment les managers peuvent-ils tirer le meilleur parti de cette nouvelle génération qui arrive sur le marché du travail ?

Dans ce dernier chapitre, je présenterai quelques chemins possibles à suivre. Dans de nombreux cas, j'utiliserai les mots des iGens eux-mêmes pour montrer la voie. Tout comme Athena, nombre d'entre eux ont pleinement conscience des revers de cette époque numérique unique en son genre. C'est là que les données cèdent la place à des interprétations et des opinions plus subjectives ; je suis donc reconnaissante à tous ces jeunes d'avoir partagé leur avis sur ces sujets.

Lâche ton téléphone

« Depuis que ma jeune sœur a ses propres comptes Instagram et Twitter, elle passe nos trajets en voiture à faire défiler les pages en silence, la tête baissée, son visage illuminé par la lumière bleue de l'écran de son téléphone », écrit l'étudiante Rachel Walman dans le *Massachusetts Daily Collegian* (Walman, 2016). « J'essaye d'engager la conversation avec elle mais elle me répond par monosyllabes, l'air absent. Je ne lui en veux pas, parce que je sais que je fais la même chose ; mais je suis plutôt attristée de voir que nos vies en ligne sont devenues plus importantes que nos vies réelles. »

Les iGens sont accros à leur téléphone et ils le savent. Beaucoup d'entre eux sont également conscients que cette addiction ne leur est guère bénéfique. Il est clair que la plupart des adolescents (et des adultes) se sentiraient mieux s'ils passaient moins de temps sur les écrans. « Les réseaux sociaux détruisent nos vies », a dit une adolescente à Nancy Jo Sales dans son livre *American Girls* (Sales, 2016). « Alors pourquoi ne les quittez-vous pas ? », a demandé Sales. « Parce que sinon, nous n'aurions plus de vie », a répondu la jeune fille.

Les recherches présentées ici, et bien d'autres encore, montrent qu'il est préférable de retarder le plus longtemps possible le moment de donner un téléphone portable à votre enfant. Il est facile de ne pas céder quand vos enfants sont encore à l'école primaire, puisque leur confier un téléphone portable ne vous est alors d'aucune utilité. Cependant, une fois arrivés au collège, les enfants ont plus d'activités et sont plus susceptibles de prendre le bus ; c'est pourquoi de nombreux parents se décident alors à leur acheter un téléphone pour des questions de commodité et de sécurité. Cependant, ce téléphone utilitaire n'a pas besoin d'être un smartphone avec un accès Internet et la possibilité d'envoyer des messages. Au lieu de cela, vous pouvez acheter à votre enfant un appareil aux fonctions limitées − par exemple, un vieux téléphone à clapet (aussi appelé « dumb phone »[96]) sans Internet ni écran tactile, sur lequel il faut appuyer plusieurs fois sur la même touche pour obtenir les différentes lettres et pouvoir écrire un SMS (ça vous rappelle des souvenirs ?). Le fils d'une de mes amies est entré au collège récemment et elle lui a acheté un téléphone de ce genre. Je prévois de faire la même chose dans quelques années, quand mon aînée prendra elle aussi le bus pour se rendre au collège − quoique, j'attendrai sans doute de voir comment se déroulent les premières semaines avant de me rabattre sur le téléphone. Après tout, les enfants ont pris le bus pendant des décennies avant que les téléphones portables n'existent. Ma famille et moi y résisterons le plus longtemps possible.

Mais pourquoi attendre quand « tous les autres » ont un smartphone et que votre enfant vous supplie d'en avoir un ? Selon certains, puisque les adolescents finiront tôt ou tard par se retrouver sur les réseaux sociaux, autant leur donner un téléphone à un âge précoce. Cependant, cet argument

---

96. Littéralement « téléphone stupide », par opposition à « smartphone » : « téléphone intelligent » (N.d.T.).

ne tient pas compte de la conflictualité qui oppose le développement des préadolescents aux réseaux sociaux. Le collège a toujours été une période stressante de la scolarité : les jeunes se cherchent et sont plus facilement victimes de harcèlement ; ajoutez-y les réseaux sociaux, et la situation peut vite devenir explosive. C'est pourquoi on retrouve chez les jeunes adolescents les plus fortes corrélations entre l'utilisation des médias sociaux et la dépression. Les plus âgés, plus sûrs d'eux, sont moins susceptibles d'être affectés. Vu l'importance de la sexualité en ligne – tous les selfies de fesses, les demandes de photos dénudées et les « j'aime » sur les publications Instagram aguicheuses –, il n'est sans doute pas insensé d'épargner cette pression aux jeunes adolescents quelques années de plus. S'ils veulent être sur les réseaux sociaux, il existe une solution toute simple : inscrivez-les, mais sur votre ordinateur. Ainsi, ils peuvent prendre rapidement des nouvelles de leurs amis et planifier leur prochaine rencontre, mais le réseau ne se trouve pas en permanence dans leur poche et dans leur main, comme c'est le cas avec un smartphone. Une utilisation sporadique a peu de chances d'être néfaste ; l'usage des appareils électroniques n'est lié au malheur et aux problèmes de santé mentale qu'après plus de deux heures d'utilisation par jour.

Si ces précautions vous semblent dépassées, gardez l'information suivante à l'esprit : de nombreux PDG d'entreprises technologiques contrôlent l'usage que font leurs propres enfants de ces appareils. Quand, en 2010, le journaliste du *New York Times* Nick Bilton a interviewé Steve Jobs, cofondateur et PDG d'Apple, il lui a demandé si ses enfants aimaient l'iPad (Alter, 2017). « Ils ne l'ont pas encore utilisé », a répondu Jobs. « Nous limitons l'usage de la technologie pour nos enfants à la maison. » Bilton était stupéfait, mais il a appris par la suite que beaucoup d'autres experts de la tech restreignaient également le temps passé par leurs enfants devant les écrans, qu'il s'agisse du cofondateur de Twitter ou encore de l'ancien rédacteur en chef du magazine *Wired*. Même les adeptes de la technologie qui en ont fait leur métier se montrent prudents et s'assurent que leurs enfants n'y soient pas surexposés. Comme le déclare Adam Alter dans son livre *Irrésistible*[97] : « Il semblerait que les personnes qui fabriquent des produits technologiques obéissent à la règle cardinale des trafiquants de drogue : ne jamais se défoncer avec sa propre marchandise. »

---

97. *Irrésistible*, non traduit (N.d.T.).

De nombreux parents se demandent s'il faut vraiment s'inquiéter à ce sujet. Certains soutiennent que la vague d'inquiétude à propos des smartphones est semblable à toutes celles qui ont accompagné les avancées technologiques précédentes : la radio, les disques, la télévision ou même les romans. Cet argument est peut-être vrai, mais il n'est pas pertinent pour autant. Les réseaux sociaux et l'usage des appareils électroniques provoquent davantage de solitude, de malheur, de dépression et de risque de suicide, à la fois dans les données corrélées et dans les données expérimentales. Ce n'est pas le cas pour les romans et la musique. Le fait de regarder la télévision est également lié à la dépression et, effectivement, le taux de dépression était plus important chez les baby-boomers, enfants de la télévision, que chez les générations précédentes qui avaient grandi sans elle. Ce n'est pas parce qu'un argument a déjà été avancé par le passé qu'il est faux ; la « panique » au sujet de la télévision a fini par se justifier en partie. Par conséquent, lancer un débat pour savoir si un « affolement » autour des médias a déjà eu lieu auparavant me semble sans intérêt – c'est maintenant que nos enfants ont besoin d'aide.

Un autre argument, souvent avancé, soutient que les réseaux sociaux et les SMS sont des moyens comme les autres de communiquer pour les adolescents, comme ils l'ont toujours fait. Peut-être, mais contrairement aux interactions en personne, la communication électronique est liée à un déclin de la santé mentale. Ces deux types d'interactions n'ont rien à voir l'un avec l'autre.

Enfin, il y a l'argument selon lequel les individus (y compris les adultes) aiment les réseaux sociaux, et que ceux-ci ne peuvent donc pas être si néfastes. De toute évidence, ce dernier raisonnement ne tient pas la route. Nous sommes nombreux à aimer la malbouffe, ce n'est pas pour autant qu'elle est bonne pour la santé. Gardez cela à l'esprit : les entreprises de réseaux sociaux sont dirigées par des personnes qui cherchent à faire des bénéfices. Chaque fois qu'une nouvelle application devient populaire parce que les adolescents restent éveillés toute la nuit à l'utiliser, ces entreprises engrangent de l'argent. Et ce sont d'abord nos enfants qui en payent le prix.

C'est probablement vrai pour les filles en particulier, car elles sont les principales utilisatrices des réseaux sociaux, mais aussi les premières victimes des problèmes de santé mentale qu'ils provoquent. C'est aux parents, aux professeurs et aux jeunes filles elles-mêmes d'agir, parce que les grandes entreprises de médias sociaux ne bougeront pas le petit doigt. « Les entreprises de réseaux sociaux ne feront rien pour combattre ces dérives, tant que cela génère du trafic », explique Paul Roberts, auteur de *The Impulse Society*[98]. « Oh, votre fille est sur Tinder ? C'est simplement pour rencontrer des amis. Je ne pense pas que ça parte forcément d'une intention cynique, du genre "détruisons les femmes" – je pense qu'ils se demandent juste "comment obtenir ma prochaine prime trimestrielle ? " » (Alter, 2017).

Je ne laisse pas entendre que les adolescents (ou les adultes) devraient abandonner entièrement les smartphones (ou même les réseaux sociaux). Si vous-même ou votre adolescent limitez leur usage à une heure par jour, il ne devrait pas y avoir d'effets néfastes. À petites doses, cette technologie, très utile par ailleurs, peut améliorer nos vies. Toutefois, la situation est clairement allée trop loin. Les revues de psychologie regorgent d'articles qui évoquent l'addiction à Internet. De nombreux adolescents communiquent bien plus avec leurs amis par voie électronique qu'en face à face, avec des conséquences encore inconnues sur leurs aptitudes sociales en plein développement. Nous savons déjà que la dépression et l'anxiété ont progressé à un rythme sans précédent et que le nombre de suicides chez les jeunes a doublé en seulement quelques années. On ne peut plus nier la nécessité de réduire le temps passé devant les écrans.

Nous tous, adultes y compris, devons modérer le temps que nous passons sur nos téléphones, sur les écrans et à communiquer à travers eux plutôt qu'en personne. Melissa Nilles, étudiante à l'Université de Californie à Santa Barbara, rend compte de cette réalité comme seule une iGen peut le faire (Nilles, 2012). « J'ai fait un horrible cauchemar la nuit dernière », écrit-elle dans le journal étudiant de l'UCSB. « Au lieu de se voir pour boire un café en vitesse, mon amie et moi avons passé 30 minutes à nous raconter notre journée par textos. Après cela, au lieu de poser une question à mon professeur pendant ses heures de permanence, j'ai préféré lui envoyer un e-mail depuis chez moi. Du coup, il ne sait pas qui je suis, alors que j'aurais pu lui demander une bonne lettre de recommandation si j'étais allée le voir. J'ai ignoré un garçon super mignon qui me demandait l'heure à l'arrêt de bus parce que j'étais trop occupée à répondre à un texto. Et j'ai passé beaucoup trop de temps sur Facebook à prendre des nouvelles de

---

98. *La société d'impulsion*, non traduit (N.d.T.).

mes plus de 1 000 "amis", que je ne vois jamais pour la plupart et qui, malheureusement, n'ont plus grand-chose à voir avec de vrais amis au fur et à mesure que leur nombre augmente. Oh, attendez, ce n'était pas un rêve. Cette indifférence technologique est en train de devenir notre réalité. » La technologie, écrit-elle, est « en train de détruire progressivement la qualité des interactions sociales dont nous avons besoin en tant qu'êtres humains. Quel est l'intérêt d'avoir 3 000 amis sur Internet ? Pourquoi sommes-nous tout le temps en train d'écrire des SMS ? Toutes ces interactions virtuelles me semblent bien illusoires. Passons plutôt du temps avec nos véritables amis. Faisons durer les relations qui comptent vraiment et ne nous reposons pas sur la technologie pour faire le travail à notre place. » La vie a plus de saveur quand elle est hors-ligne, même les iGens le savent.

Smartphones : trucs et astuces

Pour les parents, les choix qui entourent les smartphones et les réseaux sociaux peuvent sembler insurmontables. Un jour ou l'autre, votre adolescent aura très certainement son propre smartphone. Ne baissez pas les bras pour autant. Avant même de donner le téléphone à votre enfant, installez une application qui limite le temps qu'il peut passer dessus. Il en existe beaucoup et elles auront probablement déjà évolué lorsque vous lirez ce livre ; actuellement, plusieurs sont disponibles et la plupart ne coûtent pas plus de quelques euros par mois. Ces applis permettent de restreindre le temps passé sur certains sites, de verrouiller le téléphone après un certain temps ou même de l'éteindre complètement. Il peut être tentant de donner d'abord le téléphone à votre adolescente, puis de constater si elle est une utilisatrice responsable, mais il est plus sûr d'installer le contrôle parental avant qu'elle ne change le mot de passe ou ne devienne accro aux réseaux sociaux. Le risque est trop grand − il suffit de demander à la plupart des adultes, qui sont presque aussi accros à leur téléphone que les adolescents. Fixer des limites s'avère une bonne solution, car les adolescents peuvent ainsi être au courant d'évènements divers et communiquer avec leurs amis sans que le téléphone devienne leur principale préoccupation.

Une autre règle fondamentale : personne, y compris les adultes, ne devrait dormir à moins de trois mètres de son téléphone. De nombreux iGens et milléniaux m'ont expliqué qu'ils gardent presque toujours leur téléphone allumé la nuit et qu'ils sont sans cesse réveillés par une sonnerie ou un bip de notification. Beaucoup d'autres m'ont dit le mettre en mode silencieux mais quand même le consulter s'ils n'arrivent pas à dormir, y compris en pleine nuit. Ce n'est pas ainsi que l'on obtient un sommeil réparateur. Outre la stimulation intellectuelle que provoque le téléphone, la lumière qu'il émet est tout aussi néfaste : notre cerveau d'homme des cavernes l'assimilant à la lumière du soleil, la production de mélatonine (l'hormone du sommeil) diminue et l'endormissement est encore plus difficile.

Mais que faire si votre téléphone vous sert de réveil, comme c'est le cas de chaque adolescent et jeune adulte avec qui j'ai discuté ? La solution est simple : achetez un réveil bon marché. Ainsi, votre téléphone, avec son contenu stimulant et sa lumière bleue peu propice à l'endormissement, pourra être loin de vous quand vous irez vous coucher le soir et que vous vous réveillerez le matin.

Imaginons que votre adolescent veuille s'inscrire sur un réseau social. Si vous voulez qu'il n'en rejoigne qu'un seul, lequel choisir ? La plupart des experts s'accordent sur Snapchat. Premièrement, les adolescents partagent avec leurs amis des photos qui disparaissent après quelques secondes. Ils ne les envoient qu'à un ami à la fois et doivent choisir un destinataire précis. Par conséquent, ce qu'ils publient n'est pas visible par un public plus large qui peut commenter et « aimer » (ou non), comme c'est le cas sur Instagram, Twitter et Facebook. Et si votre ado veut partager une photo avec plusieurs personnes, il peut la poster dans la Snapstory. Celle-ci s'efface à son tour après 24 heures.

Les applications de réseaux sociaux évoluent sans cesse et ce conseil sera peut-être dépassé au moment où vous lirez ceci. Cette recommandation générale sera néanmoins toujours valable : privilégiez les plateformes qui permettent des partages éphémères et individuels plutôt que celles qui encouragent des publications presque permanentes à destination d'un large groupe. Si les posts sont destinés à être vus par un large public, l'adolescent aura davantage tendance à soigner l'image qu'il renvoie : il finira par prendre cinquante photos pour obtenir le selfie parfait, s'interrogera des heures sur la meilleure façon de formuler un message et partagera une publication uniquement dans le but d'engranger les mentions « j'aime ». C'est déjà assez problématique pour les adultes et c'est peut-être encore pire pour les adolescents. De plus, Snapchat ne permet pas aux utilisateurs d'effectuer des recherches, ce qui signifie que les adolescents sont moins susceptibles de tomber sur du contenu inapproprié. Les nouvelles applications pour « passer du temps ensemble en live », comme Houseparty, sont également utiles – il s'agit de chats vidéo pour trois personnes ou plus qui permettent aux adolescents de se voir et de discuter. Ce n'est pas vraiment du face-à-face, mais cela s'en rapproche plus que la plupart des réseaux sociaux.

Que nous soyons adolescents ou adultes, nous pouvons tous nous efforcer de mettre notre téléphone de côté quand nous sommes en présence d'une autre personne. Certains groupes d'amis ont instauré une règle ingénieuse : quand ils déjeunent ou dînent ensemble, ils placent tous leur téléphone au centre de la table, l'écran retourné et en mode silencieux. Le premier qui finit par consulter le sien paye l'addition. Voilà une règle qu'il serait utile d'appliquer aux adultes également.

Une jeune fille de 18 ans interrogée dans *American Girls* a complètement abandonné les réseaux sociaux – sans pour autant perdre ses amis (Sales, 2016). « Parfois, il y a une conversation de 10 minutes à laquelle je ne peux pas participer parce que je n'ai pas vu telle publication ou telle vidéo, mais je ne préfère pas, de toute façon. Si je veux mieux connaître une personne, ce n'est pas à travers cette version artificielle d'elle-même qu'elle a construite et publiée en ligne... Est-ce vraiment important de savoir ce que Mary a posté hier sur Instagram ? Si je veux apprendre à la connaître, je l'appelle et je lui propose de passer du temps ensemble. » Elle dit qu'elle n'a pas de solution universelle, mais conclut ainsi : « Les réseaux sociaux ne permettent pas de s'épanouir. Les gens ne courent pas après le bonheur quand ils sont là-dessus. Ils courent après la plus jolie photo. »

Nos téléphones nous permettent d'enregistrer notre vie – mais ils peuvent parfois nous empêcher de la vivre. Vous souviendrez-vous de chaque instant à travers l'objectif de votre smartphone ou tel que vous l'avez vu de vos propres yeux ? « Cela nous poursuit, peu importe où nous allons », explique Alexandra Lee, étudiante de première année à l'Université de Géorgie, au journal du campus (Grace, 2016). « On ne peut plus se contenter d'être simplement présent. Dès que quelque chose d'un peu hors du commun se produit, tout le monde sort son téléphone et commence à filmer. » Récemment, le *Washington Post* a dressé le portrait d'une famille dont le benjamin, âgé de 4 ans, débat régulièrement pour décider quelles activités familiales méritent d'être publiées sur YouTube

(Contrera, 2016b). Ce n'est pas ainsi que l'on peut être présent dans sa propre vie.

Lâcher son smartphone est tout aussi important lorsqu'il faut étudier ou travailler. Le cerveau humain ne peut pas faire plusieurs choses en même temps : nous ne pouvons concentrer notre attention que sur une tâche cognitive à la fois. Si nous essayons de mener à bien simultanément deux tâches qui requièrent notre attention consciente, nous devons sans cesse passer de l'une à l'autre, ce qui prend du temps et ralentit le processus. Mark, qui étudie les technologies de l'information dans une université publique, admet que « pour se concentrer convenablement sur ses manuels de cours, il ne faut pas être multitâche ». Sa technique consiste à étudier intensément pendant 20 minutes « puis, peu importe ce que je suis en train de faire, je m'arrête et je prends cinq minutes de pause. Je consulte Facebook, Instagram, Twitter. Puis mon autre alarme sonne pour m'alerter : "Attention, il est temps de te remettre au travail". » Je reprendrais la méthode de Mark en la modifiant quelque peu : si vous êtes lancé dans votre travail ou votre étude, ne vous arrêtez pas après 20 minutes. Attendez d'être distrait ou fatigué et, après maximum 45 minutes, prenez une pause. Limiter les distractions à cinq minutes est une excellente règle. Elle devrait vous éviter de vous enfoncer trop profondément dans les méandres des réseaux sociaux ou de cliquer sur d'innombrables articles du genre « Brad Pitt et Jennifer Aniston réunis pour le travail ? On a la réponse ». Un point-clé : si vous voulez travailler ou étudier, éloignez votre téléphone et évitez Google et les e-mails autant que possible. Sinon, vous serez sans cesse interrompu par des sonneries et des notifications et votre attention sera chaque fois détournée. C'est la meilleure manière de voir la journée passer et de se rendre compte que l'on a été improductif.

Pour conclure, le maître mot en ce qui concerne l'utilisation des smartphones, c'est la modération – pour les adolescents comme pour les adultes. N'hésitez pas à profiter de ses précieuses applications, mais apprenez aussi à le délaisser de temps en temps pour pouvoir apprécier pleinement le moment présent. Installez une appli qui vous déconnecte des réseaux sociaux si nécessaire. Bannissez son utilisation lorsque vous étudiez ou que vous travaillez. Ne dormez pas avec et ne lui confiez pas de photos de vous dénudé. Il n'est pas votre amant. Ne lui consacrez pas sans cesse votre attention quand vous passez du temps avec quelqu'un. Il n'est pas votre meilleur ami.

Les photos dénudées et la pornographie

En particulier pour les filles, les réseaux sociaux amplifient souvent l'attention déjà exacerbée que les adolescents portent à l'apparence physique – surtout à l'apparence physique sexualisée. De nombreux parents n'ont aucune idée de ce que leurs enfants publient en ligne ; garder un œil sur leur compte Instagram est donc un bon début. Les parents doivent avoir une conversation franche avec leurs filles au sujet des dangers que représente la publication de photos suggestives. Il ne faut jamais envoyer de photos dénudées, y compris sur Snapchat. Même si l'application prévient les utilisateurs quand le destinataire fait une capture d'écran, il n'existe aucun moyen de l'en empêcher. Quand quelqu'un reçoit la photo d'une personne nue, que ce soit par les réseaux sociaux ou par SMS, il peut la partager avec qui il le désire. Il existe des sites web contenant des galeries de photos d'adolescentes nues et ces images peuvent se répandre dans les collèges et les lycées comme une traînée de poudre. Les parents doivent expliquer clairement à leurs adolescents, même les plus jeunes, que ce n'est jamais une bonne idée d'envoyer une photo de soi nu.

La jeune Athena, 13 ans, m'a éclairée à ce sujet. « Pourquoi ne veux-tu pas qu'ils fassent une capture d'écran ? », lui ai-je demandé quand elle me parlait de Snapchat. « Si jamais c'est une mauvaise photo », a-t-elle dit. « Si tu ne te trouves pas jolie dessus, par exemple ? », ai-je demandé. « Non », a-t-elle répondu doucement. « Si c'est une photo où je suis nue. Si tu envoies une photo comme ça, des personnes mal intentionnées peuvent la partager et ils ne se font pas attraper parce qu'ils la suppriment de leur téléphone. De telles photos compromettantes peuvent se propager dans un collège en quelques minutes. Athena m'a raconté que deux jeunes de sa classe de 5e se sont fait renvoyer pendant une semaine pour cette raison. Mais les responsables ne se font pas toujours attraper. Voici donc un autre conseil à donner à nos adolescents : si quelqu'un demande une photo de vous dénudé, dites simplement non. Ou inspirez-vous de ce qu'a fait Reese Hebert, 16 ans (Moss, 2016). Quand elle a écrit à un garçon qu'elle était sur le point de prendre une douche, il a répondu : « Ooh, je veux voir ça ». Elle lui a donc envoyé une photo sous la douche… de sa tête surmontée d'un chapeau parapluie multicolore.

Les parents doivent aussi empêcher les enfants et adolescents d'avoir accès à la pornographie. À cause de son omniprésence en ligne et de la prolifération d'appareils électroniques, les enfants sont exposés aux films pornographiques à un âge de plus en plus précoce. Les filtres parentaux sur les tablettes et téléphones sont loin d'être infaillibles – pour les jeunes enfants de 5 à 11 ans, il vaut mieux se limiter à des appareils comme les Kindles qui peuvent être configurés pour ne pas contenir de navigateur Internet (ils offrent des moyens de regarder des vidéos et de lire des livres, tout en maintenant les enfants dans ce que certains appellent un « walled garden » ou « jardin clôturé »). Il est également nécessaire de mettre en place des restrictions pour les adolescents plus âgés, ou tout au moins d'avoir une conversation franche au sujet de la pornographie. Tout comme les réseaux sociaux, l'industrie pornographique a pour unique but de gagner de l'argent et ce sont souvent les scènes de sexe dégradant et violent qui lui rapportent le plus. Ces vidéos ne montrent pas deux personnes qui s'aiment et qui ont des relations sexuelles passionnées, mais bien des acteurs aux rapports souvent brutaux et très souvent sans affect. La pornographie ne reflète pas la sexualité normale des adultes. De ce fait, c'est toute une génération d'adolescents qui en a une vision déformée, car si l'on en croit la plupart des pornos, seul le plaisir masculin compte, souvent au détriment de la femme.

Le manque de relations en personne

Les adolescents qui passent plus de temps avec leurs amis en personne sont plus heureux, moins seuls et moins déprimés, tandis que ceux qui passent plus de temps sur les réseaux sociaux sont moins heureux, se sentent plus seuls et plus déprimés. En tout cas, il est certain que le temps passé en ligne ne protège pas contre la solitude et la dépression, contrairement aux relations en personne.

Étant donné les bienfaits de l'interaction sociale en personne, les parents devraient cesser de considérer le temps que les jeunes passent ensemble comme du temps perdu. Les adolescents fréquentent moins leurs amis, mais ils ne remplacent pas ce temps ainsi libéré par les devoirs scolaires, les activités extrascolaires, le travail rémunéré ou les tâches domestiques ; ils y substituent du temps passé sur les écrans. Malheureusement, le temps qu'ils consacrent à la communication électronique est un piètre substitut aux liens affectifs et aux compétences sociales développées grâce à la communication en face à face – et il se pourrait qu'il contribue à l'alarmante augmentation du taux de dépression et de suicide chez les adolescents.

De nombreux parents considèrent les activités sociales des adolescents comme potentiellement dangereuses. Nous souhaitons tous protéger nos enfants et nous avons tous besoin de règles limitant ce que les adolescents ont l'autorisation de faire. Le problème est que de nombreux parents ont restreint une activité qui prodigue de nombreux bienfaits (l'interaction sociale en personne) tout en attribuant peu de limitations à une activité dépourvue de la plupart de ces avantages (la communication électronique). Les adolescents sont peut-être physiquement plus en sécurité de cette manière, mais ce choix pourrait se faire au détriment de leur santé mentale. L'inquiétude des parents se trompe de cible.

Quelques études ont déjà montré que les adolescents qui communiquent en face à face, sans appareils électroniques, ont de meilleures compétences sociales, notamment pour ce qui est de déchiffrer les émotions sur le visage des autres. Je soupçonne que davantage d'études de ce genre seront menées à l'avenir. Les iGens grandissent dans un monde où une part de plus en plus grande de la communication a lieu en ligne, mais les compétences sociales revêteront toujours une utilité. Les gens doivent se rencontrer pour leurs rendez-vous galants, leurs entretiens d'embauche et tout simplement pour converser. Les iGens qui ont tendance à se retrancher davantage derrière leurs appareils et à moins voir leurs amis auront plus de difficultés avec ces compétences sociales. Comme pour tout, c'est en forgeant qu'on devient forgeron. Par conséquent, je m'adresse aux parents : quand votre adolescente sort avec ses amies, ce n'est pas une perte de temps – c'est un investissement pour son avenir.

Même si elle n'a que 13 ans, Athena voit déjà les conséquences de cette technologie omniprésente avec laquelle elle a grandi. « Nous ne savons pas comment communiquer normalement. Nous ne sommes plus capables de communiquer comme des personnes normales », dit-elle. « Penses-tu que la manière dont ta génération communique se normalisera un jour ? », demandé-je. « Ouais », dit-elle. « Et ce jour-là, nous n'aurons plus aucune raison de sortir de notre canapé. »

Voici mon message à la génération iGen et à chacun d'entre nous : levons-nous de notre canapé.

Vaincre l'anxiété et la dépression

« Cet après-midi-là, je me trouvais dans un amphi universitaire et je consacrais toute mon énergie à essayer d'apaiser mon esprit agité… Je n'arrivais à penser à rien d'autre qu'à l'immense montagne de tâches que je devais accomplir. Des dizaines d'autres minuscules pensées ont saisi cette occasion pour tenter de se transformer en énormes problèmes et se mettre à hurler dans ma tête. Voilà ce qu'est l'anxiété et quand elle commence, il peut être difficile d'y échapper », écrit Kate Leddy dans le *Massachusetts Daily Collegian* (Leddy, 2016). « Au beau milieu de mon monologue intérieur pour essayer de me concentrer, je me suis rendu compte que j'avais à peine écouté le cours. J'ai donc rassemblé mes affaires et je suis partie. Je suis allée à la salle de sport et j'ai couru pendant une demi-heure ; à la fin, c'était comme si mon corps m'avait offert une dose supplémentaire d'endorphines pour la journée. J'ai presque immédiatement senti une vague d'énergie nouvelle, de clarté et de calme. »

Ce jour-là, Kate a découvert un phénomène que d'autres recherches ont confirmé : faire du sport est un antidépresseur naturel. Stephen Ilardi, psychologue clinique et professeur à l'Université du Kansas, a donné une conférence *TED talk* intitulée « Depression is a disease of civilization »[99]. En collaboration avec d'autres chercheurs, il a démontré qu'imiter le mode de vie de nos ancêtres, les hommes des cavernes, est l'un des meilleurs moyens de prévenir et réduire l'anxiété et la dépression. Son programme en six parties inclut l'exposition au soleil, le sport, un régime alimentaire riche en acides gras et oméga 3, moins de ressassement, une durée de sommeil suffisante et l'engagement dans des interactions sociales en personne. Son livre *The Depression Cure*[100] contient des suggestions spécifiques pour intégrer ces changements dans notre mode de vie. La plupart de ces techniques sont gratuites ou bon marché, même si elles demandent un peu de temps.

Où trouver ce temps ? Regardons à nouveau du côté du téléphone. Je vous invite à retourner consulter les graphiques du chapitre 3 indiquant les liens entre nos différentes activités et le bien-être psychologique. Si une activité comprend un écran, elle est liée à une diminution du bonheur et à une augmentation de la dépression. Si ce n'est pas le cas – en particulier

---

99. « La dépression est une maladie civilisationnelle » (N.d.T.)
100. *Guérir la dépression*, non traduit (N.d.T.).

s'il s'agit d'une interaction sociale ou de sport – elle est liée à une augmentation du bonheur et une diminution de la dépression. Faites l'expérience par vous-même (ou avec votre adolescent, si vous le pouvez) : pendant une semaine, diminuez de moitié le temps que vous passez sur votre téléphone, sur Internet et sur les réseaux sociaux et employez ce temps à voir vos amis et votre famille et/ou à faire du sport. Il est plus que probable que vous vous sentiez plus heureux à la fin de la semaine.

Bien sûr, un changement de mode de vie ne pourra pas résoudre tous les cas d'anxiété et de dépression, surtout s'ils sont sévères. La bonne nouvelle, c'est que la thérapie fonctionne ; selon les résultats sans appel d'une étude, les personnes dépressives suivies par un psychologue guérissent plus rapidement que les autres. Les antidépresseurs peuvent également être très utiles, surtout pour les dépressions modérées à graves. La thérapie et les médicaments peuvent donc soulager la souffrance et sauver des vies. Malheureusement, l'accès aux services de santé mentale est souvent trop réduit, en raison des budgets serrés. Sur les campus, quelques démarches concrètes gagneraient à être appliquées, comme l'abandon du nombre limité de rendez-vous chez un thérapeute universitaire. Avec ce genre de restrictions, c'est comme si l'on disait aux étudiants qu'ils ne peuvent pas se rendre chez le médecin s'ils sont trop souvent malades. Si les campus veulent endiguer la vague de problèmes psychologiques, les étudiants doivent avoir accès à une thérapie régulière durant l'année scolaire. Cette aide doit être présente sur le campus, en particulier lorsqu'il s'agit d'universités avec résidences étudiantes. En outre, ces lieux de soutien doivent être accessibles en dehors des heures d'ouverture : sur de nombreux campus, le centre de conseil ferme à 17 h et il existe peu de sources d'aide en soirée, alors que c'est souvent le moment de la journée le plus problématique pour les individus souffrants de problèmes de santé mentale.

Les collégiens et lycéens ont eux aussi besoin d'être plus encadrés, mais le système de soins psychologiques du pays est dépassé par les besoins des jeunes et de leurs familles. Les taux de dépression parmi les 12 à 17 ans augmentant à toute vitesse, ce problème ne fera qu'empirer. Les parents doivent être conscients que les adolescents, les préadolescents et même les enfants peuvent souffrir d'anxiété et de dépression et prendre cette question au sérieux. Malheureusement, la plupart peinent à s'y retrouver dans les méandres de la bureaucratie des soins de santé et doivent attendre beaucoup trop longtemps pour obtenir un rendez-vous ; c'est peut-être l'une des raisons pour lesquelles le taux de suicide chez les adolescents demeure beaucoup trop élevé. En général, il vaut mieux obtenir de l'aide aussi tôt que possible. Les thérapeutes ne se contentent pas d'assister les enfants pendant les rendez-vous ; ils peuvent également leur transmettre des stratégies d'adaptation qui leur seront utiles pour le reste de leur vie.

Quoi qu'il en soit, j'espère au moins que les informations détaillées dans le chapitre 4 aideront à convaincre ceux qui pensent qu'il n'y a pas eu d'augmentation significative des problèmes de santé mentale. Les données qui y sont présentées comparent les jeunes d'aujourd'hui avec ceux des générations précédentes en utilisant un échantillonnage aléatoire et un signalement anonyme, afin de prévenir des critiques similaires à celles qui ont été faites aux rapports précédents. Les tendances sont également remarquablement constantes : la solitude, les symptômes dépressifs, les épisodes de dépression majeure, l'anxiété, l'automutilation et le suicide, tous sont en hausse, essentiellement depuis 2011. La génération iGen appelle à l'aide et il nous faut l'écouter.

Grandir lentement

Toujours plus d'adolescents sortent du lycée sans avoir jamais eu de travail rémunéré, conduit une voiture eux-mêmes, eu un rendez-vous amoureux, un rapport sexuel, ou bu de l'alcool. Ces tendances ressortent du contexte culturel actuel ; en d'autres termes, elles ne sont ni bonnes ni mauvaises en soi. Elles existent, tout simplement.

Cependant, leurs conséquences sont profondes. Les jeunes entrent à l'université et sur le marché du travail sans aucune expérience de l'indépendance propre à l'âge adulte. Les parents reçoivent donc davantage d'appels à la maison de la part de leurs ados qui ne savent pas comment gérer les responsabilités d'adulte, ce qui ne fait qu'augmenter leurs inquiétudes lorsqu'ils constatent leur impréparation à l'université et au monde du travail. Les responsables des services étudiants dans les universités et hautes écoles, quant à eux, doivent conseiller davantage de jeunes qui ne savent pas comment gérer leur vie par eux-mêmes. De plus en plus d'adolescents consomment leur première bière et ont leur première relation sexuelle ou amoureuse une fois arrivés sur le campus. Comparés aux générations précédentes, ils seront donc plus âgés quand ils feront ces expériences d'adultes – à bien des égards, c'est un développement positif. Cependant, ils seront également loin de chez eux et du soutien de leurs parents et amis d'enfance. Cette particularité présente nombre de défis pour ceux qui veillent sur la santé mentale des étudiants et leur vie sur le campus.

Le déclin des expériences sexuelles constitue également un défi : il s'agit d'empêcher les agressions sexuelles parmi les étudiants sur le campus et ailleurs, étant donné que les jeunes ayant peu d'expérience peuvent avoir plus de difficultés à gérer l'environnement d'effervescence sexuelle qu'est l'université. Heureusement, le taux d'agressions sexuelles semble être en déclin même s'il est encore trop élevé. De nombreux incidents ont lieu quand les étudiants font leurs premiers pas dans l'âge adulte : les étudiants de première année à l'université sont 2,5 fois plus susceptibles d'être agressés sexuellement que les étudiants plus âgés. Nous vivons aujourd'hui dans une société où les adolescents regardent plus de pornographie que jamais et commencent à réclamer des photos dénudées de leurs partenaires dès l'âge de 11 ans – alors qu'ils attendent plus longtemps pour avoir des rapports sexuels. Cet intérêt exacerbé pour l'expérience fantasmée, alliée au manque de pratique concrète, peut s'avérer problématique.

Si vous êtes parent d'un adolescent et que vous souhaitez qu'il acquière plus d'indépendance avant son départ pour l'université, plusieurs solutions s'offrent à vous. Tout d'abord, assouplissez le couvre-feu et les règles qui régissent les sorties avec ses amis ; ces expériences lui permettront de gagner en compétences sociales et en indépendance. Ensuite, insistez pour qu'il passe son permis de conduire ; arrêtez de lui servir de chauffeur. Réfrénez vos inquiétudes autant que possible. Les adolescents actuels sont des conducteurs plus prudents que jamais et sont beaucoup moins susceptibles d'avoir des accidents ou même de recevoir une contravention.

D'autres activités d'adultes se situent davantage dans une zone grise. Les données concernant les jobs étudiant après les heures de cours livrent des informations moins limpides. Il semblerait que les adolescents issus de milieux défavorisés retirent des bienfaits importants du travail, mais c'est moins clair pour les enfants de la classe moyenne. De nombreux jobs pour adolescents sont des postes non qualifiés et répétitifs. Cependant, ils enseignent de précieuses leçons sur la gestion du temps, la responsabilité et les compétences sociales. De plus, étant donné le prix de l'éducation universitaire de nos jours, l'argent ainsi mis de côté par les adolescents peut les aider à payer une partie de leurs frais de scolarité et atténuer le poids de leur dette étudiante par la suite.

L'alcool est une question encore plus sensible, qui n'a pas de solution unique. De plus en plus de jeunes arrivent à l'université sans avoir beaucoup d'expérience de l'alcool et se retrouvent alors confrontés à la culture des fêtes et des beuveries. Devraient-ils d'abord faire l'expérience de s'enivrer chez eux, dans un environnement sécurisé ? Peut-être, mais encourager la consommation d'alcool chez les mineurs n'est pas forcément une bonne idée. Une autre possibilité serait d'avoir une conversation réaliste avec eux pour leur expliquer en quoi ces fêtes universitaires consistent et comment se protéger. Pour certains étudiants, ne pas boire est peut-être la meilleure solution. Quelques universités offrent à présent des dortoirs sans alcool ni drogues et je suppose qu'elles seront de plus en plus nombreuses à proposer cette option à l'avenir. Les iGens sont plus tolérants par rapport aux choix des autres ; quelqu'un qui décide de ne pas boire à l'université ne sera donc pas nécessairement exclu. Parfois, « Dis simplement non » s'avère le meilleur conseil, surtout quand on connaît les dangers du binge drinking.

Certaines personnes ont proposé une « année sabbatique » entre le lycée et l'université pour tenter de résoudre les problèmes de santé mentale et le manque d'expériences d'adultes des jeunes étudiants. Une année sabbatique permet d'avoir du temps pour travailler, voyager, faire du volontariat et grandir de manière générale. Ce concept a récemment gagné en popularité au niveau national, lorsque Malia Obama a décidé de faire une pause d'un an avant d'entrer à Harvard. Selon les dires des étudiants eux-mêmes, cette année de transition leur est très utile ; d'après une étude, 73 % des jeunes partis en année sabbatique affirment être mieux préparés à leur entrée à l'université et 57 % ont ainsi pu mieux décider quelles études entreprendre (O'Shea & Hoe, 2016). Cependant, les années sabbatiques ne conviennent pas à tout le monde ; elles sont sans doute plus bénéfiques aux étudiants qui ont déjà choisi de suivre des études supérieures mais qui ont encore besoin d'un peu de temps pour grandir avant d'entrer dans le monde semi-adulte de l'université (surtout si elle se situe loin de chez eux). Joe O'Shea et Nina Hoe, administrateurs d'université et chercheurs, ont étudié les données sur les années sabbatiques et ont conclu que dans la plupart des cas, les bienfaits l'emportent sur les risques. « En généralisant ce concept, nous permettrons à de plus en plus de futurs étudiants d'acquérir les compétences dont ils ont besoin à leur entrée à l'université, et d'ainsi mieux réussir sur le plan personnel comme académique », ont-ils conclu dans le magazine *Quartz*.

En sécurité, mais pas désemparés

Nos enfants sont plus en sécurité que jamais, ce qui est la meilleure nouvelle qu'on puisse imaginer. Pourtant, comme cela arrive souvent, cette tendance culturelle a été portée à l'extrême au point de devenir absurde. Les inquiétudes au sujet de la sécurité sont peut-être l'une des raisons pour lesquelles les adolescents voient moins leurs amis en personne, les parents craignant divers dangers tels que les accidents de voiture.

Le terme *sécurité* est aujourd'hui utilisé pour expliquer des réactions à des incidents qui, en réalité, ne mettent en jeu la sécurité de personne. La semaine dernière, le directeur de l'école primaire de mes enfants a envoyé un e-mail aux parents informant qu'un ou plusieurs individus, sans doute des élèves du collège, avaient dessiné « des obscénités et une croix gammée » sur l'un des murs de l'école. « La sécurité de nos élèves, de notre personnel et de leurs familles est notre priorité et j'apprécie tous vos efforts pour protéger notre école et notre communauté de ce comportement inapproprié et offensant », a conclu le directeur. Oui, ces agissements sont inacceptables, mais le formuler en termes de « sécurité » est exagéré. Personne n'a été menacé ou blessé. Mentionner la sécurité n'a fait qu'envenimer la situation. Au lieu de cela, il vaudrait mieux informer ces jeunes de la véritable signification du symbole et ainsi les aider à comprendre la bêtise de leur comportement. La sécurité est invoquée dans les situations les plus improbables. Quand, au printemps 2017, Bryce Maine a voulu venir accompagné de sa grand-mère de 69 ans à son bal de promo au lycée Eufaula en Alabama, le directeur a refusé, au nom d'une règle stipulant que les participants au bal doivent avoir moins de 20 ans (Andrews, 2017). « La sécurité de nos élèves et de notre personnel est la première responsabilité d'un directeur d'école », a-t-il déclaré. « Nous ne ménageons aucun effort en ce qui concerne la sécurité. » Il a expliqué à Bryce que cette règle avait pour but d'éviter que des personnes plus âgées n'achètent de l'alcool pour les élèves mineurs – un scénario peu plausible dans le cas de sa grand-mère. Dans le climat actuel, même les mamies ne sont plus à l'abri.

Ce ne sont pas des exemples isolés. Si vous y prêtez attention, vous vous rendrez vite compte que le concept de « sécurité » est cité, par les professeurs comme par les élèves, pour expliquer ou excuser absolument tout et n'importe quoi. Je pense que les directeurs d'école devraient être plus prudents quand ils invoquent la sécurité pour expliquer leur choix, étant donné que l'utilisation de ce terme tend à accroître les tensions et à renforcer l'idée que nous devrions toujours garder nos enfants à l'œil. Dans un climat pareil, nos enfants finiront par être terrifiés au moment de commencer leur premier boulot ou de se rendre à l'université (et c'est déjà le cas). Si nous mettions moins l'accent sur la sécurité, les étudiants seraient également moins susceptibles d'hésiter à l'idée d'évoquer des sujets sensibles avec leurs pairs. Les iGens craignent tellement la confrontation qu'ils préfèrent rapporter à un responsable les propos dérangeants tenus par un autre étudiant, au lieu de s'adresser directement à celui-ci.

À présent, les inquiétudes sur la sécurité ne concernent plus uniquement la sécurité physique, mais aussi la sécurité émotionnelle. Les programmes scolaires cherchent maintenant à protéger les enfants du harcèlement – pas seulement le harcèlement physique, mais également les insultes, les moqueries et les injures. Le harcèlement a un effet négatif indéniable – j'ai d'ailleurs codirigé certaines des premières expérimentations sur les effets du rejet social, lequel constitue une forme de harcèlement (Twenge, Baumeister, Tice & Stucke, 2001 ; Twenge, Catanese & Baumeister, 2002 ; Baumeister, Twenge & Nuss, 2002).

Selon moi, nous aurions dû, depuis longtemps déjà, prendre des mesures pour protéger nos enfants du harcèlement par leurs pairs. D'un autre côté, j'approuve également les critiques qui estiment que ces programmes vont parfois trop loin en apprenant aux enfants que les aléas ordinaires des amitiés enfantines constituent du harcèlement, ou en assimilant le préjudice moral à des dommages physiques. Nombre de politiques anti-harcèlement, beaucoup trop générales, font craindre aux étudiants la moindre interaction. L'école primaire Aiken à West Hartford, dans le Connecticut, définit le harcèlement comme toute communication ou tout acte physique qui « cause une douleur physique ou émotionnelle » à un élève (Site web de l'école primaire Aiken). Dans un document, l'école définit avec soin tous les sujets qu'elle aborde, depuis l'identité de son personnel jusqu'aux caractéristiques d'un « appareil électronique mobile », mais elle ne précise pas ce que recouvre le concept de « douleur émotionnelle ». Je ne nie pas le fait que le harcèlement cause une douleur émotionnelle – mais c'est aussi le cas pour d'autres expériences de l'enfance plus ambiguës : le rejet par un ami qui préfère jouer avec un autre enfant, les insultes ordinaires de la cour de récréation ou les disputes au sujet des règles d'un jeu. Si l'on interprète littéralement ce document, il est facile de décréter que tout enfant qui heurte les sentiments d'un autre, volontairement ou non, a le profil d'un harceleur. Cette vision des choses risque de créer une atmosphère de paranoïa chez les enfants, conscients de la moindre interaction négative et redoutant le moment où ils seront victimes de cette chose terrible qu'on leur a décrite comme le harcèlement. Un des effets secondaires des programmes anti-harcèlement est peut-être d'avoir fait des iGens des enfants sans cesse à l'affût de ces agressions verbales ou physiques.

Comme le fait remarquer le psychologue Nick Haslam, les critères pour définir un « traumatisme » incluent à présent toutes les mauvaises expériences qui peuvent affecter un individu, créant ainsi une culture de la victimisation qui exacerbe sans doute les émotions impliquées (Haslam, 2016a, 2016b). Il n'y a pas si longtemps, en 1980, les psychiatres n'utilisaient le mot *traumatisme* que dans le cas où les expériences vécues sortaient du « champ de l'ordinaire ». De nos jours, ce mot s'est pourtant largement répandu et les profanes l'utilisent pour décrire toutes sortes d'expériences, qu'il s'agisse d'une coupe de cheveux ratée ou de la vision de quelques mots tracés à la craie en soutien à un candidat à l'élection présidentielle (comme c'est arrivé à Emory quand « Trump 2016 » a été inscrit sur les trottoirs et que certains étudiants, mécontents, n'ont pas hésité à crier : « Nous souffrons ! »). Dans la base de données Google Books, l'utilisation du mot *trauma* (« traumatisme » en français) a quadruplé entre 1965 et 2005.

De nombreux iGens (et jeunes milléniaux) deviennent très émotifs quand une autre personne ne partage pas leur avis. Face à une opinion qu'ils rejettent, au lieu de considérer cette expérience comme un « traumatisme », ils auraient tout intérêt à adopter une approche plus constructive : en discuter avec la personne, tout simplement l'ignorer ou bien développer des contre-arguments logiques. C'est également valable pour les avis racistes, sexistes, homophobes et transphobes : il existe des arguments cohérents que l'on peut opposer à ces positions. Si les jeunes (et pas uniquement eux) réagissent à ce type d'opinions par les larmes et un sentiment d'insécurité, rien ne changera. Si nous décidons d'argumenter contre ces avis, nous serons toutefois capables de les réduire à néant. À mesure que l'Histoire avance, le combat contre la discrimination progresse également ; cette bataille est menée chaque jour, et le plus souvent remportée.

Les iGens en classe

Les iGens sont différents, le personnel universitaire commence à s'en rendre compte. Les milléniaux ont débarqué sur les campus avec optimisme, confiance et un profond sentiment d'arrogance. Les universités ont été confrontées à des étudiants qui s'attendaient à recevoir la note maximale pour leur simple présence, qui remettaient farouchement en cause leurs résultats et pensaient mériter un traitement de faveur. L'histoire des iGens est différente : ayant grandi dans l'ombre de la crise économique de 2008, les iGens ont moins d'attentes, affichent moins de narcissisme et abandonnent ce sentiment que tout leur est dû. Ils sont moins optimistes et moins confiants que les milléniaux, sont davantage disposés à travailler dur et moins enclins à questionner effrontément la validité de leurs résultats. D'un autre côté, les iGens hésitent davantage à s'exprimer en classe et à poser des questions – ils ont peur de tenir des propos inappropriés et n'ont pas confiance en leurs opinions. (McGraw-Hill Education a interrogé plus de 600 facultés universitaires en 2017 et 70 % ont rapporté que les étudiants étaient moins disposés à poser des questions et à participer en classe qu'ils ne l'étaient il y a cinq ans.) Pour les inciter à participer plus activement en classe, il faut davantage les encourager et les mettre en confiance.

En tant que première génération entièrement post-Internet, les iGens sont habitués à dénicher les informations par eux-mêmes. Mais ce n'est pas pour autant qu'ils n'écoutent pas en classe, car ils sont particulièrement soucieux d'obtenir de bons résultats. J'ai demandé à mes étudiants s'ils préféraient ne pas assister aux cours et la plupart m'ont répondu qu'ils n'étaient pas contre les séminaires, du moment que ceux-ci servaient à transmettre des informations utiles pour réussir les examens. Ils aiment les débats mais ne veulent pas que ceux-ci empiètent trop sur le temps consacré à apprendre le contenu sur lequel ils seront interrogés. Cela dit, il est important que le cours demeure intéressant. Les vidéos en ligne que visionnent les iGens durent rarement plus de trois minutes et ils passent d'une application à l'autre sur leur téléphone en quelques secondes. Pour réussir à les toucher en classe, il faut souvent tenir compte de cette capacité d'attention limitée et alterner entre présentation, débats, vidéos et démonstrations. Les iGens acceptent mieux l'autorité que les milléniaux mais sont tout aussi susceptibles de s'endormir s'ils ne participent pas ou s'ils ne peuvent pas regarder au moins quelques brèves vidéos.

Les iGens entrent également à l'université sans avoir beaucoup lu, qu'il s'agisse de livres ou même de longs articles de presse. Pour pallier ce peu d'expérience en lecture, les maisons d'édition se tournent vers des ouvrages électroniques contenant des vidéos, des graphiques interactifs et des quizz — autant de moyens susceptibles de toucher les iGens. Je pense que les manuels devraient également cesser d'aborder autant de sujets dans le détail. Mon amie Kate Catanese, professeure de psychologie à l'université publique de Cuyahoga, a remarqué la réticence de cette génération par rapport à la lecture. « Des étudiants se sont plaints que je leur demandais de lire trop, qu'un article de presse de huit pages est trop long et ne parvient pas à retenir leur attention », m'a-t-elle dit. Je ne sous-entends pas que les universités doivent céder à ces plaintes ; les étudiants devront tôt ou tard apprendre à lire de longs textes. Cependant, nous devons aussi aller dans leur sens et couvrir un petit peu moins de matière me semble souvent le meilleur compromis. Kate a adopté cette approche dans ses cours. « Je me concentre plus sur la profondeur des informations que sur leur quantité et je pense que les étudiants s'en sortent mieux ainsi. Il faut aborder les points intéressants et laisser le reste de côté », dit-elle. Je pense que les manuels devraient adopter une approche similaire, couvrant les sujets les plus importants avec suffisamment de détails pour que les étudiants puissent comprendre les différents aspects du problème, tout en omettant tous ces sujets et détails pointilleux qui finissent par les ennuyer. Il est également essentiel que les livres soient fréquemment mis à jour, au moins tous les trois ans. En effet, les lycées ne mettant leurs manuels à jour qu'une fois tous les dix ans (quand ils le font), les iGens finissent par croire que les livres ne sont pas fiables et complètement dépassés. Dans de nombreuses spécialités, dix ans suffisent pour que tout un domaine d'étude ait changé. Une fois de plus, cela incite les iGens à se renseigner en ligne et ils n'apprennent toujours pas à lire de longs textes. Les manuels électroniques, qui peuvent être mis à jour plus fréquemment, offrent une solution à ce problème.

Étant donné qu'Internet est devenu une source non négligeable d'apprentissage pour les iGens, il est fondamental de leur apprendre à adopter une vision critique vis-à-vis de son contenu. Comme l'a montré l'impact des « fake news » pendant la campagne présidentielle américaine de 2016, de nombreuses personnes ne savant pas distinguer le vrai du faux parmi les informations en ligne. Il faut enseigner aux iGens à vérifier les sources et à évaluer les preuves de ce qui est avancé. De nombreux lycées commencent à s'y essayer mais cet apprentissage à la pensée critique doit être mis en pratique à travers toute l'éducation des iGens, y compris dans des domaines spécifiques. Ainsi, les étudiants en sciences et sciences sociales pourraient apprendre les principes fondamentaux qui président à la publication d'un article dans une revue pourvue d'un comité de lecture, et en quoi elle se distingue d'une analyse dans le cadre d'un blog ou d'un sondage effectué sur quelques centaines de personnes. Les étudiants doivent comprendre l'importance des groupes de contrôle et de l'échantillonnage représentatif ; ces questions se posent dans le cas du marketing, des ressources humaines, du journalisme et de la politique, et non pas uniquement dans le domaine académique.

La génération iGen a poursuivi la tendance des milléniaux à se concentrer davantage, par rapport aux générations précédentes, sur les valeurs extrinsèques (le résultat concret) que sur les valeurs intrinsèques (le plaisir inhérent à l'activité). Les étudiants iGen craignent de ne pas trouver leur place dans ce monde compétitif et de finir du mauvais côté de la barrière, alors que les inégalités de richesse ne cessent d'augmenter. Ils sont réalistes, sérieux et anxieux, plus attentifs aux résultats des examens qu'à la joie de l'apprentissage. Ils entament des études universitaires pour obtenir un meilleur travail et gagner davantage d'argent, pas nécessairement pour s'enrichir l'esprit. C'est parfois dur à encaisser pour de nombreux professeurs des anciennes générations, y compris les milléniaux, qui aiment le sujet qu'ils enseignent et souhaitent que leurs étudiants l'apprécient aussi. Dans ma classe, j'essaye de trouver un équilibre en consacrant au moins une partie des cours à des débats – ceux-ci consistent souvent à demander aux étudiants de me rapporter leurs impressions et leurs réactions par rapport au contenu du cours. Même si je sais que nombre d'entre eux ne sont intéressés que par la note finale, j'espère qu'ils se rendent également compte de la façon dont la matière peut les aider à comprendre leur monde. De plus, la plupart des étudiants reconnaissent que ces débats les aident à mémoriser le cours – c'est un système gagnant-gagnant.

Embaucher les iGens – et les inciter à rester

Les iGens constituent déjà une majorité parmi la population de jeunes sortant à peine de l'université. Les entreprises qui commençaient tout juste à décoder les attentes professionnelles des milléniaux doivent à présent déchiffrer la génération iGen. Heureusement, les données concluantes du chapitre 7 fournissent une bonne marche à suivre pour la comprendre, contrairement aux premiers sondages uniques et aux rumeurs contradictoires concernant les milléniaux il y a quinze ans. Cette fois-ci, nous savons à quoi ressemble cette génération, grâce aux données relevées dès le début, au moment où ils poussent la première porte de leur carrière.

Les industries de service, comme les restaurants et les magasins de vente au détail, ont été les premières à embaucher des iGens. De nombreux managers se sont alors vite rendu compte que les iGens, s'ils ne savent pas rédiger un CV, sont cependant très doués pour faire des vidéos (ce qui est logique, étant donné le peu de temps qu'ils consacrent à la lecture, en comparaison avec le temps passé sur les réseaux sociaux). Certaines entreprises utilisent des applications comme JobSnap, qui demandent aux candidats iGens d'envoyer une brève vidéo de présentation au lieu de soumettre un CV. Les employeurs peuvent ensuite filtrer les candidats sur base de ces vidéos ; dans le cas de nombreux emplois de service non qualifiés, elles mettent sans doute bien mieux en avant les atouts nécessaires pour le poste (s'exprimer convenablement et avoir le sens des relations humaines). Comme les iGens peuvent poser leur candidature à partir de leur téléphone, les managers auront le choix parmi plusieurs candidats de qualité.

Dans l'ensemble, l'arrivée de la génération iGen est une bonne nouvelle pour les managers : ses membres sont plus impliqués et plus réalistes vis-à-vis de leur profession, contrairement aux milléniaux qui les précèdent. Les iGens recherchent un travail stable et de qualité et ils sont désireux de faire leurs preuves. Contrairement à la croyance populaire, ils ne veulent pas devenir des entrepreneurs – en fait, ils sont *moins* susceptibles que les générations précédentes de vouloir créer leur propre entreprise ou d'être indépendants. Le talent iGen est donc tout prêt à être cueilli par les entreprises qui leur correspondent. Les iGens sont également moins arrogants et narcissiques que les milléniaux et leurs attentes sont plus modérées. Ils s'avèrent moins susceptibles que les milléniaux à s'imaginer PDG dans les cinq ans et ils ne s'attendent pas à gagner plus en travaillant moins. Ils ne sont pas présomptueux et disposent d'une solide éthique de travail. L'inconvénient, c'est que les jeunes employés sont de plus en plus anxieux et incertains ; ils veulent bien faire leur travail mais ont peur de commettre des erreurs. Les iGens sont plus susceptibles de travailler davantage pour terminer une présentation à temps mais sont moins confiants dans le fait qu'elle se déroulera bien. Alors que les milléniaux avaient besoin d'éloges, les iGens ont besoin d'encouragements. Étant donné leur développement plus lent, ils sont nombreux à être aussi beaucoup moins indépendants. Donnez-leur des instructions précises et attendez-vous à ce qu'ils aient besoin d'être davantage dirigés. Les managers ont dû apprendre à être des pom-pom girls pour les milléniaux et ils vont bientôt se rendre compte qu'ils doivent plutôt se comporter comme des psychologues, des coachs ou des parents vis-à-vis des iGens.

Comment les attirer dans l'entreprise ? Les compensations sont l'élément clé. Face à la montée des inégalités salariales, les iGens craignent de plus en plus de ne pas gagner leur vie correctement et, encore plus que les milléniaux, sont susceptibles de dire que « la richesse matérielle » est importante. Ils croulent souvent sous une dette étudiante exorbitante. Ils sont également intéressés par la flexibilité et les congés, mais pas autant que les milléniaux il y a quelques années.

Tout comme les milléniaux, les iGens veulent savoir qu'il y a un plan de carrière tout tracé derrière le travail accompli, qu'ils peuvent emprunter rapidement et sans encombre. Au moment d'établir le calendrier des promotions, tâchez d'augmenter leur fréquence ; au lieu de proposer une grande avancée tous les deux ans, envisagez quatre avancées plus modestes tous les six mois. Pour la génération Snapchat, six mois paraissent six ans. Transmettez des feedbacks plus fréquents qu'un simple bilan annuel. En raison de leur capacité d'attention limitée et de leur impatience, les iGens réagissent mieux à des retours brefs sur des tâches spécifiques, plutôt qu'à de longues évaluations de performances sur le long terme. Donnez un commentaire court et pertinent. Même si les iGens n'ont pas l'assurance disproportionnée des milléniaux, ils sont tout de même une génération hautement individualiste qui répond à l'attention personnelle et à la personnalisation. Ils veulent avoir un impact personnel et ne pas simplement être un rouage parmi d'autres dans la machine. Certaines entreprises ont commencé à autoriser les employés à choisir leur propre intitulé de poste et à personnaliser leur plan de carrière. Ces options sont attirantes à la fois pour les milléniaux et les iGens, qui apprécient le fait d'être traités comme des individus uniques.

Utilisez le mot *sécurité* ou mentionnez votre « environnement sûr ». Les iGens ont appris à valoriser la sécurité davantage qu'aucune génération précédente et ces mots ne sont pas seulement réconfortants, mais surtout attendus. Ils veulent savoir qu'ils se sentiront en sécurité et protégés – pas seulement physiquement, mais socialement et émotionnellement. Cela ne signifie pas que vous devez les dorloter – ils doivent être confrontés aux réalités du marché – mais ils ont besoin d'être approchés plus en douceur que les milléniaux. Mettez toujours l'accent sur le fait que vous voulez les aider, que vous êtes de leur côté et que le feedback que vous leur offrez a pour but de les aider à réussir. Dites précisément : « Je veux que vous réussissiez. » Présentez la critique comme le chemin le plus rapide pour réaliser une meilleure performance.

De nombreuses entreprises qui embauchent de jeunes diplômés universitaires ont commencé à impliquer leurs parents dans le processus de recrutement et d'orientation. Je pense que cette tendance se poursuivra et se renforcera au fur et à mesure que les iGens entreront sur le marché du travail. Ils deviennent adultes à un rythme plus lent que les milléniaux et sont le produit de systèmes universitaires de plus en plus centrés sur la sécurité et la protection. Ne soyez pas étonnés si vos jeunes employés demandent l'avis de leurs parents quand ils ont besoin d'un conseil ou s'ils ont plutôt l'air d'avoir 18 ans que 22 : selon les critères des générations X et baby-boom, c'est comme s'ils avaient 18 ans.

Les iGens contribuent à changer les habitudes de communication. Nombre d'entre eux ne comprennent pas pourquoi certains continuent à utiliser les e-mails alors que les SMS sont beaucoup plus rapides. « Pendant tout un temps, quand les gens parlaient d'"e-mail" », je pensais qu'ils parlaient du "courrier" », écrit Vivek Pandit, 16 ans, dans son livre *We Are Generation Z*[101]. « Finalement, je me suis rendu compte que le "courrier", c'était le truc en papier qui met des jours avant d'arriver à destination. J'appelle ça "l'ancien courrier". » Même les SMS ont de moins en moins la cote : avec la popularité d'Instagram et de Snapchat, la majeure partie de la communication entre iGens est devenue visuelle plutôt que textuelle. Les iGens parlent en émoticônes, en images et en clips vidéo. À terme, les entreprises s'adapteront peut-être à ces manières de communiquer, mais d'ici là, de nombreux employés iGen auront besoin d'instructions pour apprendre à communiquer convenablement avec des collègues et des clients plus âgés ; en d'autres mots, dites-leur de modérer leur utilisation des émoticônes, des vidéos et des images. De nombreux baby-boomers ne

---

101. *Nous sommes la génération Z*, non traduit (N.d.T.).

connaissent pas la signification de tous les émoticônes et tous les membres de la génération X n'apprécient pas de recevoir une vidéo à la place d'un e-mail. Les iGens devront également adapter leur capacité d'attention. Lire des textes longs et écrire des rapports détaillés leur demanderont plus d'efforts qu'aux milléniaux et aux X. Durant toute leur vie, ils ont communiqué via de courts fragments d'informations et sont moins familiers des documents longs, purement textuels.

Les iGens amèneront aussi leur culture des messages d'avertissement, des espaces positifs et des microagressions dans le milieu du travail. Si vous avez un employé (peut-être plus âgé) qui ne comprend pas encore bien les questions de race, de genre, d'orientation sexuelle ou de transgenre, attendez-vous à recevoir des remarques de vos nouveaux employés iGen à propos de microagressions. Dans les années à venir, les employés commenceront peut-être à demander des espaces positifs au travail. Ils seront plus nombreux à se montrer émotifs en réunion quand ils entendront un point de vue avec lequel ils ne sont pas d'accord. Les iGens apprendront à s'adapter à la réalité du milieu du travail avec l'âge, mais le milieu du travail s'adaptera également à eux – d'une manière encore inconnue.

Qu'est-ce qui attend la génération iGen ?

Durant les trois ans pendant lesquels j'ai travaillé sur ce livre, créant des dizaines de graphiques linéaires, épluchant les journaux universitaires et recueillant les histoires et les opinions de multiples jeunes au cours d'entretiens approfondis, je me suis rendu compte d'une chose : les iGens sont effrayés, peut-être même terrifiés. Tardant à grandir, élevés dans la culture de la sécurité et inquiets face aux inégalités salariales, ils sont entrés dans l'adolescence à une époque où leur principale activité sociale consiste à regarder un petit écran rectangulaire, source d'amour comme de rejet. Les appareils qu'ils tiennent en main ont prolongé leur enfance tout en les coupant d'une réelle interaction humaine. De ce fait, ils sont à la fois la génération la plus en sécurité physiquement et la plus fragile mentalement. Ils sont davantage concentrés sur le travail et plus réalistes que les milléniaux, conscients qu'ils devront travailler dur pour percer. Ils sont extrêmement tolérants et ont apporté une nouvelle sensibilité en ce qui concerne l'égalité, à la santé mentale et les droits LGBT, abandonnant les structures traditionnelles telles que la religion. Grâce à leur nature réaliste et leur prudence inhérente, les iGens ont tout pour réussir. S'ils parviennent à se libérer de l'emprise constante de leur téléphone et à se débarrasser de la chape de peur qui les enveloppe, ils peuvent encore s'envoler. Et nous serons là pour les encourager.

Pour accéder aux annexes (en anglais) et obtenir de plus amples informations concernant les sources et méthodes de cette étude ainsi que des données complémentaires, veuillez vous rendre à l'adresse suivante : simonandschuster.com/igen-index.

Pour plus d'informations sur l'ouvrage *Génération Internet* et les autres projets de l'auteur, rendez-vous sur jeantwenge.com.

Les smartphones... peut-être

Serge Tisseron

Beaucoup de parents auront reconnu dans l'ouvrage de Jean Twenge leurs préoccupations quotidiennes. Le temps passé par leurs enfants sur leur téléphone mobile n'est-il pas excessif ? Ce temps ne serait-il pas mieux employé autrement ? Ne passent-ils pas à côté de la « vraie vie » ? Leur attitude est-elle un reflet de la crise d'adolescence ou bien les prémices d'un monde déshumanisé ? Etc. En s'appuyant sur quatre bases de données disponibles aux États-Unis sur les adolescents américains[102], Jean Twenge montre que ce que nous observons n'est qu'une petite partie de bouleversements bien plus fondamentaux. Les adolescents d'aujourd'hui ont un rapport différent à la religion, au travail et à l'argent, à la sexualité, au mariage et à la famille, et même à la politique ! Le lecteur a trouvé chez Jean Twenge un exposé complet et documenté de ces changements. Bien sûr, il s'est sans doute demandé : sont-ils plutôt positifs ou négatifs ? Et il a pu constater qu'en tant que chercheuse, Jean Twenge n'a aucune certitude quant à la réponse à apporter à cette question. La présentation qu'elle fait du changement de culture que nous sommes en train de vivre se veut la plus objective possible, compte tenu des documents à partir desquels elle a travaillé. En revanche, le lecteur a évidemment remarqué qu'elle est encline à attribuer les bouleversements les plus problématiques qu'elle constate à l'utilisation par les adolescents de leur téléphone mobile, et notamment des réseaux sociaux. Cela relève chez elle d'une intime conviction, bien qu'elle prenne quelques précautions dans la présentation de ses conclusions. C'est pourquoi ses affirmations dans ce sens s'accompagnent toujours de l'utilisation du conditionnel accompagné de « peut-être » et d'« il se pourrait que ». La présentation de son livre sur Amazon USA se fait l'écho de cette prudence. On peut en effet y lire : « Avec les médias sociaux et les textos qui viennent remplacer d'autres activités, les iGens [c'est-à-dire la génération des adolescents connectés] passent moins de temps physiquement avec leurs amis – c'est peut-être pourquoi [souligné par moi, ST] ces jeunes connaissent des niveaux sans précédent d'anxiété, de dépression et de solitude. » Peut-être, en effet. Mais il existe

---

102. Ces données ont été recueillies par diverses institutions américaines. Une première, intitulée *Monitoring the Future* (MtF), pose plus de mille questions chaque année à des lycéens de 17-18 ans depuis 1976 et interroge des jeunes de 13-14 ans et de 15-16 ans depuis 1991. Le *Youth Risk Behavior Surveillance System* (YRBSS, administré par le Centers for Disease Control and Prevention) enquête sur des lycéens depuis 1991. L'*American Freshman* (AF) *Survey*, administrée par le Higher Education Research Institute, interroge des étudiants entrant en haute école ou université pour des cursus de quatre ans depuis 1966. Enfin, la *General Social Survey* (GSS) étudie les adultes de plus de 18 ans depuis 1972.

aujourd'hui une abondante littérature internationale qui s'avère beaucoup moins pessimiste sur l'impact des smartphones que Jean Twenge et qui pointe d'autres causes possibles au malaise des adolescents occidentaux.

Mais avant de proposer ce contrepoint au lecteur, commençons par le début. Qui sont au juste les iGens dont Jean Twenge nous parle ?

À ne pas confondre avec les milléniaux

Jean Twenge estime d'abord indispensable d'établir une distinction dans un groupe jusque-là traité de façon homogène, celui des « milléniaux ». Mais qui sont les milléniaux ? Dans une enquête réalisée par l'institut Médiamétrie en 2016[103], ils sont définis comme les personnes âgées de 13 à 34 ans, qui représentent en France près d'un tiers de la population des 13 ans et plus. L'article leur attribue comme devise : « Jamais sans mon mobile ». Ils sont en effet surconsommateurs de loisirs numériques comme les jeux vidéo et la musique sur les supports digitaux. Mais, et c'est la surprise, ils n'en délaissent pas pour autant les activités sportives et culturelles. Ainsi, ils sont particulièrement friands, et parfois plus que la moyenne, de loisirs comme les visites de musées ou d'expositions et les pratiques sportives. De plus, près de la moitié des milléniaux s'intéressent à la lecture, une activité qu'on aurait pu penser éloignée de leur quotidien. Bref, pour parler comme Emmanuel Macron, c'est la génération « en même temps ».

Or, nous dit Jean Twenge, cette présentation plutôt rassurante de la nouvelle génération n'est plus de mise aujourd'hui. D'après elle, les enfants nés depuis le milieu des années 1990 sont très différents de leurs prédécesseurs, et une étude comme celle de Médiamétrie confondrait donc deux catégories de population. La première serait constituée des 23-34 ans, nés entre 1984 et 1995, qui sont les milléniaux proprement dits. Ils ont découvert les jeux vidéo avant tout le monde et ont une conception du monde caractérisée par un individualisme plus important que les générations précédentes et un moindre attachement aux règles sociales. Notons d'ailleurs que les milléniaux ont en leur temps beaucoup inquiété, sans d'ailleurs que le recul confirme que cette inquiétude était fondée, comme le montre l'enquête de Médiamétrie citée plus haut.

---

103. Institut Médiamétrie, *Media in Life*.

La seconde catégorie de population abusivement intégrée dans les milléniaux serait pour Jean Twenge ceux qui sont nés entre 1995 et 2012. À
la différence des milléniaux, eux ont eu le privilège (si on peut dire) de
posséder très vite un smartphone. Ce sont les iGens.

Que font-ils ?

Rappelons l'essentiel de ce qu'en écrit Jean Twenge. Heureusement pour
nous, elle résume elle-même son apport ici. « J'ai identifié dix tendances
importantes qui façonnent les iGens et, par extension, notre société dans
son ensemble : les adolescents sont d'abord immatures plus longtemps,
avec un prolongement de l'enfance dans l'adolescence ; ils sont aussi hyperconnectés (combien de temps passent-ils réellement en ligne ? Qu'est-ce
que cette activité remplace ?) et se parlent *in absentia* (on observe en effet
un déclin des interactions sociales physiques). Mal dans leur peau, comme
l'indique la forte hausse des problèmes de santé mentale, ils s'éloignent
de la religion, sont moins ouverts d'esprit et souffrent d'une insécurité
salariale (par conséquent, leur rapport au travail se modifie). Ils sont à
la fois indécis, adoptant de nouvelles attitudes par rapport au sexe, aux
relations amoureuses et aux enfants, et inclusifs, valorisant la tolérance,
l'égalité et la liberté d'expression. Enfin, ils font preuve d'indépendance
dans leurs opinions politiques[104]. »

---

104. Elle complète ces caractéristiques un peu plus loin : « Récapitulons : comparés à leurs
prédécesseurs, les adolescents iGens ont moins tendance à sortir sans leurs parents, à avoir des
relations amoureuses ou des rapports sexuels, à conduire, à travailler ou à boire de l'alcool.
Toutes ces activités sont caractéristiques du monde des adultes. La plupart des individus s'y
adonnent pour la première fois durant l'adolescence, période de transition entre l'enfance et
l'âge adulte. Les lycéens iGens sont étonnamment moins susceptibles de vivre ces expériences,
auparavant considérées comme des jalons presque universels de l'adolescence, ces premiers pas
euphoriques vers l'indépendance qui nous donnent pour la première fois l'impression d'être
adultes. Même les iGens qui franchissent ces étapes au lycée le font à un âge plus avancé que
les générations précédentes. Cela inclut à la fois les plaisirs de l'âge adulte, comme le sexe et
l'alcool, et ses responsabilités, comme travailler et conduire. Pour le meilleur ou pour le pire, les
adolescents iGens ne sont pas pressés de grandir. Les jeunes de 18 ans d'aujourd'hui ressemblent
à ceux qui avaient 14 ans à l'époque, et ceux de 14 ans à ceux de 10 ou 12 ans. Les adolescents
ont adopté une stratégie de vie lente, peut-être en raison de la taille réduite des familles et des
exigences liées à l'inégalité grandissante des salaires. »

Il est important de noter que ces descriptifs n'impliquent aucun jugement de valeur de sa part[105]. Le chapitre 7 révèle notamment une génération « pragmatique ». « Comparés à d'autres générations au même âge, les iGens et les milléniaux tardifs sont un peu moins intéressés par les satisfactions intrinsèques, telles qu'un travail intéressant où l'on acquiert de nouvelles compétences et où les résultats sont visibles », une situation qui pourrait s'expliquer par la pression qu'ils subissent pour obtenir leur diplôme universitaire. Du coup, alors que les milléniaux avaient besoin d'éloges, les iGens auraient plutôt besoin d'encouragements. Ayant grandi dans l'ombre de la crise économique de 2008, les iGens ont moins d'attentes, affichent moins de narcissisme et abandonnent ce sentiment que tout leur est dû. Ils sont moins pessimistes et moins confiants que les milléniaux, sont davantage disposés à travailler dur et moins enclins à questionner effrontément la validité de leurs résultats. « Ils veulent savoir qu'ils se sentiront en sécurité et protégés – pas seulement physiquement, mais socialement et émotionnellement. »

Les chapitres 8 et 9 traitent du nouveau rapport au sexe, au mariage et à la famille. Il est bien entendu question de l'influence de la pornographie, accessible aujourd'hui très tôt et sur de multiples supports, mais aussi de la grande tolérance des iGens envers la communauté LGBT, le genre et les origines ethniques. Jean Twenge écrit notamment : « Même les adolescents croyants sont nombreux à soutenir le mariage homosexuel. La bisexualité, qui consiste à avoir des relations sexuelles avec des personnes des deux sexes, est également en augmentation. La génération iGen est sans doute la première à comprendre dès le plus jeune âge ce que signifie le terme *transgenre* ».

Enfin, le chapitre 10 traite de la relation des iGens à la politique : « Les opinions des iGens s'apparentent à un éventail de propositions progressistes : légalisation du cannabis, légalisation de l'avortement et abolition de la peine de mort. » Mais surtout, ils rechercheraient en politique « l'authenticité, cette valeur centrale de l'adage "sois qui tu es". Ils veulent donc un candidat en adéquation avec son discours, qui n'adapte pas ses opinions ». Donald Trump, avec son franc-parler, et à la surprise générale, aurait donc bénéficié d'un nombre important de leurs voix...

---

105. Par exemple, le fait que moins d'adolescentes tombent enceintes est une évolution positive, tandis que d'autres, comme le fait de passer le permis de conduire plus tard et de ne pas prendre de petit boulot pendant les études, n'est ni bon ni mauvais en soi.

Mais Jean Twenge ne s'en tient pas à ces seules analyses. Comme nous l'évoquions plus haut, elle veut aussi lancer une alerte. Son objectif ? Nous mettre en garde contre le danger que les smartphones feraient courir aux iGens, à la civilisation américaine, et finalement à l'avenir de l'humanité. Dans les chapitres 2 à 4 et dans le chapitre 6, elle incrimine la responsabilité des téléphones mobiles dans trois domaines : le défaut d'autonomie des iGens, leurs tendances dépressives et leur risque suicidaire. Pour chacun d'entre eux, Jean Twenge associe les informations données par les quatre bases de données qu'elle a comparées avec l'utilisation par les adolescents de leur téléphone mobile. Il est vrai que ces deux phénomènes sont concomitants. Mais le fait que deux faits A et B apparaissent en même temps ne signifie pas forcément qu'il y ait une relation de cause à effet entre eux. Elle peut relever de quatre réalités bien différentes. Tout d'abord, une telle corrélation entre deux faits A et B peut indiquer que A serait cause de B, mais tout autant que B serait cause de A. Elle peut aussi signifier que A et B sont chacun sous la dépendance d'une troisième cause C. Enfin, cette corrélation peut être totalement fortuite et due au hasard…

Un inquiétant défaut d'autonomie

Jean Twenge écrit : « Les jeunes de 18 ans d'aujourd'hui sortent donc moins que ceux de 14 ans il y a tout juste six ans. […] Le coupable le plus probable ? Le smartphone, utilisé par la majorité des jeunes depuis 2011-2012. » Notez bien le mot « probable ». En effet, non seulement aucune étude ne prouve l'influence des smartphones dans ce domaine, mais en plus, certaines des conséquences rapportées par Jean Twenge à leur usage peuvent être attribuées à d'autres causes. Prenons par exemple le fait que les jeunes Américains passent aujourd'hui leur permis de conduire plus tard qu'il y a vingt ans. Est-ce vraiment parce qu'ils ont un smartphone qui les rendrait « moins autonomes » ? Le moins qu'on puisse dire est que d'autres facteurs participent à ce mouvement : l'amélioration des transports collectifs, les politiques locales restreignant la circulation et le stationnement (à quoi bon prendre une voiture si on ne sait pas où la garer ?), les contrôles techniques, sans compter la prise de conscience collective de l'impact environnemental de la voiture. La voiture est aujourd'hui devenue pour les jeunes un objet fonctionnel, un mode de transport parmi d'autres qui ne fait plus rêver, tandis que le smartphone permet non seulement de communiquer sans se déplacer, mais aussi de se fixer des rendez-vous dans des lieux bien desservis par les transports en commun... à moins que ce ne soit le skate ou la bicyclette.

Plus encore. Une étude réalisée par la sociologue experte en communication de masse Valerie Goby en 2003 montre que le temps passé en ligne est inversement proportionnel à la surface des espaces physiques disponibles, à la fois privés, comme les maisons et chambres, et publics, comme les lieux de rencontre dans lesquels les utilisateurs évoluent[106]. Autrement dit, moins les jeunes ont la possibilité de se retrouver dans des espaces dédiés, et moins ils ont le droit de sortir, et plus ils interagissent en utilisant les outils numériques. Or, les espaces de rencontre ne cessent de se réduire dans les villes américaines. Celles-ci juxtaposent plus que jamais des quartiers-dortoirs mal desservis, parfois entourés de zones misérables, et des îlots pavillonnaires bien protégés. Quant aux centres commerciaux utilisés largement par les adolescents pour se retrouver dans les années 2000, ils sont maintenant quadrillés par des services de sécurité musclés payés pour éviter tout rassemblement. Autrement dit, rendre responsables les smartphones d'un désintérêt pour les rencontres en « *live* » n'est pas du tout évident. Le moins qu'on puisse dire est qu'avant de l'affirmer, d'autres recherches sont nécessaires.

Un risque accru de dépression

Là encore, les preuves manquent[107]. En revanche, il est intéressant de mettre ses affirmations en parallèle avec la conclusion de la brochure publiée en décembre 2017 par l'UNICEF, intitulée *Les enfants dans un monde numérique*. Il y est écrit (page 105) : « Le Centre de recherche de l'UNICEF a passé en revue la documentation existante pour chercher à savoir comment le temps que les enfants consacrent à l'utilisation de technologies numériques a une influence sur leur bien-être. Alors que les éléments de preuve sont mitigés, des recherches récentes montrent que l'utilisation des technologies numériques par les enfants a essentiellement des effets positifs [souligné par moi, ST]. Les éléments de preuve résumés

---

106. Valerie Goby, « Physical Space and Cyberspace: how do they Interrelate? A study of Offline and Online Social Interaction Choice in Singapore », *Cyberpsychology and Behavior,* vol. 6, n° 6, 2003, p. 639-644.
107. La seule étude citée par Jean Twenge dans tout son ouvrage ne concerne pas les adolescents, mais les adultes, et un réseau social qu'ils n'utilisent plus, Facebook, alors qu'ils utilisent massivement Instagram et Snapchat.

ici portent sur le temps passé devant un écran et ses répercussions sur le bien-être mental, les relations sociales et l'activité physique. » Et un peu plus loin, plusieurs études citées confirment que l'utilisation des sites de réseaux sociaux par les adolescents augmente le sentiment d'être en lien avec les camarades[108], réduit la sensation d'isolement[109] et favorise les amitiés existantes[110]. Pour ce qui concerne les seuls pays occidentaux, il est vrai que les adolescents nés après 1995 déclarent se sentir plus souvent « seuls », « exclus » ou déprimés que ceux des générations précédentes, et les suicides parmi eux sont également plus nombreux. Peut-on pour autant mettre en relation ces résultats avec le fait qu'ils passent plus de temps sur leur mobile ? Selon une étude menée en Angleterre et citée par l'UNICEF[111], la responsabilité des médias sociaux est loin d'être prouvée. L'utilisation de ces médias peut pousser les jeunes à être plus déprimés, mais il est également possible que ceux qui sont plus déprimés se tournent vers leur téléphone mobile pour se consoler. Un grand nombre d'études menées au cours des deux dernières décennies suggèrent en effet que des problèmes d'usage des mobiles peuvent survenir comme une sorte d'automédication lorsque les enfants utilisent les technologies numériques pour échapper à

---

108. Spies Shapiro, Laura A. et Gayla Margolin, « Growing up Wired: Social networking sites and adolescent psychosocial development » (Grandir connecté : sites de réseaux sociaux et développement psychosocial de l'adolescent), *Clinical Child and Family Psychology Review*, vol. 17, n° 1, 2014, p. 1-18.

109. Eveline Teppers *et al.*, « Loneliness and Facebook Motives in Adolescents: A longitudinal inquiry into directionality of effect » (Solitude et motivations à utiliser Facebook chez l'adolescent : enquête longitudinale sur la directivité de l'effet), *Journal of Adolescence*, vol. 37, n° 5, juillet 2014, p. 691-699.

110. Daniel Kardefelt-Winther, « How Does the Time Children Spend Using Digital Technology Impact their Mental Well-Being, Social Relationships and Physical Activity? An evidence-focused literature review » (Comment le temps passé par les enfants à utiliser des technologies numériques influence-t-il leur bien-être mental, leurs relations sociales et leur activité physique ? Revue documentaire centrée sur les éléments de preuve), Document d'information préparé pour *La situation des enfants dans le monde 2017 : Les enfants dans un monde numérique*, Fonds des Nations unies pour l'enfance, New York, 2017.

111. « En dépit des inquiétudes, notamment chez les parents et les éducateurs, sur les effets d'une exposition prolongée aux écrans, une récente étude transversale à grande échelle portant sur plus de 120 000 jeunes de 15 ans au Royaume-Uni a révélé que le temps passé par les enfants à utiliser des technologies numériques n'avait que des effets limités. Cette étude, conduite selon des facteurs liés au sexe, au groupe ethnique et à la situation économique, concernait la télévision et le cinéma, les jeux vidéo, les ordinateurs et les smartphones. Les répercussions de chaque activité sont quelque peu différentes, mais les auteurs ont conclu qu'aucune d'entre elles n'était généralement associée à un bien-être mental inférieur, tandis qu'une utilisation modérée (entre deux et cinq heures par jour environ, en fonction de l'activité) semblait avoir une légère influence positive sur le bien-être mental. L'"effet de Boucle d'or", ni trop ni trop peu, mais juste ce qu'il faut, semblait convenir aux enfants » (page 116).

des situations réelles difficiles. Par exemple, si un enfant se sent triste ou stressé, il est susceptible de se connecter pour échapper à cette tristesse ou à ce stress, grâce à une application qui offre immersion ou distraction, comme un jeu vidéo en ligne ou un site de réseau social. Les conséquences peuvent être à la fois positives (l'enfant se sent temporairement mieux) et négatives (la véritable cause n'est pas forcément traitée). À long terme, le comportement d'adaptation peut devenir habituel, sauf si le problème sous-jacent est résolu. Les scientifiques s'entendent plutôt sur le fait qu'il faut s'attaquer aux problèmes sous-jacents susceptibles d'engendrer une implication nuisible dans le numérique afin de parvenir à surmonter ce comportement problématique. À l'inverse, une réduction contrainte du temps d'écran ne constituerait qu'une intervention superficielle qui a peu de chances d'atteindre son objectif[112].

C'est aussi ce que semblent indiquer les travaux de Linda Pagani[113]. Cet auteur a montré que les enfants qui avaient entre 2 et 3 ans en 1997 – c'est-à-dire exactement la tranche d'âge concernée par les travaux de Jean Twenge – et qui avaient grandi collés à la télévision présentaient à l'âge de 13 ans une plus grande tendance à l'isolement et une insécurité plus grande. Leur souffrance les inciterait à fuir devant les écrans à chaque instant. Le rapport de l'UNICEF conseille de se concentrer plutôt sur les facteurs connus comme ayant des effets plus marqués que le temps passé devant un écran, tels que le fonctionnement familial, les dynamiques sociales et la situation socio-économique. De même, dans sa conclusion, Jean Twenge écrit : « Quelques études ont déjà montré que les adolescents qui communiquent en face-à-face, sans appareils électroniques, ont de meilleures compétences sociales, notamment pour ce qui est de déchiffrer les émotions sur le visage des autres. » Mais cela ne signifie pas que communiquer en face à face donnerait de « meilleures compétences sociales ». L'inverse est également possible, comme le montrent les travaux de Linda Pagani : les enfants ayant de meilleures compétences sociales du

---

112. Mark D. Griffiths *et al.*, « Working towards an International Consensus on Criteria for Assessing Internet Gaming Disorder: A critical commentary on Petry *et al.* » (Trouver un consensus international sur les critères d'évaluation des troubles liés aux jeux en ligne : commentaire critique de Petry *et al.*), *Addiction*, vol. 111, n° 1, janvier 2016, p. 167-175.

113. L. S. Pagani, F. Lévesque-Seck et C. Fitzpatrick, « Prospective associations between televiewing at toddlerhood and later self-reported social impairment at middle school in a Canadian longitudinal cohort born in 1997/1998 », *in Psychological Medicine*, Cambridge University Press, 2016, p. 1.

fait d'un accès plus tardif aux outils numériques déchiffreraient mieux les émotions sur les visages et seraient donc moins enclins à avoir recours aux communications sans contact direct. Jean Twenge dit aux adolescents : « Tu es malheureux et tu utilises beaucoup ton mobile ? Sois lucide : tu es malheureux parce que tu utilises trop ton mobile. » Linda Pagani invite à penser les choses autrement. « Tes parents t'ont laissé des heures devant la télé pour faire autre chose ? Tu t'es réfugié dans les écrans pour fuir l'angoisse de te sentir abandonné, et maintenant, à chaque fois que tu te sens seul, c'est vers l'écran que tu te tournes. »

Risques suicidaires

S'agissant des suicides, sur lesquels Jean Twenge se veut particulièrement alarmiste, une étude récente des sociologues français Christian Baudelot et Roger Establet apporte là aussi un autre point de vue. Dans la dernière édition actualisée de leur ouvrage *Suicide. L'envers de notre monde*[114], ils constatent d'abord que le taux de suicide est passé en trente ans de son niveau maximum au plus faible connu depuis le début du XXe siècle et que ce mouvement à la baisse n'est pas le fait d'une catégorie particulière de la population. Il affecte, à des degrés divers, l'ensemble des composantes de la population : les hommes et les femmes, les agriculteurs, les employés, les ouvriers et les cadres, et aussi bien, écrivent-ils, les jeunes que les vieux. Après avoir envisagé le rôle des antidépresseurs et de la meilleure perception des maladies mentales, ils évoquent le rôle important à leurs yeux des nouvelles formes de communication par Internet, téléphone mobile, e-mail et SMS et notamment le rôle joué par l'ensemble des réseaux sociaux. Pour eux, ces outils offrent une nouvelle façon d'être en rapport avec les autres, un nouvel environnement, une nouvelle ouverture au monde. Bien qu'il reconnaisse ne pas pouvoir encore affirmer un lien de causalité entre l'intensification de l'usage des réseaux sociaux et la baisse spectaculaire des taux de suicide et n'être qu'au stade des corrélations, Christian Baudelot se dit convaincu de l'impact positif de ces nouvelles formes de sociabilité et de l'élargissement des possibilités de communication[115]. Bien sûr, l'étude de Christian Baudelot et Roger Establet ne

---

114. C. Baudelot et R. Establet, *Suicide. L'envers de notre monde*, Paris, Seuil, 2006.
115. https://jeanyvesnau.com/2018/03/26/suicide-et-addiction-aux-reseaux-sociaux-les-nostalgiques-sont-pries-de-changer-de-disque.

cible pas spécifiquement les jeunes, et leurs résultats globaux peuvent très bien cacher une augmentation du nombre de suicides chez les adolescents. La comparaison entre les deux inciterait toutefois à penser que ce ne sont pas les réseaux sociaux qui sont cause de l'augmentation des suicides chez les adolescents, mais l'utilisation problématique qu'ils en ont. En effet, si l'utilisation des réseaux sociaux s'avère positive pour toutes les catégories de population sauf pour les jeunes, c'est que le problème réside soit dans l'usage particulier qu'ils en font, soit dans des inquiétudes qui leur seraient propres, comme la cherté des logements et la raréfaction du marché du travail. Nous rejoignons ici l'idée évoquée plus haut de causalités multiples : pourquoi les jeunes auraient-ils une utilisation aussi problématique des réseaux sociaux si ce n'est parce qu'ils se sentiraient particulièrement seuls et abandonnés et qu'ils tenteraient de compenser ce sentiment de solitude par une recherche frénétique de « *likes* », qui alimenterait à son tour leur solitude dans un cercle vicieux dramatique ?

Les parents et leur smartphone, une autre piste de prévention

Jean Twenge écrit : « La dépression causant l'utilisation des médias sociaux ne peut pas non plus expliquer pourquoi la dépression augmente aussi soudainement après 2011-2012. Si l'augmentation de la dépression survenait en premier, un autre facteur inconnu devrait entraîner une forte augmentation de la dépression, ce qui entraînerait une utilisation accrue des smartphones et des médias sociaux. Il semble beaucoup plus probable que l'utilisation des smartphones et des médias sociaux a augmenté, et l'augmentation des symptômes de la dépression a suivi. » Une autre hypothèse est tout aussi possible : l'influence de l'utilisation des téléphones mobiles par les parents, qui ont envahi les foyers avant que les enfants s'en emparent !

Les enfants d'aujourd'hui ont en effet grandi au contact de parents collés à leur smartphone bien avant d'avoir le leur. Bien sûr, les mouvements colorés ont le pouvoir d'attirer le regard humain. C'est justement une capacité dont la nature a pourvu le petit d'homme pour qu'il tourne son regard vers ce qui est naturellement le plus coloré, le plus brillant et le plus mobile dans un visage humain, à savoir les yeux. Mais si l'enfant ne trouve pas ce regard recherché, s'il ne trouve pas des échanges à la mesure de ses attentes, le risque est grand qu'il se scotche aux écrans comme un refuge contre une forme d'abandon parental en grande partie inconscient. Deux autres facteurs bien connus des pédopsychiatres jouent également un rôle important dans cette captation par l'écran. Le premier est l'imitation motrice. Car ne l'oublions pas : les enfants sont d'abord, dans les premières années de la vie, de formidables imitateurs. Et même s'ils n'ont pas encore à cet âge de téléphone mobile, ils en reproduisent déjà les comportements, y compris dans leurs aspects les plus excessifs. J'ai raconté ailleurs l'histoire de ces très jeunes enfants qui grandissent une main collée à leur oreille parce qu'ils observent sans cesse leurs parents dans cette attitude[116]. Comment les enfants, qui sont dès la naissance de formidables imitateurs, pourraient-ils ne pas s'engager très vite à imiter l'intérêt de leurs parents pour les écrans ?

Le second facteur est l'attention conjointe qui pousse l'enfant, dès 9 mois, à tourner son regard, et son désir, vers ce qui semble accaparer tout l'intérêt de son parent : il regarde naturellement ce que regarde l'adulte. Comment pourrait-il ne pas se tourner vers un écran quand son parent de référence tourne sans cesse son propre regard vers celui de son smartphone ou de la télévision ? Nous avons tous croisé ces parents qui, dans le métro, n'ont d'yeux que pour leur téléphone, ignorant leur enfant qui, devant eux, dans sa poussette, cherche à attirer leur attention. Cela se termine hélas parfois, en désespoir de cause, par les cris de l'enfant. Auquel l'adulte confie parfois son propre smartphone, parce qu'il n'arrive pas à imaginer une autre réponse possible.

Les statistiques le confirment. Un sondage réalisé en France en 2017[117] révèle que 50 % des parents reconnaissent se laisser distraire par leur portable durant leurs échanges avec leurs enfants. Selon un autre sondage[118], 36 % des parents consultent leur téléphone pendant les repas avec leurs enfants, et même 28 % pendant qu'ils jouent avec eux. Il est probable que beaucoup de parents passent aujourd'hui plus de temps à regarder leur mobile que leur enfant. Les excès parentaux n'échappent d'ailleurs pas aux enfants, qui pour près de la moitié disent en souffrir. En 2013, une étude

---

116. S. Tisseron, *Virtuel, mon amour : penser, aimer, souffrir à l'ère des technologies numériques*, Paris, Albin Michel, 2008.

117. *Tech Observatory*, Observatoire des pratiques mobiles, CSA Research, sondage réalisé entre le 20 et le 30 juillet 2017 sur un échantillon de 201 Français âgés de 12 à 14 ans. Édition 2017 : focus sur les 12-14 ans.

118. Sondage réalisé par AVG Technologies auprès de 6 117 parents et enfants.

révélait que 45 % des enfants de 8-13 ans trouvaient que leurs parents consultaient trop leur téléphone, et que 27 % rêvaient même de le leur confisquer[119]. En France, en 2017, ils sont 26 % de la tranche d'âge des 12 à 14 ans à trouver que leurs parents utilisent trop leur téléphone[120]. Que diraient-ils, à l'âge de 1 ou 2 ans, s'ils savaient parler ?

Alors, qu'est-ce qui est premier ? « Est-ce que l'enfant tourne le regard vers un écran parce que quelqu'un en a allumé un, ou bien est-ce que l'enfant se tourne vers l'écran parce que le parent se détourne de lui pour regarder son propre écran ? » Faites l'expérience, interagissez avec un très jeune enfant qui ne vit pas dans un milieu où la télévision est allumée sans arrêt et allumez un écran près de lui. Il est probable que si vous le regardez, si vous lui parlez, c'est votre visage qu'il regardera plutôt que l'écran. Mais s'il a grandi dans un milieu où la télévision est allumée sans cesse et où il s'est habitué à ne trouver que trop rarement un visage humain avec lequel interagir, alors il est probable qu'il aura perdu confiance dans cette forme de communication humaine essentielle et qu'il préférera retrouver l'écran par lequel il a d'abord compensé l'absence d'un visage humain.

C'est pourquoi, à l'association « *3-6-9-12* »[121], il nous semble que les conseils doivent concerner autant les pratiques numériques des parents que celles de leurs enfants. Des campagnes doivent leur rappeler qu'ils sont un modèle pour leur progéniture et que celle-ci ne fait souvent que les imiter. En Allemagne, une campagne d'affiches pose d'ailleurs cette question : « Combien de fois avez-vous regardé votre enfant aujourd'hui ? ».

Les pouvoirs publics ont également les moyens de réduire les causes du *spleen* adolescent. Citons-en quelques-uns : développer des espaces de jeux en plein air pour toutes les tranches d'âge afin de leur offrir des alternatives ; mettre un frein aux publicités mensongères par lesquelles les fabricants de produits numériques encouragent l'achat par les familles de produits pour les enfants de moins de 3 ans ; développer dans le cadre scolaire des interventions qui expliquent aux jeunes à la fois les modèles économiques des grandes entreprises du Net et la place qu'elles donnent à ce qu'il est convenu d'appeler « l'économie de l'attention » dans leur stratégie destinée à accroître leurs bénéfices : favoriser toujours plus

---

119. *Ibid*.
120. *Tech Observatory, op. cit.*
121. www.3-6-9-12.org.

d'échanges entre les usagers, quitte à transformer l'utilisation des réseaux sociaux en une pratique compulsive qui ne laisse plus de liberté intérieure à l'utilisateur, avec l'objectif d'engranger toujours plus de données à partir des simples « *likes* » envoyés par chacun.

En conclusion

L'ouvrage de Jean Twenge nous invite à réfléchir à l'ampleur des bouleversements en cours, et il est pour cela salutaire. Bien entendu, ce qu'elle écrit se base sur des études concernant les jeunes Américains, et tout n'y est pas forcément transposable aux Européens. Mais en montrant que les changements d'état d'esprit des adolescents concernent autant leur vie sexuelle et religieuse que leurs représentations de l'économie et de la politique, elle nous invite à lancer notre réflexion bien au-delà de ce que nous observons chaque jour. En revanche, ceux qui voudraient trouver dans son travail matière à incriminer les conséquences catastrophiques des technologies numériques ne trouveront rien qui puisse les conforter dans ce sens : Jean Twenge reconnaît elle-même à chaque fois qu'elle évoque cette possibilité que rien n'est démontré[122]. Pour les adolescents américains tout au moins, puisque pour les adolescents du monde – mais ce n'est pas le sujet de son ouvrage –, c'est plutôt le contraire, comme nous l'avons vu, si l'on en croit le rapport de l'UNICEF : l'effet des smartphones sur les populations adolescentes est largement positif !

Quoi qu'il en soit, plus de recherches sont nécessaires. D'autant plus que l'interprétation des données disponibles pour comprendre l'impact des technologies numériques sur les jeunes constitue un redoutable défi pour les chercheurs. Ils s'y confrontent à trois difficultés. La première concerne l'estimation des effets à long terme de l'utilisation de ces technologies. C'est d'autant plus important que l'adolescence est une période très particulière de la vie et que ce qui s'y passe n'anticipe pas forcément le devenir adulte. La seconde difficulté consiste à ne pas confondre corrélation et causalité. Comme nous l'avons vu, le fait que deux phénomènes soient concomitants ne signifie pas forcément que l'un explique l'autre : beaucoup d'autres causes peuvent jouer un rôle important, et il est parfois difficile de les avoir toutes présentes à l'esprit. Enfin, la troisième difficulté est de tenir

---

122. Exception faite de sa conclusion, dans laquelle elle ne peut visiblement pas s'empêcher d'affirmer comme un fait ce qu'elle présente tout au long de son ouvrage comme une hypothèse.

compte des différences individuelles majeures qui existent entre les enfants en fonction de leur âge, de leur sexe, de leur personnalité, de leur vie, de leur environnement social et culturel, et de leurs activités sur le Net. Les études centrées uniquement sur le temps consacré aux outils numériques (utilisation occasionnelle, excessive ou problématique), et qui ne prennent pas en compte les contenus consultés et les activités entreprises pendant cette durée, n'ont qu'une valeur limitée.

Cessons en tout cas de renvoyer à nos adolescents l'image d'une génération perdue qui ne doit son salut qu'au fait d'accepter d'être aidée par ses parents. Le monde que les adultes leur laissent aujourd'hui est-il donc si enviable que les jeunes puissent désirer être accompagnés par ceux qui l'ont fabriqué, surtout s'ils les voient collés à leur smartphone depuis leur naissance ? Ne prétendons pas trop vite leur faire la leçon, et commençons plutôt par nous rendre vigilants à notre propre usage des écrans. Utilisons nos outils numériques de manière ciblée et non par ennui, et séparons le temps des repas et le temps des écrans, autrement dit apprenons à ne pas manger devant eux et à nous en servir sans manger en même temps. Enfin, parlons avec nos enfants de ce qu'ils font, avec ou sans écran, et privilégions pour nous-mêmes les expériences faisant appel à tous les sens, en y associant nos enfants aussi souvent que possible. Ils ne s'en porteront que mieux, et nous aussi !

Remerciements

Je remercie tout d'abord Jill Kneerim et Lucy Cleland, mes agents et premières lectrices, pour leurs conseils avisés et précieux. Je n'aurais pas pu mener ce projet à bien sans vous.

Merci à toute la merveilleuse équipe d'Atria Books, avec une mention spéciale pour Peter Borland, Milena Brown, Sean Delone, Tory Lowy, Leslie Meredith et Daniella Wexler. Je me sens si bien dans cette maison d'édition, qui est à mes côtés depuis mon premier ouvrage.

Des remerciements particuliers aux adolescents et jeunes adultes qui ont généreusement donné de leur temps pour répondre à mes questions sur leur génération et pour me parler de leurs expériences. Je vous suis reconnaissante de votre honnêteté et de votre sagacité ; vous avez donné vie à la génération iGen. J'aimerais également remercier les amis, familles et professeurs qui m'ont présentée aux adolescents que j'ai interrogés ; bien qu'elle doive rester anonyme, votre aide m'a été inestimable. Merci également à tous les participants aux enquêtes en ligne ainsi qu'aux étudiants de l'Université d'État de San Diego qui m'en ont dit plus au sujet des pensées et opinions des iGens. Je vous souhaite beaucoup de succès dans votre découverte du monde.

J'aimerais aussi remercier les personnes dévouées et infatigables qui coordonnent ces vastes enquêtes à long terme sur lesquelles je me suis appuyée pour mener cette analyse (*Monitoring the Future*, *American Freshman Survey*, *General Social Survey* et *Youth Risk Behavior Surveillance System*). Curieusement, malgré la petitesse du monde académique, je n'ai encore rencontré aucun d'entre vous en personne ; mais je vous dois sans aucun doute un verre. Au nom de beaucoup d'entre nous, je vous remercie pour le travail que vous effectuez. Les données que vous recueillez sont un trésor national. Sans elles, nous tâtonnerions encore dans le noir en nous contentant d'émettre de simples suppositions sur les différences générationnelles. Grâce à elles, nous sommes maintenant capables de voir clairement comment les différentes générations ont évolué. Je vous souhaite d'être financés pour très longtemps encore.

Merci à mon cher ami W. Keith Campbell, mon complice dans la rédaction de nombreux articles et deux autres livres, pour m'aider à rester saine d'esprit. Angela Beiler-May, Stacy Campbell, Nathan Carter, Malissa Clark, Kristin Donnelly, Julie Exline, Joshua Foster, Patricia Greenfield, Joshua Grubbs, Garrett Hisler, Nathan Honeycutt, Thomas Joiner, Sara Konrath, Zlatan Krizan, Sonja Lyubomirsky, Gabrielle Martin, Heejung Park, Radmila Prislin, Megan Rogers, Ramya Sastry, Samia Shaikh, Ryne Sherman, Brian Spitzberg, Yalda Uhls, Hannah VanLandingham et Brooke Wells qui ont collaboré de façon remarquable sur les articles élaborés à partir de ces données, comblant les lacunes de mon expertise. Pour ne rien gâcher, vous êtes aussi des personnes super et intelligentes. J'ai beaucoup de chance de vous connaître. Je souhaite que vos universités vous traitent bien et vous accordent des augmentations.

Merci à mes amis et à ma famille qui ont été assez gentils et patients pour m'écouter quand je parlais de ce livre : Ken Bloom, Kate Catanese, Kim et Brian Chapeau, Lawrence Charap, Jenny Crowhurst, Jody Davis, Eli Finkel, Jeff Green, Nick Grossman, Curtis Hall, Chris Harris, Brandelyn Jarrett, Malhar Kale, Sarah et Dan Kilibarda, Marta Kolthoff, Ron Louden, Erin Mitchell, Bill et Joan Moening, Bud et Pat Moening, Darci et Brad Olsen, Shruti Patkar, Trinty Perry, Steven Siu, Marilyn Swenson, Drew Sword, Amy et Paul Tobia, Anna et Dusty Wetzel, Jud Wilson, May Yeh, Ashley et Mike Zahalan, Alice Zellmer ainsi que Jennifer et Matt Zwolinski. Des remerciements tout particuliers à mes parents, Steve and JoAnn Twenge, pour avoir fait du babysitting les jours de congé scolaire où je devais vraiment écrire, mais aussi pendant les vacances, quand j'avais vraiment besoin de ne pas écrire.

Merci à mon mari, Craig, pour toutes les fois où j'ai parlé de graphiques au dîner et où j'ai renoncé à des moments en famille pour travailler sur ce livre.

Et enfin, merci à mes trois filles iGen, Kate, Elizabeth et Julia. Vous êtes la lumière et le sens de ma vie. J'ai seulement une question à vous poser : si je donne un nom à votre génération, est-ce que vous m'écouterez quand je vous demande de vous brosser les cheveux ? Merci, les filles. Je vous aime.

Jean M. Twenge

Bibliographie et références

La grande majorité des données exploitées pour *Génération internet* proviennent de quatre enquêtes nationales : *Monitoring the Future*[123], *Youth Risk Behavior Surveillance System*[124] (administré par le *Centers for Disease Control and Prevention*[125]), *American Freshman (AF) Survey*[126] et *General Social Survey*[127]. Celles-ci sont mentionnées dans les légendes des graphiques. Tous ces ensembles de données sont disponibles gratuitement en ligne (*American Freshman Survey* sous la forme de données agrégées reportées dans des PDFs, MtF et GSS en tant que fichiers de données et YRBSS à la fois sous forme d'un fichier de données et d'un outil en ligne qui fournit des pourcentages par année).

Les notes incluent les références de mes propres publications qui se consacrent à ces analyses. Certaines n'étaient pas encore publiées au moment de la mise sous presse de *Génération Internet* – pour certaines revues, le processus d'évaluation par les pairs peut prendre des années. Cependant, certains articles auront peut-être été publiés lorsque vous lirez ceci (vous les trouverez grâce à une recherche par titre ou avec mon nom, soit sur Google, soit dans une base de données comme PsycInfo). Les notes contiennent également les références d'autres articles de revues et de sources médiatiques. Pour ces dernières, je mentionne l'auteur, le titre, la revue et la date, mais pas le lien URL, qui est susceptible de changer.

---

123. Surveiller le futur (N.d.T.).
124. Réseau de surveillance des comportements à risque chez les jeunes (N.d.T.).
125. Centre de contrôle et de prévention des maladies (N.d.T.).
126. Enquête sur les étudiants universitaires de première année aux États-Unis (N.d.T.).
127. Enquête sociale générale (N.d.T.).

ADLER, J. H. (2015). Suzanne Venker is unwelcome at Williams College. *Washington Post*, 22 octobre 2015.

AIKEN ELEMENTARY SCHOOL. Safe School Climate Plan—Anti-Bullying. Aiken Elementary School website, School Info page.

AILTS, M. (2016). The haunting reality of ghosting. *Columbia Spectator,* 7 avril 2016.

ALPER, B. A. (2015). Millennials are less religious than older Americans, but just as spiritual. *Pew Research Center*, 23 novembre 2015.

ALPERT, E. (2013). Kids like being kids, study finds, perhaps thanks to parenting. *Los Angeles Times*, 21 juillet 2013.

ALTER, A. (2017). *Irresistible: The Rise of Addictive Technology and the Business of Keeping Us Hooked*. New York : Penguin Press.

ALTER, C. (2016). Women support Hillary Clinton by large margins. But they're no monolith. *Time*, 21 juillet 2016.

ALTMAN, N. G., IZCI-BALSERAK, B., SCHOPFER, E., *et al.* (2012). Sleep duration versus sleep insufficiency as predictors of cardiometabolic health outcomes. *Sleep Medicine* 13, 1261–1270.

ANDREWS, T. M. (2017). A teen asked his grandmother to her first prom. Too old, said the school. *Washington Post*, 4 avril 2017.

ASGHAR, R. (2014). Study: Millennials are the true entrepreneur generation. *Forbes*, 11 novembre 2014.

ASSOCIATED PRESS (2014). Brandeis withdraws honorary degree for Islam critic Ayaan Hirsi Ali. *Associated Press*, 9 avril 2014.

AUTOTRADER, Kelley Blue Book study. *Autotrader* press release, 16 mars 2016.

BAHRAMPOUR, T. (2016). "There isn't really anything magical about it": Why more Millennials are avoiding sex. *Washington Post,* 2 août 2016.

BALLARD, J., FRITZ, W. et SISNEROS, J. (2016). Hundreds of students protest President Hirshman regarding BDS posters. *Daily Aztec*, 27 avril 2016.

BARROWS, K. (2015). Colorado College suspends student for two years for six-word joke on Yik Yak. *FIRE: Foundation for Individual Rights in Education*, 7 décembre 2015.

BATCHELOR WARNKE, M. (2016). Millennials are having less sex than any generation in 60 years: Here's why it matters. *Los Angeles Times*, 3 août 2016.

BAUMEISTER, R. F., TWENGE, J. M., & NUSS, C. K. (2002). Effects of social exclusion on cognitive processes: Anticipated aloneness reduces intelligent thought. *Journal of Personality and Social Psychology* 83, 817–827.

BEAN, D. (2014). Girl's Galaxy S4 smartphone burns under her pillow as she sleeps. *Yahoo! Tech*, 28 juillet 2014.

BEATON, C. (2016). Science sets us straight on Yelp CEO letter scandal: The truth about the Millennial work ethic. *Forbes*, 24 février 2016.

BELTZ SNYDER, J. (2016). Millennials don't want cars, but Generation Z does. *Autoblog,* 16 mars 2016.

BENDAVID, N. (2015). Europe's empty churches go on sale. *Wall Street Journal*, 2 janvier 2015.

BERGER, P. L. (2011). *The sacred canopy: Elements of a sociological theory of religion*. New York : Open Road Media.

BERGER, P. L., DAVIE, G., & FOKAS, E. (2008). *Religious America, secular Europe ? A theme and variation*. Burlington, VT : Ashgate.

BERMAN, J. (2015). Class of 2015 has the most student debt in U.S. history. *MarketWatch*, 9 mai 2015.

BEUGER, E. (2016). Bernie Sanders shows compassion and authenticity. *Massachusetts Daily Collegian*, 19 avril 2016.

BIDWELL, A. (2015). Racist fraternity chant learned during leadership cruise. *U.S. News & World Report*, 27 mars 2015.

BIRKNER, C. (2016). Brands are reaching out to Millennials who want a break from "adulting": Coloring books, summer camps, and nice, hot meals. *Adweek*, 10 avril 2016.

BOUIE, J. (2014). Why do millennials not understand racism? *Slate.com*, 16 mai 2014.

BROWNSTEIN, R. (2016). The great Democratic age gap. *The Atlantic*, 2 février 2016.

BUDNYK, S. (2016). Emory students express discontent with administrative response to Trump chalkings. *Emory Wheel*, 22 mars 2016.

CAMPBELL, B., & MANNING, J. (2014). Microaggression and moral cultures. *Comparative Sociology* 13, 692–726.

CAMPBELL, S. M., CAMPBELL, W. K., & TWENGE, J. M. (2017). Bright and fuzzy lines: Making sense of the differences between generations. *Work, Aging, and Retirement.* 1er avril 2017.

CAMPBELL, W. K., TWENGE, J. M., & CARTER, N. (2017). Support for marijuana (cannabis) legalization: Untangling age, period, and cohort effects. *Collabra : Psychology*, 3, 2.

Career Advisory Board, Harris Interactive, (2011). The future of millennials' careers. 28 janvier 2011.

CARTER, B., REES, P., HALE, L., BHATTACHARJEE, D., & PARADKAR, M. S. (2016). Association between portable screen-based media device access or use and sleep outcomes: A systematic review and meta-analysis. *JAMA Pediatrics* 170, 1202–1208.

Center for Information & Research on Civic Learning and Engagement (2016). The 2016 youth vote: Youth vote choice by race & ethnicity. *CIRCLE: The Center for Information & Research on Civic Learning and Engagement.* Retrieved from http://civicyouth.org/quick-facts/youth-voting.

CHRONICLE OF HIGHER EDUCATION (2007). How the new generation of well-wired multitaskers is changing campus culture. *Chronicle of Higher Education*, 5 janvier 2007.

CILLIZZA, C. (2014). Republicans' young-people problem. *Washington Post*, 9 mars 2014.

COHEN, C. J., LUTTIG, M. D., & ROGOWSKI, J. C. (2016). Understanding the Millennial vote in 2016: Findings from GenForward. A survey of the Black Youth Project with the AP-NORC Center for Public Affairs Research. PDF disponible sur le site web GenForward.

COLLEGE TIMES, (s.d.) The relationship game: How to avoid catching feelings for someone. *College Times.*

COLLINS, L. M. (2015). U.S. marriage rate hits new low and may continue to decline. *Deseret News*, 20 mai 2015.

CONTRERA, J. (2016a). 13, right now : What it's like to grow up in the age of likes, lols and longing. *Washington Post*, 25 mai 2016.

CONTRERA, J. (2016b). Their tube: When every moment of childhood can be recorded and shared, what happens to childhood? *Washington Post*, 7 décembre 2016.

COTTER, D., & PEPIN, J. (2017) Trending towards traditionalism? Changes in youths' gender ideology. *Council on Contemporary Families*. Retrieved from https://contemporaryfamilies.org/2-pepin-cotter-traditionalism/. CU-CitizenAccess.org, 27 août 2012.

CURTIN, S. C., WARNER, M., & HEDEGAARD, H. (2016). Increase in suicide in the United States, 1999–2014. *NCHS Data Brief* no. 214, avril 2016.

CUSHING, T. (2013). Schools ban tag, cartwheels and "unstructured play": The inevitable outcome of unrealistic promises and expectations. *Techdirt*, 10 octobre 2013.

DONNELLY, K., TWENGE, J. M., CLARK, M. A., SHAIKH, S., BEILER-MAY, A., & CARTER, N. T. (2016). Attitudes toward women's work and family roles in the United States, 1976–2013. *Psychology of Women Quarterly* 40, 41–54.

DOUGLAS STONE, A., SCHWAB-STONE, M. (2016). The sheltering campus: Why college is not home. *New York Times*, 5 février 2016.

DOVE, R. (2014). Charting the rise of Generation Yawn: 20 is the new 40. *Telegraph*, 31 août 2014.

DRISCOLL, A. (2015). Twenty One Pilots' new song really GETS US. *The Lala*, 24 avril 2015.

DRISCOLL, B. (2016). Five "sexually inactive" Millennials on why they aren't having sex. *Huffington Post*, 8 mai 2016.

DWYER, L. (2014). When anxiety hits at school. *The Atlantic*, 3 octobre 2014.

EISENBERGER, N. I., LIEBERMAN, M. D., & WILLIAMS, K. D. (2003). Does rejection hurt? An fMRI study of social exclusion. *Science* 302, 290–292.

EKINS, E. (2015). Poll : Americans like free markets more than capitalism and socialism more than a govt managed economy. *Reason.com*. 12 février 2015.

ELLIS, B. J., DEL GIUDICE, M., DISHION, T. J., FIGUERDO, A. J., GRAY, P., GRISKEVICIUS, V., HAWLEY, P. H., JACOBS, W. J., JAMES, J., VOLK, A. A., & WILSON, D. S. (2012). The evolutionary basis for risky adolescent behavior: Implications for science, policy, and practice. *Developmental Psychology* 48, 598–623.

ESFAHANI SMITH, E., & AAKER, J. L. (2013). Millennial searchers. *New York Times*, 30 novembre 2013.

ESUF, I. (2016). I'm fine, I promise. *Daily Californian*, 29 juillet 2016.

EVANS, K. (2016). Are digital natives really just digital labourers? Teens turning off social media. *The Age*, 15 mai 2016.

FAGAN, K. (2015). Split image. *ESPN*, 7 mai 2015.

FINER, L. B., & PHILBON, J. M. (2014). Trends in ages at key reproductive transitions in the United States, 1951–2010. *Women's Health Issues* 24, 271–279.

FINKE, R., & STARK, R. (2005). *The churching of America, 1776–2005: Winners and losers in our religious economy.* New Brunswick, NJ: Rutgers University Press.

FINKELHOR, D. (2014). Are kids getting more virtuous? *Washington Post*, 26 novembre 2014.

FINKELHOR, D. & Jones, L. (2012). Have sexual abuse and physical abuse declined since the 1990s? *Crime Against Children Research Center*, novembre 2012.

FITZSIMMONS, E. G. (2014). Condoleezza Rice backs out of Rutgers speech after student protests. *New York Times*, 3 mai 2014.

FLAM, L.A. (2015). Social media means kids are excluded in real time. *Today*, 17 mars 2015.

FLANAGAN, C. (2015). That's not funny! Today's college students can't seem to take a joke. *The Atlantic*, septembre 2015.

FLANNERY, J. (2016). Love isn't always worth the risk (letter to the editor). *Columbia Spectator*, 2 février 2016.

FLETCHER STOELTJE, M. & TEDESCO, J. (2016). Who's to blame in David Molak's death? *San Antonio Express-News*, 16 janvier 2016.

FOX, C. (2016). Generation Snowflakes: How we train our kids to be censorious cry-babies. *The Spectator*, 4 juin 2016

FOX, C. (2017). *« I Find that offensive! »*. London : Biteback Publishing.

FRIEDERSDORF, C. (2015). The rise of victimhood culture. *The Atlantic*, 11 septembre 2015.

FRIEDERSDORF, C. (2016). The perils of writing a provocative email at Yale. *The Atlantic,* 26 mai 2016.

FULLER, R. (2001). *Spiritual but not religious: Understanding unchurched America*. New York : Oxford University Press.

GILLMAN, H. & CHEMERINSKY, E. (2016). Don't mock or ignore students' lack of support for free speech. Teach them. *Los Angeles Times*, 31 mars 2016.

GJELTEN, T. (2015). Causes and consequences of declining religious affiliation in the U.S. *Diane Rehm Show*, NPR, 13 mai 2015.

GOLDBERG, S. (2017). Why we put a transgender girl on the cover of National Geographic. *National Geographic*, janvier 2017.

GOLDSTEIN, R. (2015). Today's no risk kids don't get the 60's. *The Daily Beast*, 13 mai 2015.

Governors Highway Safety Association. Teen and novice drivers.

GRACE, R. (2016). Do it for the 'gram, or don't do it at all. *RedAndBlack. com*, 19 septembre 2016.

GREENWOOD, S., PERRIN, A. & DUGGAN, M. (2016). Social media update 2016. *Pew Research Center*, 11 novembre 2016.

GRIGGS, B. (2016). « A real slice of time » : Scenes from a 1970s roller rink. *CNN.com*, 6 octobre 2016.

GULDI, M., HERBST, M. (2015). Offline effects of online connecting: The impact of broadband diffusion on teen fertility decisions. IZA Discussion Paper no. 9076. Internet access and the decline in teen childbearing. *The National Campaign to Prevent Teen and Unplanned Pregnancy*, 9 septembre 2015.

HAKALA, K. (2015). 20-somethings have invented a new relationship status, and it's called "dating partner." *Mic.com*, 20 février 2015.

HARPER, K. (2016). Louis Tomlinson & Briana Jungwirth custody battle: She doesn't want his GF near Freddie. *Hollywood Life*, 30 juin 2016.

HASLAM, N. (2016a). How we became a country where bad hair days and campaign signs cause "trauma." *Washington Post*, 12 août 2016.

HASLAM, N. (2016b). Concept creep : Psychology's expanding concepts of harm and pathology. *Psychological Inquiry* 27, 1–17.

HECK, L. (2015). A generation on edge: A look at millennials and mental health. *Vox Magazine*, 19 novembre 2015.

HILL, C. (2014). American teens don't want to work. *MarketWatch*, 4 août 2014.

HILL, C. (2016). Sasha Obama aside, fewer than one in three American teens gets a summer job. *MarketWatch*, 5 août 2016.

HOLLENHORST, M. (2016). Millennials want to be entrepreneurs, but a tough economy stands in their way. *NPR*, 26 septembre 2016.

HOOPER, B. (2016). New York Police : Don't put charging phones under pillow. *UPI*, 16 février 2016.

HORGAN, C. (2016). Game off ! Why the decline of street hockey is a crisis for our kids. *Guardian*, 5 juillet 2016.

HOROVITZ, B. (2012). After Gen X, Millennials, what should next generation be? *USA Today*, 4 mai 2012.

HOROWITZ, J. M. & LIVINGSTON, G. (2016). How Americans view the Black Lives Matter movement. *Pew Research Center*, 8 juillet 2016.

HOWARD, W. (2016). It's okay if you're struggling with mental health. *Utah Statesman*, 20 mars 2016.

HOWE, N. (2014). Introducing the Homeland generation. *Forbes*, 27 octobre 2014.

HUEBNER, R. (2016). A culture of sensitivity. *Harvard Crimson*, 23 mars 2016.

HURST, E. (2016). Video killed the radio star: How games, phones, and other tech innovations are changing the labor force. *Chicago Booth Review*, 1 septembre 2016.

ILARDI, S. (2010). *The depression cure*. New York : Da Capo.

INGRAHAM, C. (2016). Today's teens are way better behaved than you were. *Washington Post*, 13 décembre 2016.

IYENGAR, S., SOOD, G., & LELKES, Y. (2012). Affect, not ideology: A social identity perspective on polarization. *Public Opinion Quarterly* 76, 405–431.

JAGER, J., SCHULENBERG, J. E., O'MALLEY, P. M., & BACHMAN, J. G. (2013). Historical variation in drug use trajectories across the transition to adulthood: The trend toward lower intercepts and steeper, ascending slopes. *Development and Psychopathology* 25, 527–543.

JASCHIK, S. (2015). A class implodes over race. Inside Higher Ed, 23 novembre 2015.

JOHNSON, L. (2016). Snapchat beats Instagram and Facebook as the top social platform for teens: Study finds 80% use the app once a month. *Adweek*, 14 octobre 2016.

JONES, L. (2016). Mental health week only works if we let it. *Utah Statesman*, 24 mars 2016.

JONES, R. P. (2012). Why are Millennials leaving the church? *Huffington Post*, 8 juillet 2012.

KEARNEY, M. S., LEVINE, P. B. (2014). Media influences on social outcomes: The impact of MTV's 16 and Pregnant on teen childbearing. NBER Working Paper No. 19795.

KELLY-WOESSNER, A. (2015). How Marcuse made today's students less tolerant than their parents. *Heterodox Academy*, 23 septembre 2015.

KERSHNER, D. (2016). Eneale shares « L.I.F.E. » inspirations. *Daily Cardinal*, 31 mars 2016.

KIMBLE, L. (2016). Gabby Douglas cried "gallons" after Olympics cyberbullying—and is now dedicated to helping fellow victims. *People*, 22 décembre 2016.

KINNAMAN, D. (2016). *You lost me: Why young Christians are leaving church… and rethinking faith*. Grand Rapids, MI : Baker Books.

KINNAMAN, D., & LYONS, G. (2012). *unChristian: What a new generation really thinks about Christianity . . . and why it matters*. Grand Rapids, MI : Baker Books.

KIPNIS, L. (2015). My Title IX Inquisition. *Chronicle of Higher Education*, 31 mai 2015.

KROSS, E., VERDUYN, P., DEMIRALP, E., PARK, J., LEE, D. S., LIN, N., SHABLACK, H., JONIDES, J., & YBARRA, O. (2013). Facebook use predicts declines in subjective well-being in young adults. PLOS ONE 8, e69841.

LANSKY, S. (2015). Kacey Musgraves takes twang into the 21st century. *Time*, 18 juin 2015.

LAPIDOS, J. (2015). Wait, what, I'm a Millennial? *New York Times*, 4 février 2015.

LEDDY, K. (2016). I skipped class to go to the gym and don't regret it. *Massachusetts Daily Collegian*, 9 février 2016.

LEE, J. (2015). 32 of the best brand tweets celebrating marriage equality. Buzzfeed, 26 juin 2015.

LEMOYNE, T., & BUCHANAN, T. (2011). Does "hovering" matter? Helicopter parenting and its effect on well-being. *Sociological Spectrum* 31, 399–418.

LUDDEN, J. (2014). Why aren't teens reading like they used to? NPR, 12 mai 2014.

LUKIANOFF, G., HAIDT, J. (2015). The coddling of the American mind. *The Atlantic*, septembre 2015.

LUND, C. (2015). Cooper Lund on the weight of depression, ending mental illness stigma. *Daily Oklahoman*, 6 décembre 2015.

LUSCOMBE, B. (2016). Porn and the threat to virility. *Time*, 31 mars 2016.

LYTHCOTT-HAIMS, J. (2015). The over-parenting trap: How to avoid "checklisted" childhoods and raise adults. *Time*, 9 juin 2015.

MARANO, H. E. (2008). A nation of wimps: The high cost of invasive parenting. New York : Crown Archetype.

MARQUINA, S. (2015). Miley Cyrus reveals she's had relationships that weren't "straight, heterosexual." *Us Weekly*, 6 mai 2015.

MARTIN, A. (2015). Engaged at 20: Meet Melyssa, BC '18. Columbia Spectrum, 1 décembre 2015.

MCCLUSKEY, M. (2015). Teen Instagram star speaks out about the ugly truth behind social media fame. *Time*, 2 novembre 2015.

MCCLUSKEY, M. (2016). Instagram star Essena O'Neill breaks her silence on quitting social media. *Time*, 5 janvier 2016.

MCELWEE, S. (2015). Millennials are more racist than they think. Politico Magazine, 9 mars 2015.

MCGOUGH, M. (2015). Sorry, kids, the 1st amendment does protect "hate speech." *Los Angeles Times*, 30 octobre 2015.

MCLAUGHLIN, E. C. (2015). "Disgraceful" University of Oklahoma fraternity shuttered after racist chant. CNN.com, 10 mars 2015.

MCRADY, R. (2014). Raven-Symone: I don't want to be labeled as gay or African American. *Us Weekly*, 6 octobre 2014.

MENDOZA, M. (2016). Alamo Heights student was a victim of bullying before committing suicide, family says. *San Antonio Express-News*, 8 janvier 2016.

MEERLO, P., SGOIFO, A., & SUCHECKI, D. (2008). Restricted and disrupted sleep: Effects on autonomic function, neuroendocrine stress systems and stress responsivity. *Sleep Medicine Reviews* 12, 197–210.

MINNESOTA PUBLIC RADIO (2016). *Sex ? More millennials are saying "meh."* [émission radio], *Minnesota Public Radio*, 18 août 2016.

MITTAL, C., & GRISKEVICIUS, V. (2014). Sense of control under uncertainty depends on people's childhood environment: A life history theory approach. *Journal of Personality and Social Psychology* 107, 621–637.

MOJTABAI, R., OLFSON, M., & HAN, B. (2016). National trends in the prevalence and treatment of depression in adolescents and young adults. *Pediatrics* 138.

MONKOVIC, T. (2016). Lasting damage for G. O.P. ? Young voters reject Donald Trump. *New York Times*, 24 mars 2016.

MOORE, P. (2015). Little interest in "free range" parenting. YouGov, 20 avril 2015.

MOSS, R. (2016). Teen girl has genius response to guy who asked for shower selfie. *Huffington Post*, 11 juillet 2016.

MOYER, J. Wm. (2015). Oberlin College sushi "disrespectful" to Japanese. *Washington Post*, 21 décembre 2015.

MOYER, J. Wm., MILLER, M.E. & HOLLEY, P. (2015). Mass media professor under fire for confronting video journalist at Mizzou. *Washington Post*, 10 novembre 2015.

NATIONAL CENTER FOR SAFE ROUTES TO SCHOOL. (2011). How children get to school: School travel patterns from 1969 to 2009. Novembre 2011.

NATIONAL VITAL STATISTICS REPORTS. (2014). Births: Final data for 2014. *National Vital Statistics Reports*, 23 décembre 2015.

NIGATU, H. (2013). 21 racial microaggressions you hear on a daily basis. *Buzzfeed*, 9 décembre 2013.

NILLES, M. (2012). Technology is destroying the quality of human interaction. *Bottom Line*, 24 janvier 2012.

NOVAK, M. (2016). Schoolwork, advocacy place strain on student activists. *Brown Daily Herald*, 18 février 2016.

NOVOTNEY, A. (2014). Students under pressure: College and university counseling centers are examining how best to serve the growing number of students seeking their services. *Monitor on Psychology* 45, 36.

OJIAKU, P. (2015). All snowflakes look the same. *Pacific Standard*, 28 février 2015.

ONLINE COLLEGE SOCIAL LIFE SURVEY (s.d.), Retrieved from http://www.nyu.edu/projects/england/ocsls

ONYEJIAKA, T. (2016). To the white Millennials who voted for Donald Trump. *Huffington Post*, 10 novembre 2016.

ORENSTEIN, P. (2016). *Girls & sex : Navigating the new landscape*. New York, États-Unis : Harper.

O'SHEA, J. & HOE, N. (2016). A gap year could be the answer to the student mental health crisis. Quartz, 14 septembre 2016.

OWENS, J. (2015). Insufficient sleep in adolescents and young adults: An update on causes and consequences. *Pediatrics* 134, e921 – e932.

PAGE S. & CRESCENTE, F. (2016). Young voters flee Donald Trump in what may be historic trouncing, poll shows. *USA Today*, 14 août 2016.

PAQUETTE, D., CAI, W. (2015). Why American teenagers are having much less sex. *Washington Post*, 22 juillet 2015.

PATCHIN, J. W. and HINDUJA, S. (2016). Summary of our cyberbullying research (2004–2016). Lifetime cyberbullying victimization rates, ten different studies 2007–2016 [graph]. Cyberbullying Research Center.

PEOPLE. (2015). Tomlinson is going to be a dad! One Direction star expecting baby with Briana Jungwirth. *People*, 14 juillet 2015.

PERMENTER, C. (2013). Millennials react to same-sex marriage cases. *USA Today*, 27 mars 2013.

PEW RESEARCH CENTER (2010). Religion among the Millennials. *Pew Research Center*, 17 février 2010.

PEW RESEARCH CENTER (2014). The rising cost of not going to college. *Pew Research Center*, 11 février 2014.

PEW RESEARCH CENTER (2015a). In debate over legalizing marijuana, disagreement over drug's dangers: In their own words: supporters and opponents of legalization. *Pew Research Center*, 14 avril 2015.

PEW RESEARCH CENTER (2015b). America's changing religious landscape. *Pew Research Center*, 12 mai 2015.

PEW RESEARCH CENTER (2016). Partisanship and political animosity in 2016: Highly negative views of the opposing party—and its members. *Pew Research Center*, 22 juin 2016.

PHILLIP, A. (2014). One of the most powerful women in the world won't speak at Smith College after protests. *Washington Post*, 12 mai 2014.

PICCHI, A. (2016). Congrats, class of 2016: You're the most indebted yet. *CBS MoneyWatch*, 4 mai 2016.

PIERI, K. (2016). The jean scene: The 12 coolest trends in denim now. *Harper's Bazaar*, 17 mars 2016.

POUSHTER, J. (2015). 40% of Millennials OK with limiting speech offensive to minorities. *Pew Research Center*, 20 novembre, 2015.

PRICE, J., PATTERSON, R., REGENERUS, M., WALLEY, J. (2016). How much more XXX is Generation X consuming? Evidence of changing attitudes and behaviors related to pornography since 1973. *Journal of Sex Research* 53, 12–20.

PRYOR, D., (s.d.) 32 signs you're catching feelings for your f*ck buddy. *Pucker Mob.*

PUTNAM, R. D., & Campbell, D. E. (2012). *American grace: How religion divides us and unites us.* New York, États-Unis : Simon & Schuster.

REYNOLDS, J., Stewart, M., MacDonald, R., & Sischo, L. (2006). Have adolescents become too ambitious? High school seniors » educational and occupational plans, 1976 to 2000. *Social Problems* 53, 186–206.

ROBERTS, M. (2016). Why Millennials are yawning at the likely first female major-party nominee for president. *Washington Post*, 7 juin 2016.

ROBINSON, J. P. (2011). Arts and leisure participation among IT users: Further evidence of time enhancement over time displacement. *Social Science Computer Review* 29, 470–480.

ROSIN, H. (2014). The overprotected kid. *The Atlantic*, avril 2014.

ROSS, L. (2011). Westboro funeral pickets are protected speech, high court rules. *Fox News*, 2 mars 2011.

RUIZ, M. (2015). Jazz Jennings: The transgender teen and wannabe mermaid the Internet needs. *Cosmopolitan*, 8 juin 2015.

RUIZ, R. (2017). Teens are struggling with their mental health—and talking about it on social media. Mashable, 3 mai 2017.

SAAD, L. (2015). Fewer young people say I do—to any relationship. *Gallup*, 8 juin 2015.

SAAD, L. (2016). Americans buy free pre-K; split on tuition-free college. *Gallup Poll*, mai 2016.

SAINT-FORT, Y. (2016). Be unapologetic about who you are. *Daily Targum*, 26 avril 2016.

SAINT LOUIS, C. (2016). Dr. Paid Less: An old title still fits female physicians. New York Times, 11 juillet 2016.

SALES, N. J. (2015). Tinder and the dawn of the "dating apocalypse." *Vanity Fair*, septembre 2015.

SALES, N. J. (2016). *American girls: Social media and the secret lives of teenagers.* New York : Knopf.

SANBURN, J. (2015). Here's what MTV is calling the generation after Millennials. *Time*, 1er décembre 2015.

SANDERS, S. (2015). Obama warns campus protestors against urge to "shut up" opposition. NPR, 21 décembre 2015.

SAVRANSKY, R. (2016). Poll : Nearly half of Sanders's millennial supporters would vote third-party. The Hill, 14 juillet 2016.

SCHLOSSER, E. (2015). I'm a liberal professor, and my liberal students terrify me. Vox, 3 juin 2015.

SCHROBSDORFF, S. (2016). Anxiety, depression, and the modern adolescent. Time, 7 novembre 2016.

SCHULENBERG, J. E., & MAGGS, J. L. (2002). A developmental perspective on alcohol use and heavy drinking during adolescence and the transition to young adulthood. Journal of Studies on Alcohol, suppl. 14, 54–70.

SHAKYA, H. B., & CHRISTAKIS, N. A. (2017). Association of Facebook use with compromised well-being: A longitudinal study. American Journal of Epidemiology 18, 203–211.

SHERMAN, L. E., MINAS, M., & GREENFIELD, P. M. (2013). The effects of text, audio, video, and in-person communication on bonding between friends. Cyberpsychology: Journal of Psychosocial Research on Cyberspace, 7.

SHULEVITZ, J. (2015). In college and hiding from scary ideas. New York Times, 21 mars 2015.

SILBER, C. & REINER, D. (2015). As churches prepare to close, parishioners mourn. Journal News, 7 juillet 2015.

SIMON, R. & BARR, C. (2015). Endangered species : Young U.S. entrepreneurs. Wall Street Journal, janvier 2015.

SKENAZY, L. (2010). Free-range kids : How to raise safe, self-reliant children (without going nuts with worry). New York : Jossey-Bass.

SMITH, A. (2014). Once the world's biggest mall is being torn down today. CNN.com, 30 décembre 2014.

SMITH, A., BODELL, L. P., HOLM-DENOMA, J., JOINER, T., GORDON, K., PEREZ, M., & KEEL, P. (2017). "I don't want to grow up, I'm a [Gen X, Y, Me] kid": Increasing maturity fears across the decades. International Journal of Behavioral Development.

SMITH, C., & DENTON, M. L. (2009). *Soul searching: The religious and spiritual lives of American teenagers.* London : Oxford University Press.

SMITH, C., & SNELL, P. (2009). *Souls in transition : The religious and spiritual lives of emerging adults.* New York : Oxford University Press.

SMITH, T. W. (2012). Beliefs about God across time and countries. NORC.org.

SOLORZANO, A., STEFFEN, B. (2016). SDSU students corner President Hirshman in car, demand response for anti-Islamic flyers. ABC 10 News, 27 avril 2016.

SUCH, C. (2015). College suspends student for six months for saying black women are "not hot." The College Fix, 14 décembre 2015.

SUE, D. W. (2010). *Microaggressions in everyday life: Race, gender, and sexual orientation.* New York : Wiley.

SVRLUGA, S. (2015). What the student body president did after he was called the N-word—again. *Washington Post*, 16 septembre 2015.

SVRLUGA, S. (2015). College president: "This is not a day care. This is a university! » *Washington Post*, 30 novembre 2015.

TAIBBI, M. (2016). College kids aren't the only ones demanding "safe spaces." *Rolling Stone*, 6 avril 2016.

TAVERNISE, S. (2016). U.S. suicide rate surges to a 30— year high. New York Times, 22 avril 2016.

TAVEROFF, L. (2015). 8 reasons why relationships in your 20s just don't work. TodaysLifestyle.com, 21 mai 2015.

The Fire, (2015). Email from Erika Christakis: "Dressing yourselves," email to Silliman College (Yale) students on Halloween costumes. *The Fire,* 30 octobre 2015.

THOMPSON, D. (2016). The free-time paradox in America. *The Atlantic*, 13 septembre 2016.

TROMHOLT, M. (2016). The Facebook experiment: Quitting Facebook leads to higher levels of well-being. *Cyberpsychology, Behavior, and Social Networking* 19, 661–666. The Facebook experiment: Does social media affect the quality of our lives? *Happiness Research Institute*, 2016.

TWENGE, J. M. (1997a). Attitudes toward women, 1970–1995: A meta-analysis. *Psychology of Women Quarterly* 21, 35–51.

TWENGE, J. M. (1997b). Changes in masculine and feminine traits over time: A meta-analysis. *Sex Roles* 36, 305–325.

TWENGE, J. M. (2000). The age of anxiety? Birth cohort change in anxiety and neuroticism, 1952–1993. *Journal of Personality and Social Psychology* 79, 1007–1021.

TWENGE, J. M. (2006). *Generation Me: Why today's young Americans are more confident, assertive, entitled—and more miserable than ever before.* New York : Free Press.

TWENGE, J. M. (2014). *Generation Me: Why today's young Americans are more confident, assertive, entitled—and more miserable than ever before.* 2e éd. New York : Atria Books.

TWENGE, J. M., BAUMEISTER, R. F., TICE, D. M., & STUCKE, T. S. (2001). If you can't join them, beat them: Effects of social exclusion on aggressive behavior. *Journal of Personality and Social Psychology* 81, 1058–1069.

TWENGE, J. M., CAMPBELL, S. M., HOFFMAN, B. R., & LANCE, C. E. (2010). Generational differences in work values: Leisure and extrinsic values increasing, social and intrinsic values decreasing. *Journal of Management* 36, 1117–1142.

TWENGE, J. M., & CAMPBELL, W. K. (2017). Cultural individualism is linked to later onset of adult-role responsibilities across regions and time. Manuscrit non publié.

TWENGE, J. M., CAMPBELL, W. K., & GENTILE, B. (2012a). Increases in individualistic words and phrases in American books, 1960–2008. PLOS ONE 7, e40181.

TWENGE, J. M., CAMPBELL, W. K., & GENTILE, B. (2012b). Generational increases in agentic self-evaluations among American college students, 1966–2009. *Self and Identity* 11, 409–427.

TWENGE, J. M., CAMPBELL, W. K., & GENTILE, B. (2013). Changes in pronoun use in American books and the rise of individualism, 1960–2008. *Journal of Cross-Cultural Psychology* 44, 406–415.

TWENGE, J. M., CARTER, N. T., & CAMPBELL, W. K. (2015). Time period, generational, and age differences in tolerance for controversial beliefs and lifestyles in the U.S., 1972–2012. *Social Forces* 94, 379–399.

TWENGE, J. M., CATANESE, K. R., & BAUMEISTER, R. F. (2002). Social exclusion causes self-defeating behavior. *Journal of Personality and Social Psychology* 83, 606–615.

TWENGE, J. M., CATANESE, K. R., & BAUMEISTER, R. F. (2003). Social exclusion and the deconstructed state: Time perception, meaninglessness, lethargy, lack of emotion, and self-awareness. *Journal of Personality and Social Psychology* 85, 409–423.

TWENGE, J. M., EXLINE, J. J., GRUBBS, J. B., SASTRY, R., & CAMPBELL, W. K. (2015). Generational and time period differences in American adolescents' religious orientation, 1966–2014. PLOS ONE 10, e0121454.

TWENGE, J. M., HONEYCUTT, N., PRISLIN, R., & SHERMAN, R. A. (2016). More polarized but more independent: Political party identification and ideological self-categorization among U.S. adults, college students, and late adolescents, 1970–2015. *Personality and Social Psychology Bulletin* 42, 1364–1383.

TWENGE, J. M., KRIZAN, Z., & HISLER, G. (2017). Decreases in sleep duration among U.S. adolescents 1991–2105 and links to screen time. Manuscrit en révision.

TWENGE, J. M., MARTIN, G. E., & CAMPBELL, W. K. (2017a). Decreases in depressive symptoms, suicide-related outcomes, and suicide rates among U.S. adolescents after 2010 and links to increased new media screen time. Manuscrit en révision.

TWENGE, J. M., & MARTIN, G. E., & CAMPBELL, W. K. (2017b). Decreases in psychological well-being among American adolescents since 2012 and the rise of smartphone technology. Manuscrit en révision.

TWENGE, J. M., MARTIN, G. E., & SPITZBERG, B. (2017). Trends in U.S. adolescents' media use, 1976–2015 : The rise of the Internet, the decline of TV, and the (near) demise of print. Manuscrit en révision.

TWENGE, J. M., & PARK, H. (2017). The decline in adult activities among U.S. adolescents : 1976–2016. *Child Development*.

TWENGE, J. M., SHERMAN, R. A., EXLINE, J. J., & GRUBBS, J. B. (2016). Declines in American adults' religious participation and beliefs, 1972–2014. *Sage Open*, 6, 1–13.

TWENGE, J. M., SHERMAN, R. A., & WELLS, B. E. (2015). Changes in American adults' sexual behavior and attitudes. *Archives of Sexual Behavior* 44, 2273–2285.

TWENGE, J. M., SHERMAN, R. A., & WELLS, B. E. (2016). Changes in American adults' reported same-sex sexual experiences and attitudes. *Archives of Sexual Behavior* 45, 1713–1730.

TWENGE, J. M., SHERMAN, R. A., & WELLS, B. E. (2017) Sexual inactivity during young adulthood is more common among U.S. Millennials and iGen: Age, period, and cohort effects on having no sexual partners after age 18. *Archives of Sexual Behavior*.

TWENGE, J. M., & UHLS, Y. T. (2017). Less in-person social interaction among U.S. adolescents in the 21st century and links to loneliness. Manuscrit non publié.

TYLER, C. (2011). True love isn't waiting. *Neue* 6, 32–36.

UHLS, Y. T., MICHIKYAN, M., MORRIS, J., GARCIA, D., SMALL, G. S., ZGOUROU, E., & GREENFELD, P. M. (2014). Five days at outdoor education camp without screens improves preteen skills with nonverbal emotion cues. *Computers in Human Behavior* 39, 387–392.

U.S. National Center for Education Statistics, (s.d.) Digest of Education Statistics.

WADE, L. (2017). *American hookup: The new culture of sex on campus*. New York : W. W. Norton & Company.

Waggle Dance Marketing Research, (s.d.). Spring 2016 Snacking survey, waggledance-marketing.com.

WALLACE, K. (2015). Maryland family under investigation for letting their kids walk home alone. CNN.com, 21 janvier 2015.

WALMAN R. (2016). Keep your head up and put down your cellphone. *Massachusetts Daily Collegian*, 6 avril 2016.

WELLS, B. E., & TWENGE, J. M. (2005). Changes in young people's sexual behavior and attitudes, 1943–1999 : À cross-temporal meta-analysis. *Review of General Psychology* 9, 249–261.

WILLIAMS, A. (2015). Move over, Millennials, here comes Generation Z. *New York Times*, 18 septembre 2015.

WILLIAMS, J. (2014). Are my generation really as boring as everyone says? *New Statesman*, 19 septembre 2014.

WILSON, J. (-2014). Study: MTV's "16 and Pregnant" led to fewer teen births. CNN.com, 13 janvier 2014.

WILSON, R. (2015). An epidemic of anguish. *Chronicle of Higher Education*, 4 septembre 2015.

WOLAK, J., MITCHELL, K., FINKELHOR, D. (2007). Unwanted and wanted exposure to online pornography in a national sample of youth Internet users. *Pediatrics* 119, 247–257.

YEYKELIS, L., CUMMINGS, J. J., & REEVES, B. (2014). Multitasking on a single device: Arousal and the frequency, anticipation, and prediction of switching between media content on a computer. *Journal of Communication* 64, 167–192.

ZEITZ, J. (2015) Campus protesters aren't reliving the 1960s. *Politico Magazine*, 21 décembre 2015.

ZELLINGER, J. (2015). These students were told they don't fit their college's "mold"—but they're fighting back. Mic.com, 13 novembre 2015.

ZICKHUR, K. & RAINIE, L. (2014). Younger Americans and public libraries. Pew Research Center, 10 septembre 2014.

ZIMMERMAN, A. (2015). Miley Cyrus and Jaden Smith's "gender fluid" revolution. Slate.com, 18 juin 2015.

Biographie de l'auteur

Pr. Jean M. Twenge, professeur de psychologie à l'Université d'État de San Diego, est l'auteur de plus de 120 publications scientifiques. Elle a aussi publié des ouvrages de psychologie, notamment *Generation Me : Why Today's Young Americans Are More Confident, Assertive, Entitled—and More Miserable than Ever Before*[128] et *The Impatient Woman's Guide to Getting Pregnant* (traduit en français sous le titre *Le guide indispensable des femmes impatientes de devenir maman*). Ses recherches ont été mentionnées dans divers journaux et magazines, notamment *Time, Newsweek, New York Times, USA Today, U.S. News & World Report* et *Washington Post*. Elle a également été invitée dans de nombreuses émissions : *Today, Good Morning America, CBS This Morning, Fox & Friends, NBC Nightly News, Dateline NBC* et à la *National Public Radio*. Elle est titulaire d'un baccalauréat et d'un master de l'Université de Chicago et d'un doctorat de l'Université du Michigan. Elle vit à San Diego, en Californie, avec son mari et ses trois filles.

---

128. *Génération Moi : pourquoi les jeunes Américains d'aujourd'hui sont plus confiants, plus affirmés, plus arrogants… et plus malheureux que jamais*, non traduit (N.d.T.).

Index

se battre et, 203
sexe et, 271-273
sports et jeux et, 220
surveillance parentale, 56-57, 196-197, 220-221
sécurité émotionnelle 196, 207, 211-212, 281, 389
selfie 87, 114, 134, 143, 148, 280, 373, 377
   photo dénudée 373, 380, 386
seul :
   passer du temps, 56-58, 72, 112-113
   sentiment, *voir* solitude
sexisme 252-253, 324, 346
Sheller, Brian 169
shopping 48, 261-263
Shulevitz, Judith 218
Sicking, Josephine 340
Skenazy, Lenore 222
slacktivisme 232
smartphones, *voir* téléphone
Smith, Christian 179, 187
Smith, Jaden 305
SMS 28, 48, 83-86, 99, 103, 111-112, 114-116, 125, 129, 138, 141, 148, 191, 231, 274, 370, 372, 374, 376, 380, 396
Snapchat 83, 87, 89-91, 94, 108, 112, 134, 138, 148, 235, 274, 377, 380, 395-396
socialiser en personne, *voir* interaction sociale en personne
socialisme 338, 356-357
soins de santé 162, 262, 345, 351, 353, 384
soirées, 106-108, 112
solitude 115, 117-119, 122, 138, 139-140, 144, 152, 371, 374, 381, 385
sommeil, 62, 84, 157-161
   conséquences du manque de, 161
   dépression et, 161-163
   téléphone et, 82-83, 157-161, 376-377, 379
sortir ensemble, 47-49, 52, 69-71, 111, 267, 269, 283-284
Soul Searching (Smith) 187

South Park 209
Sparks & Honey 245
Spiritual but Not Religious (Fuller) 178
spiritualité 172, 178-180
   voir aussi religion
sport 51, 61, 94, 110, 115, 119-120, 122, 155, 160, 166, 361, 383-384
statistiques démographiques 36
statut socioéconomique (SSE) 34, 88, 181, 183-184
stigmatisation 149, 162
Stojic, Sofia 129
stratégie de vie, lente et rapide, 52, 72
   voir aussi vitesse de dévelop-pement
Strauss, William 31
stress post-traumatique 219
suicide, 26, 121-128, 149-150, 152-154, 161, 223, 374-375, 385
   chez les filles *vs.* Les garçons, 153-154
   sommeil et, 161
Sydnor, Jamahri 97

T

taux de natalité, 290-293
   mère adolescente, 49-50, 70, 272, 274
   mère non mariée, 287, 292-293
Taveroff, Leigh 266, 279
téléphone, 24-30, 37-38, 40, 82-86, 109-112, 370-376, 383-384
   à clapet, 28, 93, 372
   dépression et, 141-143, 147-148, 155, 163, 372-373
   envoyer des SMS, 28, 48, 84-86, 99, 103, 111-112, 114-115, 129, 138, 191, 231, 274, 370, 376
   ne pas recevoir de réponse, 148, 283
   prendre feu, 82
   solitude et, 139-140
   sommeil et, 82-83, 157-161, 376-377, 379
   trucs et astuces, 376-379
   voir aussi réseaux sociaux

Table des matières

La psychologie chez Mardaga

PSY-THÉORIE, DÉBATS, SYNTHÈSES

collection dirigée par Marc Richelle et Xavier Seron

1. François JOUEN & Michèle MOLINA, *Naissance et connaissance. La cognition néonatale*, 2007.

2. Jean-Pierre POURTOIS & Huguette DESMET, *Épistémologie et instrumentation en sciences humaines*, 2007.

3. Odile BOURGUIGNON (dir.), *Éthique et pratique psychologique*, 2007.

4. Françoise PAROT (dir.), *Les fonctions en psychologie*, 2008.

5. Odile BOURGUIGNON (dir.), *La pratique du psychologue et l'éthique*, 2009.

6. Jacques BALTHAZART, *Biologie de l'homosexualité*, 2010.

7. Allan V. HORWITZ & Jerome C. WAKEFIELD, *Tristesse ou dépression ? Comment la psychiatrie a médicalisé nos tristesses*, traduit par Françoise PAROT, 2010.

8. Oliver VITOUCH, Irène DELIÈGE & Olivia LADINIG (dir.), *Musique et évolution*, 2010.

9. Jean-Adolphe RONDAL, *L'apprentissage implicite du langage*, 2011.

10. Dragoslav MIRIC, *Évolution et troubles de la personnalité*, 2012.

11. Albert DEMARET, *Éthologie et psychiatrie*, suivi d'*Essai de psychopathologie éthologique* (nouvelle édition), 2014.

12. Martial VAN DER LINDEN & Anne-Claude JUILLERAT VAN DER LINDEN, *Penser autrement le vieillissement*, 2014.

13. Jacques CORRAZE, *Déclin de la médecine humaniste*, 2015.

14. Michel DENIS, *Petit traité de l'espace*, 2016.

15. Olivier HOUDÉ, *L'école du cerveau*, 2018.

16. Jean-Adolphe RONDAL, *Le mythe de l'innéité du langage*, 2018.

17. Marta SPRANZI, *Le travail de l'éthique*, 2018.

18. Rémy VERSACE, Denis BROUILLET & Guillaume VALLET, *Cognition incarnée*, 2018.

19. Jean-Marc DEFAYS, *Enseigner le français langue étrangère et seconde*, 2018.

PSY-ÉVALUATION, MESURE, DIAGNOSTIC

collection dirigée par Jacques Grégoire

1. Marie-Pascale NOËL (dir.), *Bilan neuropsychologique de l'enfant*, 2007.

2. Jacques GRÉGOIRE, *L'examen clinique de l'intelligence. Fondements et pratique du WISC-IV* (nouvelle édition), 2009.

3. Jean-Adolphe RONDAL, *La trisomie 21 : perspective historique sur son diagnostic et sa compréhension*, 2010.

4. Serge SULTAN & Lionel CHUDZIK, *Du diagnostic au traitement : Rorschach et MMPI-2*, 2010.

5. Bernadette PIÉRAT (dir.), *Les bégaiements de l'adulte*, 2011.

6. Jean-Louis ADRIEN & Maria Pilar GATTEGNO (dir.), *L'autisme de l'enfant. Évaluations, interventions et suivis*, 2011.

7. Isabelle ROSKAM (dir.), *Les enfants difficiles (3-8 ans). Évaluation, développement et facteurs de risque*, 2012.

8. Joël BILLIEUX, Lucien ROCHAT & Martial VAN DER LINDEN, *L'impulsivité : ses facettes, son évaluation et son expression clinique*, 2014.

9. Aline HENRION & Jacques GRÉGOIRE (dir.), *Adolescents et difficultés scolaires. Approche de la complexité*, 2014.

10. Maud BESANÇON & Todd LUBART, *La créativité de l'enfant. Évaluation et développement*, 2015.

11. Isabelle ROSKAM, *L'évaluation du comportement chez le jeune enfant*, 2016.

12. Sophie BRASSEUR et Catherine CUCHE, *Le haut potentiel en questions*, 2017.

13. Isabelle ROSKAM, Nathalie NADER-GROSBOIS, Marie-Pascale NOËL, Marie-Anne SCHELSTRAETE, *La prise en charge des troubles du comportement du jeune enfant, manuel à l'usage des praticiens*, 2017.

14. Jérémie VANDEVOORDE, *Évaluer le risque de suicide*, 2018.

15. Bernadette PIÉRART (dir.), *Neuropsychologie du bégaiement*, 2018.
16. James MORRISON, *L'entretien clinique*, 2018 (traduction).

PSY-INDIVIDUS, GROUPES, CULTURES

collection dirigée par Vincent Yzerbyt

1. Paula NIEDENTHAL, Silvia KRAUTH-GRUBER & François RIC, *Comprendre les émotions. Perspectives cognitives et psychosociales*, 2008.
2. Olivier CORNEILLE, *Nos préférences sous influences. Déterminants psychologiques de nos préférences et choix*, 2010.
3. Jonathan HAIDT, *L'hypothèse du bonheur. La redécouverte de la sagesse ancienne dans la science contemporaine*, 2010.
4. Serge GUIMOND, *Psychologie sociale: perspective multiculturelle*, 2010.
5. Carol S. DWECK, *Changer d'état d'esprit. Une nouvelle psychologie de la réussite*, 2010.
6. Susan T. FISKE & Shelley E. TAYLOR, *Cognition sociale. Des neurones à la culture*, 2011.
7. Jacques–Philippe LEYENS, *Sommes-nous tous racistes ? Psychologie des racismes ordinaires*, 2012.
8. Jacques–Philippe LEYENS & Nathalie SCAILLET, *Sommes-nous tous des psychologues ? Nouvelle édition remaniée et augmentée*, 2012.
9. Stéphanie DEMOULIN, *Psychologie de la négociation. Du contrat de travail au choix des vacances*, 2014.

PSY-ÉMOTION, INTERVENTION, SANTÉ

collection dirigée par Pierre Philippot

Pratiques psychologiques – Cognition, émotion et santé

1. Pierre PHILIPPOT, *Émotion et psychothérapie, 2007 ; nouvelle édition revue et augmentée*, 2011.
2. Isabelle WODON, *Déficit de l'attention et hyperactivité chez l'enfant et l'adolescent*, 2009.

3. Isabelle VARESCON (dir.), *Les addictions comportementales : aspects cliniques et psychopathologiques*, 2009.

4. Vincent SEUTIN, Jacqueline SCUVÉE-MOREAU & Étienne QUERTEMONT (dir.), *Regards croisés sur le cannabis*, 2010.

5. Nicolas FAVEZ, *L'évaluation clinique de la famille. Modèles et instruments d'évaluation*, 2011.

6. Jacques VAN RILLAER, *La nouvelle gestion de soi. Ce qu'il faut faire pour aller bien*, 2012.

7. Michaël REICHERTS, Philippe A. GENOUD & Grégoire ZIMMERMAN, *L'Ouverture émotionnelle. Une nouvelle approche du vécu et du traitement émotionnels*, 2012.

8. Pascal VIANIN, *La remédiation cognitive dans la schizophrénie. Le programme RECOS*, 2013.

9. Nicolas FAVEZ, *L'examen clinique du couple. Théories et instruments d'évaluation*, 2013.

10. Vincent SEUTIN, Jacqueline SCUVÉE-MOREAU & Étienne QUERTEMONT (dir.), *L'alcool en questions*, 2015.

11. Sandrine DEPLUS & Magali LAHAYE, *La pleine conscience chez l'enfant et l'adolescent*, 2015.

12. Nicolas FAVEZ & Joëlle DARWICHE (dir.), *Les thérapies de couple et de famille. Modèles empiriquement validés et applications cliniques*, 2016.

13. Laurent MOTTRON, *L'intervention précoce pour enfants autistes. Nouveaux principes pour soutenir une autre intelligence*, 2016.

14. Anne BERQUIN & Jacques GRISART, *Les défis de la douleur chronique*, 2016.

15. Franca CORTONI et Thierry H. PHAM (dir.), *Le traité de l'agression sexuelle*, 2017.

PSYCHOLOGIE ET SCIENCES HUMAINES

collection dirigée par Marc Richelle

1. 264 titres parus dans l'ancienne présentation.
2. Marc LEVÊQUE, *Au coeur de la compétition sportive. Approches psychologique et sociologique*, 2010 (sous la direction de Pierre Philippot).

Pour plus de renseignements, consultez notre catalogue en ligne
www.editionsmardaga.com